교육의 위기: 교사의 직무 스트레스와 탈진

–무엇이 문제이고 어떻게 해결해야 할 것인가–

Barry A. Farber 지음

조연순 · 정혜영 · 김정휘 옮김

WILEY 박학사

옮긴이 머리글

2006년도에 선진국 개혁 열풍의 중요한 화두는 교육이다. 일본의 총리 직속 교육재생회의는 공립 초·중·고교 교사의 20%를 각 분야에서 현직으로 활동 중인 사회인으로 충원하고 교직 면허를 5년마다 갱신하는 내용의 교육개혁 보고서를 2007년에 발표한 바 있다. 미국에서는 2002년 제정된 낙오학생 방지법(No Child Left Behind)의 효과가 나타나고 있다. 공립학교 학생은 표준화된 독해 및 수학 시험을 치르고 있고, 학교는 목표에 미달하는 학생을 위해서 특별 교육을 실시한다. 초임 교사 30만 명 중 매년 8.3%의 교사가 교원 평가에 걸려 교직을 떠나는 교사 혁명이 진행중이다. 미국과 일본은 풀빵 찍어내듯 하는 학교가 국가 경제를 망칠 것이라는 앨빈 토플러의 경고를 새겨들어 무사안일의 공교육 시스템에 메스를 들이댄 셈이다.

우리의 교육인적자원부는 3불 정책도 모자라 대학에 입시 가이드라인을 제시하는가 하면, 자립형 사립고교나 특수목적고 설립 권한을 틀어쥔 채 수월성(秀越性) 대신 평둔화(平鈍化)로 가고 있다. 교사들은 허울뿐인 교원평가제마저도 반대하며 철밥통 수호에 나섰다.

우리나라의 교육문제는 매우 심각하다. 세계 어느 나라이건 교육에 열을 올리지 않는 나라가 없겠지만 우리나라의 교육열은 세계 어느 나라에도 뒤지지 않는다. 그러한 교육열에 부응하지 못하는 공교육에 대한 불만족은 우리나라의 어린 학생들까지 외국으로 내몰고 있다. 국내에서는 지역에 따라 차이는 있지만 대부분의 가정에서는 자녀들을 여러 개의 사교육기관으로 보내고 있다. 학생들조차도 학교 선생님보다는 학원의 강사가 더 잘 가르친다고 생각한다. 몇 과목의 보충을 위해 학원으로 가는 것이 아니라 이제는 학교에서 다루는 대부분의 과목을 과목별로 사교육을 통해 배운다. '학교는 적을 두고 평가를 받는 곳' 정도로 생각하는 학생들이 점점 늘어나고 있다.

이런 현상의 원인을 어디로 돌려야 할까? 우선 우리나라의 숭문사상에 기초한 학부모의 출세지향적인 자녀교육관의 문제를 들 수 있다. 내 자녀가 하고 싶은 일을 하며 살게 하기보다는 남들에게 존경받는 직업을 갖기를 원하다 못해, 자녀의 출세가 '삶의 목적' 그 자체가 되어버렸다. 두 번째 이유로 '평등주의적 교육행정'을 들 수 있겠다. 교육 평준화가 추구하는 평등주의 원칙을 고수하다보니 특별히 학교가 노력할 필요가 없어지게 된 것이다. 여기서 파생되어 나온 것이 바로 '교사의 노력 부족'이라고 볼 수 있다.

어찌하여 전문적인 교사교육을 받은 공교육기관의 교사들이 그러한 전문적 교육을 받지 않은 사교육기관의 교사들보다 가르침, 즉 교육력에서 밀리고 있는가? 이 문제에 대해서 우리나라에서는 심각한 논의가 필요한 시점이다. 교사교육이 부실하다고 생각하여 초·중등 교사교육기관에서는 나름대로 새로운 개편안을 마련하느라 분주하다. 그러나 우리는 이러한 문제의 원인을 교사가 전문성을 발휘하지 못하는 학교현장의 현실에서 찾는 일에는 게을리 하고 있다. 교사의 일과는 어떠한가? 그들의 업무는 그 양과 질에 있어서 적절한가? 그들은 어떤 노력을 하고 있는가? 그들의 노력이 부족하다면 그 이유는 무엇인가? 방학 때마다 시행되는 교원 연수 프로그램, 이대로 좋은가? 노후된 사립학교 건물의 방치, 이러한 것들이 해결되지 않는다면, 제도가 개편되더라고 공교육의 질은 더 나아지기 어렵기 때문이다.

이 책은 미국에서 이미 발생했던 공교육 부실로 인한 교육의 위기, 그에 대한 처방으로 세운 교육개혁, 그것을 실천하기 위한 열쇠를 무엇보다도 현장 교사들을 괴롭히는 직무 스트레스와 탈진이 왜 미국의 교육을 위기로 진단하게 만들었는가에 대한 이해로부터 풀어가려고 하고 있다. 파생되고 있는 양상은 비록 좀 다를지라도 현재 나타나고 있는 우리나라의 교육문제를 분석하는데 좋은 안내자의 역할을 할 수 있을 것으로 생각하고 저자의 문제의식과 처방에 공감하고 이 책을 번역하게 되었다. 이 책에서는 교사들이 교직에서 보람과 만족감을 느끼기보다는 직무 스트레스와 탈진으로 인하여 건강을 위협받고, 교사가 마땅히 가져야 할 교직에 대한 헌신과 사기가 저하되는 문제점을 조명하며, 이러한 교사의 직무 스트레스와 탈진은 교사의 교육력을 떨어뜨려 결국 교육의 위기를 초래할 수밖에 없음을 주창하고 있다.

이 책은 총 10장으로 되어 있다. 제1장에서는 탈진이란 무엇인지 그 정의에 대해 다루며, 제2장에서는 교사 스트레스와 탈진의 근본적 원인이 무엇인지를 분석한다. 제3장에서는 탈진의 증상과 유형을 소개했으며, 제4장에서는 이상주의와 환멸이라는 명칭을 통해 교사의 교직소명과 이직률을 다루고 있다. 제5장에서는 교사에게 가해졌던 비난들을 살펴보고, 제6장에서는 언론의 시각에서 바라본 교직의 모습과 왜곡에 대해서, 제7장에서는 일반인들이 교사를 바라보는 시각에 대해 소개하고 있다. 제8장에서는 도시환경에서 교직이 어떤 의미를 갖는지를, 제9장에서는 교외, 시골, 사립학교, 특수학급에서 교직이 갖는 의미를, 마지막으로 제10장에서는 이러한 교사들이 경험하는 직무 스트레스(Teacher Job Stress, TJS)와 탈진에 대한 대처 방안으로 그 해결책과 문제점을 다루고 있다.

이 책에서는 교사들이 겪는 갈등 상황을 적나라하게 표현하고 여러 가지 사례들을 다학문적 입장에서 조명함으로써, 예비교사들과 현직교사들, 또한 교사 교육자들에게 교직에 대한 성찰과 도전의 방향을 제시하였다.

따라서 이 책은 예비교사들과 현직교사들에게 교사의 역할과 직무가 무엇인가? 학부모와 언론매체, 사회 일반의 반교육적 정성의 양태와 실상은 어떠한가? 그러한 상황에서 어떻게 대처해야 할 것인가에 대해 예측하고 대처하게 하는 좋은 안내서의 역할을 할 것으로 기대한다. 또한 교육행정가들에게는 교사업무 이해에 기초하여 교원정책 수립을 하는데 좋은 참고서가 될 것이고, 학부모와 학생들에게는 무엇을 교사로부터 요구하고 기대해야 할 것인지를 판단하고 결정하는 데 유용한 길잡이가 될 것으로 기대한다.

특히 제3장에서 제8장까지의 내용은 현대 교육에서 비판의 상징이 된 초라한 교사상, 교사들이 교직에 대한 사명감, 애정 및 소명감의 상실, 교직을 유린하고 교사를 괴롭히는 새로운 질병으로 간주되는 교사의 직무 스트레스와 탈진의 해악과 양태, 탈진은 노력하면 반드시 성공할 것이라는 교사의 신념을 포기하게 하는 질병이라는 사실, 교사의 이미지를 권력을 추구하는 세력으로 포장하는 운동권 정치 성향의 교원노조의 행태와 문제점을 예리하게 사실적으로 기술했다. 아울러 전문직, 성직의 신비성과 좋은 교사 되기의 허구성, 즉 교직의 영광과 그늘 중에 후자를 신솔하게 다뤘다.

특히, 제10장에서 다룬 교사의 직무 스트레스와 탈진 관리 방안은 우리나라의 교육계에서 도입을 진지하게 검토하고 참고할 만한 내용이다.

현대인은 가족 3대 중 한 명이 의사의 정신건강 상담을 받아야 할 정도로 피곤한 사회에서 살고 있다고 한다. 교사들도 예외가 아니라고 생각한다. 옮긴이들은 건강한 교육은 건강한 교사들에 의해서 가능하다고 확신한다.

스승의 날에 학교 문을 닫는 초라한 오늘의 교사의 위상을 성찰하면서 스승으로서 대접을 못 받는 첫 세대이고 스승을 대접하는 마지막 세대라는 냉소적인 대화를 나눈 적이 있다. 그러나 세상이 어떻게 변화하더라도 교사는 존귀(尊貴)한, 거룩한 분들이다. 이에 관련한 다음과 같은 존사중경(존尊師重敬)의 서양식 표현을 소개한다.

> 우리가 조국을 위해서 할 수 있는 일 중에서 젊은이를 가르치는 일만큼 더 위대한 일이 어디 있는가?

어려운 국내 출판 환경 속에서도 오랜 세월 동안 이 책을 출판하는 데 따르는 번거로운 수고를 해 주신 박학사의 구본하 사장님과 직원 여러분께 감사의 말씀을 전하고자 한다.

2007년 10월 15일
역자 일동

머리글

지난 20여 년간 미국의 교사들에게 가장 흔하고 심각한 괴로움 중의 하나로 여겨지던 "탈진"은 여기저기서 많이 언급되긴 하였지만, (사기 저하와 더불어) 제대로 정의 내려지지 못한 포괄적인 용어가 되었다. 이 용어는 학급을 효율적으로 유지하지 못한 무능한 많은 교사들을 묘사하고, 또한 이들을 비난할 때 사용되기도 하였다.

이러한 탈진 현상의 의미와 중요성을 평가하려면, 우리는 1960년대와 1970년대 그리고 1980년대 초에 나타난 미국 교육을 향한 심각한 실망과 좌절, 그리고 이런 교육의 실패가 교사들 책임이라고 인식되었던 시기를 기억해야만 한다. 그 시기는 인종 간 격리 폐지, 통학 문제로 인해 발생되었던 혼란 상황이 결국 학교를 둘러싼 새로운 정치적 갈등을 야기한 시기였고, 청년 문화가 성행되다 사라진 시기였으며, 새로운 교육과정, 열린 교육, 그리고 여러 낭만적인 교육 운동이 싹을 틔우다가 시들어버린 시기이기도 하다. 이때는 학교가 재정적으로 매우 어려움을 겪었고 교사들에게 재정적 지원을 삭감하는 시기였으며, 노동 단체협약이 대다수 미국 교사의 근로 상황을 주관하기 시작한 시기이기도 하다. 1970년대 시작된 여러 개혁운동은 교사의 강점을 강화하기보다는 대중이 인식하고 있던 교사의 약점을 줄이거나 예방하는 데 초점을 두었다. 따라서 교사가 감수한(teacher-proof) 교육과정, 그 이후에는 대안학교에 대한 관심으로 나타나게 되었다. 이러한 역경과 비난의 맹공격을 받았던 교사들은 점차 사기가 떨어지게 되었고, 공통적인 현상으로 교사 탈진이 나타나게 되었다.

따라서 전체 교직사회가 어려움에 처하였다.

이러한 배경을 알게 되면, 1980년대 제안된 교육개혁 중 놀라운 한 가지 측면으로 지적할 수 있는 것이 바로 교사를 재발견(rediscovery of the teacher)하자는 움직임이었다. 교육을 염두에 둔 국가차원의 여러 보고서와 제안서 속에는 교직에 대한 비판이 포함되었지만, 그럼에도 불구하고 교사들이야말로 이 문제를 해결하는 핵심부분으로 언급하며 교사들이 교직업무를 개선하고 보다 효율적으로 임할 수 있는 존재임을 인식하였다. 실제로 교사들이 중요한 존재로 부각되었고, 보다 효율적으로 가르치게 되면 학생들의 교육성과 면에서도 향상된다는 인식을 갖게 되었다. 따라서 1970년대를 지배했던 여러 참담한 인식들은 1980년대에 들어서며 바뀌기 시작한다. 대학생이나 다른 전문직에서 전직을 희망하는 사람들이 교직을 호의적으로 바라보게 됨에 따라 교사들의 급여가 인상되기 시작했다. 교사들의 지위와 수행능력을 강화시키기 위한 일련의 제안들이 나타나기 시작했는데, 그 내용을 보면 급여의 보상과 인센티브, 수석교사와 멘토교사, 직업의 승진단계, 최근 들어서는 의사결정 면에서 교사들의 새로운 역할 개발 그리고 이러한 새로운 역할을 받아들이고 격려할 수 있도록 학교를 개혁하자는 것을 담고 있다. 하지만 교사의 탈진은 여전히 존재하고 있었고, 동시에 교사들 사이에서는 새로 제시된 개혁내용이나 교직상황을 개선할 의도로 만들어졌다고 알려진 것들에 대해서도 강한 의구심을 나타냈다.

교육 개혁에 대한 딜레마를 인식해가면서 Barry A. Farber 교수의 연구가 얼마나 매우 중요한 내용을 전해주고 있는지 알게 되었다. 지금까지 교사의 탈진은 너무나 잘못 이해되고 있는 개념이며 언제 발생하는지, 그 유형이나 증상은 어떠한지, 혹은 그 해결책은 무엇인지 거의 알려진 바가 없었다. 이 용어는 단순히 일반화된 상황의 무기력이나 기진맥진 정도로 알고 있었기 때문에 정책입안가나 관리직에 있는 사람(교육행정가)들이 구체적으로 이에 대처할 수 없었다. Barry A. Farber 교수는 이러한 모든 상황에 대한 해결책을 제시해 주었다.

그는 교사의 스트레스와 탈진 원인을 주의 깊게 제시함으로써 각기 다른 환경에서 나타나는 탈진의 종류가 있으며 각기 다른 방식의 대처가 필요함을 알려주었다. 또한 철저하고 주의 깊은 태도로 탈진이 진전하게 되는 맥락과 내력을 제시함으로써, 1960년대 급속하게 경험했던 여러 사회적·교육적 변화, 그 다음에 부수적으로 나타난 교사와 학교에 집중된 비난들, 그리고 낮은 급여, 도시에서 나타난 사회분열, 학부모-지역사회의 지지 부족, 학생들의 무관심 등의 결과가 어떻게 발생하게 되었는지 알려준다. Farber 교수는 교사 탈진에 대항할 수 있는 여러 대안에 대해서도 논의하며, 높은 기준과 조건을 부과하였던 1980년대 중반의 초기 교육개혁 제안들은 이러한 문제를 직접적으로 다루고 있지도 않았으며, 아울러 상황을 실제로 더 악화시킬 수 있는 잠재력을 갖고 있음을 통찰력 있게 제시하고 있다. 또한 개인적 차원에서 전략들을 따라하도록 하는 것은 국지적인 측면에서 학급상황을 개선시킬 수 있을지는 몰라도, 많은 교사들을 탈진상태에 놓이게 만들었던 문제들은 결코 해결하지 못함을 지적하고 있다. 그는 최선의 희망은 현재 "개혁"이라는 미명하에 밀려오고 있는 학교 수준, 학교에 근간을 둔 개혁에 있다고 결론을 맺고 있다. 그는 이러한 형태의 여러 제안 속에 임상에 근거한 심리학적 입장을 덧붙이고 있다.

이러한 모든 증상을 담고 있는 탈진이라는 용어는 현재 많은 미국의 학교에서 벌어지고 있는 해결하기 힘든 문제들의 징후 그 자체인 것이다. 탈진을 교사 업무가 대단치 않다고 여기는 탈진상태의 교사 개인의 난해하고 복잡한 심리적 상태의 결과이기 때문에 어느 누구도 재빨리 혹은 손쉽게 탈진을 감소시키거나 없앨 수 있다고 생각해서는 결코 안 된다. 만일 그렇게 보게 되는 경우 탈진 그 자체는 최소 수년 동안 교육개혁이나 교육개선에 본질적인 방해물로 여겨질 것이다. 이러한 상황은 학교에 근무하는 교사 개인이나 교사 집단에 영향을 끼칠 수 있는 모두에게 주의 깊은 진단과 처치가 필요함을 요구하고 있다. 조직적 측면이든, 미사여구든, 치료적인 측면에서든 어떤 묘책도 충족시키기 어렵기 때문이다.

1991년 1월
컬럼비아 대학교 사범대학장
P. 마이클 팀페인(P. Michael Timpane)

저자 서문

이 책의 저술 배경

1960년대 후반 내가 공립학교 교사가 되고자 교육을 받을 때 교사 교육과정 중에 교사에 대하여 대단히 비판적인 책(예를 들어 Holt와 Kozel)을 기증 받았다. 내가 교사가 되었던 시절은 사회와 일반 언론이 교사에 대해 매우 비판적이었다. 1970년대 중반 내가 교단을 떠날 즈음 대학의 전문가들은 교사에 대해 공공연한 비판을 가하지는 않지만, 교사들은 스스로 사고할 줄 모르며 교사의 손에 교육을 전적으로 맡겨놓는 것은 비효과적임을 명백하게 암시하는 교육과정, 교과서, 그리고 교과 지침서를 저술하느라 바빴다. 1979년 내가 교육대학의 심리학과 교수가 되었을 때 나를 가장 압박해 왔던 쟁점은 미국 교사의 질적 저하였다. 이 책은 미국의 교사들이 오랫동안 저평가되었다는 생각에서 출발하였다. 이러한 시각에서 부각되고 있는 사회적, 교육적 현상으로서의 교사 탈진 문제는 교사의 실패에 대한 증거가 아니라 오늘날 현 시대에서 학생들을 가르치는 것이 얼마나 어려운가에 대한 증거로 보아야 한다.

나는 1968년 뉴욕시의 공립학교에서 처음 교사생활을 시작하였으며 그 곳에서 특수교육과 정규교육을 가르치며 어렵지만 보람된 4년을 보냈다. 마지막 1년은 부유한 교외 지역의 공립초등학교 교사로 재직하였다. 이 기간 동안 나는 설명하기 어려운 여러 관료적 관행에 다소 익숙하게 되었고, 여러 종류의 학생 문제들을 더 능숙히 다룰 수 있게 되었다. 그러나 내가 결코 익숙해 지지 않았고 또한 완전히 이해할 수 없었던 점은 학부모, 언론, 학교 임원, 사회 지도자들, 그리고 일반인들이 드러내 놓고 교사들을 계속 경시하는 것이었다. 교사들은 인종차별주의자이며, 무능하며, 둔하고, 답답한 사람들이라는 대중 사이에서 이미 널리 퍼진 교사에 대한 비난을 들으며 많은 나의 동료들과 함께 마음이 점점 더 괴로워졌다. 사실 내가 아는 대부분의 교사들은 친절하고, 존경할 만하며, 개인적으로 아동, 특히 불우한 아동을 돕는데 헌신하였다. 지금 돌아보면 그 당시에 순진했었다는 생각이 들기도 하지만, 1960년대 후반 많은 교사들이 이상주의적인 생각을 가졌었다.

많은 교사들은 교육과정을 더 한층 “적절하게” 만들며 교실을 “개방”하며, 명확한 목표를 설정하고, 작은 성취에도 체계적으로 보상을 주며, 가난한 학생들에게 아침 식사를 제공하며 참으로 고군분투하였다. 우리가 애써 추구했던 성공을 성취하지 못한다는 것은 용납하기 어려웠다. 또 다른 어려움은 교사를 이해하기보다는 비판하고, 교사로서의 직무 수행상의 어려움과 성공을 인정하기보다는 실패만을 비난하려고 하는 일반인들의 태도였다. 1960년대 말과 1970년대 초 많은 교사들은 교육에 대한 비판, 일반인들의 후원 부족, 관료의 간섭, 강도가 심해져가는 학교 폭력, 그리고 모든 아동을 똑같이 효과적으로 교육시키라는 압력에 분노를 느끼기 시작하였다.

나(저자)를 포함하여 많은 교사들은 교직에서 느끼는 만족만으로는 더 이상 스트레스를 참아낼 수 없다고 여기기 시작하였다. 일부 교사들은 교단을 떠났으며 다른 교사들은 한 때 자신들이 가졌던 열정이나 헌신을 계속 유지하지 못한 채 교직에 계속 남아 있게 되었다. 그리고 많은 교사들은 직무에 대한 자신들의 느낌을 반영하는 개념, 즉 교사의 탈진을 확인하기 시작했다. “나는 지겹다, 나는 관심이 없다, 또 나는 줄 것이 거의 남아 있지 않다”라는 표현에서 보듯, 교사의 탈진이란 직무의 어려움과 스트레스를 상쇄시킬 수 있는 후원이나 대가가 부족함을 나타내는 현상이다.

교사의 탈진은 무능한 교사들이나 하는 변명이 아니다. 이것은 심지어 최고의 교육자조차도 교육의 불만족스러운 성격과 환경에 직면할 때 굴복하도록 만드는 직무 관련 질환인 것이다. 또한 교사의 탈진은 단지 스트레스와 관련된 증상에 국한되어 말하는 것은 아니며; 그것은 어떤 역사적, 사회적 상황 속에서 나타나는 분명한 질환인 것이다. 이 책에서 취하는 관점은 교사들은 전통적으로 많은 비난을 받아 왔고 특히 1960년대 중반 이래 그 강도가 심해졌으며, 교사의 탈진 현상이 교사들의 노력을 향해 비판을 가한 시기에 나타났다는 점은 결코 우연이 아니라는 점이다.

내용 개관

교사의 스트레스와 탈진을 다룬 여러 책과 많은 논문이 있지만 이 책은 몇 가지 면에서 기존의 문헌과는 다르다.

첫째, 앞에서 언급한 바와 같이 이 책은 지난 이삼십 년 동안 교사 탈진이 대두된 사회적, 역사적 상황에 대한 식견을 제공한다. 즉, 이러한 문제의 즉각적인 원인과 증상을 단순히 열거하는 것을 넘어 교사의 탈진을 발생시킨 요소들, 즉 교사의 파업, 시민권 운동, 여성 운동, 인구통계학적인 측면에서의 변화를 살펴본다.

둘째, 이 책은 교육학자, 사회학자, 때로는 심리학자의 표현과 견해를 채택하여 교사의 스트레스와 탈진 문제의 쟁점에 대한 다양한 견해를 제공한다.

셋째, 이 책은 교실에서의 체험뿐만 아니라 개인적인 직무 경험에 대한 교사들의 목소리를 담고 있다.

넷째, 이 책은 이제까지 주목하지 않았던 교사 탈진 현상의 상세한 측면을 지적하면서 탈진의 하위유형들을 확인한다.

다섯째, 이 책은 이러한 질환을 어떻게 처리할 것인가에 대한 일시적으로 유행할 답변이나 해결책을 제시하지 않는다; 오히려 제언은 매우 조심스럽고, 변화에 대한 예상 역시 문제의 심각성을 반영한다.

여섯째, 가장 중요한 것은, 이 책에서는 일반 교육학이나 심리학 문헌에서는 보기 힘든, 교사에 대한 후원적인 입장을 취하고 있다.

이 책의 제1장은 탈진 개념에 대한 역사 및 다양한 정의에 대하여 살펴본다. 가상 인물인 교사를 등장시켜 여러 유수 이론가들이 설명했던 탈진의 다양한 증상들을 명확히 알아본다. 제2장은 여러 교사 집단에서 만연해있는 탈진을 살펴보며 개인적, 조직적 차원에서의 탈진의 원인에 대해 살펴본다. 제3장에서는 증후군 및 세 가지로 추정되는 탈진 유형에 초점을 맞춘다. 제4장에서는 교직에 대한 질문(어떤 사람이 가르치고 왜 가르치는가? 어떤 사람이 교직을 떠나며 왜 떠나는가?)을 통해 교사 부족에 대해 언급한다. 세 명의 전직교사의 사례를 소개한다. 제5장에서는 현 시대에서 나타나는 교사 탈진의 유래를 찾기 위하여 1960년대를 특징짓는 일련의 사건과 경향(일반적인 인습 타파론자들의 목소리, 민권운동에서 의도하지 않았으나 발생된 예상 외의 결과들, 베트남 전쟁의 결과로 남성 교사가 교단으로 투입됨) 등을 추적한다. 제6장에서는 1960년대와 1970년대에 발간된 반교사적(antiteacher) 저서 몇 권을 검토하고; 수년에 걸쳐 텔레비전과 영화에서 교사들을 묘사해온 방식을 살펴본다. 제7장은 미국에서 역사적으로 교사들을 어떻게 대우했는지 알아보고; 현재 교사에 대한 존경이 왜 그렇게 낮은지 살펴보기 위하여 교직에 대한 일반인의 견해, 적은 월급, 일상적인 학부모·학생·행정가들의 대우라는 세 가지 측면에서 접근한다. 제8장은 도시학교의 "전형적인 하루일과(typical day)"를 통하여 쟁점과 문제점을 검토하고, 도시학교 교사들이 처한 특별한 문제를 다루며, 이들이 스트레스와 탈진 현상에 매우 취약할 수밖에 없음을 밝힌다. 제9장은 교외, 시골, 사립학교, 그리고 특수교육을 담당하는 교사의 특수한 문제와 취약성을 다룬다. 마지막인 제10장에서는 개인, 학교, 그리고 사회 차원에서 교사의 스트레스와 탈진을 없애기 위해 시도했던 해결책에 대해 광범위하게 논의하고 비평한다.

나를 비롯한 여러 교육학자들은 수년에 걸쳐 수집했던 실증적 자료에 의거하여 교육의 위기(crisis in education)를 인식하였다. 또한 이 분야에서 계속 증가하고 있는 문헌들을 비판적으로 검토하였고, Leonard Wechsler와 내가 지난 5년간 약 100여 명 교사를 면담하여 받은 느낌 역시 이런 교육위기론과 맥을 같이한다. 이 책은 교사 교육과정, 전문 교육자를 비롯한 교육 및 교사가 처해 있는 어려움에 관심 있는 교육행정가와 일반 학부모들을 염두에 두고 저술하였다.

감사의 말씀

나는 이 일을 하는데 지대한 도움을 주신 몇 분에게 감사드린다. 먼저 Leonard Wechsler에게 감사하고 싶다. 교사와 행정가로서의 그의 경험은 나에게 학교가 어떻게 기능하고 있는가에 대해 통찰력을 제공해 주었다. 그가 실시한 교사 면담 덕분에 책의 내용을 많이 보완할 수 있었고; 그와 정기적으로 토의를 하면서 이 책에도 포함된 여러 논점에 관해 이야기했는데 이러한 경험은 나에게 유익하였을 뿐만 아니라 동기를 부여해 주었다. 그는 연구에 도움을 주었으며, 초안에 대하여 비평을 해 주었고, 다른 교사들의 사례를 제공하여 이 책 전반에 걸쳐 사용할 수 있게 하였다. 아울러 제6장, 제8장 및 제9장은 근본적으로 그와 공동으로 저술하였다.

나는 몇 명의 대학원생들에게도 감사하는데 Melissa Kretch와 Susan Schachner는 나의 연구를 도와주었고, Laura Markham은 조언 및 정치적 식견과 편집 등 다방면으로 도움을 주었다. Laura는 필시 언젠가는 책을 저술할 것으로 생각하는데 그녀는 귀중한 일원이었고 또 내가 동료로서 의지한 사람이었다. 또 Seymour Sarason에게도 감사하는데 그는 학교와 교육 문제를 어떻게 생각할지에 대하여 가르침을 주었다; 그보다 더 나은 정보원은 없을 것으로 생각한다. 그리고 나는 Howard와 Judi Aronson, April Farber, Isaac Friedman, 그리고 Stephen Suffit와의 대화를 통해 큰 도움을 받았다. 또한 나는 이 작업을 위하여 시간을 내어 자신의 견해를 밝혀준 많은 교사들에게도 진심으로 감사드린다. 또한 Spencer 재단에도 감사드리는데 재단의 도움 덕분에 나는 초기 실증연구를 실시할 수 있었고, 이 책을 저술하는 밑거름이 되었다.

대단한 인내를 가지고 나에게 후원을 보내주었던 Jossey-Bass의 전 편집장 Gracia Alkema에게 특별히 감사드린다. 그녀는 동료였을 뿐 아니라 친구도 되어 주었다. 또한 편집을 도와주고 책이 완성되도록 친절히 격려해 준 Mary White에게도 감사드린다. 그리고 출판의 최종 단계에서 절대적인 도움을 준 Jossey-Bass 편집 관계자, Lesley Iura에게도 감사드린다.

이 책의 초고를 읽고 사려 깊고 자세한 비평을 해 준 뉴욕 Larchmont 소재 Central School의 훌륭하고 탈진하지 않은 교사 Bob Ancowitz를 비롯하여 다른 세 명의 익명의 검토자에게도 감사를 드린다.

마지막으로, 사랑과 격려를 보내준 나의 사랑하는 가족 April, Alissa, David에게 감사드린다. 다음 번 책은 좀 시간이 지난 후에 출간할 것을 약속드린다.

1991년 1월

뉴욕에서 Barry A. Farber

저자 소개

Barry A. Farber 박사는 Columbia대학교 사범대학의 심리학과 교육학 조교수이며 임상심리학 프로그램 관리자로 활동하고 있다. 그는 New York 시립대학교인 Queen 대학에서 심리학을 전공하여 학사(B.A.) 학위를 취득했고, Yale 대학교 사범대학에서 발달심리학을 전공히여 석사(M.A.) 학위를 받았으며, 임상-지역사회 심리학(clinical-community psychology)을 전공하여 철학박사 학위(Ph.D.)를 받았다.

Farber 교수는 1968~1972년에 New York시 공립학교에서 가르쳤으며 1972~1973에는 New York시 Westchester에 있는 Edgemont 학교에서 가르쳤다. 그는 교사의 탈진에 관한 다수의 논문을 전문 연구지에 발표한 바 있으며, 심리치료사를 대상으로 심리치료 실습을 지도하였고, Manhattan과 Westchester에 개인 진료소를 운영하고 있다. 그는 1983년에 『인간을 대상으로 서비스를 하는 직업에서의 스트레스와 탈진(Stress and Burnout in the Human Service Professions)』이라는 제목의 책을 출판한 바 있다. 최근에는 어떻게 환자들이 심리치료사에게 심상(image)을 구안하는가에 역점을 두고 연구하고 있다.

차 례

제 1 장

탈진이란 무엇인가?

수고하고 무거운 짐 진 자들아! 다 내게로 오라.
내가 너희를 쉬게 하리라.

—신약 성경 마태복음 11장 28절—

최근 몇 년간 미국 공립학교에 대한 관심이 급격히 부활하고 있다. 지역 및 전국적 차원의 수많은 보고서에 따르면 학교에 문제가 너무 많아서 교육이 정지상태(standstill)에 놓여 있다고 진단했다. 전국의 17세 청소년 중 단지 40%만이 읽은 내용을 파악하고 요약하고 설명할 수 있다고 보고되었다; 학생들의 읽기 실력은 1971년 이래 그다지 향상되지 않았다. 미국 고등학교의 졸업반 성적은 다른 선진국의 15세 수학능력검사 평균점수에 비해 낮다. 고등학교 중퇴율은 약 30%로 매년 약 100만 명의 학생들이 도중에 학교를 떠나고 있다. 교육의 수월성 국가위원회(National Commission on Excellence in Education, 1983)에서 작성한 보고서인 『위기에 처한 국가(A Nation at Risk)』에서는 미국학교의 "평범한 학생들의 흐름"에 대해 신랄하게 경고하였다. 그리고 John Goodlad(1984)는 미국 학교의 문제들은 너무나 심각해서 "공립 교육체제 전체가 붕괴할 지경이다"(p. 1)라고 단언하였다.

그러나 미국 교육체제를 연구한 많은 사람들은 문제가 많은 학교로 인해 학생뿐 아니라 교사들도 희생당하고 있다고 보았다. 현직교사 전체 중에서 상당한 비율(26%)이 향후 5년 내에 교직을 떠나겠다는 생각을 진지하게 하고 있다(Harris & Associates, 1988). 초임교사들이 발령 후 첫 5년 이내에 감소되는 비율은 평균 40~50%이다(Olson & Rodman, 1988). 너무나 많은 교사들이 스트레스를 받고 탈진하고 있다. 이 책의 주요 목적은 교사들에게 나타나는 이러한 현상의 본질을 조사하여, 교사들이 직무로 인하여 교사로서의 기능을 제대로 수행할 수 없게 하는 이유와 방식을 알아내고, 가능한 해결책을 검토하고자 하는 것이다.

교사의 스트레스와 탈진이 교육에 끼치는 충격은 쉽게 상상할 수 있으며 이것은 아주 심각한 상태이다. 현직교사들은 교직이 아닌 다른 곳에서 만족을 얻고자 전직을 고려하고 있다. 심지어 더 많은 급여를 준다고 해도 초임교사의 채용과 확보가 어려울 것이다. 그렇지만 교사의 직무 스트레스와 탈진으로 인해 초래될 가장 심각한 충격은 확실히 교육과정 영역일 것이며, 그 대상은 특히 걱정스러운 교육체계로 인하여 더 한층 악화될 가능성이 있는 학생들이 재학하고 있는 도시 공립학교일 것이다.

교사의 직무 스트레스 문제는 교육이 존재하는 한 항상 존재해 왔다고도 볼 수 있으며 지난 이삼십년 동안 교사들의 사기 문제가 심각하다는 인식은 더 분명해졌다. 1960년대 후반 교직에 환멸을 느낀 교사들이 쓴 자서전적인 글들은 교육과 교사의 문제에 대해 처음으로 일반인들로부터 관심을 일으키도록 도화선에 불을 붙이는 역할을 하였다. 수년 후 이러한 논쟁에 대한 관심은 다시 부활되는데, 대인(對人) 서비스 종사자들에게서 사기 저하라는 특별한 양상을 설명하려는 새로운 용어인 탈진(burnout)이 소개됨으로써 촉발되게 된다. 탈진은 Freudenberger가 최초로 표현하였듯이, 동기부여가 된 근로자들이 지치고 괴로워하면서 발생하는 스트레스에 대응할 때 나타난다. 그 이후에는 탈진을 근로자의 투입(근로자가 직무에 투입하는 것)과 산출(직무로부터 얻는 만족감과 기쁨) 사이의 불일치라고 정의되고 있다; 이러한 근로자의 인식은 무관심, 정신적인 피로, 그리고 상대해야 하는 사람들에 대한 관심의 상실로 이어진다. 그러나 용어의 정확한 의미와는 별도로 용어의 정의에 대한 합의가 이루어지지 못하고 있으며, 이러한 탈진 현상을 가장 많이 겪는 전문가 집단이 바로 교사로 밝혀졌다.[1] 앞에서 예시한 논문에서 언급한 바와 같이 "'교사'라는 단어는 '탈진'이라는 단어를 너무나 잘 연상시킨다"(Farber, 1984b, p. 321).

1) 역자 주: 병원, 특히 응급실, 외과, 화상(火傷) 환자를 치료하는 피부과에서 근무하는 의사와 간호사들도 교사 못지않은 고강도의 스트레스와 탈진을 경험하는 것으로 생각된다.

오히려 교사와 탈진을 연결시킨 것은 교사 혹은 교사 전문단체의 계속되는 항의 때문에 발생되었다기보다는, 외형적으로 직업 상태에 대한 교사 자신들의 견해와 일치했기 때문이었다. 1979년 당시 전국교육협회장이었던 Willard McGuire는 교사의 탈진 출현을 시인하였다. 그는 "중대한 새로운 질병"이 교직을 유린하고 있으며 곧 확인하지 않으면 급속히 퍼질 위험이 있다고 썼다(p. 5). 수년 후 Albert Shanker(1982)는 교사 탈진에 대한 문헌이 증가하는 것은 교사들이 자신의 직업을 이전보다 대가가 적고 스트레스가 더 심한 직업으로 여기는 지표라고 보았다. 교사들은 많은 동료들이 보였던 탈진의 특징을 반박하지 않았고, 실제로 많은 교사들은 탈진이라는 용어를 더 이상 대중의 존경도 얻지 못하고 자부심도 갖지 못하는 교직에 대해 자신들이 느끼는 감정을 가장 정확히 표현한 것으로 보았다. 많은 교사들은 교사의 직무여건이 얼마나 열악한지, 또 교사들이 자신의 역량의 한계를 넘어서는 사회 여건임에도 비난을 받으면서 얼마나 지쳐 있는지 대중들이 알아주기만을 바라는 것처럼 보였다. 놀랍게도, 많은 교사들에게 탈진은 불명예스러운 용어가 아니었다. "탈진"은 부모의 책임(아니면 대개 책임감 결여) 때문에 생기는 학교 규율 문제에서부터 교사를 위한 행정적 후원 부족까지 모든 것을 설명하고, 정당화하며, 불평하며, 교훈을 얻는 경험 많은 선원(Ancient Mariner)[2]의 넋두리 같은 기회를 제공해 주었다. 만약 탈진이 "소란스러운 단어"라고 한다면 그것은 교사들이 자신의 상황에 대해 적극적으로 화내고 항의하는 야유의 외침인 것이다. 현재 상당수의 미국 교사들은 교직에 대한 깊은 불만 때문에 교직을 떠나 식당을 열거나 부동산업, 컴퓨터 기사, 또는 소기업을 운영하고 싶어 한다.

교육단체와 대중 모두 대체로 교사 탈진 개념에 지대한 관심을 보이고 있으며, 양측의 공통 관심은 스트레스로 인해 탈진된 교사 때문에 교육의 질에 얼마나 악영향을 미칠까 하는 것이다. Sarason(1982)은 탈진이 교사의 불만족에 대한 주요 초점이 되기 몇 년 전 "만일 많은 교사 자신에게 가르치는 것이 대단히 흥미롭고 흥분되는 일이 아니라면, 어떻게 학생들에게 학습에 재미와 흥미를 느끼게 할 수 있겠는가?"(p. 200)라고 언급하였다. 최근 수년간 교사 탈진의 원인, 증상, 치료 대책이 대중잡지와 전문지에서, 그리고 전국 텔레비전 뉴스 프로그램 중 몇 개는 항상 이 주제들을 자주 다루고 있다.[3] 전국교육협회(NEA)는 1979년 회의의 중심 주제로 교사 탈진을 선정했으며, 교사교육자들은 교사들의 주요 관심을 파악하

---

2) 역자 주: The Rime of the Ancient Mariner(늙은 수부의 노래): S. T. Coleridge의 시.

3) 역자 주: 옮긴이가 인식하기에는 스트레스나 탈진 문제가 교육계(예: 교직단체나 교육연구기관)에서는 소홀히 다루어지고 있는 경향인데 비해서 일간신문, TV, 시사잡지(주간지, 월간지)에서는 인기 있는 화제로 자주 다루어지고 있다(예: 특집, 천만불짜리 스트레스, 과학동아, 2007. 8).

기 위해 만든 요구-측정 검사에서 대개 가장 높은 비율로 거론되는 주제가 바로 탈진이라고 보고한다.

지난 이십 년간 교사의 스트레스와 탈진 현상에 대한 관심과 염려에도 불구하고 이들 용어의 성격에 대하여서는 상당한 혼란이 있다. 스트레스, 탈진, 우울증, 사기저하, 환멸, 그리고 소외(stress, burnout, depression, demoralization, disillusionment and alienation)와 같은 용어는 모두 직무와 관련된 유사한 상태를 언급하는데 자주 사용되어 왔고, 이들 용어에 대한 구별을 시도했다 하더라도 대개 주먹구구식이었다. 스트레스는 원인과 결과 양쪽 모두에서 적용되었고 때로는 열악한 근무여건(직무 스트레스)이나 이러한 여건의 기능장애적인 결과(직무 때문에 스트레스를 느끼는 것)를 뜻하기도 한다. 이 분야의 한 연구자가 지적한 바와 같이, 탈진이란 단어는 사실상 모든 개인들에게 저마다 특유한 의미로 간주되는 "로르샤하 언어형 성격검사(Rorschach test)" 같다(Jackson, 1982).

교사의 스트레스와 탈진에 대한 지식은 이 개념을 평가하는 방법론적인 한계와 이에 대한 개념적인 혼란 때문에 알려지지 못했다. 이러한 사실에 비추어볼 때 탈진을 널리 퍼지는 비극으로 보는 사람들이 있는 반면, 어떤 사람들은 용어 자체가 남용되고 게으름과 방종에 대한 편리한 변명쯤으로 보기도 하였다. 이 장의 나머지 부분에서는 이 분야의 중요한 이론가 및 연구자들의 견해를 강조하고, 탈진 개념에 대한 역사를 포함하여 특히 교사의 스트레스와 탈진에 대한 용어들을 명확히 하고자 하며, 탈진에 대한 실제적인 정의를 제안하고, 또한 탈진 개념에 대한 비판을 검토할 것이다. 아울러서 탈진과 관련된 몇 가지 개념들(의기소침, 소외, 그리고 교사의 스트레스) 간의 차이도 설명할 것이며, 마지막으로 탈진과정(그것의 점진적인 과정)을 논의할 것이다.

❀ 탈진의 개념에 대한 역사적 고찰

Freudenberger: 임상적인 접근방법

뉴욕의 임상심리학자인 Herbert Freudenberger는 탈진 사례를 설명하였던(그리고 명명한) 최초의 전문가이다. 1973년 심리학 전문저널에서 그는 자신이 "탈진" 증후군(burnout syndrome)이라고 명명한 것에 대해 설명하였다. 그렇지만 그 이전에도 Graham Greene (1961)이 "탈진 사례"에 대한 소설을 썼는데, 그 소설의 주인공은 정신적으로 고통 받고 환멸을 느끼며 낙심한 남자로, 자신의 증상에 대한 적절한 비유를 나병환자 거주지에서 발견하였다; 이 가공인물의 증상은 현재 탈진 상태의 개인에 대한 설명과 부합된다. 비록

Greene의 소설은 베스트셀러였지만 탈진이라는 단어를 1960년대 유행어로 만들지는 못했다. 탈진이라는 개념을 대중화시키고 그것을 주요 사회적 쟁점으로 본격화시킨 주요 인물은 Freudenberger였으며 또한 Christina Maslach와 Ayala Pines(캘리포니아 버클리 대학에서 수년간 동료), 그리고 Cary Cherniss(미시건 대학)였다.

Freudenberger는 1960년대에 만성적 약물 남용자의 영향을 언급하기 위하여 주로 사용되었던 용어로 탈진을 선택하였다. 그 용어를 다소 반어적으로 사용하였다. 다른 보건의료기관에서는 이것을 약물 남용자들을 상대하는 몇몇 자원봉사자들의 신체적, 정신적 상태를 특징짓는데 사용하였다. 사실 이 증후군으로 고통 받고 있는 누군가에 대한 Freudenberger의 첫 번째 설명은 바로 자신에 대한 것이었다:

> 무료 진료소에서 일하면서 내가 개인적으로 경험한 심각한 결과는 바로 "탈진" 증후군이다. 무료 진료시설에서 일하는 사람에게 벌어질 수 있는 것을 잠깐만 살펴보면 그런 대부분의 일들은 정상 진료시간이 끝난 후에나 할 수 있는 일이며 … 노 개인적으로는 그 일에 매우 충실하게 임하고 있다. 당신은 이 일을 스스로에게 요구하고, 직원은 이것들을 당신에게 요구하며, 또한 당신이 돌보는 환자 또한 이것을 당신에게 요구한다. 대개 그렇듯이 아주 적은 사람들에게 매우 많은 것을 요구한다. 당신은 주위 사람들과 스스로로부터 그들이 당신을 필요로 하고 있다는 느낌을 점점 더 갖게 된다. 당신은 전력으로 헌신한다. 전체적인 분위기는 내가 그러했던 것처럼 당신이 결국 녹초가 될 때까지 그러한 느낌을 쌓아간다. … 만약 무료 진료소나 진료단체에서 일하려고 한다면 개인적, 정신적 자원을 너무 과도하게 투입한 나머지 파탄이 오게 해서는 안 된다[1973, p. 56].

이때 탈진에 대한 원래 개념은 자신의 개인적인 욕구를 도외시하고 지나치게 일에 집중적하여 피로한 상태를 강조하는 것이었다. Freudenberger는 이러한 상태는 "헌신적이고 전념하는 사람들에게, 특히 지나치게 많이, 오랫동안, 지나치게 열심히 일하는 사람들"(1974, p. 161), 자신의 욕구와 소망을 부차적인 것으로 간주하는 사람들, 그리고 세 방향에서(자신의 내부, 서비스를 요구하는 고객, 행정직원들로부터) 헌신에 대한 압박감을 느끼는 사람들에게서 가장 빈번하게 발생한다고 단언하였다. 이러한 압박은 다시 죄책감을 낳아 이들이 더 큰 힘을 발휘하도록 자극한다.

Freudenberger는 후에 자신의 한 저서에서 탈진은 "자신이나 사회의 가치관에 의하여 부과된 다소 비현실적인 기대에 부응하려는 지나친 노력"의 결과라고 하였다(1980, p. 17). 그의 인식처럼 문제는 일의 요구가 끝이 없을 수 있으며, 이들이 상대하는 고객들은 대개 만족할 줄 모르고 계속 요구하는 사람들이다. 그가 지적한 바와 같이 "우리가 상대하는 사람들은 대개 지나칠 정도로 요구하는 사람들이기 때문에 그들은 끊임없이 말하고 흡수하고 요구한다. 내가 상대하는 사람들은 우리에게 끊임없이 무엇인가를 줄 것을 요구한다는 것을 솔직히 인정하자. 그리고 우리가 제공하는 것은 우리와 그들 모두에게 끝이 없어 보인다. 그렇지만 우리는 곧 이것이 잘못된 견해라는 것을 알게 된다. 공급은 고갈될 수 있다. 대개는 아주 신속히"(1975, p. 75).

Freudenberger에 의하면 탈진은 근본적으로 너무 열심히 도와주는 사람과 너무 많이 요구하는 고객 사이의 불행한 상호작용 산물이었다. 하지만 이러한 설명은 현재에는 별로 관련이 없어 보인다. 그러나 그 당시인 1970년대 중반에는 적어도 두 가지 이유에서 주목할 만한 것이었다. 첫째, 보살핌이 부족한 사람들의 무시, 요구, 미덕을 강조하면서 전문적인 도움은 실패하였다고 비난하는 것이 일반적인 그 당시에는 탈진 개념은 암묵적으로 도움을 제공하는 사람들이 처해 있는 입장에 동정적인 것이었다. Freudenberger는 일하는 사람들이 근본적으로 너무 심하게 일하고 너무 열심히 돌보기 때문에 탈진하고 있다고 하였다. 이러한 의미에서 일반대중에게 탈진 개념에 관심을 기울이고 이를 수용하도록 관심을 갖게 하여 대인서비스 전문가(예를 들어 교사)의 문제점과 필요에 다시 초점을 맞추도록 도움을 줌으로써 국가의 동정심이 다소 균형을 회복할 수 있도록 기여하였다.

둘째, 탈진 개념은 도움을 제공하는 사람 자신에게도 자신의 역할(도움을 주거나 치료하거나 가르치는 것) 수행과정에 어려움을 겪고 있다는 것을 알려 주었고, 이러한 어려움은 적어도 부분적으로는 고객에게도 심각한 문제가 있음을 이해하게 하였다. Freudenberger는 항상 요구하고, 불안해하는 사람들과 함께 일하는 사람이 도움을 제공하는 사람으로서 항상 성공적이거나 만족을 느끼는 것은 불가능한 것은 아니지만, 어려울 수밖에 없다고 지적하였다. 이것은 도움을 제공하는 사람의 효과는 부분적으로는 자신이 맞서야 하는 문제들과의 작용이라는 것이 지금은 분명하지만, 1960년대 후반과 1970년대 초반에는 가난하고 중독성이 있고 정신질환이 있고 교육적으로 불이익 받은 사람들의 문제는 이들 집단을 위해 전문적으로 봉사하는 사람들의 엘리트 의식과 동정심이 없고 무관심한 태도의 탓으로 돌렸다. 이러한 관점에서 Freudenberger가 "이것에 대해 솔직해지자"고 하며 이 논의를 정리하였다. 그는 고객이나 전문가는 서로 돕는 관계이지만, 왜 거의 혜택을 얻지 못하는지를 이해할 수 있는 한 요소로서 고객의 문제(심지어 심각하고, 역사적으로 다루기 어려운 문제들까지)도 관심을 가져야 한다고 보는 견해에 대해 현장에서 실제 일하는 사람들은 이를 즉시 인정하려고 하지 않는다는 것을 알고 있었다.

비록 Freudenberger는 교사의 탈진에 대하여 상세하게 쓰지는 않았지만 그의 견해에 따르면 탈진한 교사의 모습이란 다음과 같을 것이다.

Rachel B.는 중산층 가정의 외동딸로 두 가지의 직업을 경험해 보았고 정치적으로는 진보적이며 대학 3학년 때 교사가 되기로 결심한 20대 중반의 미혼여성이다. 그녀는 수년간의 여름캠프에서 카운슬러 경험을 통해 아이들을 잘 다룰 줄 안다고 자신하였고 아이들과 함께 지내는 것을 좋아하였다. 가장 중요한 것은 대부분의 아이들이 자신의 민감성, 유머 감각, 낙관적인 태도에 잘 호응한다고 여기고 있다는 것이었다. 또한 그녀는 대부분의 성인들은 아이들 문제의 본질을 진정으로 이해하지도 바르게 평가하지도 못한다고 생각하며, 본인은 자신을 가르쳤던 대부분의 교사보다 더 잘 가르칠 수 있다고 생각하였다. 자신은 다른 사람과는 달리 훌륭하며 도움을 주는 교사가 될 자질이 있다고 굳게 믿었으며, 자신이 굳은 신념을 갖고 교직을 선택한 것과 많은 친구들이 소극적으로("달리 할 일이 없어서") 교직을 선택한 것에는 차이가 있다고 생각하고 있었다. 대학을 졸업하고 첫 담임배정(도심지역 학교의 5학년 담임)을 받기에 앞서 그녀는 방학 대부분을 수업을 준비하고 교실을 꾸미면서 보냈다. 그녀는 약간 긴장되고 처음 담임을 맡아 흥분하고 있었지만 자신에게는 다루기 어려운 학생조차도 "잘 다룰 수 있는" 능력이 있다고 확신하고 있었다.

주의산만, 수업방해, 행동문제, 행정적 요구가 너무나 많아 그녀는 처음으로 가르치는 것이 얼마나 어려운 것인지 놀랐다. 그녀는 훌륭한 교사가 될 수 있다면 무엇이든 하겠다고 맹세하였다. 아이들은 좋은 교육을 받을 권리가 있으며 이를 제공하고자 하였다. 그녀는 방과 후 상당한 시간을 수업을 계획하고, 과제를 할당하고, 학습의욕이 낮은 학생들을 더 효과적으로 다룰 수 있는 방법을 생각하면서 보냈다. 하지만 마음속에서는 너무나 많은 학생들이 여전히 교육에 등을 돌리고 있고 교실에서 다른 학생들의 수업을 방해하고 있다고 생각했다. 그녀의 학생들은 그녀를 좋아하는 것 같았고, 많은 학생들은 그녀의 에너지와 보살핌에 대해 매우 긍정적으로 반응하였다. 학교 행정가뿐 아니라 다른 교사들도 그녀를 재수 많은 신임교사로 여기며 그녀의 노력을 칭찬하였다. 하지만 학급의 많은 아이들이 여전히 교육에 관심이 없고 다른 학생의 학습을 방해하고 있다고 생각했다. 그녀는 자신의 노력이 이런 부류의 학생들에게도 영향을 끼치지 못한다면 자신의 교사생활은 성공적일 수 없다고 느꼈다. 학교에서 다른 교사들과 친해지면서 교재도 빌리고 문제 많은 학생을 지도하는데 도움이 되는 조언도 구하기 시작하였다. 그녀는 모든 사람(자신의 상급자, 교장, 동료 교사들, 도움을 주는 학생들, 참여 학부모)들의 권고를 받아들였다. 교직 첫해에 그녀는 교사로서 자질이 크게 향상되었고 학교에서 가장 열심히 일하고 학생들에게 가장 관심을 기울이며, 가장 헌신적인 교사로 인정을 받게 되었다. 그러나 그녀는 여전히 자신이 충분히 잘 하고 있다고는 생각하지 않았다. 학급의 25명의 학생들 중 3~4명은 빈번하게 결석했고, 또 다른 5~6명은 수업에 주의를 집중할 수도 없었고 하려고도 하지 않았으며 다른 학생들에 비하여 점점 더 뒤쳐지고 있었다. Rachel B.는 그 학생들의 장래가 점점 더 암울해지고 있다고 보았다.

첫해가 끝날 무렵 그녀는 더 열심히 일하겠다고 다짐하며, 학생들의 인생은 자신에게 달려 있다고 여겼다. 그해 여름 그녀는 짧은 휴가를 보낸 뒤 곧 그 지역의 대학에서 열리는 도시교육 세미나에 참여하였다. 그녀는 자기 학급의 모든 학생들이 학문적으로 상당한 진보를 이루도록 하겠다고 강한 결심을 하면서 교사 생활 2년째를 맞이하였다. 그녀는 첫 해의 실수를 거울삼아 이번에는 자신이 가르치게 될 모든 학생들을 확실히 차이 나게 잘 가르칠 수 있다고 확신하였다. 그리고 처음에는 모든 것이 순조롭게 흘렀다: 그녀는 연초에 효과적인 수업방안을 마련하였으며, 걱정은 줄어들고 문제와 수업 방해에 잘 대처했으며, 학생 개개인을 위한 프로그램을 어떻게 마련할 것인가에 대한 더 명확한 방안이 있었다.

결심한 대로 Rachel B.는 일을 더 열심히 하였다. 이러한 최대한의 노력에도 불구하고 많은 학생들의 학업은 여전히 기껏해야 낙제를 면할 정도이며 전국 표준에 견주어 일부는 사실상 유급과 마찬가지라는 것을 깨닫게 됨에 따라 화가 나고 점점 더 낙담하기 시작하였다. 그녀는 학생을 향한 동정심이 점점 사라졌고, 많은 동료들 중 특히 행정직원들을 무능하고 도움이 안 되는 존재라고 더욱 비난하게 되었다. 그녀는 상급자의 접근방법을 바꾸어보라는 조언에 신경질이 나기 시작하였으며, 자신만큼 열심히 일하는 사람만이 자기 일에 대하여 왈가왈부할 자격이 있다고 생각하였다. 그러나 그녀가 알고 있는 상급자 중에는 그런 사람이 아무도 없었다. 그녀는 교내에서 자신이 가장 월등하게 능력이 뛰어나고 진지한 교사이며, 다른 교사들도 자신의 생각을 따른다면 많은 성공을 거둘 것이라고 여기기 시작하였다. 이러한 과장된 생각은 그녀가 모험을 고집하게 만들어 심야에 위험한 지역으로 가정방문 하는 일로까지 확대하게 만들었다. 2년째가 끝날 무렵 자신이 지쳤다고 깨닫기 시작하였고 본인이 가르치는데 얼마나 많은 시간을 바쳤던가를 돌아보며, 그동안 자신의 건강, 친구, 사회생활을 무시하고 지냈다는 것을 알게 되었다. 그녀는 다음 학기에도 교직을 계속할지 여부에 대하여 확신이 없었지만, 그해 여름에 긴 휴가를 가질 필요가 있다는 것은 분명하였고 그녀의 친구와 가족들도 전적으로 그 생각에 동조하였다.

Freudenberger가 예시(例示)했던 대부분의 사례처럼, Rachel B.는 여기에서 자신의 이상과 출신배경으로 인하여 다른 사람들에게는 너무나 많은 것을 베풀지만 자신에게는 소홀하여 결국 탈진하게 되는 비참한 영웅으로 묘사하고 있다. 이 개념이 현재 많은 전문가들에게 호소력이 있는 것처럼, 그리고 Freudenberger의 저술이 영향력이 있는 것처럼 탈진에 대한 이러한 견해는 몇 가지 면에서 비판을 받기 쉽다. 가장 두드러진 것으로 예전에는 도움을 제공하는 사람에 대하여 지나치게 낭만적이고 고귀하게 여기던 시각이 이제는 바뀌어져서 도움을 받는 사람들에 대하여 비현실적으로 낭만적인 견해를 갖게 하였다. 탈진한 많은 교사들은 지나친 헌신이나 열정 때문에 힘든 것도 아니었지만 "언제나 더 열심히 일했기"(Freudenberger, 1975, p. 74) 때문도 아니었다.

근본적으로 Freudenberger는 탈진을 이해하는데 임상적인 접근방법을 채택하였다. 그는 탈진의 원인, 증상, 임상과정을 설명하였으며, 관련 대책(사람의 욕구와 가치관에 더 주의를 집중할 것)을 권고하였고, 탈진의 전체 현상을 특별한 사회상황 내로 한정시켰다. 그는 "우리 사회의 가치관 변화"가 "우리 삶에 모호함을 가져 왔으며 이것은 탈진이 다시 나타날 비옥한 기반을 만들었다"라고 말하였다(1983, p. 25). 그렇지만 그의 저술은 주로 개인적으로나 직업인으로서의 삶이 "높은 성취"를 위하여 "높은 대가"를 지불한 사람들에게 초점을 맞추고 있다.

Maslach와 Pines: 사회심리학적 접근방법

Maslach와 Pines는 Freudenberger와는 대조적으로 사회심리학적인 견지에서 탈진 현상을 조사하였다. Maslach는 인간성 상실 및 인격 상실에 대해 연구했던 Philip Zimbardo의 1970년대 초기 저술의 영향을 받았다. 사실상, 같은 해(1973)에 Freudenberger는 학술저널에 탈진에 대한 글을 처음으로 발표하였으며, Maslach는 미국심리학회 모임에서 전문가의 직무와 관련된 스트레스(특히 과중한 업무)가 어떻게 고객을 비인격적으로 다루게 하는지를 지적하는 논문을 발표하였다. 미국으로 오기 전에 Pines는 이스라엘 군인의 스트레스에 대하여 연구하였다. 공동연구뿐 아니라 독자적으로 그들은 여러 유형의 대인 서비스 직업에 종사하는 수천 명에 대한 자료를 수집하였다. 그들은 탈진을 일으키는 특정한 환경 여건, 스트레스로 가득한 사건들의 충격을 완화시키는 특정 조정인자들(가장 두드러진 것은 사회의 후원), 여러 전문직의 탈진을 특징짓는 증상(가장 두드러지게는 다양한 유형의 정서적 서먹함)을 식별하고자 탈진을 더 한층 연구지향적인 견지에서 연구하였다. 그들은 설문지와 면담 방법을 모두 사용하여 탈진의 세 가지 주된 측면을 구분하였다: 정신적인 피로(탈진, 고갈의 느낌), 인격 상실(정서적으로 "경직된" 느낌, 의뢰인을 마치 비인격적인 존재와 같이 취급하는 것), 이해관계 당사자의 개인적 성취의 결여(비효과적이고 부적절하다는 느낌). 이 분야에서 가장 널리 사용된 척도는 Maslach 탈진 검사(Maslach & Jackson, 1981, 1986)이며, 개인의 탈진을 측정하는데 이들 세 가지 요소를 측정한다.

Freudenberger는 욕구 좌절과 스트레스에 대한 반응으로 더 열심히 일한다는 가설("계속되는 요구들을 막는 유일한 방법은 … 많은 시간과 노력을 더 기울이는 것이다")을 세웠으나, 이와는 대조적으로 Maslach는 정신적인 피로에 대한 반응에서 멀어지게 되는 것(detachment)을 강조하였다. 두 사람 모두 탈진의 전조는 지나친 정신적 개입과 과도한 긴장이라고 보았으나, Freudenberger는 스트레스가 늘어날수록 대인 서비스 전문가는 점점 더 큰 노력을 기울이게 된다고(결국 그 사람이 "쓰러질" 때까지) 본 반면, Maslach는 스트레스로 인하여 무관심이 더 심해진다고 보았다. 〔Pines는 중도적 입장을 취했는데, 탈진상태에 놓인 전문가가 점차적으로 보살핌을 상실하게 되는 것에 초점을 맞추면서, 전형적인 탈진 과정의 초기 현상으로 "일 중독(workaholism)"을 언급하고 있다.〕 Maslach는 1976년 논문에서 "다른 사람들을 집중적으로 상대하는 전문가들은 고객과 거리를 둠으로써 스트레스에 대처하지만, 이러한 방법은 자신에게 도움이 되지 않을 뿐 아니라 모두의 관계를 손상시킬 뿐이라고 하였다"(p. 17). 대인 서비스 종사자의 끊임없는 정신적인 스트레스는 그가 "상대하는 고객에 대한 관심이나 정신적인 느낌이 모두 사라지고 그들을 냉담하게 심지어 비인격적으로 대하게 되는" 탈진으로 이어진다(p. 17). Maslach는 탈진한 전문가는 고객에게 냉소적이 되며, 문제를 일으킨 고객들을 비난하거나 그들을 경멸적인 용어로 부른다고 하였다. 아울러서 고객이 직접적인 서비스를 끊임없이 요구하게 되면 탈진한 전문가는 그 대처방법으로 물리적으로 그 장소를 피하거나(행정적인 일을 맡음으로써), 만약 직무여건상 이것이 불가능하다면 고객과 비인격적으로 혹은 지나치게 공식적인 방식으로 의사소통하고, 더 지적인 인간관계로 간주함으로써 정신적, 심리적으로 거리를 두려고 한다. 탈진은 또한 종사자의 부정적인 자아개념이 심해질수록 확실히 드러난다. 그들은 죄책감, 부적절함, 자신의 무능함을 느끼며, 가정이나 직장에서도 자신을 좋게 봐줄리 없다고 생각한다(Pines, 1983). 그들의 신체 건강은 악화되어 점점 더 수면 장애, 두통, 식욕 상실, 신경증 등의 통증, 그리고 복통을 호소하게 된다. 또한 너무나 심한 스트레스를 받은 상태로 귀가하기 때문에 다른 사람을 편하게 대하기 힘들어 부부 및 가족과의 갈등이 증가하게 된다. 탈진한 많은 개인들은 다른 사람과 전혀 같이 있고 싶어 하지 않는 마음으로 직장에서 가정으로 돌아온다. Maslach와 Pines에 의하면, 가장 심각한 것은 탈진은 알코올 중독, 절망, 자살 욕구와 밀접한 관계가 있다는 점이다.

Freudenberger와 마찬가지로, Maslach와 Pines는 탈진은 이상주의적이고 호의적으로 직업을 시작한 사람들에게 나타날 수 있다고 강조하였다. Freudenberger처럼 Maslach와 Pines는 서비스 종사자들에게 매우 동정적인 입장을 취하였다. 예를 들어 Maslach는 대인 서비스 종사자들에 대한 비인격적이고 비인간적으로 일하고 있는 것에 대한 비판을 시인하는 한편, 그러한 비판은 "그러한 서비스를 제공하는 사람들이 짊어진 무거운 심리적 부담을 고려하지 못했기 때문"이라고 말하였다(1977, p. 2) Maslach는 서비스 종사자의 탈진에 대한 고객의 역할에 관한 후속 논문에서 "고객이 서비스 종사자를 비인격적으로 대하는 것처럼 이들도 고객을 비인격적으로 대우할 수 있다는 것을 인정하여야 한다."고 기술하였다(1978, p. 111). 그리고 Pines는 도움을 제공하는 전문가들의 "고객중심적인" 성향 때문에 이들의 욕구와 정서를 정당하게 표현할 여지가 사라져버렸다고 언급하였다(Pines & Aronson, 1981, p. 52).

탈진한 교사들은 Maslach나 Pines에게 어떻게 보여질까? Rachel B.의 사례로 돌아가 보자. 초기 이야기는 Rachel B.가 교실에서의 좌절이 심해질 때까지 노력을 계속 했으며, 그녀는 더 열심히 일하였고, 더 한층 악화되고 분개할 정도로 학생들에게 더 많이 관심을 기울였다는 내용이었다. 이와는 다른 측면의 이야기를(두 번째 문단부터) 살펴보도록 하자.

그녀는 가르치는 것이 얼마나 어려운지 놀랐고(학생들이 수업 중의 주의 산만, 수업 방해, 행동 문제, 행정적인 요구가 너무나 많았다), 스스로 점점 더 괴로워하고 좌절하였다. 그녀는 학생들을 위해 자신이 얼마나 진지하게 열중하였는지를 생각히면서 자신의 노력에도 불구하고 아이들은 변한 것이 없다는 것에 크게 상처받았다. 그녀는 아이들로부터 얻는 보답이 마땅히 자신이 받아야 할 것에 못 미친다고 느끼기 시작하면서 아이들에 대한 관심이 줄어들게 되었다. 그녀는 이러한 직무 여건과 가르침에서 얻는 외관(外觀)상의 만족이 제한적일 수밖에 상태에서 다른 교사들은 어떻게 가르치는 일을 계속하고 있는지 정말 이해가 안 되었다.

그녀는 일에 무관심해지기 시작하였다. 만일 학생들이 공부하지 않으면 그녀는 그 이유에 대해 더 이상 알려고 하지 않았고, 만일 학생들이 비행을 저질렀다면 그녀는 그러한 행동을 제대로 가르치지 못한 가정교육을 탓하였고, 수년간에 걸친 무시와 학대의 결과로 나타난 것을 치유하기 위해서 학교와 교사가 할 수 있는 것이란 거의 없다고 판단하였다. 그녀는 수업마다 복사물을 무수히 나누어주기 시작하였고 독창적인 수업은 크게 줄어들었으며, 그녀는 점점 더 많은 시간을 책상에서 보내며 가능한 한 학생들과의 긴밀한 접촉을 삼갔다. 그녀는 소수의 "우등생"에게는 계속 관심을 기울였지만 학업에 흥미를 보이지 않는 학생들에게는 점점 더 분개하였으며 그들에게는 단지 기계적으로 가르쳤다. 비록 그녀는 자신의 생각에 당황하였지만 때로는 교실의(그리고 학교의) 많은 학생들은 그런 대접을 받아 마땅하다고 확신하였다. 그녀는 이러한 아동은 학업에 진정한 관심이 없고 다른 사람을 배려하지 않을 뿐 아니라 자신도 거의 돌보지 않는다고 생각하였다. 몇몇 아동에 대한 그녀의 인상은 그들은 "구제할 수 없는" 존재이며 나머지 아동들을 위해서 이들은 교실에서 빨리 "쫓아낼" 수 있어야 한다고 생각했고, 몇 명의 아동들을 특수학급(Special Education Classrooms)에 보내 버리려고 학교심리학자와 장애 아동위원회에 몇 번이나 의뢰를 하였다.

그녀는 친구들에게 교직(教職)에 대하여 불평하기 시작하였으며 교실의 일상사를 설명하면서 야유하고 심지어 조롱하는 태도를 취하였다. 그녀는 또한 잦은 두통과 끝없는 피로감을 불평하였다. 그녀는 한 때 자신이 꿈꾸었던 성공적인 교사가 되지 못했다는 점에 대해 기분은 좋지 않았지만, 교사 생활이 바로 자신의 전체 인생은 아니라는 점을 굳건히 믿었다. 행정적 처리를 바로잡기 위하여 교실에 남아 있는 대신 방과 후에 칼퇴근을 하였다. 일로부터 얻은 에너지로 충족되어 퇴근하는 것이 아닌 그녀는 대개 술을 마시고 집에 들어가서는 잠에 곯아 떨어졌고, 밤에는 수업계획을 하기보다는 가능하면 외출을 하곤 하였다. 기분이 좋지 않을 때에는 반드시 출근하는 대신 가능한 모든 병가를 내어 사용하였으며, 때로 단지 그날 잘 지낼 것 같지 않은 느낌만으로도 학교에 아파서 결근한다는 전화를 하였다. 다른 교육대학원 과정을 수료하는 대신 그녀는 영화감상 과정을 택하기로 결정하였다(그리고 그렇게 하면서 반항심을 느꼈다). 그리고 다음 해에 교직을 계속할지 여부를 고민하는 대신 그녀는 결코 다시는 교단에 서지 않겠다고 다짐하였다.

분명하게 이것은 교사 탈진에 대한 매우 다른 견해이다. 일부 증상(예를 들어 열심히 공부하지 않는 학생들에 대한 분개, 환멸, 분노)과 궁극적인 결과(신체적, 정신적인 피로)에서 유사점은 있지만, 탈진에 대한 이 두 가지 견해는 좌절에 대처하는 교사의 반응에 대해 대조적인 이미지를 제공한다. 그리고 어떤 접근방법을 주장하는 학자라도 탈진은 개인 각자에게 독특한 양상을 띤다는 견해에 대해서는 거의 분명히 동의하지만(Mattingly, 1977), Maslach나 Pines는 탈진상태의 전문가 모습을 더 가혹하고 덜 이상주의적이며 또 사회적으로 더 한층 문제가 있게 묘사하고 있다. Freudenberger가 탈진 상태의 사람을 여전히 "성실하고 열심히 일한다"고(비록 기계적이고 정지된 방식이긴 하지만) 본 반면, Maslach와 Pines는 이들을 "줄 것이 더 이상 남아 있지 않은"(Pines & Aronson, 1981, p. 15) 더 이상 아무 것도 제공하지 않는 상태로 보았다(Maslach, 1976, p. 16). 나의 견해로는 이 두 양상 모두 교사들에게 나타나지만, 불행하게도 우리 사회의 교사들에게 더욱 전형적인 모습은 바로 후자이다.

Cherniss: 조직의 관점

Maslach와 Pines는 개인의 탈진하기 쉬운 경향을 결정짓는 주요 요인은 직무성격(job characteristics)이라고 주장하였다. 그들의 연구에서는 예를 들어 직원 한 명이 상대하는 고객 수가 많을수록, 오랜 시간 계속하여 고객을 직접 상대할수록 스트레스와 탈진을 나타내는 다양한 지표와 정(正)적 상관관계가 있음을 밝혔다. 탈진의 원인을 이해하는 이러한 접근방법(탈진을 직무환경의 특정 측면과 연계하려는 시도)은 Cary Cherniss에 의하여 비중 있고 광범위하게 연구가 되었다.

Cherniss는 예일대학에서 Sarason과 공동으로 쓴 대학원 논문의 영향을 받아 조직의 성격과 사회문화적인 환경이 사람들의 직무에 대한 반응에 어떻게 영향을 끼치는지를 살펴보기 위하여 이러한 것에 초점을 맞추었다. Freudenberger의 저서에 수반하여 1970년대 중반 Maslach, Pines, Cherniss와 그의 동료들은 "공익 전문가"(public professionals, 높은 수준의 능력 그리고/또는 정규 훈련을 요구하는 서비스를 제공하며 공공기관에서 근무하는 사람들)의 특수한 직무 스트레스에 대하여 연구하였다. Cherniss에 의하면 그러한 직무에 본질적으로 따르는 심리적 스트레스는 두 가지 요소에 의하여 불가피하게 늘어난다고 보았다: 전문가의 직무 성격을 변하게 하는 사회적 변화와 "기초적인 대인 서비스에 종사하면서 관료조직을 향해 느끼는 도전"(Cherniss, Egnatios, & Wacker, 1976, p. 430). 첫 번째에 대해 Cherniss는 사회가 변화함에 따라 전문가들은 고객에 대한 "적절한" 권한 정도는 상대에 따라 다르게 고려해야 하는데, 전문가들 특히 새로운 전문가들은 고객을 위해 적당하게(지나치게 소원하지도 않으면서 지나치게 긴밀하지도 비공식적이지도 않는) 임하고 있다고 지적하였다. 아울러 1960년대 초반 이후 사실상 모든 전문가 집단을 향해 직접적으로 가해졌던 많은 비판 때문에 일부는 자신의 직무에 대해 좋지 않게 여기게 되고, 직무로 인해 당연히 누릴 것으로 생각했던 지위나 특권을 누리기 힘들어졌다. 이 두 번째 쟁점에 관하여 Cherniss는 대체로 공공 관료조직에서 행정부와 직원 사이의 갈등은 거의 불가피하며, 전문가들은 효과적 운영을 위해 시스템을 잘 다루는 법을 배워야 한다고 지적하였다. 예를 들면, 공립학교 교사들은 "대개 엄격하고 복잡하게 보이는 시스템에서 그들에게 필요한 후원을 어떻게 얻어낼 수 있을지 배워야 한다"(1976, p. 430).

더욱이 Cherniss는 많은 사람들이 전문가의 직무에 대해 비현실적인 기대를 갖고 있기 때문에 그 결과 환멸과 탈진의 느낌이 생기게 된다고 보았다. 많은 사람들은 대인 서비스란 (1) 변함없이 흥미롭고, (2) 잘 준비되어져 있는 능력이고, (3) 동정심 있는 다정한 사람들이 하는 일이며, (4) 유연하고 자율적이고, (5) 동료애를 느끼게 하는 것이며, (6) 만족감과 감사하는 마음으로 일하는 것으로 "전문직의 신비성(professional mystique)"을 믿고 있다. 이러한 믿음은 일부 사람들에게는 분명 사실일 수 있으나, "우리 사회가 믿고 있듯이 많은 사람들에게 전형적인 것은 아니다"(Cherniss, Egnatios, Wacker와 O'Dowd, 1979, p. 6). 예를 들어 대개 공공서비스 관료조직에 근무하는 전문가들은 직무의 자율성이 낮다. 교사들은 자신의 고객(학생)을 선택할 수 없으며, 행정적인 임무와 심지어 사무적인 임무를 거절할 수 없으며, 아주 제한적인 경우를 제외하고는 교육정책에 영향을 끼칠 수 없다. Cherniss, Egnatios, Wacker와 O'Dowd(1979)가 언급한 바와 같이 "관료조직은 직원이 어떠한 자격증을 소지하고 어떤 훈련을 받았든 개인의 자율권을 제한하고 변화를 거부하는 경향이 있다"(p. 7). 실제적인 직무 여건 때문에 기대가 바뀌게 되는 또 다른 예는 교사훈련을 받고 있는 많은 사람들이 학교가 동료애와 공동연구, 상호 후원을 격려할 것이라고 가정하는 것인데, Sarason(1971)과 Lortie(1975)가 지적하였듯이 사실 교직은 다소 고독한 직업이며 많은 교사들은 학교일과(school day) 중에 성인들과 거의 접촉하지 않는다.

이 분야의 다른 대부분의 전문가처럼, Cherniss도 탈진이란 근본적으로 종사자 자신이 실제로 하고 있는 것과 그 대가로 받고 있다고 느끼는 것 사이의 불일치 때문에 발생한다고 보았다(1980a, 1980b). 그는 이러한 불일치는 두 가지 매우 다른 상황 때문에 촉매 작용을 일으킨다고 언급하였는데, 두 가지 상황이란 개인이 과도한 자극을 받는 환경(예: 지나치게 많은 학생들을 담당한 교사), 개인이 단지 제한적인 자극과 도전에 처한 환경(예: 수년 동안 같은 학년이나 과목을 가르치는 교사)을 말한다. Cherniss는 탈진이란 "도움을 제공하는 사람이 적극적인 문제해결을 통해서 경감시킬 수 없는 스트레스와 긴장을 경험할 때"(1980b, p. 18) 시작된다고 말하였다.

그가 탈진의 증상이라고 본 것과 Freudenberger, Maslach, Pines가 말했던 증상이 유사한데, 특별히 Cherniss는 탈진 때문에 유발될 수 있는 전문가의 세 가지 변화 양상을 언급하였다. 첫째, 고객을 향한 동정심과 인내심을 상실하고 자신들의 어려움에 대하여 고객을 "객관화"시켜서 비난한다(Ryan, 1971). 둘째, 변화에 대한 이상주의와 낙관주의를 상실한다. 셋째, 점점 더 직무 외의 일에서 삶의 충족감을 얻으려고 한다. Maslach가 언급하였듯이, 탈진 현상에서 나타나는 세 가지 요소(정신적 피로, 인격 상실, 개인적 성취 부족)들은 서로 독립적이며, 하나의 주된 탈진 상태를 나타내고자 세 가지를 합할 수 없으나 Cherniss는 자신이 구분한 이 세 가지 양상은 항상 같이 일어난다고 보았다. 세 가지 가능한 반응을 단순히 나타내면 이것은 서비스 직업에서 스트레스가 쌓이고, 좌절감을 느끼고, 일이 단조롭게 느껴진다. 한편 Cherniss와 Krantz(1983)는 과도하게 헌신하는 병이 탈진이라는 Freudenberger 견해에 동의하지 않는다(나와 마찬가지로). 그 대신 탈진이란 "직무에 대한 헌신과 윤리적인 목적을 상실"하여서 발생하는 것이므로 스트레스나 탈진의 증상을 개선하려는 수단으로 직무에 대한 헌신을 줄이라는 충고는 "바람직하지 않을 뿐만 아니라 탈진할 잠재성을 더 증가시킬 수 있다"(pp. 198-199)고 하였다. 실로, Cherniss에 따르면 탈진을 방지하는 장기적인 방법은 그 탈진의 원인이나 이상적으로 세웠던 이념에 헌신하는 것이라는 것이다.

Cherniss의 견해를 채택한다면 탈진상태의 교사는 어떻게 보일까? 다시, 두 번째 문단부터 Rachel B.의 경우로 돌아가 보자.

그녀는 처음에 가르치는 것이 얼마나 어려운지 놀랐다(주의 산만, 수업 방해, 행동 문제, 그리고 행정적인 요구가 너무나 많았다). 그녀는 교육학을 전공하였고 교생으로 두 학기 동안 수업을 해봤기 때문에 자신의 준비가 부족하다거나 부적절하리라고는 예상하지 못하였다. 그녀는 수업을 준비하고 아동을 직접 지도하는 일에는 자신이 있었지만 교실 운영은 거의 아는 바가 없었다(그녀의 교생 경험은 이미 잘 짜여져 운영되고 있던 교실에서 일한 것이었다). 아울러서 그녀는 주변의 성인을 어떻게 대해야 할지 거의 아는 바가 없었다고 생각하였다(어느 누구도 그녀에게 행정가를 어떻게 효과적으로 대하며 학부모와 어떻게 대화해야 하는지 가르쳐주지 않았다). 그녀의 장학관(supervisor)은 이러한 "정치적 쟁점"에 대해서는 특별한 관심을 보이지 않았고, 그 대신 수업계획, 교수-학습과정안, 교실 구성(게시판, 좌석배치, 교실 환경미화)에 더 중점을 두었다. 그녀는 그의 모든 조언이 호의적이라고 느꼈으며 실제로 많은 도움이 되었다. 그렇지만 그녀를 낙담시킨 것은 그녀의 학급을 향한 끊임없는 간섭이었다. 즉 장학관은 그녀의 수업계획을 점검하였고, 행정가는 그녀가 사용할 교과서를 선정해 두었고, 교장은 그녀의 학급아동들이 언제 학교 강당을 사용하며 이미 인원이 많은 그녀의 학급에 새로운 아동을 배정하였고, 관리사는 하루에도 몇 번씩 주의와 지적을 하였으며, 그녀는 쉴 새 없이 각종 서류를 작성해야 했다. 아무튼 그녀가 교생일 때는 이러한 교사 직무에 대해서는 전혀 알지 못하였다.

그녀가 몰랐던 또 다른 점은 다른 동료 교사들과 사귈 시간이 별로 없다는 것이었다. 물론 시간이 흘러 동료 교사 모두와 친밀해졌으며 그 중 많은 교사들을 좋아하게 되어, 그 당시에는 자신을 보살피고, 의욕이 있으며, 잘 준비된 교사로 인식되어 그들의 존경을 얻었다고 생각하였다. 그러나 학교 일과 중에서 교제를 하거나 다른 사람들로부터 배울 수 있는 진정한 기회는 그녀의 "준비 시간" 동안과 점심시간뿐이었다. 대부분의 교사들처럼 그녀는 준비 시간을 대개 교실에서 수업을 혼자 준비하거나 다른 어떤 양식을 작성하며 혼자 보냈다. 점심식사는 즐거웠지만 상호후원적인 동료관계를 기대했던 그녀의 욕구를 충족시키지는 못하였다. 심지어 퇴학 조치와 관련하여 그녀는 다소 놀랐다(3학년을 마친 직후 학교를 떠나는 대부분의 아동들의 생각처럼 교사들 역시 얼마나 이들이 다시 학교로 돌아오지 않기를 바랐는지 모른다).

처음 그녀는 자신의 직무, 적어도 교실에서 학생들을 가르치는 것이 만족스럽고 도전적이라는 사실에 위로를 받으며 이러한 놀라움과 실망을 견뎌내었다. 그러나 불행하게도 첫해가 끝나갈 무렵 이러한 생각들은 서서히 무너지기 시작하였다. 그녀가 처음에는 도전적이라고 본 학생들은 이제는 위협적이고 거부하는 학생들로 인식되었고, 만족감은 실망과 좌절에 의하여 크게 압도되는 듯 했다. 한때 창조적인 기회로 여겼던 수업계획은 이제 억압적이며, 일상적이며, 간신히 유익한 과제 정도가 되었다. 그녀는 학생과 행정가 모두 자신의 훌륭한 성격과 기꺼이 주려하는 마음자세 덕분에 혜택을 얻는다고 생각하였다. 학급의 "훌륭한" 아동들은(그리고 많은 학생들이) 그녀에게 감사하고 그녀를 좋아하였지만 그것으로는 충분하지가 않았기에 전반적으로 그녀는 매우 많은 아동들과 사실상 거의 모든 학부모들로부터 제대로 인정을 받고 있지 못하다고 생각하였다. 비록 행정가에게는 그녀가 일하는 것을 좋아하는 교사로 보였지만 그녀 자신은 말뿐인 칭찬을 받고 있다고 생각하였다. 그녀는 그들에게 어떠한 곤란도 일으키지 않고 열심히 일하는 교사였기 때문에 그들에게 인정을 받았다. 심지어 그녀의 친구나 가족도 일반적으로 가르치는 것이 얼마나 어려운 것인지 이해하지 못하였으며, 좋은 교사가 되기 위해서는 얼마나 자신을 많이 헌신하여야 하는지를 이해하지 못하였다.

그녀는 직무에서 움츠려들기 시작하였다(덜 제공하며, 계획을 덜 세우며, 자신이 변화를 일으킬 수 있음을 덜 느끼면서). 움츠려들수록 직무로부터 얻는 만족감도 적어졌으며 교사로서의 충족감을 느끼는 순간도 더 적어졌다. 비록 직무에 대한 자신의 투자가 감소하면서 만족감 역시 이에 따라 감소한다는 것을 현명하게도 알고 있었지만, 기꺼이 그러한 대가를 치르면서 부가적인 대가를 포기하였다. 교직 생활 2년차에 이러한 생각은 절망으로 바뀌었으며 그녀는 아이들뿐만 아니라 교사가 되겠다고 결심하였던 자신을 비난하기 시작하였다. 생활의 다른 곳에서 만족감을 얻고 있음에도 불구하고 그녀는 또 다른 학교 일과를 맞이하기 위하여 매일 아침 일어나는 것도 더 이상 견딜 수가 없었다. 그녀는 교단을 떠나기로 결심하였지만 또 한편으로 행정가로서 교육계에 남고도 싶었다. 그렇지만 이러한 결정도 자기경시(self-deprecation)로 가득한 것이었다. 그녀는 교육계를 완전히 떠나기를 바라지만 노동시장에 내놓을 만한 다른 기술이나 능력이 자신에게는 없다고 생각하였다.

Cherniss는 개인, 조직, 사회의 세 차원에 탈진의 원인이 있다고 주장하였다. Cherniss는 도움을 제공하는 사람들 개개인의 기대와 목표(돕는 관계에 대한 이상적인 관념)의 상호작용, 거대한 관료조직에서 일하는 제도적 제약, 그러한 직무성격에 대한 일반인들의 인식(많은 전문가들이 인정하는 "전문직의 신비성")을 조사한 후 탈진에 대한 이례적인 포괄적 모형을 개발하였다.

Sarason과 다른 연구자: 사회역사적인 관점

위에서 언급한 모든 시각의 공통된 요소는 사회적 여건이 탈진을 발생시키는데 영향을 끼친다는 것이다. 이러한 논지는 예일대학의 Seymour Sarason에 의하여 가장 완벽하게 조사되었다(직무에서 충족감을 발견할 가능성은 반드시 주어진 사회의 전통, 가치관, 역사에 의하여 적어도 부분적으로 결정된다는 것이다). Sarason은 "탈진은 개인의 특징이나 개인 내부적인 것이 결코 아니며 그보다는 사회의 특징을 더 많이 반영하는 복잡한 심리적 특징이다" (1983, p. vii)라고 하였다.

1970년대 중반과 후반 그 밖의 여러 연구자들이 탈진에 대한 논점 그 자체를 연구한데 반하여 그 당시 Sarason은 제2차 세계대전에 뒤이은 급격한 사회 변화로 인한 직무와 관련된 결과에 더 분명히 초점을 맞추었다. Sarason에 따르면 세계대전의 여파는 무한한 국가 자원과 무한한 개인 잠재력이라는 두 가지 인식에 기초한 일반적 낙관주의 시대를 재촉하였다. 이는 급격히 증가하는 기대, 경제적 성공에 대한 희망, 사회적 이동성, 개인적 성장의 시기였다. 동시에 개인의 욕구를 강조하는 이러한 새로운 흐름은 공동체에서 분리된 개인, 상호 지원적 연결망(network)이나 자아를 확인해야 하는 관계가 불필요한 신화를 형성하는데 일조하였다. 직무 스트레스와 고독의 충격을 완화시키는 "공동체의 심리적 기능"이라는 가치는 개인의 직업과 작업환경을 선택할 때 고려되지 못하였다. 직무에 불만족을 느낀 후에야 개인들은 그것의 중요성을 인식하기 시작하였다. "자신이 직무에 강한 헌신을 더 이상 할 수 없으며, 비인간적인 사회가 무기력과 의존심을 가져다주었으며 개인적 성장 욕구를 좌절시켰다는 것을 깨닫고 난 후에야 그 결과로 오는 소외와 고독으로 인한 공동체 부재와 공동체 기능에 대한 필요성이 전면에 놓여졌다"(Sarason, 1977, p. 287). Sarason은 이러한 필요는 직무에서 긍정적인 경험을 할 때 중심 역할을 담당하며 "우리 사회의 원심력이 점점 더 빠른 속도로 돌아가면서"(p. 283) 더 강력하게 필요하게 되었다고 주장한다.

또한 Sarason(1981)은 현재 대인 서비스 분야에 종사하는 사람들이 처해 있는 여건을 이해하려면 그 나라의 대인 서비스와 관련된 역사를 살펴보아야 한다고 강력하게 주장하였다. 그는(또한 Levine & Levine, 1970) 대인 서비스가 처음 전문직으로 인식된 1920년대에는 이러한 일을 하던 소수의 사람들은(대부분 사회사업가) 서로 밀접하게 연계된 집단이었으며 타인을 돕고자 하는 공통된 선교적 열의를 가지고 있었다고 언급하였다. 그들은 "복음"을 가지고 있었으며 서로를 아꼈고 대부분은 정부 규정이나 관료조직에 구속을 받지 않았다. 그들은 자신들이 하려고 하는 것과 할 필요가 있는 것, 또 그것을 담당하는 자신들의 능력 사이의 불일치를 잘 알고 있었으므로, Sarason에 의하면 그들은 탈신될 여지가 없었다. 경제공황의 결과로 1930년대에 미국 정부는 마지못해 서비스 사업을 지원하게 되었다. 그 10년은 사회사업이 중요해지고 정부 프로젝트와 프로그램이 번창한 시기였다. 그 때까지만 해도 여전히 탈진은 없었고, 여전히 대인 서비스 종사자들(human service workers)은 복음 전도의 기회로 느끼고 있었다.

그렇지만 제2차 세계대전에 이어 정부와 대인 서비스 종사자들의 관계가 밀접해짐에 따라 그러한 직무 경험은 극적으로 변화하기 시작하였다. 비록 이러한 유대는 처음에는 자신들의 영향력을 확대시키려는 전문가 집단에 의하여 열렬하게 시도되었지만 의도하지 않은 결과들이 나타났다. Sarason이 언급한 바와 같이, 대인 서비스 직무는 전문화되고, 관료화되었으며, 자격증이 부여되고, 대중과 격리되었다. 전문직이라는 느낌이 점점 더 도움을 제공하는 사람과 도움을 받는 사람들 사이의 거리감을 증대시켰다. 아울러서 이러한 서비스에 대한 정부 후원과 발맞추어 늘어나는 수요 때문에 대인 서비스가 모든 사회문제를 해결할 수 있다는 일반적인 인식이 형성되었다. 이 단계에서는 탈진의 가능성이 생기는데, 대중으로부터 큰 기대를 받지만 자율권은 거의 없고 상대적으로 대중과 격리된 많은 수의 대인 서비스 종사자들은 자신들의 통제가 불가능한 정책이 만들어지는 비인간적이고 관료적인 체제로 운영되는 조직과 기관에서 부속품으로서 일하게 되었다. 정부의 간섭이 증가(더 많은 서류, 더 많은 사건, 더 많은 대리인, 더 심한 관료화)하고 고객들은 더 요구하고 권리를 더 가지게 됨에 따라 대인 서비스에 종사하면서 충족감을 얻게 될 가능성은 현저하게 줄어들었다.

Sarason의 연구를 비롯하여 Lasch(1979), Packard(1972), Slater(1976), 그리고 Yankelovich(1981)의 연구에 기초하여 나는 초기 연구(Farber, 1983)에서 탈진 현상의 출현과 제2차 세계대전 이후에 미국사회에서 나타난 가족, 직무, 사회구조 변화와 연계시키려는 시도를 하였다. 이러한 변화는 재화의 생산에서 소비를 강조하는 변화, 대규모 조직과 관료제도의 성장, 도시 재개발과 교외로의 이주, 가족과 산업의 잦은 이동, 증가하는 이혼율, 일시적이고 비인간적이며 분리된 사회관계 등을 포함한다. 즉 우리의 문화는 상당한 수의 자기도취적인 사람, 자기 생각에 몰두한 사람, 그리고 요령 있는 개인을 양성하였는데, 이들은 즉각적인 만족을 요구하나 "불안해하며 결국 만족할 수 없는 욕구"(Lasch, 1979, p. 23)를 가진 채 살아가고 있다. 이와 같은 개인들은 공동체의 사건에는 무관심하며 다른 사람들의 삶에 개입하는 것을 꺼리며 자아가 불확실하고, "순간을 위한 삶"(Packard, 1972)을 살겠다고 결심한다.

내가 지적했듯이 개인주의는 일반적으로는 소외감과 격리감을 낳을 뿐만 아니라 바로 그 개인주의는 스트레스를 완화시켜서 탈진을 방지하는 심리적 공동체 의식이나 심지어 단체의 후원체제 형성을 방해한다. 아울러서 사회가 분열되어가면서 개인에게는 만족감과 충족감을 얻는 기회가 점점 더 중요하게 되었다. 그러면 직무, 특히 "고귀한 소명(noble calling)"을 가진 직무에는 대단한 의미와 기대를 가지고 헌신하게 된다. 이렇게 되면 종사자들에게는 충족감에 대한 기대는 더 커지지만, 좌절에 대처할 수 있는 능력은 더 줄어들게 되어, 탈진이 나타날 완벽한 조건이 되어버린다. 아울러서 우리 사회의 경제 여건으로 전직(轉職)이 점점 더 어렵게 되었다. 탈진된 전문가 중 특히 다년간 경험이 있는 전문가들의 특징은 다른 분야에서 경제적으로 상응하는 기회가 주어진다 해도 전직할 가능성은 거의 없다는 점이다. 그러므로 그들은 "고착된" 느낌을 갖게 되며 현재의 직업에 남아 있는 사실에 점점 더 분개하게 된다. 그들의 좌절감은 증가하며 탈진의 느낌도 증가한다.

이러한 점에서 사회적, 경제적 여건은 (광범위한 사회적 변화, 특수 직업군이 속해 있는 환경의 변화, 특별한 전문가의 지위와 영역과 권한을 바라보는 사회적 견해의 변화를 포함한) 종사자들에게 강한 영향력을 발휘하여 직무에 대한 그들의 인식과 스트레스와 탈진의 성향에 영향을 끼치게 된다.

이러한 시각에서는 Rachel B.의 사례는 어떠할 것인가? 다시, 두 번째 문단에서부터 시작한다.

그녀는 처음 가르치는 것이 얼마나 어려운지 놀랐지만(수업시간 중에 학생들의 주의 산만, 수업 방해, 행동 문제, 그리고 행정적인 요구가 너무나 많았다.) 훌륭한 교사가 되는 일이라면 무엇이건 하겠다고 맹세하였다. 사실상 이것은 어려운 일이었지만 그녀는 자신이 꿈꾸어 왔던 일에 헌신할 기회를 가지게 된 것이 기뻤다. 그녀가 대학을 다닌 곳은 아니지만 어린 시절을 보냈던 도시에서 교사생활을 하였다. 많은 대학동창들은 여전히 대학을 다니고 있거나 대학 부근에서 일하고 있었는데, 일부는 직업을 갖기 전 1~2년간 시간을 내어 유럽 여행을 하거나 전국 일주를 하였다. 이웃에 살던 오랜 친구들 중 몇 명은 여전히 주위에 있었지만 그들과 그다지 친하지 않았고 함께 어울리고 싶지도 않았다. 그녀는 독신으로 데이트를 하였지만 다른 사람들이 하는 방식으로 즐기지는 않았다. 술집에 가거나 독신자 클럽에 가입하는 대신 그녀는 집에 있었다. 자신이 항상 마치 부모들의 결혼생활의 짐이 되고 있는 것 같이 느껴지는 부모의 집을 방문하는 대신 집에서 지냈다. 물론 그녀는 적어도 일주일에 한 번은 절친한 친구와 전화통화를 하였고 때로는 부모나 오랜 친구들과 함께 지내기도 했지만 사실 일상생활에서 어느 누구에 대해 특별한 애정은 갖고 있지 않았다.

다소 놀랍고 또 화나는 점은 그녀의 교직 선택이 주위 모든 사람으로부터 거의 인정을 받지 못하였다는 것이다. 거의 모두가 "너 같이 명석한" 사람이 왜 교사가 되려고 하는지 이해하지 못하는 듯 했다. 그들은 모두 "왜 교사가 되려고 하느냐?"고 물었다. "월급이 석지 않니? 네가 탈진하지 않을까?" 그녀는 방어적인 느낌도 들면서 동시에 그들이 옳을지도 모른다는 생각 사이에서 흔들렸다. 그녀는 예술적인 소질을 갖춘 아주 유능하고 매력적인 젊은 여성이었지만 그녀의 인생에서 훌륭한 교사가 되려는 것은 그녀의 정체성의 핵심이었다. 그녀는 적어도 지금은 교직이 본인에게 적합하다고 판단했기 때문에 대부분의 시간은 수업을 계획하고 교육대학원 과정을 이수하면서 학교에서 지냈다.

불행하게도 그녀는 학교에서 제기되고 있는 전문성을 자신이 발휘하기 어렵다는 것을 발견하였다. 행정가들은 전혀 전문가적 방식이 아닌 방식으로 그녀를 대했고 많은 경우 그녀가 필요로 하는 것은 묵살되었고 그녀에게 사소한 요구와 임무를 맡겼으며, 그녀가 교실에서 접하는 문제들에 대해 거의 도움을 주지 않았다. 학부모들은 학교방문을 하더라도 그녀가 하지 못한 것에 대해 불평만 하려는 것 같았고, 그녀의 노력에 대해 칭찬이나 감사를 표하는 경우는 아주 드물었다. 그녀는 많은 학생들을 가르치는 것을 진정으로 즐기는 동시에 때로는 일부 학생들이 자신을 제대로 존경하지 않는다고 분개하였다. 지금의 일부 아동(혹은 학부모)이 자신에게 하는 것처럼 교사를 대한다는 것은 자신은 과거에는 꿈도 꾸지 못할 일이었다. 가장 당황스러운 것은 학생을 돌보지 않고 의욕도 없어 보이는 많은 동료들의 태도였는데, 그들은 꼭 필요한 것만 하려는 듯 했고 심지어 그러한 업무조차 형식적이고 기계적인 태도로 임하였다. 교사들에게 만연해 있는 태도란 "출근, 시키는 일만 하기, 퇴근, 급여 수령"으로 보였다. 그녀는 학교의 분위기를 묘사하면서 **침울한**(somber) 그리고 **어두운**(gray)이라는 단어를 사용하였다.

그녀는 많은 연륜 있는 교사들이 멍하면서 다소 은근히 비웃는 태도로 자신의 열정과 의욕을 지켜보는 것 같다고 느꼈다. 교무실에서 일부 교사들이 그녀가 얼마나 열심히 일하는가에 대하여 말하면 다른 교사들은 "그녀도 곧 알게 될 거야."라며 응수하였다. 어느 한 사람도(학생도, 학부모도, 동료 교사도, 행정가도, 교육 위원도) 교육에 신경을 쓴다거나 교육이 변화를 가져올 수 있다고 더 이상 믿지 않는 것 같았다. 그녀는 대학에서 배운 것과는 큰 괴리가 있다고 느꼈다. 대학에서는 서로 다른 교육방법과 교재, 독서 프로그램의 장점에 대하여 논의하였으며 모두 교육의 훌륭한 가치를 확고하게 믿고 있는 것으로 보였다. 그러나 현장에서 그런 생각은 "어쨌거나 상관없다"는 것이었다. 더 정확하게 표현하면, 어떤 교과서를 선택하든 어떠한 방법을 사용하든 어떠한 교재를 사용하든 아무도 상관하지 않았다. 그녀는 교육을 포기한 그들 모두가 미웠지만 사실 그녀 자신도 조만간 포기할 것 같다고 생각되었다.

따라서 이러한 견해가 강조하는 것은 다른 사람들로부터 개인적 관심을 갖도록 조성하는 분위기가 만들어지지 못하는 사회여건 속에서 대인 서비스에 종사하면서 계속 헌신하기가 얼마나 어려운가 하는 점이다. 아무것도 제공되지 않은 상태에서 이상을 고수하도록 기대할 수는 없다. 다른 모든 사람들이 "혼자 힘으로 그 속에 있는" 조직에서 (고객, 동료, 행정 직원, 종사자가 구분되어 있으며 친구들은 구석에 있다) 고객과 거리를 두고 이들에게 관심을 보이지 말라는 결정은 고통스러운 것도 사실이지만, 균형을 유지하기 위해서는 이러한 결정이 필요한 것도 사실이다.

❀ 탈진에 대한 정의

탈진은 노력(투입)과 대가(산출) 사이의 현저한 불일치에 대한 개인의 인식에서 비롯된 직무 관련 증후군이며 이러한 인식은 개인, 조직, 사회적 요인들에 의하여 영향을 받는다. 탈진은 문제가 많으면서 요구도 많은 고객들을 1:1로 상대하는 사람들에게 가장 자주 나타나며, 전형적인 특징으로는 고객을 피하고, 고객에 대해 냉소주의를 띄며, 정신적 육체적 피로를 보이며, 성급함, 근심, 슬픔, 저하된 자존심 등과 같은 다양한 심리 증상을 보인다.

보잘것없음(Inconsequentiality): 핵심적인 요소

위에서 논의한 네 가지 견해 중 어떤 것도 물론 "딱 맞는" 견해는 없다. 이러한 각 견해의 일부 요소들이 탈진한 전문가들에게 구체적으로 나타날 뿐이다. 그럼에도 불구하고 사실 탈진에 대한 모든 견해에서 공통된 것 중 하나는 이러한 상황이 근본적으로 자신이 "보잘것없다"는 느낌에 〔전문가들은 다른 사람들을 도우려는 자신들의 노력은 효과도 없으며 일이 한도 끝도 없고, 자신의 직무에 대하여 곧바로 개인적인 보답을 (성취, 인정, 향상, 감사) 받지 못한다고 보는 인식〕 때문에 생겨난다는 것이다(Farber, 1983). 그들의 직무는(확대하면 그들 자신은) 중요한 것으로 여겨지지 않았다. 교사들에게는 이런 보잘것없다는 느낌은 자신들의 노력에 대해서 학생들이 반응을 보이지 않았기 때문이다. 대인 서비스 종사자들뿐 아니라 모든 근로자들은 자신의 직무에 대해 자신감을 가지고 자신이 유능하다고 느낄 필요가 있다. Robert White(1959)는 이를 "효능성 동기(effectance motivation)"라고 명명하였는데, 관찰 가능한 긍정적 결과가 생기게 된 원인은 바로 나 때문이라고 여기도록 하는 상황을 말한다. 자신에 대해서 효율적이며 특별하다는 느낌을 가져야 하는 필요성은 어느 저명한 정신분석학자가 "건전한 자기도취증(healthy narcissism)"(Kohut, 1971)이라고 부른 것처럼, 생활 속에서 자신의 기본적인 포부가 무엇인지 알게 하는 속성인 것이다. 대부분의 대인 서비스 전문가들에게 이 핵심적 프로그램은 다른 사람을 돕는 과정에서 그들에게 도움이 되었다고 느끼는 욕구를 포함한다. 이와 같은 목표를 현실화시킬 수 있는 기회를 박탈당하면 이들은 자존심의 상실을 겪으며 보잘것없음과 탈진을 느끼게 된다.

이러한 견해는 Heifetz와 Bersani(1983)에 의하여 개발된 모형에서 잘 표현되었다. "공급자를 소모시키는 것은 심한 정신적 투자 그 자체가 아니라, 그보다는 불충분한 투자이다"(p. 58). 그들의 특별한 모형은 전문가들의 다음과 같은 두 가지 핵심적 욕구(다른 사람들의 성장을 촉구하려는 욕구, 그 직무와 관련하여 개인적으로 성장하려는 욕구)를 강조하였다. 조직에서 제공하는 피드백이 어떤 분야에 분명한 진보를 가져다주지 못할 경우(대개 서비스 제공자가 현실적이며 단기적 목표를 설정하지 않았기 때문에) 대부분의 전문가들은 그 일에서 손을 놓으려 하고 따라서 "서비스를 제공하려는 노력이 사라지게 된다"(p. 58). 나는 이들의 견해, 특히 대부분의 전문가들은 직무와 관련하여 긍정적인 피드백이 없다면 덜

(less) 열심히 일한다는 견해에 동의한다. (Freudenberger는 탈진한 근로자들은 좌절하면 한층 더 열심히 일한다는 점에서 구분된다고 단언하였다.)

탈진한 전문가들이 갖는 이러한 보잘것없다는 느낌은 Seligman(1975)의 "학습된 무기력"이란 개념과 유사하다. 이 두 개념 모두 자신의 행동이 더 이상 환경에 바람직한 변화를 가져올 수 없으며 따라서 더 이상 노력할 필요가 없다고 느끼는 상태를 말하는 것인데, 두 개념은 또한 여건의 인식적, 정신적 결과 즉 미래에 대한 무력감, 의기소침한 정서, 저하된 자존심, 자기비난 증상을 보인다. 본래 Seligman의 경험적인 패러다임에 의하면, 처음에 약한 전기 충격에서 벗어날 수 없었던 개는 여건이 변화하여 이제는 도망갈 수 있는 상황이 되어도 도망가려 하지 않는다는 것이었다. 그 개는 자신이 어떤 행동을 해도 여건을 변화시키지 못할 것이라고 "믿도록" 조건이 지워진 것이다. 직무와 관련하여 자신의 행동이 보잘것없다고 느끼는 교사는 자신에게 "한 시간의 수업계획만으로도 (혹은 전혀 시간을 들이지 않아도) 똑같이 실망스러운 결과가 나올 텐데 왜 세 시간 동안이나 집에서 수업계획을 해야 하는가?"라고 자문한다. 많은 교사들은 직무가 자신들의 (또는 학교의) 능력 밖의 일이라고 느낀다.

학습된 무력감

미국심리학회(APA)에서는 '학습된 무력감' 이론을 금세기 기념비적 이론으로 간주하고 있다. 거기에는 그럴 만한 이유가 있다. 이 이론은 많은 사람들이 삶의 도전, 즉 역경에 직면했을 때 왜 쉽게 포기해 버리는지를 설명하고 있다. 이 이론이 역경 지수(Adversity Quotient, AQ)를 만들어낸 가장 중요한 요소로 인정받는 데는 이러한 이유가 있었기 때문이다.

지금으로부터 약 30년 전 펜실베이니아 대학교의 대학원생인 Martin Seligman은 인간 심리학 분야에서 가장 중요한 발견 중 하나가 될 실험을 하였다. 이 실험의 첫 번째 대상은 개였다. 개들에게 전기충격을 가하는 실험을 실시하던 Seligman은 개들 중 일부는 전기 충격에 단순히 반응하는 것이 아니라 바닥에 누워 고통을 감수한다는 사실을 발견했다. 당시만 해도 심리학 분야에서 이러한 행동을 설명할 수 있는 이론은 없었다.

Seligman은 일부 개들이 쉽게 포기해 버리는 이유를 설명하기 위해 2단계에 걸친 독창적인 실험을 창안했다. 1단계에서 그는 개들을 세 그룹으로 분류했다. A그룹의 개들에게는 재갈을 물린 상태에서 가벼운 충격을 가했다. 그러나 개들이 코로 막대기를 누르면 충격을 멈출 수 있었고, 얼마 지나지 않아 A그룹의 개들은 이러한 사실을 습득했다. B그룹의 개들에게도 똑같이 재갈을 물리고 똑같은 충격을 가했다. 그러나 A그룹과 달리 이 개들에게는 충격을 멈출 방법이 없었다. 이 개들은 그저 고통을 감수해야만 했다. 통제집단인 C그룹의 개들에게는 재갈만 물리고 충격을 가하지 않았다.

다음날 Seligman은 2단계 실험에 들어갔다. 그는 가운데 칸막이를 친 셔틀 박스 장치 안에 개들을 한 마리씩 집어넣었다. 이 장치는 칸막이 한쪽에는 가벼운 충격이 가해지고 다른 쪽은 충격이 가해지지 않도록 설계되었다. 물론 개들은 충격을 받는 부분에 넣어졌다. 충격을 피하려면 개들은 칸막이를 뛰어넘어 실험 장치의 다른 쪽으로 이동하는 수밖에 없었다.

짐작할 수 있겠지만, A그룹(충격을 통제할 수 있었던 그룹)과 C그룹의 개들(충격을 경험하지 않았던 그룹)은 칸막이를 뛰어넘어 충격에서 벗어나는 방법을 재빨리 파악했다. 그러나 1단계에서 충격을 통제하지 못했던 개들은 다른 반응을 보였다. 이 개들은 바닥에 누워서 낑낑거리는 게 전부였다. 즉 이 개들은 충격에서 벗어나려는 노력을 하지 않았던 것이다.

Seligman은 이 실험을 통해 쉽게 포기한 개들은 무력감, 바꿔 말하면 행동하고자 하는 의욕을 파괴하는 습성을 습득했기 때문이라는 사실을 밝혀냈다. 이후 과학자들은 고양이, 물고기, 개, 쥐, 바퀴벌레는 물론 사람들도 이러한 습성을 습득할 수 있다는 사실을 발견했다. 습득된 무력감은 자신이 하는 일이 중요하지 않다는 믿음을 내면화하는 데서 비롯한다.

그러나 Seligman의 발견에 자극을 받은 과학자들은 동물들만이 학습된 무력감을 경험한다는 사실에 만족할 수 없었다. Seligman의 발견이 있은 후 수백 여 건에 달하는 연구들이 진행되었다. 이 분야의 권위자들로는 현재 미국심리학회 회장인 Martin Seligman과 미시간 대학 심리학과 교수인 크리스 피터슨, 콜로라도 대학 심리학과 교수인 스티븐 마이어 등을 꼽을 수 있다. 이들은 이 분야의 연구를 집대성한 『학습된 무력감(Learned Helpless)』(1933)이라는 책의 공동저자이기도 하다.

인간에게서 볼 수 있는 무력감을 연구하기 위한 여러 실험 가운데, 오리건 대학교 대학원생인 도널드 히로토의 실험이 있다. 그는 사람들을 한 방에 집어넣고 소음을 틀었다. 그런 후 그는 사람들에게 소음을 멈출 수 있는 방법을 강구하라는 임무를 부여했다. 실험에 참가한 사람들은 손가락 끝으로 벽에 있는 단추를 여러 방식으로 눌러 보았지만 소음은 멈추지 않았다. 어떤 방법을 써도 소음을 끄지 못하게 돼 있었기 때문이었다. 다른 그룹의 사람들은 단추의 배열 상태를 정확하게 알아맞힘으로써 소음을 멈출 수 있었다. 이에 비해 소음에 전혀 노출되지 않은 그룹도 있었다.

개들에게 적용했던 것처럼 히로토는 실험에 참가한 사람들에게 차례로 셔틀 박스 안에 손을 집어넣도록 했다. 실험 참가자들이 손을 박스의 어느 한 부분에 집어넣으면 시끄러운 소음이 계속해서 울리게 돼 있었다. 그러나 손을 반대쪽으로 옮기면 소음은 멈추었다.

시간과 장소와 상황이 바뀌어도, 초기 실험에서 멈출 수 없는 소음에 노출됐던 사람들은 그저 가만히 앉아 있었다. 개들과 마찬가지로 이들 역시 고통을 없애려고 노력하지 않았던 것이다. 반면 초기 실험에서 소음을 통제했던 사람들은 셔틀 박스 안에서 손을 움직임으로써 소음을 끄는 방법을 쉽게 습득했다.

일단의 과학자들이 실시한 이와 비슷한 실험에서도 똑같은 결과가 나왔다. 예를 들어, 앨버니에 있는 뉴욕 주립대학의 하워드 테넌과 산드라 엘러는 학생들 49명을 대상으로 연구를 실시했다. 이 두 과학자는 사람들에게 해결할 수 없는 수수께끼를 제시할 경우 무력감을 습득하게 된다는 사실을 입증해 보였다. 무력해진 사람들은 풀 수 있는 수수께끼가 제시된 통제집단과 비교했을 때 실천력 면에서 훨씬 떨어졌다.

학습된 무력감은 이처럼 위기 상황이 발생했을 때 통제력 상실로 이어진다. 학습된 무력감과 관련된 가장 극적인 예를 들라면 나치 수용소의 생존자로 유명한 금세기의 탁월한 심리학자 빅터 프랑클(Victor Frankl)의 경험을 들 수 있다. 프랑클은 『의미를 찾아서(Man's Search for Meaning)』라는 저서에서 수많은 죄수들이 무력감을 습득하는 순간을 묘사한 바 있다. 한 수용소에서 경비병이 막 입소하는 죄수들을 보면서 다시는 바깥 세상을 구경하지 못할 거라고 말했다. 프랑클에 따르면, 이러한 믿음에 사로잡힌 사람들은 얼마 안 가서 다 죽고 말았다고 한다. 이에 비해 재소자 가운데 경비병의 불길한 예언을 거부하고 "이 시련도 언젠가 끝나겠지"라는 믿음을 가졌던 사람들은 또는 "나는 살고 싶다"는 삶에 대한 강인한 열망을 간직한 사람들은 끝까지 살아남았다. 그러나 희망을 잃는 순간 죄수들은 두 번 다시 침대 밖으로 나오지 못했다. 그리고 결과는 죽음뿐이었다.

절망적인 상황에서도 무력감을 이겨내고 넘을 수 없어 보이는 장애를 극복한 사람들의 얘기는 수없이 많다. 학습된 무력감과 역경을 극복하는 적응 유연성(resilience) 간의 유관성은 연구할 만한 가치가 있다.

인류를 먹여 살리는 것은 희망이다. 살아 있는 동안은 희망이 있다. 즉, 희망은 살아 있는 자의 특권이다. 인간의 본성을 희망하는 사람(homo esperans)이라고 사회심리학자인 프롬(Fromm)이 제안한 바도 있다(역자 주).

탈진 증후군의 특징 요소

탈진이 거의 모든 상황에서 나타나는 감정으로 폭넓게 사용되던 때도 있었다. Freudenberger(1980)는 관계에 집중하여 탈진한 사람을 묘사했고, Edelwich와 Brodsky(1980)는 예술가와 연인 사이에서의 탈진을 이야기했으며, Chance(1981)는 그 개념을 육상선수까지 확대시켰다. 하지만 다른 연구자들은 이 용어를 훨씬 축소하여 사용하였는데, 나 역시 그랬듯이, 도움을 제공하는 직업에 종사하는 사람들에게만 한정하여 적용하였다. 예를 들어 Pines와 Aronson(1981)은 탈진과 '권태'(tedium)를 구분하였는데, 권태는 서비스 직업이 아닌 일에 종사하는 근로자에게도 영향을 끼치는 비슷한 감정이라고 보았다. 탈진의 정의를 대인 서비스 종사자들에게로 한정시키게 되면 서비스를 필요로 하고 또 요구하는 고객을 1:1로 상대하는 직무에서 자신을 "도구"로 사용하는 독특한 압박감(unique pressures)으로 인정할 수 있다.

❀ 탈진 개념에 대한 비판

일상 대화에서 이 용어를 자주 사용하면서 대중언론에서는 탈진 개념을 개인의 불쾌와 의지의 결여를 편리하게 변명하고 있다고 비난했었다. 「뉴욕 타임스」에서 Paul Quinnett(1981)는 "우리는 우리의 불만을 명명할 수 있는 현대적인 개념을 우연히 만났다. … [그것은] 우리 자신과 다른 사람들에 대한 일상적 무책임함보다 우리의 개인적 실패를 더 잘 설명해 준다. 내가 보기에 그것은 우리에게 완전한 것이다"(p. A23)라고 썼다. 이와 유사하게 「타임」에서 Lance Morrow(1981)는 사람이 탈진되었다고 하는 것은 생활의 압박으로부터 쉬운 도피처를 제공한다고 주장하면서 탈진을 미국인 특유의 "정신 우울증(hypochondria of the spirit)"이라고 하며, "그 개념은 파악하기 어려운 자기 면책과 연결된 비열한 자기 과장을 내포하고 있다"(p. 84)고 보았다. William Safire(1982)는 이 용어는 너무 남용되고 있어서 "이제는 말을 통해 언어적 탈진을 겪고 있다"(p. 16)고 하였다. 짧게 말하면 탈진을 단순히 실패에 대해 쉽게 수용할 수 있는 변명으로 보는 사람도 있고, 행동에 대한 설명을 "탈진"에 호소하는 것이 어떠한 진단상의, 예측적인, 또는 치료상의 가치가 있는지에 의문을 갖는 사람도 있다는 것이다.

또한 스트레스와 탈진을 연구할 때 사용했던 방법론이 전적으로 부적절하다고 보는 사람도 있다. 예를 들어 Maslach 탈진 검사(Burnout Inventory)는 원인과 결과를 혼동하고 있다고 비판받고 있는데, 스트레스 유발 요인("도움을 받는 사람들이 자신들의 일부 문제를 나에게 비난한다고 생각한다")과 증상("이 직업을 택한 이래로 사람들에 대하여 더 냉담해졌다")을 나타내는 항목이 모두 포함되어 있다고 지적 받아 왔다. 그 밖의 연구자들은 "교사들은 질문의 의미를 서로 다르게 해석할 수 있고 교사들의 반응이 자기방어적인 과정에 의하여 영향을 받을 수 있고 교사들이 자신들의 저시에 대한 진정한 인식이 결여될 수도 있다는 사실을 어떤 조사방법으로도 설명하지 못한다"(Kyriacou & Sutcliffe, 1977, p. 305)고 주장하였다. 아울러서 교사의 스트레스와 탈진에[4] 대한 많은 연구들은 중요한 요

4) 역자 주: 이 두 요소 사이의 관련성을 설명하면, 직무 탈진(job burnout)은 스트레스가 작용한 긴장의 형태로서 고질적이고 반복적인 스트레스의 원인에 대응하기 위한 정신적 소모성 증후군이다. 여기에서 정신적 소모란 좀 더 극단적인 긴장 상태로서 개인에게 감정, 관심, 신뢰, 흥미 및 정신적인 상실을 가져오는 것으로 피로감, 탈진감, 성급함, 좌절감, 권태감을 수반하는 것을 말하는데 직무 스트레스(JS)는 이러한 직무 탈진 상태를 유발한다(김정휘, 고홍화, 1994, 교사의 직무 스트레스 연구, 교육신서 202, p. 40, 서울: 배영사).

소로 신체적 증상이 변함없이 간주되고 있는 데도 불구하고 생리적 척도를 포함하고 있지 않다고 비판하였다.

❀ 탈진과 관련 개념 사이의 차이

심리학적인 측면에서는 탈진의 증상과 우울증의 증상은 절망감, 무력감, 공허함, 슬픔, 심신의 병, 정신신체증(精神身體症, Psychosomatic Complaints: 수면 장애와 식욕 부진, 에너지 결핍, 성욕 감퇴)이 나타난다는 점에서 비슷하다. 사실 Meier(1984)가 언급한 바와 같이 "우울증은 탈진의 증상으로[5] 탈진의 최종 단계로 … 그리고 탈진과 비슷한 용어로"(pp. 212-213) 여겨져 왔다. … Meier의 연구결과는 두 가지 뜻으로 해석될 수 있는데, 탈진은 독립적 구성개념으로 보기도 하고, 탈진과 우울증 사이에 "본질적인 상관관계"가 있다고도 하였다. 그는 "탈진을 측정하면 소위 부정적 정서상태와 그 밖의 다른 척도와 관련지어 중간에서 높은 상관관계가 나타나기 매우 쉬우며 … 많은 사람들이 비슷한 [정서] 상태로 알고 있는 탈진과 우울증은 사실 그 원인이 각기 다르다"(p. 217)고 결론을 내린다. Freudenberger(1980)는 이 두 가지의 증상은 서로 다르다고 주장하면서 한 걸음 더 나아가서 우울증은 흔히 죄책감을 수반하는 반면, 탈진은 일반적으로 의식적 분노 상황에서 발생한다고 주장했다.

나도 역시(Farber, 1983) 탈진의 증상은 적어도 초기에는 완전히 전면적이기보다는 상황 특수적 경향을 띤다고 주장하였다. 달리 말해서, 사람은 자신의 생활 중 한 영역에서만 탈진하고 다른 영역에서는 아주 잘 해낼 수 있다. 반대로 전형적 우울증은 모든 상황에서 그 증상이 분명하게 나타나는 경향이 있다. 그렇다고는 해도 만일 탈진을 점검하지 않고 그대로

---

5) 역자 주: 우울증은 유전적인 요인과 환경적인 요인 양쪽이 관계하고 있다는 이론이 제시되었다. 공포, 치욕, 욕구좌절 등의 스트레스가 우울증의 발생 원인이 된다고 알려져 있지만, 같은 경험을 하고도 우울증이 나타나는 사람과 무관한 사람이 있는데 이런 차이는 왜 나타나는 것일까. 영국의 런던 킹스칼리지의 아브 샬롬 카스피 박사 팀은 항우울증 약이 작용하는 세로토닌 트랜스포터(5-HTT) 유전자에 주목하였다. 5-HTT 유전자의 전사에 관계하는 부위의 길이에는 짧고 긴 두 가지가 있다.

샬롬 카스피 박사 팀은 897명의 피험자를 5-HTT의 길이에 따라 대립 유전자의 한 쪽만 짧은 경우, 양쪽이 모두 짧은 경우, 양쪽이 긴 경우 등 3개 그룹으로 분류하여 스트레스를 받은 피험자와 우울증 발병률을 조사했다. 그 결과 양쪽이 모두 긴 그룹에서는 스트레스 경험 횟수와 우울증 발생률의 상관성이 보이지 않았다.

두게 되면 그와 관련 없는 상황에서 영향을 끼칠 것이라는 점은 언급해야 한다. 예를 들어 직무에서 탈진을 느끼는 남편은 에너지가 부족하여 아내와 자녀를 향한 이해심이 줄어들 수 있다. 그럼에도 불구하고 그 남편은 일반적으로 우울증을 겪고 있는 사람에 비해서 더 낙관적이고 미래지향적일 수 있다.

탈진은 또한 "노동자 소외(workers alienation)"라는 개념과 혼동되어 사용된다. 일부 저자들은 탈진이란 용어는 대인 서비스 직무에 종사하는 사람들에게 사용하고, 노동자 소외는 일반 산업체에서 일하는 사람과 관련하여 사용하는 반면, Karger(1981)와 Dworkin(1987) 등은 탈진과 노동자 소외는 사실 동일한 현상이라고 주장한다. 즉 산업체에 근무하든 대인 서비스 종사자이든 모두에게 영향을 끼치는 비인간화의 과정에서 발생하는 일종의 가치붕괴 증상으로 본다. Cherniss는 노동자 소외(직무에 에너지를 몰두하지 못하게 하고 대신 다른 일에 사용되도록 하는 과정)는 탈진 결과 중 하나로 본다.

탈신은 노동사 소외처럼 정치학 문헌에서나 사용되는 유행어에 지나지 않는가? 마르크스주의 이론에 따르면 사람들은 사회주의 체제 밖에서는 언제나 자신들의 일에서 소외된다(따라서 본질적인 성격이다). 그는 이러한 소외는 몇 가지 구분(계급 대립의 결과로 인한 사람들 간의 구분, 개인의 정체성의 원천인 직무의 구분) 때문에 생긴 결과라고 보았다. 1844년 Marx는 그 당시 노동자 소외에 대해 말하면서 현재 탈진에 대해 설명하는 것을 마치 미리 예견한 것처럼 기술하였다: "[왜냐하면] 노동은 노동자 외부에 놓여 있으므로 … 그는 자신을 확인하지 못하고 자신을 부인하며, 만족을 느끼지 못하고 불행해하며, 자신의 신체적·정신적 에너지를 자유로이 개발하지 못하고 신체를 상하게 하고 정신을 황폐시킨다. 노동자는 그러므로 단지 자신이 일 외부에 있다고 느낄 뿐이며 그의 일은 자신의 외부에 있다고 느낀다"(Ollman, 1971, p. 136에 인용됨). 마르크스주의 모형에 따르면 전문가의 불만족과 탈진은 직무의 분열, 직장 내부의 경쟁, 노동자의 자율성 상실에 대한 반작용으로 볼 수 있다. Dworkin(1987)이 지적한 바와 같이, 교사들은 자신들의 노동 성격을 결정하는 정책 수립에는 직접적으로 관여하지 못한다. 아울러서 Sakharov와 Farber(1983)가 언급한 바와 같이, 여성의 가치를 지속적으로 낮게 보며 아동 특히 소수민족 아동에게 필요한 자원을 허락하지 않는 사회에서 교사의 탈진이 생길 것으로 보았다.

그럼에도 불구하고, 직무경험과 관련한 자본주의 영향력에 관한 통찰력은 도움을 제공하는 전문가들의 탈진을 이해하는데 도움을 줄 수 있을지는 몰라도, 전문직 종사자의 역할을 계급적으로 분석하는 것은 그 자체가 부적절하다. 많은 방면에서 대인 서비스 직무는 독특하며 마르크스주의 학설에는 부합하지 않는다. 무엇보다도 먼저, 대인 서비스 전문가들은 자기 자신이 도구와 생산수단이라는 점에서 예외가 된다. 이러한 점에서 그들은 전적으로 소외되지 않았으며 그들의 일, 활동, 창조성의 근원은 대개 동일하다. 그들의 일은 그들 외부에 있지 않으며 그보다는 "자기 동조적"(자신들의 자기 이미지와 생활계획과 일치하는)으로 인식된다. 그들이 하고 있는 일은 그들에게 변화가 일어나는 것을 지켜보는 만족감을 직접 경험할 수 있게 한다. 일에서의 만족은 (고객의 일상생활에서 성장과 변화를 촉진하고 친밀한 관계를 형성하는 형태로) 예측할 수 없지만 대인 서비스 전문가들에게는 전적으로 감동적인 경험이다. 만족감과 충족은 어떤 혼란스러운 날에 갑자기 일어날 수도 있고, 자신의 직업선택이 현명하였다는 순간적인 확신을 줄 수 있다. 탈진 상태의 교사는 골치 아픈 아동을 마침내 감화시켰다고 느끼면 갑자기 원기가 생기거나 학급활동을 성공적으로 마침으로써 원기를 회복할 수 있다. 자신이 다른 사람의 삶을 현저히 다르게 만들었다는 느낌은 대인 서비스 직무의 정수이며, 그러한 순간은 수개월간 의심과 환멸을 겪은 의사, 심리치료사, 또는 교사들에게 감동스러운 정신적인 상태를 마련해 줄 수 있다. 따라서 자기 자신이 생산도구와 수단이 된다는 것은 다른 사람을 직접 상대하여 일하지 않는 사람들에게는 이러한 충족 기회는 대개 가능하지 않다. 또 이러한 상황 하에서는 전문가들이 능력, 힘, 통제 면에 대하여 상당한 의심을 받을 수도 있지만, 개인의 직무 경험에서 얻는 것이 결정적으로 중요한 것으로 이러한 논점들은 마르크스주의의 사상과는 대개 연관이 없다(Cherniss, 1980b). 따라서 노동자 소외는 전문가의 탈진을 나타내기에는 부적합한 유의어이다. 비록 노동자 소외는 환멸과 절망과 같은 유사한 요소를 포함하고 있고 탈진과 같은 사회적 여건의 부산물이긴 하나, 사회경제적 결정주의에 초점을 맞추게 되면 탈진을 정의하는데 도움을 주는 사람과 도움을 받는 사람의 관계에서 나타나는 특유한 긴장을 놓치게 된다.

마지막으로, 대중 언론이나 전문 문헌 모두 대개 "스트레스"를 "탈진"과 혼동하거나 동일시하는 것을 지적해야 한다. 비록 이 두 개념은 유사하지만 일치하지는 않는다. 탈진은 흔히 스트레스 그 자체의 (도움을 제공하는 전문직에서는 아마도 불가피한) 결과가 아니라, 조정되지 않는 스트레스의 (스트레스를 받으면서도 "핑계"가 없으며, 완충제가 없고, 후원 체제가 없는) 결과이다(Farber, 1984b). 대개 간과되는 것은 스트레스는 긍정적인 영향과 부정적인 영향 모두를 있을 수 있다는 점이다[6] Selye(1956)가 30년 전에 언급하였듯이, 스트레스는 환경의 요구와 개인의 대응능력 사이에 상당한 불균형이 (인식으로나 실제로나) 있을 때 발생한다. 환경의 요구가 증가하거나 개인의 대응능력이 감소함에 따라 스트레스의 가능성은 부정적인 경험이 (궁극적으로는 탈진 상태에 영향을 끼치는 것이) 되기가 더 쉽다.

6) 역자 주: 문맥상으로 긍정적 스트레스(Eustress)와 부정적 스트레스(Distress)를 뜻하는 것으로 생각된다.

하지만 이 두 개념을 혼동하는 것은 놀랄 일이 아니다. 여러 이론에서 특정한 스트레스 반응을 기술한 것을 보면 탈진의 설명과 매우 유사하다. Hackman(1970)은 스트레스에 대처하는 일반적인 네 가지 전략유형을 언급하였다: (1) 스트레스가 가득한 상황에 대항하는 명백한 움직임－반항, 비난, 또는 적개심; (2) 스트레스의 원인을 피하는 움직임－회피, 참여하지 않기, 체념, 나태, 또는 도피; (3) 스트레스 원인에 굴복하거나 동조하는 움직임－영합, 지나친 협조; (4) 전형적인 심리 메커니즘을 통한 상황의 왜곡－부인, 감정전이, 반응 구조, 또는 분석. 이러한 상황에서 보면 탈진은 적극적인 문제해결에서 굴복과 왜곡(위의 제3, 제4 전략)으로, 분노와 고갈(위의 제1, 제2 전략)로 전개되는 마지막 단계로 볼 수 있다. 이렇게 전개되는 초기 단계에서 스트레스를 완화시키지 못하면 더 맹렬한 반응(탈진 증후군의 일부로 흔히 나타나는 것)이 나타날 것임은 분명해진다. 이와 유사한 맥락에서, Lazarus(1966)는 스트레스를 줄이려는 노력은 적극적인 문제해결 형태(예를 들어 더 많은 정보 추구), 심리적인 방어, 또는 참여하지 않는 형태를 띨 수 있다고 언급하였다. 그리고 Selye(1956, 1976)는 자신이 "일반적인 적응 증후군"이라고 명명한 스트레스에 대해서 단계 이론을 제안하였다. 제1 단계인 "경계 반응"은 신체가 스트레스에 대항하여 그 자체를 방어하기 위하여 체력을 동원한다; 제2 단계인 "저항"에서는 정상적인 작용으로 보이는 기능을 할 수 있다; 그러나 제3 단계인 "고갈"에서는 손상적인 스트레스의 누적된 영향이 너무나 심해서 적응을 할 수 없게 된다. 이 마지막 단계에서의 증상은 다시 많은 측면에서 탈진의 증상과 유사하다(앞 장의 개요 참조).

아마도 교사 관련 문헌보다 더 명백하게 스트레스와 탈진을 혼동한 곳은 없을 것이다. 이 교사 관련 이러한 논문들은 흔히 교사의 스트레스와 탈진을 마치 서로 바꾸어 사용할 수 있는 용어인 것처럼 사용하거나 교사들이 직면하는 많은 스트레스 요인들을 단순히 열거함으로써 탈진을 설명하려고 한다. 첫 번째 잘못은 아마노 교사 탈진에 대한 확실한 자료가 상대적으로 부족하기 때문에 교사의 스트레스 원인에 대한 자료를 대신 사용하였기 때문인 것으로 간주할 수 있다. 그러나 두 번째 잘못의 이면에는 스트레스 받는 교사들은 항상 탈진한 교사가 된다는 묵시적이면서 잘못된 가정에 근거하고 있다. 이러한 혼동의 와중에서 간과되어진 것은 스트레스로 가득 찬 환경여건과 탈진하였다는 주관적 인식을 바꿀 수 있는 무수한 변수들이 존재한다는 점이다. 예를 들어, 여기에는 스트레스에 대한 구조상의 취약성(constitutional vulnerability)이 있다; 스트레스를 받는 사건에 대한 인식적인 평가(유해한 환경과 사건에 대하여 어떻게 생각하며 어떻게 이해하는가 하는 것); 성격의 유형; 그 밖의 삶의 사건들; 사회의 지원을 포함한 대처 메커니즘에 대한 지식과 이용 가능성. 이러한 요소들은 개인들이 동일하거나 거의 동일한 스트레스를 받는 상황에 대하여 왜 상당히 다른 방식으로 반응하는지를 설명해 준다.

그렇지만 교사의 탈진에 대한 일반적인 설명은 탈진의 과정은 설명하지 않고 즉, 도시학교 교사의 탈진 이유는 분열시키려는 학생이 존재하기 때문이라고 암묵적으로 돌리면서 탈진의 가장 관찰가능하며 즉각적인 유발 요인을 단순히 열거하고 있다. 어떠한 의미에서는 이것이 전적으로 잘못된 것은 아니지만 그것은 마치(1차 세계대전의 발발 원인이었던) Archduke Ferdinand 오스트리아-헝가리 황태자가 세르비아인에게 암살당한 일만 언급하고, 사라예보에서 그 암살사건이 벌어지게 된 전체적인 사회적, 역사적, 정치적인 상황에 대한 설명을 생략하는 것과 다소 유사하다. 짧게 말하면 스트레스는 반드시 탈진으로 이어진다는 가정은 지나치게 단순화하는 것이며 오해를 불러일으킬 수 있다. 탈진은 다양한 부정적 스트레스 여건을 성공적으로 대처하지 못하는 과정에서 마지막으로 나타나는 단계로 간주하는 것이 더 옳다.

그럼에도 불구하고 이론적으로는 다른 현상인 스트레스와 탈진은 실증적인 자료가 없거나 포괄적인 관찰 보고서에서는 이들은 실제적으로 구분하기가 어렵다. 실제로 상당히 비슷하다. 예를 들어 Brown(1985)은 교사의 직무 스트레스와 탈진 간의 통계적인 관련성을 연구하기 위하여 이들 변수 각각에 대한 가장 일반적인 두 가지 검사도구로 교직 스트레스 검사(Cichon & Koff, 1980)와 Maslach 탈진 검사(MBI)를 사용하였다. 그녀는 스트레스에 대한 교사의 인식은 MBI의 정신적 피로 하위척도와 성격상실 척도와 상당한 상관관계가 있는 것을 발견하였다. 그러므로 이들 두 개념의 경계는 실제적으로 확실하게 구분지어질 수 없고, 탈진하는 과정에서 개인은 강렬한 스트레스를 경험하기가 아주 쉽다. 이러한 모든 이유에서(만성적인 스트레스는 전형적으로 탈진과 심하게 다르지 않기 때문에, 만약 점검하지 않은 채 버려두면 탈진의 마지막 상태로 진전할 수 있기 때문에, 그리고 이 둘은 모두 개인적, 전문적 차원 모두에서 분명히 쇠약하게 하기 때문에) 이 책에서는 교사의 열악한 근무조건을 논의하면서 이 두 현상을 모두 다룰 것이다.

❀ 탈진 과정

탈진을 최종 단계로 보는 것은 탈진이 사건이 아니라 과정이며, 어떤 특정한, 촉진제에 대한 반응으로 일어나는 것은 아님을 함축한다. 그 대신 "탈진은 지속적으로 낮은 강도의 사건에 대한 반응 기간을 거쳐 점진적으로 나타난다"(Savicki & Cooley, 1983). 그러나 종사자가 탈진하였는지 여부를 측정하기 쉽지 않은 것처럼 (공통된 정의가 없고 이와 관련하여 탈진의 특정한 증상은 각 개인마다 독특하기 때문에) 탈진의 전형적인 절차에 대한 명시 또한 매우 불확실하게 이루어진다. 탈진의 과정뿐만 아니라 탈진 양상은 개인마다 상당히 다르다. 아울러서 Cherniss(1980b)가 주장한 바와 같이 "탈진은 전체적이거나 영구적이지 않다. 직무 스트레스는 심각한 긴장으로 이어진다든가 이러한 긴장이 탈진으로 이어질 필요는 없다. 마지막으로 비록 긴장이 탈진과 관련하여 일부 변화를 가져온다고 하더라도 그러한 변화는 가볍고 일시적일 수 있다"(p. 20).

그러나 탈진과정이 일단 시작되면 그 과정을 정지시키기는 쉽지가 않다. 피로와 움츠려 들면 성공적으로 직무수행을 못하게 하며, 이것은 다시 더 큰 움츠려들기로 계속 이어지는 것처럼 탈진은 자기영속적인 경향이 있다. 새로운 교육상황으로 전환하거나 새로운 사회적 후원의 원천을 발견하는 것, 또는 새로운 교육과정을 배우려 전념하는 것 등은 악화되는 소용돌이를 정지시킬 수 있을 것이다(그러나 이러한 것 중 어느 것도 일단 낙심과 적개심이 자리 잡으면 쉽지가 않다).

탈진의 점진적 과정을 설명하는 세 가지 뚜렷한 모형이 있지만 어느 것도 포괄적이거나 만족스럽지는 않다. Edelwich와 Brodsky(1980)의 모형은 가장 널리 인용되는데 탈진 과정을 네 단계로 분명히 구분하고 있다: 열정(높은 희망, 높은 에너지, 비현실적인 기대를 한다); 침체(여전히 직무를 계속하지만 자신의 개인적인 욕구에 더 큰 중점을 둔다); 좌절(비효율을 느끼며 타인에게 분노하며 정신적, 육체적, 행동상의 문제를 경험하기 시작한다); 냉담(도전은 피하면서 최소한의 필요한 일만 한다). Edelwich와 Brodsky는 침체와 좌절을 명백하게 구분할 수 없다고 언급한다. 그럼에도 불구하고 탈진한 교사들을 접해 본 나의 경험에 의하면 (뿐만 아니라 이 주제를 다룬 대부분의 연구자들의 견해에 의하면) 대개 좌절을 하면 그 다음 무엇을 해 보고자 하는 추진력을 상실하게 되는데 이를 침체라고 명명한다. 아울러서 이 모형은 실증적으로 입증되지 않았으며 또 이러한 최소공분모 접근방식에 따라 어떤 한 전문가 집단의 탈진 과정을 이해하기에는 한계가 있다.

Spaniol과 Caputo(1979)는 탈진 과정의 각 단계를 각기 다른 등급의 탈진 쇼크로 비유하면서 증상의 성격과 강렬함에 초점을 맞추고 탈진 과정을 조사하였다. 그들의 모형에 따르면 첫째 등급의 탈진 증상은 (자극과민성, 걱정, 좌절) 일시적이며 쉽게 역전된다; 두 번째 등급의 증상은 (피로, 냉소주의, 자신의 효과성에 대한 염려, 변덕스러운 기분) 더 일상적이고 지속적이며 극복하기 어렵다; 세 번째 등급의 증상은 (자존심의 저하, 직무와 대인관계 기피, 두통, 소화계통 문제, 퇴직 고려 등 심리적·육체적인 문제) 전면적이며 강렬하고 치유하기가 어렵다. 이 모형은 Edelwich와 Brodsky의 모형과 마찬가지로 스트레스와 관련된 점진적으로 더 치명적 증상인 탈진에 대한 상식적인 견해를 제공한다; 문제는 이 모형들은 이들 증상이 발생하고 발달한 정신 내적, 대인관계적, 사회적 상황을 고려하지 않은 채 증상들을 분리한다는 점이다.

마지막으로, Golembiewski, Munzenrider와 Carter(1983), Golembiewski와 Munzenrider(1984)에 따르면, 인격 상실은 항상 제일 먼저 발생하고 그 뒤를 이어 개인적 성취의 감소가 이어진 후 뒤이어 정신적인 피로가 발생한다고 주장하면서 Maslach 탈진 항목표(Maslach Burnout Inventioy, MBI)의 세 가지 요소를 사용하여 탈진에 대한 실증적 진보모형을 수립했다. 대인 서비스 전문가를 위한 그 모형의 유효성은 이 연구가 기업체 근로자를(다국적 기업에서 생산 라인에 있는 근로자들) 상대로 한 것이며, Maslach의 최초 요소들의 일부 구성항목을 변경한 것이고, 또 MBI 점수를 처리할 때 (각 요소 점수를 높은 점수 또는 낮은 점수로 이분화시킨다) 너무나 미숙한 범주 체계의 결과에 따라 경감시켰다는 점을 인정한다. 아울러서 탈진은 인격 상실의 느낌과 함께 시작된다는 그들의 가정은 대인 서비스 전문가들 특히 교사들의 탈진은 보잘것없다는 느낌(개인적 성취의 부족)을 갖게 하는 것이 가장 두드러진 특징이라는 나의 견해와 반대된다. 교사를 대상으로 한 나의 연구에서는 개인의 비효과성과 성취 부족을 느끼게 되면 인격 상실(정서적으로 경직됨을 느끼면서 고객을 냉담하게 다루는 것)과 정신적 피로가 뒤따른다는 것을 강하게 보여 준다.

따라서 대체로 교사의 탈진 과정에 대한 나의 이해는 Edelwich와 Brodsky의 모형의 수정판에 기초하고 있다. 나는 이 모형의 일반적 과정을 다음과 같이 본다: (1) 열정과 헌신을 하는 것에서, (2) 개인적, 직무 관련, 사회적 스트레스 요인에 대하여 좌절과 분노로 반응하며, 이것은 다시 (3) 나 자신 또는 나라는 존재가 보잘것없다는 즉 무가치한 존재라는 느낌을 낳으며, 이것은 (4) 헌신을 기피하고, 그 뒤에는 (5) 다양한 신체적(두통, 고혈압 등), 인지적("그들은 비난받아 마땅하다"; "나는 스스로를 돌볼 필요가 있다"), 정서적인(자극 과민성, 슬픔) 증상에 대한 취약성을 증가시키며, 이것은 처리하지 않으면 (6) 고갈의 느낌과 주의 결핍이 발생할 정도로 확대된다.

대개 새내기(초임) 교사들은 자신들의 직무는 사회적으로 유의미하며 개인적으로 대단한 만족을 가져다 줄 것이라고 느끼면서 열정과 헌신을 다해 직무를 시작한다. 교육의 변함없는 어려움은 (상세한 것은 다음 장에서 언급될 것이다) 개인적으로 갖고 있던 신념과 환경의 취약성과 상호작용하며, 뿐만 아니라 사회적인 압력과 가치관과 상호작용하여 좌절감을 낳고 직무의 가능성과 자신이 원하였던 직무에 대한 투자를 재평가하게 만든다. (학생을 교육시키는) 과제는 압도적인데 자신의 노력은 보잘것없고 궁극적으로 무의미한 것으로 보인다. 직무에 덜 투자하여 그 대가를 거의 얻지 못하며 더 큰 움츠려드는 현상이 발생한다; 사람들은 직무에 대한 투자와 얻을 수 있는 대가에 대한 인식에 균형을 맞추려 한다. 교육에 대한 요구는 더 약한 것으로 느껴지기 시작하며, 주의 산만은 더 짜증이 나며, 교실 소란은 더 괴로우며, 아동은 주의를 덜 기울이며, 학부모들은 더 많이 요구하고, 행정가는 덜 민감하고, 동료들은 덜 후원적이다. 내 신념이 쇠퇴한다; 에너지는 고갈된다; 후원을 얻으려는 노력은 줄어들고 아무렇게나 행동하게 된다. 쉽게 분노가 일어난다; 인내심은 거의 나타나지 않는다. 한 때 무고한 피해자로 여겨졌던 학생들은 이제 원래 엉망이었고, 사회화가 덜 되었거나, 또는 가치관이 결핍된 존재로 보인다. 학생의 욕구가 정당한 것으로 보일 때마저도 자신의 욕구를 우선순위에 놓게 된다. 두통 등의 통증, 복통이 심하며 직무 수행에 화나도록 영향을 끼친다; 자주 음주나 부적절한 약물로 그것들을 대처한다. 결근이 증가하며 "정신건강의 날"로 보여진다. 점점 더 퇴직을 생각한다; 자신의 인생 전부를 교실에서 보낸다는 생각은 견딜 수 없게 된다. 직무는 그 본래의 의미를 상실하게 된다; 궁극적으로는 급여를 받으려고 직장을 다니게 된다. 자신이 탈진한 것이 이제 다른 사람들에게도 드러나며 심지어 본인도 이를 인정하게 된다. 하지만 교직을 퇴지한 후에 어디서 무엇을 할 수 있을 것인지를 찾아내기가 어려운 문제이므로 다음날의 수업 준비를 체념적이고 기계적으로 받아들인다.

제 2 장

교사의 직무 스트레스와 탈진의 원천

우울하면 인생을 즐길 수 없다.

—영화 ≪인생 2장≫의 대화 중에서—

"일에서 가장 중요한 것은 직업의 선택이다. 그런데 그것을 좌우하는 것은 우연이다"고 파스칼은 말했다. 성공을 원하거든 자기 직업을 정확히 정하고 그것을 추구해야 한다.

인간이 자기 직업에서 행복을 얻으려면 다음의 세 가지가 필요하다. 즉, 그 일을 좋아해야 하며, 그 일을 지나치게 해서는 안 되며, 그 일에서 성공하리라는 신념을 가져야 한다. 현대인은 자기의 직업에 대하여 힘들어하거나 애착심을 갖지 않는 것 같다. 그래서 프랑스의 조각가 로댕(1840~1917)은 "직업은 생활의 방편이 아니라 생활의 목적"이라고 말했다.

일한다는 것은 인생의 가치이며, 환희이며, 행복인 것이다.

제 1장에서는 탈진 증후군에 대하여 개괄적으로 검토하고 논의해 보았다. 이 장에서는 교사의 직무 스트레스와 탈진이라는 두 가지 특정 측면에 초점을 두고, 서로 다른 교사집단에서 이 현상들의 얼마나 만연되어 있는지, 그리고 개인 및 직무 관련 차원의 원인을

다룬다.

❀ 탈진, 스트레스, 불만의 만연율

탈진하는 교사의 비율은 얼마나 되는가?

교사의 탈진은 학교 주변에서 항상 있어 왔지만 과거에는 직무 불만과 사기저하라는 이름 아래 감추어져 왔다. 약 60년 전에 Waller(1932)는 공동체의 압력과 교실에서 많은 학생들을 통제하기 위한 끊임없는 주의, 그리고 고독과 고립이 교사의 낮은 사기와 어떻게 연결될 수 있는가를 설명하였다. 보다 최근에는 1960년대 교육에 대한 많은 비판(예를 들어 Kozol과 Holt의 저서)에서 교사들이 학생들에 대한 관심이 결여되어 있다고 묘사하고 있다.

따라서 교사의 스트레스와 탈진은 이제 새롭게 등장한 현상이 아니다. 하지만 새롭게 여기는 것은 적어도 일부 교사에게 관련된다고 할지라도 본인들이 스트레스와 탈진을 어떻게 느끼는지 밝힐 수 있는 반항적 비판을 얼마나 할 수 있느냐이다. 사실상 교사들은 서로에게 말하고 있다: "당신은 탈진 상태에 있어요. …" 여기서 문제는 Edelwich와 Brodsky(1980)가 "교편 전염병(staff infection)"이라고 적절히 명명한 것과 관련되어 있다. 많은 교사들이 학교에서 점심시간에 학생에 대해 험담을 하고, 행정가에 대한 불평을 터뜨리고, 교직 선택을 후회하고, 새 직장을 모색하느라고 세월을 보내면서 탈진이란 부끄러운 감정이라기보다는 투쟁적인 상처를 갖게 된다.

또한 새롭게 보아야 할 것은 교사 탈진 현상에 대한 중대성이다. 교사 탈진은 널리 일반화되었으며 그 원인과 증상은 사실상 모든 교사들에게 잘 알려져 있다. 수십 년 전과 비교하여 이제 교사는 이러한 문제를 식별하고 주의를 기울이며 예전에는 무시하였던 증상을 훨씬 더 용이하게 표현한다. 역사상의 모든 질병이나 질환과 마찬가지로 그 대중성으로 인하여 자신들이 희생자라고 믿는 사람들의 수가 크게 증가하였다. 아울러서 다음 장에서 논의하겠지만 교사에 대한 태도는 지난 이삼십 년 동안 극적으로 변화하였는데, 교사들을 직무 관련 압박의 충격에 훨씬 더 취약하게 되었다.

25년이나 50년 전의 탈진한 교사 비율을 오늘날 탈진한 교사의 수와 비교할 수 있는 방법은 없다. 그렇지만 전국교육협회(NEA)가 시행한 조사에 따르면 지난 40년간 자신들의 직무에서 상당한 스트레스를 경험한 바 있다고 보고한 교사 비율이 극적으로 증가되어 왔다. 1938년 37.5%에서 1951년 43%로, 1967년과 1976년 10년 동안에 78%로 늘어났다(Holt, Fine, & Tollefson, 1987). 아울러서 현재 교사 탈진 문제의 심각성을 어떻게 측정하느냐는 우리가 그 용어를 조작적으로 정의한 방식과 직접적인 함수관계를 갖고 있다. 예를 들어 교육관련 잡지(Learning magazine)에서 탈진이라는 용어를 정의하지 않은 채 단순히 교사들에게 자신들이 탈진한 느낌을 경험하였는지를 응답하도록 함으로써 조사응답자의 93%가 그러한 느낌을 경험하였음을 발견하였다고 보고했다. 이와 유사하게 나의 연구 결과에서는(Farber, 1984b) 도시학교 교사들의 77%, 교외학교 교사들의 70%가 탈진하였다고 해석할 수 있다. 이러한 숫자는 한 달 전 탈진을 경험한 정도를 질문 받았을 때 "결코 없음"을 제외한 모든 응답들을 표시한 교사 비율을 나타낸다. 주어진 기간 동안 탈진을 "드물게" (내가 사용한 척도에서 선택할 수 있는 응답) 느꼈다고 표현한 것을 교사가 탈진한 것으로 정의해서는 안 된다는 것을 분명히 해야 한다. 요점은 교사의 탈진을 구성하는 것이 무엇인지에 대하여 합의된 정의가 없기 때문에 우리가 어떤 비율을 도출한다고 해도 본질적으로 옳지도 틀리지도 않다는 것이다. 가장 자주 사용되는 Maslach의 탈진 검사(MBI)는 세 가지 하위척도 점수를 탈진에 대한 단일한 척도로 합해서는 안 됨을 조언하고 있다. "탈진은 … 있다 또는 없다와 같은 이분법적인 변수로 보아서는 안 된다"(Maslach & Jackson, 1986, p. 2). 그럼에도 불구하고 Belcastro와 Hays의 연구(1984)에서는 MBI를 탈진 교사의 비율을 도출하는 데 사용하였다. Belcastro와 Hays는 어떤 교사가 세 가지 각 하위척도에 대한 점수가 모든 대인 서비스 전문가에 대한 Maslach와 Jackson의 평균점수보다 높으면 그 교사는 탈진 상태라고 보고, 자신들의 표본에서(앨라배마의 대단위 학군) 20%의 교사들이 탈진한 것으로 식별하였다. 그럼에도 불구하고 탈진에 대한 조작적 정의(세 가지 각 하위척도의 평균 이상의 점수를 기준으로 함)는 느슨하였을 뿐 아니라 이 연구에서 사용된 표본은 자신이 현재 재직 중인 학교에서 경력 2년 미만인 교사들은 모두 배제시킨 것이었다. Birmingham (1984)은 Maslach와 Jackson의 기준과 비교하여 자신의 표본의 (K-12학년을 맡고 있는 미네소타 공립학교 교사 319명) 18%가 정신적인 피로 부문에서 높은 범위의(상위 세 번째까지) 점수를 얻었으며, 14%는 인격상실에서 높은 범위를, 그리고 26%는 개인적 성취 결여에서 높은 범위의 점수를 얻었음을 발견하였다.

이러한 연구결과에서 심리치료가 효과적이었는지를 확인하는 길은 "개선"을 어떻게 보느냐의 자의적 정의와 직접적으로 관련 있다는 점에서 심리치료 연구와 유사하다. 무엇을 보고 개선되었다고 보는가? 또는 현재 논의에 더 적합하게 말하자면 교사의 탈진을 구성하는 것은 무엇인가?

나는 일련의 선행 연구에서(Farber, 1984b, 1985) 뉴욕 대도시의 도시학교 지역과 교외학교 지역의 총 693명의 공립학교 교사들을 조사함으로써 교사 탈진의 정도를 판단하고자 하였다. 이들 교사들에게 사용한 척도(교사태도 척도: TAS)는 Maslach 탈진 검사의 수정판이었다. 앞에서 언급한 바와 같이 이 수정판은 매우 다양한 대인 서비스 전문가들의 탈진을 평가하기 위하여 널리 사용되어 왔는데, 전문적 직무에 대한 25개 진술로 구성되어 있다—예를 들어 "나는 일하는 것이 우울하다." 나는 교사 탈진의 특정 성격을 조사할 목적으로 기존의 MBI의 25개 항목에다 관련 문헌에서 가장 자주 언급되는 교직의 만족과 스트레스의 범위를 반영하도록 교사들에게 적절한 40개의 항목을 추가하여 항목을 증가시켰다. 또한 이 연구를 위하여 기존 MBI의 지시사항을 수정하였다. 본래 지시사항은 각 진술문을 읽고는 자신의 직무에서 그것을 느낀 방식이 어떤지를(0 = 결코 없음; 1 = 1년에 몇 번 이하; 2 = 한 달에 한 번 이하; 6 = 매일) 판단하여 척도를 작성하도록 요구하였는데 나는 이러한 시점을 판단하도록 하는 체제가 너무 막연하여 탈진에 대한 현재 상태의 느낌을 정확히 측정하거나 몇 개월 또는 일 년 동안의 작용을 소급해서 추적하는 것이 불가능하다고 생각하였다. 그래서 나는 지시사항을 수정하여 응답자에게 "지난 달 동안에" 어떤 방식으로(0 = 결코 없음; 1~2 = 드물게; 3~4 = 가끔; 5~6 = 자주) 느꼈는지 그 정도를 평가하도록 요구하였다. 이 연구로부터 얻은 자료를 도시 교사와 교외 교사로 구분하여 별도로 분석하였다. 나는 도시 교사와 교외 교사에게 직무 여건 (특히 스트레스의 원천)은 상이하게 인식될 수 있으며, 이들 두 집단의 자료 중 아무 자료나 뽑아서 사용하는 것은 이들이 경험하는 것과 직무의 영향상의 차이점을 간과한다고 생각하였다.

세 가지 MBI 척도상의 응답자의 점수를 Maslach와 Jackson의 전국 표준점수와 비교하기보다는(탈진한 교사 비율의 단일한 측정을 허용하지 않는 시도), 이 연구에서는 그러한 계산을 하게 된 방식으로 탈진을 바라보기 위하여 직접적인 시도를 하였다. 비록 Maslach와 Jackson에 따르면 탈진은 다면적이며 이분법으로 나눌 수 없는 변수라고 주장하지만 그럼에도 불구하고 많은 다른 기능장애적인 여건들(예를 들어 우울증과 불안 장애)을 통해 만연율은 측정되어야 한다. 비록 일부 피할 수 없는 문제가 있더라도 그러한 만연율을 측정하는 것은 적어도 정책입안자에게 사태의 중요성에 대한 어떤 인식을 갖도록 할 수 있다.

이 연구에서 교사의 탈진은 두 가지 다른 방법으로 정의되었다. 첫 번째 방법은 단순히 "지난달에 나는 직무에서 탈진을 느꼈다"라는 진술에 대한 반응으로 "자주"(0~6 빈도 척도 중 5 또는 6점)라고 응답한 교사의 비율을 측정하는 것이었다. 이러한 기준에서 도시 교사의 21.6%와 교외 교사의 10.3%가 탈진했다고 간주할 수 있었다.

둘째, 탈진을 더 보수적으로 정의하는 방식인데 탈진의 신체적, 정신적 증상을 측정하려는 교사태도 조사(예를 들어 "일을 마칠 무렵 에너지가 고갈되었다고 느꼈다", "나의 시간과 에너지를 잡아먹는 서류와 그 밖의 교육과 관련 없는 업무에 대하여 분개하였다", "학생들에게 진보가 보이지 않는 것을 참지 못하였다")의 18개 하위척도 항목에 대한 전반적인 점수를 고려하는 것이 필요하다. 이 하위척도는 "교사 탈진"이라고 불리는 것의 본질과 관련 있기 때문에 이러한 하위척도에서 문헌에서 언급된 이 증후군의 많은 측면을 반영한다. 교사 탈진에 대한 조작적인 정의를 통해 72점 이상의 점수를 (각 항목당 7점 척도에서 평균 4점 이상) 받은 도시 교사의 12.9%와 교외 교사의 6.9%가 탈진한 것으로 간주할 수 있다. 따라서 어느 방법을 사용하든 상당히 소수의 교사들이 탈진한 것으로 나타났다.

이러한 비율은 가을 학기(10월~11월)에 교사를 대상으로 실시했던 연구에서 도출된 것이다. 탈진한 교사 비율은 학기 중 상대적으로 일정하게 유지되는가? 일반적으로 교사의 스트레스나 탈진에 대한 종단적 연구에서는 결론이 나지 않는다. 한편 Fleischut(1983)는 교사들이 학기 중 각기 다른 다섯 시점에서 경험하는 스트레스 강도가 현저히 다르다는 것을 발견하였다: 스트레스는 (새 학년이 시작하는) 9월부터 11월까지는 증가하였으며, 1월에는 감소하였고, 3월과 5월에 다시 증가하였다. 그리고 Makinen과 Kinnunen(1986)은 교사 스트레스는 신학기 후반에 상당히 증가한다고 지적하였다. 반면 Brenner, Sorbom 그리고 Wallius(1985)는 "대부분의 교사들이 인식하는 일반적인 긴장은 학기 중 거의 변하지 않는다. 그리고 변화하는 교사는 대개 높은 스트레스에서 낮은 스트레스로 변화한 것"(p. 6)이라는 점을 발견하였다. 나의 이전 연구결과에 따르면 이러한 명백히 상반되는 입장은 모두 사실일 수 있다(스트레스와 탈진은 서로 다른 환경에서 아주 다양한 양상으로 나타날 수 있다). 그러므로 나는 탈진 비율이 도시 주변의 학교보다 도시 학교에서 상대적으로 일관적으로 나타남을 밝혀낸 바 있다. 도시 학교에서는 탈진한 교사의 비율은 상당히 안정적으로 유지되는 반면 도시 주변 학교에서는 탈진한 교사의 비율은 학기 중에 상당히 감소한다. 전체 하위척도 상 점수체계에 의하면 탈진 교사의 비율은 6.9%에서 3.4%로 하락한다. 단일 항목 점수에 의하면 이들 교사들의 탈진 비율은 10.3%에서 5.5%로 하락한다. 그러므로 학기 중에 도시 주변 학교 교사의 탈진에 대한 도시 교사의 탈진 비율은 기껏해야 2:1에서 약 3:1 또는 4:1로 증가한다. 그러므로 공동체의 유형과 평가시점에 따라 한 국가의 전체 교사 중 5~20%가 어떤 시점에서 탈진하게 된다.

스트레스를 받거나 교직에 불만을 갖고 있는 교사의 비율은 어느 정도인가?

교사의 스트레스나 불만 정도를 평가할 때에도 교사 탈진율을 평가할 때와 유사한 방법론의 문제가 있다. 〈표 2.1〉에 나타나는 바와 같이 연구방법과 대상을 다르게 한 연구에 따라 직무에서 스트레스를 받거나 불만이라고 느끼거나 교직 선택을 후회하는 교사의 비율에 관하여 서로 다른 결과를 보여 준다.

〈표 2.1〉 스트레스, 불만, 또는 교직 선택을 후회한다고 평가된 교사의 비율

연구자	표본(지역)	변 수	비 율
Birmingham(1984)	319 (미네소타)	만족	58% 불만; 중학교 교사 81% 불만
Broiles(1982)	314 (캘리포니아)	스트레스	33%: 대단히/극도로 직무 스트레스를 받는다
Brown(1983)	271 (미주리)	스트레스	53%: 결정적/극도로 직무 스트레스를 받는다
카네기재단(1988a)	2,000 (전국)	만족	23% 불만
Farber(1984b)	693 (뉴욕)	다시 교직을 선택	55% 아니오(도시) 47.5% 아니오(교외)
Feistritzer(1985)	1,592 (전국)	만족	16% 불만
Feitler와 Tokar(1981)	3,789 (오하이오, 펜실베이니아)	스트레스	16.5% 대단히/극도로 직무 스트레스를 받는다
Fiske(1982)	5,702 (뉴욕)	다시 교직을 선택	47% 아니오(전체); 55% 아니오(뉴욕시); 35% 아니오(교외)
Goodlad(1984)	1,350 (전국)	다시 교직을 선택 경력기대 충족	31% 아니오 26% 아니오
Harris와 동료들(1987)	1,002 (전국)	만족 전직	14% 다소/대단히 불만 52% 고려 중 23% 아마 5년 이내에
Harris와 동료들(1988)	1,208 (전국)	만족 전직	13% 다소/대단히 불만 26% 아마 5년 이내에
Kottkamp, Provenzo, Cohn(1986)	2,700 (플로리다)	직무 만족 학교 만족	13.1% 불만 20.1% 불만
Moracco, D'Arienzo, Danford(1983)	691 (중부 대서양주)	다시 교직을 선택	52% 아니오
NEA(1979)	1,738	다시 교직을 선택 만족	41% 아마도 아님/아니오 44% 불만/매우 불만

자신의 직업에서 대단히 또는 극도로 스트레스를 경험한다고 밝힌 교사의 비율을 살펴보면, 오하이오 북동부와 서부 펜실베이니아의 60개 학군의 교사를 대상으로 한 Feitler와 Tokar(1981) 연구의 16.5%에서부터 미주리주 초등학교 교사들을 연구한 Brown(1983) 연구의 53%까지의 범위를 보이고 있다. 다시 직업을 선택해야 한다면 교직을 선택하지 않겠다고 응답한 교사의 비율은 전국적 규모로 실시했던 Goodlad(1984)의 31%라는 낮은 수치에서부터 「뉴욕 타임스」 표본(Fiske, 1982)과 뉴욕 대도시 지역 도시 교사를 대상으로 수집한 나의 표본(Farber, 1984b)에서 보여 준 55%라는 높은 범위를 보였다. 자신의 직업에 불만을 느낀다고 보고한 교사의 비율은 플로리다주 데이드 카운티를 대상으로 한 Kottkamp, Provenzo 그리고 Cohn(1986) 연구의 13.1%에서부터 전국 NEA(1979) 조사의 44%와 미네소타 지역 중학교 교사에 대한 Birmingham(1984) 연구에서 83%에 이르기까지 다양하다. 이 연구를 통한 잠정적인 결론은 탈진한 (이 상태를 최종 상태로 본다) 5~20%의 교사 외에 또 다른 30~35%는 교직에 강한 불만을 갖고 있다는 것이다.

여기서 제기될 수 있는 의문은 이러한 스트레스를 받거나 탈진한 교사의 비율은 다른 직업에서 스트레스를 받는 직장인과 비교할 때 어떠한가라는 것이다. 자료에 의하면 교사들이 직무 관련 스트레스를 경험하는 사실은 이례적인 일은 아니라는 것이다. 1985년 다양한 직업에 종사하는 40,000명을 조사했던 전국보건통계센터는 표본의 과반수 이상이 지난 2주 동안에 "많은" 또는 "가벼운" 스트레스를 경험하였다고 하였다(Miller, 1988). 심지어 의사와 변호사처럼 보수 좋고 매우 존경받는 전문직도 불만이나 후회가 없는 것은 아니다. 의사들에 대한 1989년 여론조사 결과에 따르면 39%가 직업을 다시 선택한다면 결코 또는 아마도 의대에 진학하지는 않을 것이라고 하였다(Altman & Rosenthal, 1990); 워싱턴의 30세 미만의 변호사에 대한 조사에서 85%가 그 직업을 다시 선택하지 않겠다고 응답하였다(Margolick, 1990).

아울러 몇몇 연구에서 Maslach 탈진 검사의 세 가지 하위척도에 대한 교사 점수들이 여러 직종의 대인 서비스 전문가들의 대략적 평균값보다 높은 지점에 모여 있음을 밝혀냈다. Pines와 Aronson(1981)뿐 아니라 Anderson과 Iwanicki(1984)는 MBI에 대한 교사들의 점수는 다른 직업군의 집단 평균보다 약간 낮다는 것을 밝혀내었다; Maslach와 Jackson(1986)은 이들 하위척도에 대한 교사들의 점수는 다른 보건서비스 직종의 평균 점수보다 약간 더 높다는 것을 밝혀내었다. 반면 Cox와 Brockley(1984)는 연령, 성별, 사회경제적 지위를 고려하였을 때 교사들이 다른 전문가들에 비하여 직무 관련 스트레스를 더 많이 보고하고 있음을 발견하였다. 그렇기는 하지만 전반적으로는 (그리고 다소 놀랍게도) 다른 전문직과 비교하였을 때 교사들이 전체적으로는 스트레스나 탈진에 특별히 취약하지는 않은 것으로 나타난다. 그럼에도 불구하고 이러한 진술에는 두 가지 사항을 참작하여야 한다[1]: 첫째, 특히 도시학교에 근무하는 교사들은 스트레스와 탈진 위험이 높다; 둘째, 교사들이 비록 다른 전문직에 비하여 더 많은 스트레스나 탈진을 겪지 않는다 해도 특별한 주의와 관심의 대상이 되기에 마땅하다. 우리들의 미래인 아이들을 맡아야 하는 사람은 교사들이기 때문이다.

❀ 개인적인 위험 요인들: 어떤 유형의 교사가 가장 스트레스나 탈진을 경험하기 쉬운가?

앞 장에서 언급한 바와 같이 탈진의 원천은 개인, 조직, 사회의 차원에서 찾을 수 있다. 이들 요인들이 결합하여 보잘것없다는 인식을 갖도록 할 때 탈진이 나타나기 쉽다. 따라서 이와 같은 개인적인 변수들 특히 개인이 심하게 스트레스를 받거나 탈진한 교사가 될 가능성에 영향을 준다고 보는 성격 특징과 인구통계학적 요인들에 초점을 맞추고자 한다.

성격 요인들

교사 탈진과 관련된 문헌들에 따르면 이상주의적이고 열정적인 교사들이 탈진에 가장 취약하다. 이들은 상실할 무엇인가를 가진 교사들이다. Pines(1982)는 직무에 대한 이상을 더 가치 있게 인식하고 이에 부응하려고 노력하는 사람일수록 더욱 탈진하기 쉽다고 하였다. 아울러서 Bloch(1977)는 강박관념이 있고, 열정적이며, 이상주의적이고, 헌신적인 교사들은 다른 연구자들이 교사 탈진을 설명한 방식과 동일한 방식으로 자신이 설명했던 "지친 교사 증후군(battered teacher syndrome)" 질환을 겪기 쉽다고 하였다. 이런 교사들은 직무에 자신을 몰두시켜 강렬하게 임하며 자신들의 노력에 대하여 대가가 곧바로 없으면 심하게 실망한다. 이러한 각본은 특히 대도시의 저소득층 지역에서 이상을 지니고 직무에 헌신하는 사람들 사이에서 공통적으로 나타날 수 있다. 그러나 이러한 지나친 이상주의에 대한 역기능은 대도시의 저소득층 지역 교사들에게만 해당되는 것은 아니다. 비현실적이라고 할지라도 인간적이고 가치가 있다면 자신의 자아실현을 그 교육목표의 성취에 두고자 하는 교사라면

---

1) 역자 주: 심신이 건강한 교사에 의하여 건강한 교육이 가능하며 교사가 경험하는 직무·생활 스트레스나 탈진은 교육력에 심각하고 유해한 영향을 끼치며 이들의 사기, 근무 의욕, 교직 그 자체 또는 학생(아동)에 대한 애착에 부정적 해악(害惡)을 끼친다는 사실, 산업체나 일반회사에서 직무 스트레스를 직업병으로 간주하고 있고 관련 보험 상품이 판매되고 있다는 점을 인식해야 한다.

누구나 이러한 이상주의와 헌신을 표명한다. Pines가 언급한 바와 같이 "탈진의 증상이 자신의 목표에 대한 접근을 상실하는 것이라면, 지나치게 높거나 비현실적인 목표를 갖는 것은 전문적으로 도움을 제공하는 사람에게 나타나는 공통된 함정이며 탈진에 대한 강력한 전제조건이다"(1982, p. 21).

유사한 맥락의 연구에 따르면 특히 "A 유형(Type A)" 사람들이 스트레스에 대한 반응으로 심리적인 증상을 나타낼 수 있는 경향이 높다고 보았다(예를 들어 Glass, 1977). A 유형의 성격은[2] 적극적이며, 경쟁적이고, 열성적이며, 변덕스러우며, B 유형에 비하여 좌절을 인내하기가 어렵다. 또한 자신들의 노력이 성공적이지 않거나 다른 사람들의 방해 때문에 부당한 대우를 받았다고 인식할 때 더 분노하고 스트레스를 받기 쉽다. A 유형의 성격은 통제에 대한 욕구가 매우 크지만, 그런 목표는 실제 교실을 운영하면서 결코 실현될 수는 없는 것이다. 이러한 논의가 성격 유형과 교사 탈진 간의 어떤 관련성을 시사할 수 있으나 이러한 관련성은 실증적으로 확인되지는 않았다. 예를 들어 초등학교와 중학교 교사 227명을 대상으로 한 Nagy(1982) 연구에서는 성격 유형(A형 또는 B형)과 탈진 사이의 유의미한 관련성을 밝히는 데 실패하였다. 그렇지만 그는 "일 중독(workaholism)"은 탈진하는데 중요한 요

2) 역자 주: 스트레스성 질병과 관련된 개인의 성격 또는 행동 양태, 특히 관상동맥성 심장질환과 행동 간의 유관성에 대한 수많은 연구들이 의학과 심리학에서 수행되었다. 업무부담이 많은 직업을 가진 사람들이 A형 행동을 하기 쉽다는 것이 발견되었다. A형 행동이란 극도의 경쟁성, 공격성, 성취욕구, 서두름, 조급함, 시간에 대한 압박, 책임감을 보여 주는 행동을 말한다. 일 중독(workaholic)으로 지칭되는 A형의 남성 관리자들은 많은 양의 알코올, 진정제, 수면제를 복용한다. 이들은 피로를 경험하고, 체중이 줄고, 고혈압, 심근경색, 가족문제를 가지고 있다. 높은 직업수준과 직무요구를 가진 여성은 다른 여성에 비해 A형 행동을 하는 경향이 있으며, 남성 관리자와 같은 동일한 스트레스 증후군으로 고통을 받는다. 성공적인 전문직에 대한 연구에 의하면 많은 것을 성취한 남상들은 결혼한 반면에, 여성들은 미혼인 경향이 있다. A형은 매우 성취지향적이고 경쟁적이며 성급하며 말을 많이 하고 독일 병정 같이 긴장된 안면 근육을 나타내며 많은 책임감을 느낀다.

A형 성격의 세 가지 부정적인 특징은 분노, 공격성, 적대감이다. 적대적인 공격성은 A형 성격 소유자가 그렇지 않은 사람들보다 더 높다. A형 행동패턴에서 관상동맥성 심장질환에 걸리기 가장 쉽게 만드는 것은 적대적 구성요소이다. 또한 분노는 강력한 위험요인이다. 심장 발작을 일으킨 남녀에 관한 심층연구에서는 남성들에게 있어서 남성성과 관련된 부정적인 특성(예: 건방짐. 적대감, 냉소주의, 분노)은 심각한 발작과 관련이 있는 반면에, 공감적이고 양육적인 남성들은 심장발작의 가능성이 적고 인간관계도 좋은 경향이 있었다. 그러므로 극단적인 남성성과 여성성도 건강하지 않을 수도 있다. A형은 참모형으로 발탁되지만 CEO(최고경영자)로서는 부적합하다고 한다.

소임을 발견하였다.

탈진은 또한 자아실현과 자존감과 같은 교사들의 "고차원적 욕구(higher-order needs)"와 관련이 있음을 보여 준다(Anderson & Iwanicki, 1984; Malanowski & Wood, 1984). 자아실현에는 성공, 성취, 충분한 잠재력을 발휘하여 직무에 임하는 것들이 포함된다; 자존감에는 자기존중과 인간으로서 또 전문가로서 다른 사람들에게 존경받고자 하는 욕구가 포함된다. 연구결과는 중요한 사실을 지적한다: 직무를 통하여 존경과 충족을 얻으려는 욕구가 방해받을 때 교사들은 더 쉽게 탈진하게 된다. 지난 이삼십 년 동안 교단에서 나타난 중요한 현상으로 탈진이 발생하게 된 이유는 부분적으로는 이 시기 동안 교사들이 존경을 얻지 못했기 때문으로 이해되어질 수 있으며, 내가 다음 장에서 다룰 논의와 다소 일치한다.

관련 연구를 통해 교사들의 스트레스나 탈진에 취약하게 만드는 몇 가지 심리적인 변수들이 발견되었다. 예를 들어 "외부적 통제" 유형의 교사들(자신의 운명은 자신들의 손에 달려 있기보다는 외부 사건들에 의하여 통제된다고 믿는 사람들)은 탈진을 한층 더 겪기 쉽다(Cadavid, 1986; Fielding, 1982; McIntyre, 1984; Marlin, 1987; Meehling, 1982; Stone, 1982; Zager, 1982). 이러한 연구결과는 스트레스를 설명하는 요인들 중에 조정가능성(controllability)이 가장 중요하다고 주장하는 많은 심리학적인 연구와 일치한다(Taylor, 1990). 아울러서 특징적으로 긴장과 걱정을 하며 "자아의 강도가 낮은"(low ego strength, 자기자신에 대한 확신이 없는) 교사들이 더 탈진하기 쉽다(Williams, 1982; Zager, 1982); 또한 상대적으로 모호함을 견디지 못하는 교사들이 다른 교사들보다 더 많은 스트레스와 탈진을 경험한다고 보고한다(Fielding, 1982). 한편 개인적으로 "강건하고", 자신이 스트레스에 대처하고 완화시킬 긍정적인 능력이 있다고 믿는(Kobasa, 1979) 교사들은 탈진을 덜 겪는다(Holt, Fine, & Tollefson, 1987; Schoenig, 1986).

연구에서는 심지어 연령, 성별, 민족, 교사 경력, 학교 수준, 결혼 상태와 같은 인구통계학적 변수들을 통제할 때에도 통제의 소재(locus of control), 불안, 자존심과 같은 성격 변수들은 교사의 스트레스 출현에 대한 중요 예고 지표가 된다(Meehling, 1982).

그러므로 일반적으로 직무 스트레스에 대한 반응은 경험하는 스트레스와 개인적인 성격 특징이 모두 작용하는 함수와 같다. 경험하는 스트레스의 양이 얼마만큼이냐를 결정하는 것은 직무가 요구하는 것과 개인적인 능력 사이에서 "얼마나 잘 적응해낼 수 있느냐"이다(goodness of fit, French & Caplan, 1972). 달리 말하면 스트레스에 대한 개인적인 반응과 인식은 주관적인 것이며 사람마다 현저하게 다르다; 실로 사람은 주관적인 스트레스의 존재와 상관없이 스트레스에 대해 기능장애적으로 반응할 수 있다. 두 명의 교사가 동일한 정도의 스트레스를 겪고 있더라도 그 상황에 대해 매우 다르게 반응할 수 있다. 예를 들어 어떤 교사가 아동에 대해 현실적인 기대를 갖고 있고, 아동의 사회적, 교육적 진보와 관련된 독특한 성격을 잘 이해하고 수용하는 사람이라면 수학 방정식이나 가벼운 비판에 대해 다른 사람은 어떻게 받아들이는지 파악하지 못하는 학생에게 과도하게 반응하지 않을 확률이 높다. 자기자신에 대한 확신이 더 강한 교사는 사용할 수 있는 교재가 부족하더라도 위험을 덜 느낀다. 교사의 위험 요인들에 관한 많은 연구에서는 더 나은 반응 능력을 갖춘 사람들(높은 자존심, 자기 확신, 또는 참을성(강인함, hardiness)의 정도에 반영된다)은 교실의 전형적인 어려움(행정적인 방해, 학생들의 다툼, 비품 파손 등)에 더 잘 견디며 심하게 스트레스나 탈진을 경험할 확률이 훨씬 낮다고 밝혀 이러한 양상을 확인시켜 주었다. 그러나 이것은 직관적으로 의미를 지니지만 다소 조심스럽게 해석할 필요가 있다. 첫째, 스트레스와 탈진은 자존감이 낮은 교사들에게만 한정되어 나타나는 현상이라는 것은 사실과는 거리가 멀다. 둘째, 이들 연구의 상호관련적인 성격으로 원인과 영향의 방향을 판단하기가 어렵다; 낮은 자존감은 탈진의 결과이지 원인이 아니라는 것이다. (물론 두 가지 원인과 결과 모두일 수 있다.) 마지막으로, 교사의 탈진을 자존심의 결핍과 같은 성격 결함으로 귀속시키는 것은 "희생자 비난하기(blaming the victim)"의 수법과 똑같다[3]. 그러한 귀인(이것도 저것도 다 교사의 잘못이며 그들은 자신들의 그와 같은 나쁜 상태에 대하여 근본적인 책임이 있다는 것)은 현재 전문가를 괴롭히는 스트레스, 사기저하, 불만, 조기 은퇴에 상당한 영향을 끼쳤다.

생활 변화의 영향

생활 변화(life changes)는 근로자들이 특히 직무 관련 스트레스나 탈진을 받기 쉽도록 영향을 끼칠 수 있다. 개인 생활의 변화 횟수 및 형태와 1년 안의 심한 질병 및 발병 사이에는 변함없는 관련성이 있다고 알려지고 있다(Holmes & Rahe, 1967). 긍정적인 변화(결혼과 같은 것)와 부정적인 변화(사별이나 이혼과 같은 것)는 모두 상당한 스트레스이며 그렇기 때문에 이 두 가지 형태는 개인에게 모두 새로운 생활양식에 대한 적응을 요구한다. 생활 변화는 또한 발달상의 과정으로도 볼 수 있다. Erikson(1963, 1968), Levinson(1978), Vaillant(1977) 같은 이론가들은 모두 성인의 발달모형을 제안하면서 자존감, 결혼 관계, 또는 직무에 대한 신념 및 투자에 극적으로 영향을 미칠 수 있는 개인생활 또는 직업생활의 상당

3) 역자 주: "**희생자 비난하기**" 이론은 문제 발생의 원인을 가해자·피해자 시각에서 접근하는 논법으로서 회사 설립자의 방만한 고비용 저효율의 부실 경영에 의해 회사가 경영이 어려워지자 그 책임을 종업원에게 전가시켜 해고시키는, 오히려 종업원의 무능 탓으로 돌리는 문제를 야기한다.

한 재평가와 관련된 항상 닥치게 되는 위기의 시기를 포함하고자 하였다. 결국 경험하게 되는 것이지만 그럼에도 불구하고 이러한 변화의 시기는 스트레스가 되며 개인이 그 밖의 일상 스트레스에 성공적으로 대처하는 능력을 저하시킬 수 있다. 그렇기는 해도 이러한 생활 변화가 직무 관련 스트레스에 끼치는 충격에 관한 논의는 또한 그 집요함에도 불구하고 교사와 관련된 근거자료가 없다. 사실 교사 생활 중 특정 연도의 현저한 생활 변화의 사건들은 직무 만족이나 탈진과는 관련 없음을 보여 주는 연구(Birmingham, 1984)가 있을 뿐이다.

인구통계학적 요인들

몇 가지 인구통계학적 변수들은 교사의 직무 스트레스와 탈진의 발생과 관련 있다. 연구에서는 스트레스와 탈진은 여성보다는 남성에게 더 잘 일어나기 쉽고(Anderson & Iwanicki, 1984; Birmingham, 1984; Burke & Greenglass, 1989; Rottier, Kelly & Tomhave, 1983), 나이든 사람보다는 40세 미만의 사람들에게 더 일어나기 쉬우며(Anderson & Iwanicki, 1984; Birmingham, 1984; Farber, 1984a; Gold, 1985; J. M. Martin, 1988; NYSUT, 1979), 중학교나 고등학교 교사들에게 더 쉽게 일어난다는 점을 일관되게 밝히고 있다(Anderson & Iwanicki, 1984; Burke & Greenglass, 1989; Farber, 1984a; Goodlad, 1984; Malanowski & Wood, 1984; Martin, 1988; Schwab & Iwanicki, 1982; Taton, 1983). 이와 유사하게 뉴욕주 교사들을 대상으로 했던 「뉴욕 타임스」 조사에서는(Fiske, 1982) 중학교나 고등학교에 재직하고 있는 30대 남자 교사들이 자신들의 교직 선택을 가장 쉽게 후회하고 있음을 알아냈다. 사실 Schwab와 Iwanicki(1982)는 이러한 요인들(성별, 연령, 담당 학년)은 교사들의 탈진 수준을 예측하는데 유용하면서도 유일한 배경 변수라고까지 주장하기도 한다. 그러나 다른 연구들은 교사 중에서 독신일수록(Farber, 1984a; Gold, 1985; Holt, Fine, & Tollefson, 1987), 대규모 학교에서 근무할수록(Goodlad, 1984; Moracco, D'Arienzo & Danford, 1983), 많은 학생들을 가르칠수록(Malanowsi & Wood, 1984), 교외나 시골학교보다 도시학교에 재직할수록(Farber, 1984a; NYSUT, 1979) 교사가 스트레스나 탈진을 느낄 위험에 빠질 확률이 높음을 시사하는 여러 증거들을 제시하였다.

아마도 이들 연구에서 가장 일관된 결과는 남성이 여성에 비하여 스트레스와 탈진에 더 취약하다는 것이다. 이 결과를 언뜻 보고 사람들은 여성이 남성에 비해 회복을 더 잘 하고 교사가 받는 압박에 대처하는 준비가 더 잘 되어 있다거나 기질적으로 이를 더 잘 처리할 수 있다고 단순한 결론을 내릴지도 모른다. 그리고 이러한 해석은 〔특히 성장 내력을 보고 남성보다 여성이 대인관계에 더 민감하고 대인관계 능력이 더 좋으며 후원망을 더 잘 활용할 수 있다고(Greenglass & Burke, 1988) 주장하는 이론들을 신뢰한다면) 다소 사실일 수 있다. 그러나 해석은 좀 더 조심스럽게 해야 한다: 남성 교사들은 초등학교보다는 중학교나 고등학교에 더 많이 재직하고 있으며 일반적으로 더 다루기 어려운 학생들이 속한 학급을 맡고 있다. 이런 학생들은 삶의 압박과 대가의 결여로 말미암아 스스로 지쳐 있으며 교사들은 이런 학생들의 소외와 절망에 대처하는 와중에 특히 자신이 무력하고 보잘것없다고 느낄 수 있다.

몇몇 연구에서는 40세 미만 교사들이 스트레스 관련 질병에 가장 위험하다고 보고하고 있다. 20대 교사들은 비현실적 기대를 더 많이 하기 쉬우며, 20대와 30대 교사들은 나이든 교사에 비하여 안정되고 헌신적인 직업 정체성을 형성하는 과정에 본인이 적극적으로 관여할 가능성이 높다. 따라서 이 20대와 30대 두 집단은 자신의 교직 선택이 현명했는지 스스로에게 의문을 제기하는 와중에 발생하는 스트레스에 특별히 취약할 수 있다. 인지 부조화 이론(cognitive dissonance theory: 사회심리학의 지침 원리 중 하나)은[4] 나이든 교사들이 교직에 남기로 결정한 후 자신들의 결정이 매력적이지 않다거나 현명하지 않았다고 인식하게 만드는 직무관련 스트레스 및 개인적 증상을 외면하고 있다고 주장한다. 이 이론에 따르면 자신의 분야에서 절대적으로 헌신하는 교사들은 자신들이 속한 환경 속에서 스트레스보다는 만족을 더 찾으려 하며, 스트레스를 개인적인 것으로 받아들이려고 하지 않는다. 여기에서

---

4) 역자 주: 인지 부조화 이론이 실생활이 현실적으로 나타나는 사례를 소개한다.

英 여권운동 1세대 며느리엔 '보수' 강요

지난 60~70년대에 맹렬한 여권운동을 벌였던 세대들이 시어머니가 되고 난 후, 며느리에게 전통적인 여성의 역할을 강조하는 등 보수적 입장으로 돌아선 것으로 드러났다. 영국의 「더 타임스」는 케임브리지 대학이 지난 10년간 시어머니가 된 여성들을 상대로 조사한 결과 여성해방에 앞장섰던 여성들이 며느리에게 남편입장을 최대한 취할 것을 강조하는 등 자신들은 거부했던 전통적 태도를 며느리에게 요구하는 것으로 나타났다고 보도했다(2005).

클레어 칼리지의 테리 앱터 박사는 영국 심리학회 발표에서 "여권운동의 선구자로 자처하는 젊은 시어머니 세대조차 며느리의 직장생활을 중요시하지 않는 것으로 드러났다"고 말하고 20명의 시어머니와 12명의 장인, 32명의 며느리와 사위를 면접·조사한 결과 이와 같은 결과가 확인됐다고 설명했다. 그는 이 조사에서 장모와 사위의 불화는 2건에 그친 반면 시어머니와 며느리의 적대적 관계는 10건이나 됐으며, 2명의 시어머니는 며느리를 증오하고 있음을 시인했다고 밝혔다. 이 조사(2005)에서 시어머니들은 자신들이 마음은 아직 젊다고 생각하고 며느리와 좋은 관계를 유지하기를 원했으나, 대부분의 시어머니들은 아들의 응석을 받아주고 편들면서 며느리에게도 자신과 같은 태도를 기대해 관계가 껄끄러운 것으로 나타났다.

또한 중요한 요인은 교직에 극도의 불만을 느낀 나이든 교사들은 이미 교단을 떠났다는 점이다.

또 언급해야 할 점은 과거에 비해 지난 20~30년간 많은 교사들이 교직에 더 오랜 기간 동안 근무했다는 사실이다. 경제적인 필요, 근로여성에 대한 사회의 관대한 시각, 침체된 인력시장 등의 상황은 교사들이 교직에 오래 남아 있게끔 하는 데 일조하였다. Elsbree(1939)에 따르면, 역사상 미국에서는 대부분의 교사들이 전형적으로 2~3년 내에 교단을 떠났다. 이제 교사들이 교직에 더 오랫동안 봉직한다는 사실은 이전 시대의 교사들에 비하여 스트레스와 탈진을 느낄 기회가 더 많아지게 되었음을 의미한다.

❀ 스트레스와 탈진의 조직상의 (직무 관련) 요인들

Maslach(1978)는 "[탈진이 발생하는] 원인을 조사하는 방법은 탈진한 사람을 단순히 구분해내는 것에서 탈피하여, 근무하는 사람들은 훌륭하나 근무 환경은 열악한 특징을 밝히는 방향으로 설정하는 편이 더 낫다"(p. 114)고 말하였다. 이러한 견해는 교사 탈진의 원인을 분석할 때 직무 관련 특징의 중요성을 강조하는 것이기도 하다(예를 들어 직무 성격, 학생·동료·감독자와의 상호작용 특성, 그리고 직무 환경의 특성).

교사의 불만과 스트레스 요인에 대한 지루한 이야기가 설명되면서 이러한 경험은 반드시 탈진으로 이어지지는 않음을 상기시킨다. 불만과 스트레스 유발 요인들은 분명 교직을 즐겁지 않게 만들며 이러한 경험의 누적되는 충격으로 탈진을 일으키는 교사들은 직무에서 불충분한 대가를 얻고 있거나 특별히 취약한 교사들(예를 들어 극도로 이상주의적이거나 성격적으로 걱정이 많거나 대처 메커니즘이 결여된 사람들)에게 주로 발생된다. 여전히 많은 교사들은 이러한 스트레스를 견디고 있으며 계속 효과적으로 일하고 있다. 교사들이 불평하는 가장 일반적인 스트레스 유발 요인에는 다음과 같은 것들을 들 수 있다.

학생 폭력, 교실에서의 훈육, 그리고 무관심

〈표 2.2〉의 보기에서 보여 주듯이 문제 학생들(disruptive students)을 다루는 것이 교사 스트레스 조사에서 변함없이 최우선 항목으로 꼽히고 있다. 대부분 교사를 대상으로 한 조사에서 학교 훈육문제의 다양한 표현(즉, 문제 학생들, 개인적인 상해 위협, 폭언, 친구 폭행)은 가장 심한 10가지 스트레스 요인의 목록 중 3~4차례 중복해서 나타나고 있다. 이 문제의 심각성에 대해 학부모들도 교사의 의견에 동의하는 경향이 있다: 학부모들은 '왜 교사들

〈표 2.2〉 가장 심각한 스트레스 원천으로 교사들이 평가한 것들

뉴욕 주(NYSUT, 1979)	시카고(Cichon & Koff, 1980)
1. 문제 학생 관리	1. 비자발적인 이동(근무지 이동)
2. 무능한 행정	2. 문제 학생 관리
3. 화날 때 자제력 유지하기	3. 불만족한 성취에 대한 통지
4. 과밀 학급	4. 개인적인 상해 위협
5. 학교에서 첫 주 수업	5. 과밀 학급
6. 감독자와의 불화	6. 교과서와 비품 부족
7. 지역사회에서 인종문제 다루기	7. 교내에서의 교사 폭행
8. 파업에 대한 준비	8. 교실이나 프로그램 재조직
9. 학생들의 폭언에 표적이 되는 것	9. 교육 위원회 요구사항 수행
10. 교사 소유물에 대한 도난과 파괴	10. 승진 또는 진보 없음
전국 고등학교(Goodlad, 1984)	**전국(Gallup & Elam, 1989)**
1. 학업에 대한 학생의 관심 부족	1. 학부모의 관심/후원 부족
2. 학부모의 관심 부족	2. 재정적인 후원 부족
3. 학생의 나쁜 행동(misbehavior)	3. 학업에 대한 학생의 관심 부족
4. 약물/음주	4. 훈육 결여
5. 학교/교실의 규모	5. 공적인 후원 부족
6. 부적절한 자원	6. 약물 사용
7. 학생의 언어 문제	7. 편부모 가정
8. 미숙한 교사/교육	8. 교사/다른 학생들에 대한 존경 부족
9. 행정	9. 대규모/과밀 학교
10. 조직	10. 행정상의 문제
	11. 낮은 급여(low salaries)

이 탈진하느냐'의 질문을 받았을 때 가장 많은 수(63%)가 학교 훈육문제를 언급하였다(Elam, 1984).

1979년 전국교육협회(National Education Association, NEA) 여론조사에서는 전체 교사 중 약 3/4이 훈육문제가 자신들의 교육 효율성(teaching effectiveness)을 손상시킨다고 생각하는 것으로 밝혀졌다. 매년 전국적으로 7만 명의 교사들이 구타당하고, 절도를 당하며, 강간당하거나 폭행당하는 것으로 추정되었다. 아울러 그러한 사건의 대부분은 보고되지 않은 채 지나가는 것 같다(Liff, 1980에 인용된 E. Muir). 뉴욕주 교사들을 대상으로 한 「뉴욕 타임스」 여론조사에서는 조사대상자의 거의 40%가 폭력은 "일상사(daily concern)"라고 응

답하였고, 놀랍게도 25%는 자신들이 실제 교내에서 학생들로부터 신체적으로 폭행을 당한 적이 있다고 보고하였다. 연방정부로부터 재정지원을 받는 전국학교안전센터(National School Safety Center)는 학교에서 매년 3백만 건의 범죄가 발생한다고 주장한다. Sutton (1984)은 교사들의 스트레스 원천 중 학생 훈육문제가 직무 불만족의 전반적인 척도와 가장 큰 상관관계가 있다는 것을 발견하였다.

브롱스의 어느 중학교 교사는 "매 수업마다 25분은 문제 학생을 다루는 데 써야 하기 때문에 우수한 학생들을 돌볼 시간이 없고, 문제 학생들을 진정 돌봐줄 수도 없다. 단지 이들을 5일간 2회 정학을 시킬 수 있을 뿐이며 학생들도 이를 잘 알고 있다. 37세답게 처신하는 것과 면전에서 비웃는 13살짜리를 다루기가 어렵다"라고 말하였다(Fiske, 1982, p. A52).

UCLA의 심리학자인 Bloch(1978)는 교사에 대한 폭력의 영향을 연구하였는데, 그 증상을 싸움 노이로제(combat neurosis) 증상과 비교하였다. 현직교사들 중 많은 교사가 자신의 학교를 "전투 지대(battle zones)"라고 부르며 불안, 불안정, 악몽, 피로, 자극 과민성, 두통, 궤양, 고혈압 및 그 밖의 몇 가지 정신적·신체적 증상을 겪고 있었다. Ianni와 Reuss-Ianni (1983)는 교내 범죄는 증가하지 않는다고 해도 교사들은 공격을 당하게 될 것이라는 두려움은 증가하고 있다고 지적하였다. 교사들이 직접적으로 공격을 당하여야만 두려움을 느끼는 것은 아니다. 학교의 분위기가 교사들의 두려움을 증가시킬 수 있다. 또한 이러한 점에서 Lazarus(1966)는 위협받을 것이라는 예상은 실제 위협과 마찬가지로 스트레스가 될 수 있다고 지적하였다.

교사의 직무 스트레스(Teacher Job Stress, TJS) 조사에서 교사에게 TJS를 유발하는 매우 심각하고 중요한 문제로 학생 훈육문제가 최우위라는 것은 놀랄 일이 아니다; 나의 경험에 의하면 이 훈육문제만큼 교사를 흥분시키고 교단을 떠나도록 만드는 것도 없다. 사실상 도시지역의 모든 교사는 (그리고 교외지역의 많은 교사 역시) 저마다 자신만의 공포스러운 이야기를 갖고 있다. 때때로 이러한 이야기는 교사에 대한 실제적인 폭행 (또는 적어도 위협)으로 연결된다〔학생이나 학부모로부터 당하는 공격, 누군가에 의하여 받는 위협, 또는 교사의 자동차 파손(또는 교실 붕괴). 때때로 이러한 이야기는 학생의 폭력과 관계가 있다〕. 교실이나 복도에서의 싸움, 화장실에서의 물건 갈취, 교내나 학교 주변에서의 성희롱. 때때로 이러한 이야기들은 그 자체가 폭력은 아니지만 그보다 학교에 만연한 것으로 보이는 어떤 풍조(즉, 학생끼리 서로 모욕하거나 협박하는 행동, 학생들이 교사와 행정가에게 대해 말하는 방식, 학교 건물 낙서, 파손된 사물함 수를 통해 반영되는 풍조)를 강조한다. 때로는 교사들은 특정 실례를 들면서, 그 대신 일부 교사들도 지적하는 이들의 학습태도를 언급하는데 그 학습태도란 그저 무관심 수준이냐 아니면 모욕 수준이냐의 차이가 있을 뿐이라고 한다.

많은 교사들이 "태도의 문제(attitude problems)"로 부르는 것이 만연하게 되면 교사 자신이 변화를 만들 수 있다는 생각은 극적으로 위축되게 된다. 그리고 이는 교직에 대한 교사의 투자 열망 또는 교직을 계속하려는 마음 또한 위축시킬 수 있다.

분노하고, 폭행당했고, 좌절한 교사들은 학교폭력 문제에 대해 자신들의 생각을 은유를 통해 표현한다. 학교는 "감옥(prisons)", "동물원(zoos)" 또는 "정신병동(mental institutions)"으로; 문제 학생들은 "깡패(hoodlums)", "동물" 또는 "미치광이(crazies)"로; 교사 자신은 "경찰관", "관리인", 또는 "수위"로 본다. 매우 빈번히 또는 너무 오랜 동안 폭력에 시달린 교사들 입장에서는 교직에 계속 남으려는 열망은 미친 짓이라고 본다. 폭력이나 문제 학생들을 끊임없이 다루어야 한다는 사실은 교사 스스로 보기에도 교사 지위가 저하되는 일이다. Waller(1932)가 언급한 바와 같이 Simon Legree[5]의 역할을 수행하도록 강요받게 되면 최고의 교사들이라고 할지라도 타락될 수 있다. 많은 교사들은 스스로를 전문가라고 생각하지 않으며 지금 자신들이 가르쳐야 하는 환경에 대하여 본인이 충분히 준비되지 못하였다고 생각하며 지금 수행하도록 강요받고 있는 역할을 몹시 싫어한다. 통제를 유지하는 것은 어려우며 개인적으로 피로하더라도 통제를 유지하지 못하면 더 나쁜 결과를 가져온다. Lortie(1975)는 "학생들을 통제하지 못한 교사들은 교직이 참을 수 없는 직업임을 곧 깨닫게 된다"(p. 151)고 관찰하였다.

교사의 직무 스트레스와 관련된 또 다른 문제는 바로 학생들의 무관심이다. Goodlad (1984)는 "학교에서 가장 심각한 문제는 무엇인가?"라는 질문에 교사들은 가장 빈번하게 "학생들의 관심 부족"이라고 응답한다고 하였다. 비록 학생폭력 문제만큼 감정적으로 반응하지는 않으나 교사들은 학습에 무관심하고 흥미를 보이지 않는 학생들을 가르칠 때 엄청나게 좌절하며 박탈감을 느낀다. 비록 이러한 상황에 대한 한 가지 반응("학생들이 무관심한데 내가 왜 관심을 가져야 하는가?"라는 생각)은 특별히 이성적이지도 전문가적이지도 않지만 사실상 무관심한 학생들을 가르칠 때 일부 교사들이 느끼는 정신적 고통의 정도를 반영한다. 이러한 학생들은 개인적으로 학업에 좌절하고 있을 뿐 아니라, 아주 유능한 교사의 최상의 교수 노력을 방해하며 교사가 학습에 대한 긍정적인 생각을 불어넣기 어렵게 만드는 훈육문제를 일으키는 교실풍토 조성에 일조한다. 중퇴율이 30~40%인 도시의 고등학교에서 계속하여 열정적으로 유능성을 발휘하며 일한다는 것은 대부분 교사들에게는 엄청난 노력이 필요한 과제이다.

---

5) 역자 주: Uncle Tom's Cabin에 나오는 냉혹·잔인한 노예 매매업자.

화날 때 자신을 통제하기[6)]

이 스트레스 원천은 실제로 여러 조사에서 학생 훈육문제(student discipline)와의 연관성이 높게 측정되었다. 문제 학생들을 다루기 위한 교사들의 선택은 대개 아주 제한적이며, 이러한 학급에서의 좌절을 효과적으로 다루는 방법을 모색하는 것 자체가 화나는 일일 수 있다. 학생들에게 소리를 지르는 것은 성숙한 반응도, 특별히 효과적인 반응도 (비록 일시적으로는 일부 부적절한 행동을 진정시킬 수 있지만) 아니다; 사실 그것은 종종 역효과를 낸다. 그럼에도 불구하고 문제 학생들에게 비난을 퍼붓거나 화내고 싶은 마음이 너무나 강하여, 그러한 충동을 통제하기에는 필연적으로 만만치 않은 노력이 필요하다. 많은 교사들은 적어도 가끔씩은 "분명 벌 받아 마땅한" 학생에게 실제 "벌을 주는" 상상을 해 보기도 한다. Leonard Wechsler는 이 책을 위하여 많은 교사들을 면담하였으며 교사의 직무 스트레스를 "충분히 벌 받아 마땅한 일부 버릇 나쁜 학생들에 대하여 자제를 한 결과"라고 정의한다.

행정적 둔감성(鈍感性, Administrative insensitivity)

이 불만은 대개 학생폭력과 학교훈육 두 가지 문제와 연관되어 있다. 많은 교사들은 특히 행정가들이 호의적이지도 않고, 폭력에 대한 교사들의 두려움에 민감하지도 않으며, 규칙을 강제하거나 안전한 학습환경을 조성하는 데 거의 영향력이 없거나 아무 것도 해 주지 않는다고 문제제기를 한다. 교사들은 행정가들이 사무실에서 탁상 업무를 보는 것에 매우 만족을 하고, 가능한 한 문제 학생들의 처리를 기피하려 한다고 생각한다. 교사들이 볼 때 행정가들은 교단의 어려움에서 벗어나며 "자신들의 지위를 말썽 없이 유지하기"를 선호하며, 훈육문제가 생기면 보통 "내가 할 수 있는 것은 많지 않다", "당신이 할 수 있는 최선을 다하라", "누구나 같은 문제를 가지고 있다", "위원회(혹은 교육청, 감독자)가 내 손을 묶고 있다" 등의 변명을 하고 있다. 학생 정학 같은 명백한 규율상의 조처에서조차 지나치게 학교행정이 반영되지 않도록 대개 기피하게 된다.

「뉴욕 타임스」에서 Saltzman(1988)은 학교 감독자와 행정가들은 [학생의 폭력] "문제를 정면으로 맞서지 않고, 가장 심각한 위반의 경우만을 기록함으로써 관료적인 계급조직 이면 속에 이러한 상태를 숨기며 심지어 일반인들에게 비밀로 하려고 애쓴다. 반면 학생과 교육

---

6) 역자 주: 독자의 이해를 돕기 위해서 관련 자료를 소개한다.
박애선 옮김(2004). 자신의 분노를 이기는 방법. 서울: 시그마프레스(주)
박애선 옮김(2007). 화(火)의 심리학. 서울: 용오름

자가 받는 심리적 손상은 막대하다. 교사들은 자유로운 사회에서 어느 무엇이 교사들과 학생들이 가르치고 배울 절대적인 권리보다 더 절대적이고 기본적일 수 있는가?"라고 질문한다(p. A27). 여기서 교사들이 전하고자 하는 메시지는 사건이 보고되지 않는 편이 모두에게 더 낫고, 교사가 할 수 있는 일이란 전혀 없고, 처리해야 할 탁상 업무가 지나치게 많으며, 학교 공동체에 대한 부정적인 생각이 형성되어 있다는 것이다.

일반적으로 교사들은 행정가들을 교사의 자율권과 효율성을 손상시키는 관료적 규칙과 규정을 고수하면서, 유용한 피드백은 제공하지 않고, 호의적이지도 고취시키지도 않으며 적절하게 "도전적"이지도 않은, 적대적인 역할을 맡고 있는 사람으로 본다. 나의 이전 연구 자료에 따르면 이러한 점이 강조된다. 교외 및 도시지역 거의 대부분의 교사들은 행정가들이 교사가 필요로 하는 도움을 주기는커녕 더 많은 문제를 만들어낸다고 인식한다. 이상적으로 볼 때, 행정가들은 스트레스를 감소시키고 최적의 근로여건을 조성하기 위하여 교사들과 함께 일해야 한다; 불행하게도 그들은 문제를 해결해 주는 역할이 아닌, 문제의 일부로 보여진다. 스트레스와 탈진은 교장의 참여경영 의식의 부족, 학교와 교사와 관련된 문제에 대한 민감성의 부족, 교사에 대한 지원 부족과 매우 깊은 관련이 있는 것으로 밝혀지고 있다(Adams, 1988; Blase, Dedrick, & Strathe, 1986; Hanchey, 1987; Jackson, Schwab, & Schuler, 1986).

관료조직의 무능력(Bureaucratic Incompetence)

1980년대 후반 캘리포니아 오클랜드의 학교조직이 파산할 위기에 처하였을 때 학교임원들은 후원자들로부터 비난을 받았으며 횡령죄로 체포되었다. 1980년대 후반 뉴욕시 주민들은 교육위원회가 연루된 추문 관련 새로운 기사들을 일주일이 멀다하고 접했다. 위원회는 한 학교를 건립하는데 평균 8년을 요구하였던 것으로 밝혀졌다; 하지만 특수고등학교 하나를 건립하는데 예정을 넘어 11년이 걸리며 5,500만 달러의 예산이 소요되는 것으로 밝혀졌다. 타임 사와 CBS 잡지는 뉴욕시 고등학생의 작문 실력을 향상시키고자 했던 프로그램에 대한 연구지원을 철회하면서 감상적인 노력으로 끝난 위원회에 대해 분노하였다. 학교 중퇴예방 프로그램은 신청한 전체 7,000명의 학생 중 단지 일부였던 몇 백 명만이 프로그램에서 보장했던 시간제 직업을 얻을 수 있었다.

「뉴욕 타임스」의 여론조사 결과를 논의하면서 Fiske(1982)는 "많은 교사들의 응답을 통해 드러나는 핵심 주제를 정리하면, 최초에 자신들이 교직을 선택하도록 만들었던 매력 요인들이 학교조직에서 더 이상 찾을 수가 없다"고 말하였다(p. A52). 물론 학교의 관료조직이 악명 높은 뉴욕시의 리빙스턴가 110번지 경우처럼 모두 무능하거나 다루기 어려운 것은 아니다. 그럼에도 불구하고 학교의 행정가들에 대해 가졌던 생각과 비슷하게, 전국의 많은 교사들은 중앙 본부에서 일하는 행정가들에 대해서도 역시 교사들의 어려운 상황에 대해서는 무관심하거나 사실상 교사들에게서 문제가 생기도록 방치하고 있다고 생각한다. 많은 교육 관료들에 대한 이미지(무능력하고, 무관심하고, 비용만 지나치게 생각하고, 교육에는 거의 관심이 없는 사람들)는 교사들이 존중받고 있다거나 지원받고 있다고 생각할 수 없게 만든다는 것이다. 또한 교사들로서는 교육자나 학생들의 최고의 이익을 마음에 두고 있는 사람들(행정가들)에게 의해 지도 받고 있다고 여기지 못하는 것이다.

비이성적이거나 무관심한 학부모들

대부분의 교육자들은 학부모들이 교육과정의 통합된 일부이며 아동에 대한 학부모 지원은 학업 성공에 강력한 영향력으로 작용한다고 믿기 때문에 일반적으로 학부모들이 학교에 관여하는 것을 환영한다. 그러나 이것이 지나치게 되면 불행스럽게도 학부모들은 오히려 공립학교의 많은 교사들에게 중요한 스트레스 원천이 된다. 공립학교 교사들의 태도에 관한 1984년과 1988년의 갤럽 여론조사에서 교사들이 가장 자주 언급한 학교문제는 학부모의 지원과 관심의 결여였다.

비지원적인 학부모들은 두 가지 주된 양상, 즉 전혀 관여하지 않거나 지나치게 관여하는 모습을 보인다. “관여하지 않는” 범주에는 여건상 참여가 불가능한 사람들(지나치게 오랜 시간 일을 하고 있거나, 자신들의 직업에 몰두하고 있거나, 신혼이거나 신생아를 둔 사람들); 지원능력이 없는 사람들(불법적인 약물이나 술, 정신질환으로 무능력한 사람들); 자녀의 교육에 단순히 무관심한 사람들; 자신들의 통제가 거의 성공적이지 못했거나 전혀 성공적이지 않았던 일에서 단순히 손을 뗀 사람들로 구분할 수 있다. 또한 매우 화가 나서 자녀의 “문제들”은 직접적으로 교사의 무능력이나 경력 부족 또는 징벌이나 인종차별 탓이며, 자신들(학부모들)은 전적으로 잘못이 없으므로 그 문제에 대하여 더 이상 할 일이 없다고 주장하는 학부모들이 있다. 반대로 “지나친 관여” 범주에 속하는 학부모들은 학교는 부적절하고 교사들과 행정가들은 무능하며 학부모들이 끊임없이 감독할 때에만 학교와 교실에서 진정한 교육이 일어날 수 있다고 판단하는 부류이다. 이들은 흔히 자신의 자녀가 주목을 받지 못하며 학교로부터의 도전이 불충분하다고 생각한다. 또한 교사나 다른 아동들로부터 “시달림을 당할 때” 학부모 측의 끊임없는 관심과 압력이 이러한 상황을 바로잡을 수 있다고 생각한다. 따라서 학부모들은 거의 모든 규칙과 교실배정을 정당화하도록 요구하며 교사들에게 자신들의 존재를 인식하도록 해야 한다고 생각한다. 이들은 교사들이란 오직 누군가가 주시하고 있을 때에만 아동을 열심히 가르친다고 생각한다.

이러한 설명은 다소 과장되었고 교사들이 상대하는 일반적인 학부모를 대변하는 것은 아니라고 할지라도 교사들의 심리 세계를 드러내는 중대한 측면으로 볼 수 있다. 많은 교사들에게 학부모들은 도움이 되지 않으며 오히려 방해가 되고 요구가 많은 존재로 인식되고 있다.

일반인의 비난

교사들에 의하면 교사에 대한 동정심이나 지원이 부족한 것은 학부모만이 아니다. "교사들은 학생, 학부모, 행정가 이외에도 사회로부터도 전문가로서 존경을 받지 못한다"("미국의 전직 교사들", 1986, p. 39). 전직 교사의 64%가 전문가로서의 자신들의 위신이 교사생활을 하기 전에 기대하였던 것보다 더 나빠졌다고 말하였다(대도시 생활보험사, 1986). 교직경험이 전무한 사람들은 교사의 어려움을 헤아리지 못한다. 교사들에 대한 전형적인 평가로 (너무나 많이 들어서 진저리치는 것이 이해되는데) 교사들은 쉽게 가르친다, 교사들은 방학이 있다, 교사들은 하는 일에 비하여 너무 많은 급여를 받는다, 교사들은 불평이 지나치게 많다, 교사들은 "할" 수 있는 다른 일은 없기 때문에 교직에 남아 있다 등이다.

교사에 대한 존경이 부족할 뿐만 아니라 교사들의 노력에 대해서도 감사하지 않는다는 것이다. 교사들은 이 나라 수백만 학생들의 교육을 맡아 사회화를 담당하고 있음에도 실패에 대하여 끊임없는 지적과 비난을 심하게 받지만 성공에 대해서는 거의 좋은 소리를 듣지 못한다. 물론 이러한 현상이 모든 직업에서 나타나는 전형적인 모습이라고 주장할 수 있다: 일반 대중들은 근로자의 한계와 실패에만 주목하는 경향이 있다. 그러나 지난 20년 동안 대중인론에 의하여 교사만큼 자주, 그리고 심한 평가를 받았던 다른 전문 직종을 발견하기란 대단히 어려울 것이다. Grant(1983)가 그의 뛰어난 수필에서 언급한 바와 같이 "비록 공무를 담당하는 많은 사람들의 권위에 대한 후광은 1960년대와 1970년대에 희미해졌다고 해도, 그 중에서도 교사들은 특별 비난을 받았다"(p. 600). 의사와 변호사들도 비난받지만 그들이 이루어낸 성취는 대개 주목할 만하고 이들은 금전과 명성으로 제대로 보상받고 있다. 교사들은 어디에서 자신들의 성취와 어려운 직무에 대한 인정을 받을 수 있을지 의문을 갖는다.

교사들은 자신들의 대중적 이미지에 얼마나 불만족 하는가? 나의 자료에 따르면 80%의 교사는 자신들의 사회적 지위에 대하여 전혀 만족하지 않거나, 드물게 만족하고 있다. 비록 스트레스와 탈진은 도시지역 학교에서 더 빈번하게 발생하지만, 대중들이 대체로 자신들을 좋게 여기지 않는다는 것에는 도시나 교외 지역 교사들 모두 공감한다.

비자발적인 전근[7)]

일부 교사들을 대상으로 한 조사에서 전근 관련 문제가 스트레스의 원천으로 사실상 최우위로 나타나고 있다. 그렇지만 이러한 조사가 시행되었던 시점은 많은 학교들이 교직원에 대한 인종차별 대우를 폐지하라는 법원의 명령을 준수해야 하므로 또는 등록 학생수의 감소에 따라 교직원을 감축하려는 때였다(이러한 정책들은 10년 전에 비해 현재는 더 이상 일반적이지 않다). 그러므로 이 스트레스 원천이 1970년대 후반처럼 지금도 그렇게 높이 평가될지는 의문이며, 사실상 최근의 조사에서는 더 빈번하게 거론되거나 높이 평가되는 스트레스 원천으로 자주 거론되지만, 그럼에도 과거에 교사들이 비자발적인 전근에 그렇게 강력하게 반발하였던 사실을 논의하는 것은 여전히 가치가 있다. 비자발적인 전근은 지금도 여전히 일어나기 때문이다. 많은 학군에서는 고참(senior) 교사들이 경험이 적은 교사들 특히 임시 교사자격증을 가진 교사의 학년 배정부터 "쫓아낼 수 있는" 권한을 갖고 있다. 아울러서 납세자들로부터 학교예산 증가를 거부당한 많은 학군에서는 이에 따른 예산 삭감을 해야 하며 따라서 교사들은 직업의 안정성에 대하여 불안을 느끼게 된다. 1990년 매사추세츠에서는 전체 공립학교 교직원의 1/5인 9천명의 교사들이 해고 통지를 받았다.

프로 운동선수들은 자신의 의견에 반하여 다른 구단으로 트레이드될 때 위로금으로 더 많은 급여를 받을 수 있다(심지어 그런 경우에도 운동선수들은 본인의 의사에 반하여 트레이드되었다고 팀에 남아 있어야 한다고 이것은 "노예" 같은 대우라고 격렬하게 항의한다. 인기 운동선수들은 대개 계약서에 "트레이드 하지 않는다"라는 단서조항을 넣기도 한다). 그렇지만 교사들에게는 비자발적인 전근이나 해고의 불만을 완화시킬 수 있는 상당한 금전적 보상도 대중의 숭배도 없다. 이 두 가지는 교사들의 전문성을 침해하며 또한 교사들이 스트레스에 대처하는 두 가지 주된 원천(동료들이 나를 지원해 준다는 생각, 내가 인생과 직업을 통제한다는 생각)을 부정하는 것이다. 특별히 비자발적인 전근이나 해고는 대개 더 젊은 교사들이 표적이 되는데, 그들이 학교에서 기반을 잡게 되는 바로 그 즈음 전문가적 기반과 개인적인 기반이 박탈될 수 있다. 전근, 해고, 심지어 해고통지 후 나중에 이를 철회한다는 통지는 물을 필요도 없이 교사들의 사기를 저하시키며,영원히 교단을 떠나야겠다고 상상하게 만든다.

---

7) 역자 주: 순환 근무제를 기본으로 하는 공립 초·중등학교 교사들 중에는 그럴듯한 이유를 내세워 조건이 좋은 A지역에만 독점적으로 장기 근무하는 말뚝교사가 있어서 그만큼 다른 동료에게 부여되어야 할 기회의 형평성을 해치는 사례가 있다.

과밀 학급

이성적으로 잘 행동하는 20~25명의 아동을 둔 학급이라고 할지라도 충분히 계획하고 관리하기에 어려움이 있을 수 있다. 일반적으로 교실은 조직이 필요하며 학생들에 대한 관심을 필요로 하며, 가장 효과적인 교실은 교사들이 아동 개개인의 필요에 부응하는 개별화 수업을 할 수 있는 곳이 이상적이다. 분명 이러한 일은 교실의 규모가 커짐에 따라 어려움이 가중된다. 대규모 학급에서는 학생 개개인을 접촉할 기회가 적어지기 때문에 (만족을 얻기 위한 두 가지 중요한 원천인) 교사의 관여도 줄어들고 그 효과도 줄어들 수 있다. 아울러서 학급의 규모가 커짐에 따라 교실 관리는 더 어려워진다. 이와 유사하게 출석부가 두꺼워지면 많은 교사들은 문제 학생이 존재할 가능성이 커진다고 생각한다. 따라서 과밀학급은 학생 훈육문제를 더욱 어렵게 만들고 효과적인 교육의 가능성을 약화시킨다. Pines(1984)가 언급한 바와 같이 "자신이 제공하는 보살핌의 질을 저하시키려 하지 않는 전문가들은 자신이 담당해야 할 건수가 몹시 많을 때는 극도로 낙심하며 좌절할 수 있다"(p. 19).

1990년대에 미국 공립학교의 평균 학급인원은 24명이었다. 전국초등학교교장협회(the National Association of Elementary School Principals)의 정책보고서에 의하면(Kelly, 1990) 훌륭한 학습환경을 조성하기 위해서는 3학년까지는 교사 1인당 학급 인원이 15명을 초과하지 않아야 한다. 그럼에도 불구하고 미국 교육부는 학급 평균학생 수를 20명으로 할 때 33만 5,000명의 교사가 더 필요하며, 228억 달러의 비용이 소요될 것으로 추정한다.

장애 학생 통합교육(Mainstreaming)[8)]

공법 94-142(모든 장애 아동을 위한 교육법)에 따르면, 가능하면 언제나 장애 아동을 일반학급에 통합시켜 교육하도록 규정하고 있다. 비록 법률의 의노는 좋았으나 의도하지 않은 결과 중에 장애 아동을 위하여 가능한 최상의 교육을 제공한다는 것 때문에 교사들이 처리해야 할 탁상업무(paperwork)가 상당히 증가되었고, 장애 아동 교육과 관련된 다양한 교육인원들 사이의 역할 충돌이 야기되어 교육 및 교실관리의 어려움이 더욱 증대되었다.

가장 중요한 것으로 교실에 한두 명 또는 몇 명의 정신적, 신체적 장애 아동이 있다는 것만으로도 교직과 관련된 일상적인 스트레스가 필연적으로 악화된다는 사실이다. 교사의 업무량이나 교사의 스트레스뿐만 아니라, 교사가 학급에서 다른 아동들에게 주의집중시키는데 많은 시간과 노력이 소모되므로 교사의 업무량이 증가할 뿐만 아니라 스트레스를 받게

8) 역자 주: 장애 학생을 정상 학급이나 일터에 배치하는 것.

된다. 그러나 그렇기 때문에 교사는 급료를 받는다는 평가는 직무 스트레스를 더 가중시킨다. 이러한 점에서 최근 캘리포니아 교사 집단의 단일한 최고 스트레스 원인으로 "학생 개개인을 상대할 절대적인 시간 부족"이 평가되었다(Broiles, 1982). 비록 장애 학생과 일반학생들은 서로 접하는 새로운 기회를 가짐으로써 심리적으로 이익을 얻을 수 있지만(이 점은 항상 논란이 있지만), 또 다른 현실은 대부분의 교사들이 이것들로 인한 추가적인 책임을 질 뿐 아니라 장애 아동들에게 제공해야 하는 조치에 대한 자원을 가지고 있지 않다는 점이다. 좋든 싫든, 비록 장애 아동을 일반학급에 편입시키는 것은 인도적인 조치이지만 여기에는 (설령 대가가 있기는 해도) 또한 대부분의 교사들에게 추가적인 스트레스가 부과된다는 점이 인정되어야 한다.

"책무성(Accountability)"에 대한 대중들의 요구

교사들이 직무를 성공적으로 해내고 있는지 그 책무성을 묻는 것은 타당해 보인다. 결국 국민들이 낸 세금으로 교사에게 급여를 지급하므로 대중들이 교사에게 어떤 성취수준을 기대할 권리를 가져야 한다. 그럼에도 불구하고 교사들이 볼 때 책무성에 대한 요구는 교육에 대하여 그리고 교육의 가치에 대하여 잘 알지 못하는 사람들에 의하여 교사들의 자율성과 전문성을 짓밟는 수단으로 자주 사용되어 왔다. 책무성의 의미는 단일한 표준화 검사에서 나타나는 학생 성취도와 동의어로 사용되었고, 학생집단의 특성을 반영하는 현실적인 측정기준은 거의 사용된 적이 없다. 교사들에게 가장 괴로운 것은 학생들이 갖고 있는 사회적, 경제적, 가족적, 심리적인 어려움과 상관없이 학교에 입학하는 모든 학생들을 똑같이 교육하고, 사회화시키며, 졸업시키도록 기대한다는 점이다. 비록 학부모, 심리학자, 사회사업가, 여러 공적·사적 도우미 기관이 실패한다고 할지라도 교사들만은 여전히 성공해야 한다고 기대하며, 만약 성공하지 못한 경우에는 교사에게 그 책임을 물으려고 한다. 많은 교사들의 책무성에 대한 대중들의 울부짖음은 더 이상 새로운 것이 아니며, 이것은 학교와 교사들이 사회의 모든 질병을 치유해 주기를 바라는 대중의 기대가 좀 더 교양 있게 표현된 것뿐이다.

과도한 문서처리 업무

이 문제가 교사들에게 중요한 스트레스 원인이며, 아직도 모든 조사에서 높이 평가되고 있다는 것을 사람들은 상상하지 못할 것이다. 텍사스 코퍼스 크리스티 및 캔자스 위치타 지역의 교사들은 과도한 문서처리 업무를 사실상 제일의 관심사로 평가하였다. 1989년 교육통계센터 조사에서 가장 일반적인 교사는 수업시간(25.5시간)과 문서처리 업무(24.9시간)에 거의 동등한 시간을 배분하여 주당 50.4시간을 일하고 있다고 발표하였다. 다음은 캘리포니아 오클랜드 지역 학교의 문서처리 업무량의 목록이다: "교사들은 성적표 준비 및 각 등급에 대한 이유를 몇 가지 방식으로 작성; 개입전략 준비; 학부모회의를 위한 서류작성과 준비; 시험점수 기록; 수업계획안 제출; 급식 현황 조사; 재정 기록; 무료급식 또는 급식 감축을 위한 신청서 준비; 이중언어 학생, 영재학생, 장애 학생, 질병이 있는 학생, 예방접종을 받지 않은 학생들에 대한 주와 연방 조사서 작성; 매체 및 영상자료 주문서 작성과 비상사태 보고서; 여러 외부견학에 대한 정당화"(Newell, 1987, p. 8).

문서처리 업무는 성가시며(스트레스 원인이다), 낭비이며(교육업무에 쓸 시간을 뺏는다), 모욕이며(과도해지면 교사역할이 사무직 근로자로 격하된다), 좌절을 안겨 준다(교사들이 직무수행상 더 만족스럽고 중요한 측면을 추구하는 것을 방해한다). 대부분의 교사들은 학교가 사무직원들이 작성해야 할 서류들을 교사들에게 하도록 함으로써 값진 교육시간을 낭비하고 있다고 믿고 있다. 공립학교 체제에서 공문서 처리 업무로 보내는 시간은 단지 귀찮을 뿐만 아니라 학생과 교사 모두를 모욕하는 것이다.

문서처리 업무가 주는 스트레스는 분명히 자신들에게 주어지는 전문가적 존경을 받지 못한다는 교사들의 인식과 관련이 있다. 그동안 훈련받고 최선을 다하도록 배운 것(학생을 가르치는 일)에 집중하도록 하기보다는 오히려 교사들은 비전문적인 업무를 수행하도록 요구받는다. 아울러서 문서처리 업무에 소요되는 시간은 기본적인 교육업무에 필수적으로 소요되는 시간을 대신하지 못할 뿐만 아니라 이미 너무나 바쁜 일상에 추가적인 부담을 지우는 것이다. 사실상 문서처리 업무에 대한 요구는 학교일과 중 수업시간이나 수업준비 시간을 방해하면서 "긴급한 정보"를 요청하는 형태를 띤다. 그런데 교사들은 특히 이러한 탁상업무 성격 그 자체에 부정적으로 반응하는데, 그 중 많은 것은 불필요한 것이거나(최근에 유사한 서류를 작성하였음) 방해가 되는 것이거나(근본적으로 프로그램이나 교육과정에 대한 정당화를 요구함) 사소한 것으로 보여진다(학교 사무직원이라도 분명히 제공할 수 있는 정보를 요구함). Albert Shanker가 언급한 바와 같이 어느 누구도 외과의사나 변호사들이 하찮은 서류업무로 시간을 질질 끄는 것을 원하지 않는 것처럼 "교사들이 연간 7만 5,000달러나 10만 달러를 받는 시대가 되면 교사들이 많은 문서처리 업무를 하면서 시간을 보내는 것을 원치 않을 것이다"(Newell, 1987, p. 9에 인용).

자율성과 전문성의 상실

위에서 언급한 바와 같이, 과도한 문서처리 업무와 책무성에 대한 요구는 교사들의 자율성과 전문성이 다른 일 때문에 빼앗기고 있다는 인식과 연결된다. 지역, 주, 연방 차원에서 새롭게 마련된 지시를 교사들이 따름으로써 학교가 개선되도록 하는 압력(예: 공법 94-142)이 존재하고 최근 수년 동안 매우 증가하였지만, 새로운 프로그램이나 정책을 마련하거나 옛것을 검토하는 결정과정에서 교사들은 거의 배제된다. 교사들은 교육과정, 교과서가 주어지고, 때때로 특정 접근방법〔예: 읽기에서의 음철법(phonics approach)[9)]〕을 따르도록 지시받는다. Phelan(1982)이 언급한 바와 같이 "비록 교사들에게는 학습상황의 속도와 시점을 정할 권리는 인정되지만, 교사가 교육과정 내용이나 교재를 선택하는 권한은 행정가 심지어 학교위원회 임원들에 의하여 박탈된다"(p. 3). 일부 교사들은 자신들에게 주어지는 것보다 더 큰 자율성과 책임감을 학생들에게 부여한다. 요점은 필요할 때는 교사들의 자율성과 전문성에 호소하지만, 특정 상황(예를 들어 문제 학생을 처리할 때나 급여를 협상시)이 아니면 이를 무시한다는 것이다.

불충분한 급여/승진 기회 부족

비록 교사의 급여는 현재 인상되었고 또 일부 지역의 경우 극적으로 인상된 적도 있지만 다른 많은 전문직의 급여에는 훨씬 못 미치는 것이 사실이다. 대부분의 시에서는 신임교사 급여가 통행료 수취인이나 공중위생 근로자들의 급여보다 더 낮다. 급여체계에서 교직에서 15~20년을 보내고 나야 "전문가 급여"(4만 5,000~5만 달러 범위)를 받게 된다. 따라서 많은 교사들은 박봉을 받고 있다는 불쾌감을 갖고 있다.

1986년 평균 교사초봉은 16,500달러였고, 전체 연간 평균급여는 25,357달러였다. 언뜻 보기에 이러한 수치는 1976년의 8,700달러와 12,500달러에 비하면 상당히 인상된 것으로 보인다. 그러나 1986년 가치로 8,700달러는 현재의 16,788달러이며 12,600달러는 24,313달러가 된다. 그러므로 실질가치로 환산하면 교사의 평균 급여는 약간 인상된 반면, 신임교사의 급여는 사실상 1976~1986년 기간 동안 다소 감소하였다.

학부모와 사회는 교사들에게 많은 것을 기대하며 엄청난 책임감을 요구한다. 정치가들은 끊임없이 "우리 자녀들이 국가의 미래다"라고 선언한다. 그러한 선언에 대한 교사의 반응은 "그러한 매우 중요한 임무에 상응하는 재정적 대가는 어디에 있는가?" "동등하거나 낮은 교육을 받은 친구들에 비하여 왜 나는 연봉이 현저히 적은가?" "모든 전문직 중에서 우리만 왜 급여 인상을 위하여 그렇게 열심히 투쟁해야 하는가?"라고 반문한다.

9) 역자 주: 철자 읽는 법을 가르치는 발음 중심의 어학 교수법.

상대적으로 낮은 급여를 받는다는 사실은 교사들에게는 심리적으로 비참함 그 이상을 느끼게 한다. 많은 교사들은 재정적인 곤란으로 (단지 여름방학 동안이나 그 밖의 방학 동안만이 아니라 1년 내내 방과 후 그리고/또는 주말에) 부업을 가질 수밖에 없다. 그러한 부업 결정을 내림으로써 또 다른 직업을 가져야 한다는(그리고 가족과 보낼 시간이 적게 된다는) 것에 대한 극도의 불쾌감을 갖게 될 뿐만 아니라, 학교 관련 업무를 처리할 시간이 감소하고, 다른 직업에서의 더 큰 재정적, 정신적 대가를 치르게 된다, 궁극적으로 시간제 직업이 전일제 직업인 교직에 우선되며 실로 많은 교사들이 자신들이 한 때 "취미 삼아 잠깐 손을 대어본" 사업을 하기 위하여 교직을 떠나는 결과들이 나타났다. 많은 교사들은 급여도 낮을 뿐 아니라 승진 기회도 희박하기 때문에 선택의 여지가 없었다고 생각한다. 뉴욕시 학교 체제의 전임 사무처장이었던 Frank Macchiarola는 "교직처럼 승진 없이 20년간이나 동일한 지위에 묶어 두는 조직에는 다루기 힘든 점이 있다"라고 언급하였다(Fiske, 1982, p. A52). 사실상 교육계에서의 승진은 전형적으로 교실을 맡기고 떠나거나 어느 교사의 표현대로 "아동들에게서 더 한층 벗어날수록 더 많은 돈과 명예를 얻게 된다"("곤경에 처한 교육", 1986, p. 55). 승진의 기회가 있다고 해도 각 학교에는 높은 지위의 행정직이 거의 없으며 이러한 지위에 도달하는 데는 상당한 추가 교육(대개 행정학 박사학위) 뿐만 아니라 또한 상당한 정치적인 영향도 요구된다.

다른 성인들로부터의 고립과 심리적인 공동체 의식 결여

역사적으로 미국교사들은 사회적, 정치적 영향력을 거의 누리지 못하면서 고립된 집단에 속해 있다. 심지어 학교 내부에서조차 교사들의 협력관계와 지원을 받고자 하는 욕구는 대개 충족이 되지 못했다. Eisner(1985)에 따르면 교사들은 "아동의 세계"에 살며 일하는 날의 90%를 아동만을 상대하며 지낸다. 사교적이며 동료와 접촉하는 기회를 대단히 가치 있게 여기는 다른 직업 집단과 비교할 때, 상대적으로 교사들은 이런 점에 대해 생각한다거나 이야기할 시간조차 거의 없다(Holland, 1973; Super, 1970). Burke와 Greenglass(1989)는 탈진은 사회적인 지원이 부족하다는 교사의 인식과 밀접한 상관관계가 있다고 보았다.

Goodlad(1984)의 교사와 학교에 대한 연구는 부분적으로 교사의 고립 문제에 초점을 두고 있다. "우리가 표본으로 택한 교사들은 대학 과정, 재직 중의 수업과 워크숍, 교육조직의 모임에서 다른 사람들과 유대는 다소 있었으나 그 유대는 다소 짧고 우연한 것이었다. 그들은 교육청 위원회나 프로젝트 같은 활동을 통한 동료와의 협력관계를 형성할 수 있는 시도는 거의 하지 않는다. 또한 그들은 다른 학교를 방문하지도 않으며, 다른 학교에서 방문자가

와도 잘 받아주지도 않는다. 학교끼리 교사 집단끼리 또는 동일한 학교에 재직하는 교사들끼리 적극적이며 지속적으로 의견과 실제 정보를 서로 교환한다는 증거는 거의 없었다. … 학교에서 가르치는 일이나 협력적 학교개선에 교사끼리 서로 도와주는 연계는 미약하거나 아예 존재하지 않았다"(p. 187). 대부분의 경우 교사들은 서로 돕는 역할을 거의 해 본 적이 없다. 교사들은 교실 내에서 거의 독자적으로 생활하고 있으므로 교실은 교사의 능력, 체력, 풍요로움을 간직하게 하는 유일한 테두리이며, 개개인은 그 속에서 오래 견디기 힘들어진다. 교사 이외의 사람들에게 학교란 학습과 변화를 목표로 하는 장소이다. 그러므로 학생 성취에 대한 교사의 영향력에도 불구하고 학교는 교사들의 욕구를 충족시키는 데에는 부적절하게 설계되어 있다. 교직은 참으로 "고독한 직업"이다(Teaching is indeed a lonely profession, Levine, 1966; Sarason, 1982).

불충분한 준비

많은 교사들 특히 신임 교사들은 자신들이 받았던 정규교육이 교실의 현실 특히 학교와 학교 문화에 대해서 잘 준비시키지 못하였다고 생각한다. 그들은 대학 교육과정과 심지어 대학원 교육과정은 교육과정과 기법을 강조할 뿐, 교사들이 교실 관리, 행정가-교사 관계, 학부모-교사 관계의 관련 문제는 경시한다고 주장한다. 많은 교사들은 현재 자신들이 교사준비 과정에서 배웠던 "예방" 약속(훌륭한 교육과정이야말로 학생 훈육문제에 대한 효과적인 예방책이다)에 대해 화를 내며 포기한다. 최근 수년간의 개혁 보고서(특히 Carnegie 위원회와 Holmes 그룹이 발행한 보고서)들은 4년제 교사교육 프로그램을 폐지하기를 제안하면서, 예비교사들은 학부에서 전공을 갖는 전형적인 4년제의 대학수업을 마친 후에만 교육학 기술을 배우도록 하는 5년제 프로그램을 선호한다고 지적하며 교사교육 개혁을 강력히 주장하였다.

Sarason(1982)은 교사훈련 문제와 관련하여 "교생들은 학교와 학교조직에 대해 극도로 좁은 견해(자신의 활동이 의미를 갖게 하거나 행위를 정당화시킬 수 있는 광범위한 개념상, 제도상의 틀을 가진 전문가적 견해라기보다는 편협한 기법의 역할에 초점을 두는 견해)"를 가지고 있다고 강조하였다(p. 47). Sarason은 초임교사들이 이러한 한정된 견해를 수용하게 되면 "자신과 직무를 경멸하는 태도(self-and role-derogatory attitudes)를 낳게 된다"고 하였다(p. 47). 교실이 마치 컵의 기포로 덮여가듯 교사는 가르칠 준비를 하면 된다는 주장은 단지 가벼운 과장에 불과하다. Sarason(1985)이 지적한 바와 같이 교사들은 언제 어떻게 학부모, 교장, 또는 다른 교사들과 대화하는 법에 대해 거의 배우지 않았기 때문에 교사들은 서비스직의 다른 종사자와 같은 환경에서 일하면서도 자신들이 자신과 학생들 양편에 서비스를 제공한다는 생각은 거의 하지 못한다.

심지어 경력 많은 교사들 역시 학교와 공동체의 변화에 어떻게 대처해야 하는지 제대로 준비가 되어 있지 못하다. 많은 교사들은 자신들이 학생들의 내력, 가치관, 그리고 행동을 완전히 파악하지도 공감하지도 못한 채 가르치고 있다는 것을 발견한다. 사실 그들의 분노는 종종 학생들이나 학부모들을 대상으로 실제 표현되기도 하지만 그것은 또한 이러한 변화를 "아마도" 예상하거나 자신들을 이에 대비시키는 대신 매우 빈번하게 변화하는 사회구조가 전하는 교육의 함의(含意)를 경시했던 대학원 교수들, 행정가, 또는 현직교사를 향해 분노를 표출하고 있다고 볼 수도 있다. 역설적이게도 교사들은 교육학 자체보다는 특정 과목의 전문가가 되어야 한다는 일부 신개혁 보고서들의 권고는 현직교사의 불평의 본질과 상충된다.

물리적 설비에 대한 불평

특히 도시지역의 학교에서는 교사들이 이따금씩 학교의 물리적인 여건에 때문에 괴로움을 느끼기 쉽다. 부식되고 있음(decaying)이란 단어는 심지어 10년이 안 된 학교 건물을 설명할 때도 사용한다. 허물어지려는 벽과 천장, 학교 건물 안팎의 낙서, 도색이 벗겨진 교실, 청소가 필요한 운동장과 주차장, 백열전구가 없는 설비들, 칸막이도 없는 화장실, 방화커튼 문제, 난방 문제들—이러한 것들은 교사들이 교장, 노조 대표, 관리인들에게 하는 불평 중 일부이다. 이에 대한 전형적인 반응은 "우리는 수리할 자금/인력이 충분하지 않다" 또는 "그 문제는 결재요망 리스트에 올려져 있으니 누군가가 언젠가는 처리할 것이다" 등이다. 도시지역 학군에서는 학교를 보존하는데 소요되는 학교 예산의 비율이 1983년의 6%에서 1987년 3.5%로 감소하였다(Corcoran, Walker & White, 1988). 도시지역의 열악한 학교환경(부적절한 공급에서부터 책상, 칠판, 교과서의 부족에 이르기까지)은 교사와 학생들 모두를 지치게 한다. 예를 들어 뉴욕시의 한 학군의 일상 환경을 살펴보자: 브루클린 교육위원회 본부 맞은편에 있는 125년 된 붉은 벽돌건물의 퍼시픽 고등학교에서는 학생들이 판자로 덧대어진 창문이 있는 교실에서 수업을 받고 있으며, 멀리 떨어진 과학 실험실은 폐쇄되어 있고 4개뿐인 화장실 중 하나는 대개 고장이 나있다. 몇 마일 떨어져 있는 에라스무스 홀 고등학교는 영국 옥스퍼드 대학교의 Magdalen 단과대학의 고딕 건축기법을 본 떠 설계되어 한때 우아했던 건물이지만 현재는 방치되어 황폐한 지하철역처럼 보이게 되었다(Perlez, 1987, p. A1).

위에서 언급된 것들처럼 심각하지는 않더라도 소홀하게 보존되고 있는 학교는 다른 스트레스, 예를 들어 학교 규율 문제와 연계되어 답답함을 느끼게 하고 교사들의 사기를 저하시킬 수 있다. 역으로 새 학교나 잘 보존된 학교는 교사와 학생 모두에게 학교에 대한 긍정적인 태도를 조장할 수 있다.

비슷한 문제로 일부 교사들에게는 가르치는데 필요한 물품이 부족하다는 것이다. 1985년 캘리포니아 교직위원회는 주 전체 교사의 1/4은 학생에게 교과서가 제공되지 못하며, 캘리포니아 교사 중 1/3 이상은 학생용 교재를 사기 위하여 매년 적어도 100달러의 사비를 지출하고 있다고 보고하였다.

❀ 역할 모호성, 역할 갈등, 역할 과중

교사들에게는 특별한 불만이 있는데 내 생각으로는 특별히 다음과 같은 세 가지 문제들이 교사의 스트레스와 탈진에 가장 크게 일조한다고 본다: 불충분한 급여, 존경과 감사 부족, 그리고 아마도 가장 중요한 것은, 능력에 대한 자신감 부족(보잘것없다는 느낌). 이런 점에서 위에서 언급된 여러 가지 직무 스트레스 요인들(특히 학교 훈육문제)의 여파로 교사들은 직무에서 효능감을 느끼지 못하기 때문에 그 사기가 떨어지게 된다. 교직에 대한 대가가 없을 때 스트레스는 확대되어 한층 더 탈진이 발생하기 쉽다. 사기업이 아닌 조직에서 종사하는 사람들의 불만처럼 교사들도 역할 모호성, 역할 갈등, 역할 과중의 문제에 직면해 있다고 불평한다(Caplan & Jones, 1975; French & Caplan, 1972; Kahn, 1974; Tosi & Tosi, 1970).

역할 모호성(Role ambiguity)은 근로자의 권리, 책임, 방법, 목표, 지위, 책무와 관련된 명료성의 부족 때문에 생긴다. 비록 어떤 면에서는 교사의 직무는 아주 명백하게 규정이 되지만("학생들을 잘 가르쳐라"), 다른 측면에서는 (학교규율과 책무와 관련하여) 모호성과 의견대립이 만연한다. 많은 교사들은 "내가 유능하고 성공적인 교사라고 여겨지려면 얼마나 많은 학생들을 상대로 얼마나 많은 성취를 이루어야 하는가?"라고 자문한다. 그리고 "부모들이 자녀교육에 관심이 없는데도 학급의 아동들을 규율하는 것이 나의 직무인가? 학생들을 먹이고 가치관을 주입하는 것이 나의 직무인가?"라고 자문한다. 사려 깊은 사람들은 이러한 질문에 답하기가 쉽지 않다.

역할 갈등(Role conflict)은 개인에게 일관적이지 않고 상반되거나 또는 부적절한 요구가 주어졌을 때 발생한다. Sutton(1984)은 교사들이 역할 갈등을 겪게 하는 두 가지 공통 원인을 구분하였는데, 그것은 학생들에게 양질의 교육을 제공하도록 교사에게 기대하지만 최상의 교육방법이나 이용가능한 교육과정 교재 사용이 허락되지 않을 때, 그리고 규율 유지에 대한 책임을 지우고 있지만 이를 위해 필요한 권한은 가지고 있지 않을 때이다. 또한 교사들에게 전문직 영역을 벗어난 과제(식당 당번, 캠퍼스 당번, 버스 당번)를 담당하도록 요구하였을 때 역할 갈등을 경험할 수 있다. 역할 갈등은 또한 교사의 가치관이 동료나 행정가의 가치관과 상충할 때 발생할 수 있다. 사립학교로 옮기는 교사들은 대개 이러한 이유(예를 들어 교실 개방의 이점에 대한 행정가와의 의견 차이)에서 전직을 하곤 한다.

최근 수년간 많은 교사들은 장애 학생들을 일반학급에 통합하는 것은 자신들에게 역할 갈등을 가져오며 어떤 때에는 1~2명의 장애 아동들에게 주의를 기울여야 할지 20명의 정상 아동에게 주의를 기울여야 할지 모르겠다고 불평한다. 많은 교사들은 비슷한 이유에서 훈육문제를 일으키는 학생들에 대해 분개하는데, 이들 학생들은 분명히 주의를 필요로 하지만 그들에게 주의를 기울이는 동시에 다른 학생들에게 기울일 시간을 뺏는 것이 된다는 것이다. 교사들은 어디에 우선순위를 둘지 즉각적인 결정을 끊임없이 내리지만, 그들은 대개 "Damocles[10]의 검이 자신들 위에 매달려 있다"는 비유처럼 위험스런 결과를 내포한다고 생각한다. 교사들이 어떤 결정을 내렸는지에 관계없이, 어떤 사람들은 그러한 결정이 현명하였는지 곧바로 질문을 받게 된다. 미시간 거주 200명의 교사를 대상으로 한 Sutton(1984)의 연구에서 역할 갈등은 직무 불만과 두 번째로 높은 상관관계를 보여 주었다; 13가지 스트레스 원인 중 학생훈육 문제가 가장 높은 상관관계를 보였다.

역할 과중(Role overload)은 학교에서 일하는 사람들의 가장 공통된 불만 중 하나이다. 한 학급에 욕구, 관심, 동기, 성취 수준이 각기 다른 25명의 학생수는 "한 사람이 감당하기에는 너무나 많다"(Sarason, 1982, p. 187). 어느 교육자가 말하였듯이 "내가 개인적으로 교육에서 가장 염두에 두는 점은 바로 일정을 유연하게 적용했으면 하는 것과 해이해지지 않고 매일 100명의 학생을 대하는데 필요한 체력이다. 교실은 마치 연결고리(loop)와 같아서 한 명이 떠나면 곧 다른 한명이 그 자리를 채운다"(Standard, 1987, p. 32). 아울러서 역할 과중은 예산이 삭감되고 직업이 동결되는 시대에는 더 일반적으로 나타내는 현상이 되었다. 이런 때에는 교사들은 점점 더 대규모의 학급을 담당하고 전공 이외의 분야를 가르치며, 보조교사 없이 일을 하고, 다른 사람들이(행정가, 보조교사) 해야 할 일을 하도록 요구받고 있다. 또한 역할 과중은 학교에 출석을 잘 하지 않거나 학습의욕이 부족한 아동들을 효과적으로 가르치려는 노력의 결과로도 볼 수 있다. 물론 이러한 노력을 해야 하는 것은 교사의 책무이지만, 예를 들어 캘리포니아의 4학년 담임교사는 서로 다른 5개 국가에서 온 영어를 전혀 못

10) 역자 주: 그리스 신화의 다모클레스(디오니소스 왕의 신하로, 왕은 머리카락 한 가닥만 사용하여 머리 위에 칼을 매달아 놓은 연회석에 그를 앉혀 왕위에 있는 자는 언제나 위험이 따른다는 것을 깨닫게 하였다]. the sword of Damocles; Damocles' sword 몸에 닥친 위험.

하는 아동들, 한 자리에 오래 가만히 앉아 있지 못하고 다른 아동들을 방해하는 3명의 아동들, 다른 학생들에 비해 많이 앞서가는 2명의 아동들, 결석을 자주 하는 또 다른 2~3의 아동들의 욕구를 충족시키는 수업을 마련해야 한다고 하는데 이런 상황에서 역할 과중에 대한 불평은 그리 놀랄 일이 아니다. 앞서 언급한 바와 같이 합당한 대가를 받지 못한 채 이러한 종류의 노력을 오래 지속할 수 있는 개인은 거의 없다. 역할 과중의 다른 측면 또한 언급되어야 하는데, 훌륭한 교사란 더 많은 일을 하기 때문에 그에 상응하는 "대가를 받은" 사람들을 일컫는다.

Sutton(1984)은 역기능이라는 점에서는 공통점이 있지만, 역할 과중에 대한 두 가지 전혀 다른 반응에 관해 언급하였다. 첫 번째 교사들은 질 낮은 교육을 할 수 밖에 없도록 몰아세워졌거나 일을 끝마칠 수 없도록 강요받은 경우인데, 이 경우에는 더 질 낮은 교육을 하게 되며 육체적(고혈압, 근심) 뿐만 아니라 심리적으로(낮은 자존심) 고통을 경험하게 된다. 둘째의 경우에는 교사들은 요구에 부응하려고 노력하기는 하나, 이러한 반응은 수면과 휴식 부족으로 이어져서 심리적인 문제뿐만 아니라 가족 문제로 (가족과 함께 보낼 시간의 불충분) 이어지기 쉽다. 어느 쪽이던 반응의 결과는 탈진할 수 있다는 점이다.

그렇지만 역할 과중의 스트레스와 새로운 역할 도전의 만족 사이에는 그 구분이 미세할 뿐이라는 것을 염두에 두어야 한다. 예를 들어 어느 컴퓨터 교사는 이 분야의 끊임없이 변하는 기술을 따라잡아야 하는 것을 과도한 부담으로 여기는 반면, 또 다른 교사는 같은 상황에서 오히려 활력이 생기기도 한다; 어떤 6학년 담임교사는 학생들이 폭넓고 다양한 재능을 갖고 있다는 점이 자기 능력의 한계를 벗어난 것으로 생각하는 한편, 전년도에 동질적인 집단의 학생들을 가르쳤던 교사는 이러한 새로운 측면에 흥미를 느낄 수 있다. 대부분의 교사들에게 역할 모호성, 역할 갈등, 역할 과중의 영향은 학교규율 문제의 영향과 유사하다; 유능하다고 느끼는 경우에는 훨씬 더 큰 어려움이 있다.

이러한 것들이 교사들을 고단하게 만드는 직무 관련 스트레스 목록의 전부는 아니다. 정책을 수립하고, 가르치고, 그 특정한 환경에서 학습하는 개인들의 유형을 고려할 때 어떠한 특정 도시, 학군, 개별 학교마다 교사들에게 영향을 끼치는 그 환경만의 특유한 스트레스 요인들이 있을 수 있다. Sarason(1982)은 현재의 기능과 문제를 이해하기 위해서는 어떤 제도가 발전되어온 역사적인 상황을 잘 알아야 한다는 것을 너무나 잘 입증하였다. 이러한 맥락에서 제5장에서는 현재의 교사 스트레스와 탈진의 근원을 이해하기 위해서 1960년대의 사건과 사회 조류에 대해 논의하겠다. 그렇지만 우선 제3장에서는 교사의 스트레스와 탈진의 일반적인 증상을 설명하고, 제4장에서는 교사 임용과 교사의 자연감소에 영향을 끼치는 모든 요인들을 논의할 것이다.

제 3 장

탈진 증상과 유형: 지친, 열광적인, 그리고 도전이 부족한 교사들

가장 어려운 일
그러나 꼭 필요한 일은
삶을 사랑하는 일이다.

—명화 ≪전쟁과 평화≫의 대사에서—

이 장에서는 교사 탈진의 징후, 즉 개인적 성격과 전문가적 성격 모두에서의 탈진의 증상과 다양한 하위유형에 초점을 둔다. 탈진을 설명할 때 정신의학적인 분류와 진단의 원리를 지침으로 삼고자 하는데, 우울증 같은 일반적 증상의 용어로(낮은 수준의 에너지, 식사와 수면 장애 등) 설명할 수도 있으나 하위유형〔급성 대 만성, 단극성(unipolar) 대 양극성(bipolar) 등〕으로 구분할 수도 있다.

교사들은 각기 다른 방식으로, 각기 다른 원인으로 말미암아 탈진하기 때문에 발생하는 질환의 원인과 증상에 대해 일반적이며, 단일한 설명을 하기 어렵다. 그렇지만 일반적으로 탈진한 교사들은 정신적 그리고/또는 육체적으로 피로를 느끼며 대개 자극 과민성, 불안, 분노, 슬픔을 느낀다; 나아가 이러한 현상 때문에 생긴 정신적인 좌절은 신체적 증상(예를 들면 불면증, 궤양, 두통, 고혈압)으로, 음주나 약물 남용, 가족과 사회 갈등으로 이어질 수 있다. 탈진하게 되면 수업계획의 횟수는 그 전보다 줄어들고 주의 깊게 하려하지도 않으며, 학급을 대하는 열성이나 창조적으로 가르치려는 노력도 줄어들며, 결근을 더 자주하고, 학생들에게 갖던 호감이나 학생들의 미래에 대하여 갖던 낙관적인 생각도 줄어든다. 학급 소란이 생기거나 학생의 진보가 부족하게 되면 쉽게 좌절하고, 학생과의 심리적인 거리는 더 소원해지며, 행정가와 학부모들에게 대해 더 심한 적개심을 느끼고, 교직에 대하여 냉소적인 시각을 갖고, 자기경시적인 방식으로 자신을 바라보며, 교직을 선택한 것을 후회하며, 교직을 떠날 것을 상상하는 것을(또는 실제적으로 계획하는 것) 의미한다.

❀ 탈진의 신체적, 심리적 증상

교사의 탈진은 정신적, 육체적 피로감과 매우 상관이 있다(Pines, 1982). "나는 지겹다", "나는 더 이상 할 수 없다", "나는 더 줄 것이 없다" 등은 탈진한 교사들로부터 나오는 가장 일반적인 표현들이다. 많은 교사들은 만성적인 피로를 호소하며 퇴근 후 집으로 와서는 몇 시간이고 침대에 쓰러져 있다고 말한다; 그 밖의 교사들에게 더 일반적인 증상은 불안정과 수면장애이다. 이와 관련된 증상으로 긴장, 기분전환 불능, 또는 일과 후 "우울증" 등이 있다(Kyriacou & Pratt, 1985). 이러한 피로는 충분히 우울증 증상과 유사한 특징을 보인다. 사실상 직무 관련 스트레스에 대한 교사의 평가와 널리 사용되는 우울증 검사와는 대단히 높은 상관관계를 보이는데, 어느 연구에서는(Hammen & DeMayo, 1982) 도시지역 고등학교 교사 표본 중 45%가 우울증이 있는 사람과 우울증이 없는 사람을 결정짓는 경계점수(cut-off score)에 도달해 있다고 보고하였다.

교사의 직무 스트레스와 탈진의 두 번째 공통점은 불안이다. 일부 교사들은 끊임없이 두려워하고 지나치게 조심하며 자신의 안전(말하자면 학교 주차장에 세워둔 자동차가 무사한지와 같은 사소한 것)에 대해 걱정한다. 막연한 불안에 더 사로잡혀 있는 교사들도 있다: 전반적으로 "무엇인가" 잘못되었다는 막연한 생각; 또한 현재 일어난 일 때문이 아니라 "앞으로 일어날 수 있는 그 무엇에 대한" 불안 때문에 미리부터 고통을 받는 사람들도 있다(Fimian, 1982). 심각한 스트레스나 탈진을 겪고 있다고 여겨지는 사람들은 불안 혹은 우울증의 발병 가능성이 있다; 한 상태가 견딜 수 없게 되면 또 다른 상태가 우세해진다.

이와 같은 피로, 우울증, 불안에 이어서 육체적인 질병 또한 빈번하게 수반된다. 실로 많은 교사들은 직무 때문에 육체적인 질병을 앓고 있다고 생각하는데, 이러한 비율은 뉴욕 주 교사를 대상으로 한 연구(NYSUT, 1979)에서는 41%, 시카고 교사의 경우는 53%(Cichon & Koff, 1980), 샌디에이고의 교사는 77%(Wilson, 1979)까지 집계되었다. 많은 교사들이 애독하는 「Instructor」 잡지에서 독자들에게 건강과 교직업무와의 관련성을 질문하였을 때 전국의 7천명의 응답자 중 84%가 "그렇다"라고 답변하였다. 탈진을 했던 그렇지 않던 간에 상당한 수의 교사들은 직무의 결과로 신체적인 질병을 경험하였다. 이때 (더 포괄적이고 기능장애적인 증상을 수반하는) 탈진 그 자체가 결과로 나타나지 않는 적당한 스트레스 수준이었음에도 불구하고, 결과적으로 끊임없이 고통을 주는 신체적 질병을 일으킬 수 있다.

연구에 따르면 신체적인 질병에 기초하여 교사가 탈진하였는지 그렇지 않는지 정확하게 분류할 수 있다(세 가지 MBI 하위척도 각각에서 평균 이상의 점수를 얻는 경우 탈진으로 진단된다)(Belcastro, 1982; Belcastro & Hays, 1984). 탈진하지 않은 교사에 비해서 탈진한 교사들은 신체적 증상(복통, 구역질, 호흡곤란, 빠른 심장 박동, 두통, 현기증, 식욕상실, 이명, 근육 경직, 식은땀 등의 통증, 직업상의 상해 등)의 빈도뿐 아니라 강도 역시 현저히 더 높은 것으로 밝혀지고 있다. 아울러서 궤양, 신장병, 담낭 질환, 심장혈관 질환, 우울증 같은 증상들은 모두 초기에 통제될 수 있음에도 불구하고, 탈진하지 않은 교사들에 비하여 탈진한 교사들에게 이러한 증상이 더 빈번하게 발생하고 있다고 보고되고 있다(Belcastro, 1982; Belcastro & Hays, 1984). 고혈압, 위장 장애, 눈물, 악몽, 만성적 질병, 성적인 문제(성적 무능력, 불감증, 성욕 부진), 목 잠김, 약물과 음주문제 또한 스트레스나 탈진과 관련되어 있다(Freudenberger, 1974; Maslach, 1976; Kyriacou & Pratt, 1985; Kyriacou & Sutcliffe, 1978; Needle, Griffen, Svendsen, & Berney, 1980). 이렇게 스트레스와 신체적 증상을 연결시키는 수많은 연구결과들은 교사 탈진에 관련 문헌에서도 입증이 된다. 직무 때문에 탈진한 교사들은 신체 그리고/또는 정신적 질환의 특정한 증상을 나타내기 쉽다.

교사들이 직무 여건 때문에 신체적, 정신적 질환을 경험하는 것은 거의 놀랄 일이 아니다. 필연적으로 직무는 개인의 정서, 사고, 행동에 미묘한 방식으로 중요한 영향을 끼치는 변환적 경험(transforming experience)이다. 교사들의 이러한 상태는 사생활 영역까지 확대되어 영향을 끼치게 된다. 직무에서 신체적, 정신적 피로를 느끼고 더 이상 직무에 헌신할 수 없는 교사들은 이러한 문제들을 학급 내로 한정시키지 않게 된다. 몇몇 연구자들이 밝힌 바와 같이, 직무와 행동, 직무환경 밖에서의 자아정체성(self-identity) 사이에는 중대한 연관성이 존재한다(Green, 1968; Sarason, 1977; Terkel, 1972).

자신의 인생을 스스로 통제할 수 없다고 생각하게 되면 교사들은 개인적 능력과 자존감에 회의를 갖게 된다. 심지어 그들은 교직을 직업으로 선택한 것이 과연 현명하였는지 다시 생각해 보게 되고, 만일 다른 직업을 선택했을 때 자신들이 과연 성공적으로 수행할 수 있었을지 의문을 갖기도 한다. 이들은 자아에 영향을 끼칠 만한 염려, 즉 자신들이 과연 인간을 좋아하거나 염려하거나 관용을 베풀만한 사람인지 의문을 품을 수 있다. 아울러서 스트레스나 탈진의 결과로 이들은 직무에서 몸을 사리거나 자신이 학생들을 무시했다고 느끼게 된다. 또 한편으로 교사로서 자신의 노력이 실패, 그리고 자신의 이상과 가치관의 부인에 죄책감을 느낄 수 있다. 물론 탈진하게 되었을 때 죄책감과 양심의 가책을 거의 느끼지 않는 일부 교사들도 있지만, 대부분은 (규칙을 지키지 않는 학생들의 경우처럼, 문제를 일으킨 것으로 생각되는 대상을 향한) 분노 혹은 (내일은 과연 어떨지) 근심에 사로잡힐 수 있다. 많은 교사들은 분노(다른 사람에 대한 비난)와 때때로 죄책감(자신을 향한 비난)을 느낀다; 때로는 이러한 느낌들은 동시에 일어나기도 한다. 요점은 스트레스나 탈진하였다는 느낌은 개인의 입장에서는 받아들이기 힘들거나(예를 들어 격노, 자극 과민성, 참을 수 없음, 냉담, 냉소주의, 다른 사람의 신체상 그리고/또는 언어상의 학대) 심리적으로 매우 불편한(예를 들어 죄책감이나 근심) 행동과 느낌을 가져다준다는 것이다; 그 어떤 경우에도 이러한 새로운 행동과 느낌은 대개 자존심을 현저하게 감소시키며, 교사들이 스스로를 바라보는 방식을 변화시킨다.

다음은 어떤 교사가 탈진의 신체적, 정신적인 증상을 어떻게 경험하였는지 고백한 이야기이다.

Phyllis는 중산층 지역 교외의 고등학교 생물교사로 재직한지 4년째 되었다. 자신의 부서에서 몇 명의 동료들이 은퇴하여 그녀는 추가적인 행정업무를 맡도록 요청 받았으며 이에 동의하였다. 또한 현재 경험이 부족한 신임교사가 담당하고 있던 우수반을 대신 그녀가 가르칠 것을 요청 받았다. 그녀는 이러한 도전이 새로운 과정을 계획할 필요성에 잘 부합될 것으로 생각하고 이것 또한 동의하였다.

그렇지만 몇 주일이 지난 후 Phyllis에게 직무부담은 과도하게 느껴지기 시작했고, 만성적인 피로를 느끼기 시작하였다. 처음에는 자신의 피로를 "약한 독감" 탓으로 돌리면서 그 두 가지(직무부담과 피로)를 연관시키지 않았다. 그러나 피로가 지속되고 잦은 두통과 소화불량을 포함하여 또 다른 병이 발생함에 따라 Phyllis는 자신의 신체적 증상들이 직무에서 느끼는 증가된 압박과 관련된 것은 아닌지 의심하기 시작하였다. 또한 자신이 수면장애로 고생하고, 자주 심하게 근심한다는 것을 깨달았다. 그녀는 자신의 건강악화에 대하여 자신을 포함하여 학생과 행정에 대해 번갈아 가며 비난하였다. 교무실에서는 행정에 대하여 투덜거렸고, 친구들에게는 학생들의 냉담함에 대하여 불평하였으며, 밤에 집에 돌아와서는 자신보다 더 유능하고 헌신적인 인물이라면 자신보다 더 잘 대처할 것이라고 생각하곤 하였다. 때로 그녀는 이러한 생각 중 하나는 옳은 것이라고 아주 확신하기도 하였고, 다른 때에는 모든 상황을 분명하게 이해하기에는 너무나 복잡하고 다면적이라고 느꼈다. 그러나 이 모든 것에 대해 누구의 "잘못"을 탓하는 것은 그녀에게 단지 일시적 만족만을 줄 뿐이었다. 그녀가 내린 마지막 결론은 두통, 구역질, 근심, 간헐적인 자기비난을 더 이상 견딜 수 없다는 것이었다.

직무 경험은 일이 잘 되어 가고 있을 때조차 사람을 "변화시킨다." 예를 들어 변호사들이 대개 자신들의 직무 환경을 벗어나서도 분석적 성향을 띠는 것처럼, 정신과의사들도 종종 자기를 돌아보며 사무실을 벗어난 상황에서도 정신치료적 성향을 띤다(Farber, 1985). 물론 예외는 많지만 많은 전문가들은 자신의 분야에 정식으로 입문하기 전에 이러한 성향을 보이기도 한다고 지적한다; 대부분의 종사자들에게 직무 경험은 심지어 전문직에 종사하게 된 이후에도 계속적으로 전체적인 행동과 유형을 형성한다. 긍정적으로 보면, 개인들은 계속적으로 직무로부터 배워가며, 자신들의 "이상적인 자아"(스스로에 대하여 선호하는 이미지)를 점점 더 좋아하게 한다고 볼 수 있다. 그리고 자신의 직무가 의미 있고 만족스럽다고 여길 때 이러한 과정과 비슷한 것이 발생하게 된다. 예를 들어 업무의 결과로 정신과의사들에게 일어나는 변화는 그들이 다른 환자들에게 추구하려는 변화(예를 들어 향상된 자기반성과 자신감)와 조화를 이루게 된다. 그러나 직무가 의미 없고, 들인 비용이 수익을 크게 상회한다고 여길 때는 일반적으로 직무의 결과로 오는 변환(變換, transformation)은 달가운 것이 아니다. 그러므로 교사들이 탈진하게 되었을 때에는 그들은 더 이상 이상적 자아에 반추하여 자신을 바라보려 하지 않는다; 그들은 더 이상 자신이나 학생들을 믿지 않으며, 자신을 더 이상 도와주고 관심을 기울이는 사람으로 보려고 하지 않는다.

❀ 대인관계 문제

교사의 스트레스나 탈진에 영향을 끼치는 요건에서 대인관계 문제를 빼놓을 수 없다. 신체적, 심리적인 질환은 변함없이 가정으로 전이되며 가족과 친구와의 관계에 방해가 된다. "내가 왜 이것을 하고 있는지 나도 모르겠다"고 수천 번을 반복하여 질문하게 된다. 힘들고 탈진하고 근심으로 찼던 하루일과를 끝내고 돌아온 집은 그 날의 고단함을 잊게 하는 위안의 장소가 되어야 하는데, 많은 교사들에게 학교에서 가정으로의 전환은 쉬운 일이 아니다(Blase & Pajak, 1986). 많은 교사들에게는 다른 사람들을 상대하기 전에 적응 기간이 필요하며, 일과 후에 "제발 나를 방해하지 말라"는 글귀가 적인 옷을 입거나, 신문이나 음료수를 들고 편한 소파에서 오래도록 길게 누워 방해받지 않은 것보다 더 좋은 것은 없을 것이다.

그러나 대개 이런 종류의 점진적 이완의 순간이 허용되지 않는다. 기혼교사들에게는 상대해야 하는 배우자의 요구가 있으며 또한 돌보고, 함께 놀고, 대화해 주기를 바라는 자녀가 있을 수 있다; 그리고 모든 교사들은 해결할 볼 일, 장보기, 식사준비, 추구하는 사생활이 있다. 본인이 학교에서 완전히 무능력하다고 생각하고, 본인을 향한 요구가 너무 많아서 압도되고, 학교에서 본인이 얻을 수 있는 지원이 형편없음에 실망한 교사는 심지어 학교가 파한 후에도 다른 사람들에게 퉁명스럽게 대하고 화를 잘 내게 된다.

이러한 정서 상태는 다양한 모습으로 밖으로 드러난다. 가장 전형적이고 자주 묘사되는 것으로 교사가 사소한 일인데도 배우자와 자녀에게 화나게 하는 행동을 즉시 중단하라고 고함을 지르는 장면이다. "나는 직장에서 충분히 참았어, 집에서마저 이러한 무례를 상대하기 싫어. … 혼자서 좀 해. … 제발 당장 그만두고 나 좀 혼자 있게 내버려둬. … 제기랄, 나는 5분도 혼자서 지낼 수 없나? … 내 입장은, 나는 중요하지 않은가?" 그 밖의 매우 미묘한 탈진 감정의 영향이 밖으로 표면화될 수 있다. 예를 들어 그러한 교사들은 가족을 위한 열성의 강도가 줄어들고, 배우자나 자녀들에게 민감하고 관심 있게 귀 기울이지 않으려 하며, 가족행사 계획에서 수동적인 태도를 취할 수 있으며, 정신적으로도 여유가 부족할 수 있다. 가족 성원들과의 토의는 종종 논쟁으로 비화되기 쉽다. 시사문제, 자선운동, 정치에 대한 관심이 시들해지거나 심지어 냉소적으로 될 수 있다. 독신 교사들은 너무나 기력을 빼앗겨 데이트하는 것도 귀찮아지고, 기혼교사들은 배우자와 함께 외출하거나 성관계를 갖는 것이 "좋기는커녕 싫다"고 느낄 수 있다. 심각한 경우에는 교사의 탈진과 분개한 느낌이 완전히 통제를 벗어날 때가 있다. 즉, 강력하게 감정을 드러내고 싶지만 직장에서는 차마 행동으로 나타내지는 못하는 것을 가정에서는 행동으로 드러내게 되는 것이다(예를 들어 자녀에 대한 신체적 학대나 무관심). 불행하게도 학교에서는 교사들의 충동을 제지할 수 있으나 가정에서의 구속력은 약하다고 느낄 수 있다. 물론 증상은 다양하게 나타나지만 스트레스나 탈진을 겪는 사람들의 공통된 증상은 가족에게 "분풀이"하는 것이다.

최근 일부의 문화 추세(가장 두드러진 것은 두 가지 직장을 가진 가족의 엄청난 수적 증가, 증가하는 이혼율)를 반영할 때, 이러한 잠정적인 많은 문제들이 충분히 발생하거나 증가될 가능성이 있다. 부부 모두 가정 밖에서 일을 할 때 (대개 교사들의 경우) 두 사람은 모두 서로에 대한 배려나 자유시간을 빼앗기고 있다고 느끼게 되어 누가 누구를 돌볼 것인가에 대한 끊임없는 타협을 시도한다. 논쟁은 빈번하게 가사 책임, 자율권, 권한의 분담에 대한 문제로 옮겨간다(Pepitone-Rockwell, 1980). 부부 중 두 가지 직업을 가진 한 쪽(이 경우 교사)이 탈진을 느끼고 있을 때, 배우자는 자신의 일에 부담을 느끼며, 나아가 마치 자신에 대한 관심이나 믿음이 줄어들고 있다고 느끼게 되어 그 결과 상대에 대한 배려나 이해심이 줄어들 수 있다. 탈진한 교사들은 배우자의 친절한 배려가 없을 때 증상이 더 심해지고 힘들어질 수 있다. 이혼은 탈진한 교사에게 그 괴로움을 필연적으로 증가시킨다. 이러한 사람(만약 여전히 독신이라면)에게는 친절한 배려라는 중요한 요소는 없을 뿐 아니라 일부에게는 이혼의 복잡한 처지(부양비, 입양자녀, 방문일정) 때문에 이미 부담스러운 처지가 한층 더 어렵게 된다.

Freudenberger(1984)는 탈진의 영향이 가정에는 "알코올 중독, 약물이나 마약남용으로 인한 재정적인 소모, 탈진한 희생자의 신체적인 악화의 기간, 무시되고 학대받는 가족들, 가족활동에 대한 현저한 무관심, 의사소통 부족, 직무 회피, 가족의 궁극적인 회피와 냉담 등을 통해 분명하게 드러난다"고 주장하였다(p. 102).

직무가 가혹하다고 느껴질 때는 온 세상도 황량하게 보일 수 있다. 친구의 결점을 무시해 버리던 과거에 비해, 이제는 친구들의 결점이 더 비판적으로 보이고 그들과 어울리려는 필요나 욕구는 크게 감소할 수 있다. 때로는 예기치 않게 친구들로부터 학교나 교사들 간의 문제에 대해 비판적인 질문을 받게 되기도 하는데, 이때 교사들을 "나를 쳐다보지 마라", 또는 "당신이 알 바 아니다!"라고 대답하기 쉽다. 그럼에도 불구하고 많은 교사들은 자신의 이야기를 함으로써 죄책감, 근심, 또는 분노에서 벗어나고 싶어 한다. 그리고 탈진한 사람들은 대개 자신의 의견에 동의를 하지 않거나 다른 견해를 보이는 사람들에 대해 거의 참지 못하면서, 거의 자신의 말을 하는 것에만 몰두한다.

그러나 가르칠 때 무엇이 잘못되었는지 알고자 하는 것, 직무에서 실패하였을 때 무엇이 잘못 되었는지 그 의미를 찾아보려는 것은 그 반대의 필요(즉 가르치는 것, 그것과 관련된 모든 것을 가능한 한 완전히 잊어버리려는 것)와는 다르다. 탈진한 교사들은 교육의 중요성을 감소시키고 자신들의 삶에서 교직을 더 낮은 지위로 격하시키려고 하는 것으로 보인다. 탈진한 많은 교사들은 친구와 가족들에게 직무에 대하여 물어봐도 좋은지 아니면 관심을 갖지 말아야 할지 사이에서 갈등한다. 아울러서 교사들이 (이해하기 보다는) 잊고자 할 때 어떤 것을 선택할지 갈등한다: 피로와 움츠려들기를 통한 잊어버리기 또는 어떤 완전히 다른 것에 열중하는 것을 통한 잊어버리기. 때때로 교사는 귀가한 후 침대에 눕거나 TV 보는 것 외에는 아무 것도 하기 싫다고 느끼면서 세상의 방해를 받고 싶어하지 않을 수 있다. 아니면 그 날의 "끔찍함"이나 직무의 무의미함을 잊기 위하여 자신을 위한 무언가를 하기로 결심하고 집으로 올 수 있다(예를 들어 쇼핑을 가거나 외식을 하거나 친구들을 만난다). 또 다른 때에는 친구나 배우자에게 "믿을 수 없는" 그 날 일을 상세하게 이야기하여 사랑하는 사람으로부터 그 직무를 수행하는 것이 불가능하다는 인정을 받기를 간절히 원할 수 있다. 탈진한 교사의 예측할 수 없는 요구로 인하여 주변에 있는 가까운 사람들조차도 지쳐 머리를 내젓게 할 수 있다.

따라서 교사의 탈진은 대개 부부간 갈등, 가족 갈등을 증가시키며 외부의 스트레스에 대한 취약성을 증가시키지만 이러한 영향들은 쌍방향적이며 상호작용적이다. 외부 스트레스의 압력뿐 아니라 가족 갈등과 책임감으로 인해 교사가 직무에 투신하여 만족감을 갖는 것은 더 어렵게 된다. 지난 밤이나 아침에 배우자와 심하게 다툰 교사는 학교 업무에 집중하는데 심한 압박을 느끼며, 학생들에 대한 인내심이 줄어들 것이며, 교수의 효과성이 떨어질 것이다. 아마도 학생들로부터 보람도 덜 느낄 것이며, 이러한 모든 것들로 인해 스스로 "무슨 쓸모가 있는가"라고 느낄 수 있다. 교사를 둘러싼 여러 가지 역할들(교사, 시간제 근로자, 부모, 배우자, 친구) 역시 직무 과중, 직무 갈등, 탈진 촉진을 야기할 가능성이 있으며 실제로 야기하기도 한다. 이러한 점에서 Cooke와 Rousseau(1984)는 가정에서의 역할과 직무에서의 역할 간 상호작용이 독신 교사, 기혼 교사, 자녀들에게 점진적으로 더 많은 긴장을 야기했음을 밝혔다. 이와 유사하게 Claesson(1986)은 교사와 어머니(아버지)라는 이중 역할은 몇 가지 이익(예를 들어 자녀를 다면적인 개인으로 보는 더 큰 능력)을 주는 반면 교사인 부모뿐만 아니라 그 자녀에 대해 비현실적으로 높은 기대를 갖게 되는 문제를 낳을 수 있다고 지적하였다.

일반적으로 직무와 가정생활은 끊임없이 상호작용하여, 한 상황은 다른 상황에 영향을 끼치고, 또다시 첫 번째 상황에 영향을 준다.[1] 과도한 관료적인 요구사항과 교사의 권고를 잘 잊어버리는 학생들을 상대해야 하는 고단한 교사의 하루는 퇴근해서까지 그 비통함이나 좌절의 느낌을 갖게 한다. 따라서 근심, 불안, 또는 비이성적인 기대가 가족들과의 상호작용 속에 스며들게 한다; 가족들이 자신을 무조건적으로 배려해 주거나 진정 이해해 주기를 기대한다(마치 그들에게는 직장에서나 학교에서 어려웠던 적이 없었던 것처럼). 가정에는 따뜻하고 전적으로 스트레스 없는 낙원을 찾으려는 이러한 기대(대개는 말하지 않고 자각되지도 않는다)를 지나치게 염원하기 때문에 학교에서 학생들에게 기울여야 할 관심이 줄어들 수 있다고 느낀다. 그러나 직장이나 가정에서 모두 원만하게 대처하지 못하는 너무 힘든 상태에 이르지 않더라도 반드시 배우자와 다툰다거나 심지어 학교에서 특별히 고단한 하루를 보내는 것은 아니다. 다양하고 지속적인 책임의 무게만으로도 교사가 압도당하고 보살핌을 받지 못하고 느끼도록 하기에 충분하다.[2]

---

1) 역자 주: 옮긴이는 어느 젊은 직장 기혼여성의 책상 위의 서가에 꽂혀 있는 책의 제목에서 "직장에서는 가정의 사소한 일은 잊어버려라" 하는 함의(含意)를 음미한 바가 있다.

2) 역자 주: 많은 시청자에게 올바른 스승상을 묘사했다고 하여 감동을 일으킨 바 있는 교육 영화인 홀

고급 전문직에 종사하는 많은 사람들 역시 가정과 직장 간의 갈등과 끊임없는 책임감에 직면한다. 그렇다면 교직이 다른 힘든 직무와 구분되는 점은 무엇일까? 교직은 몇 가지 점에서 특별하다. 교직은 아동이나 청소년과의 끊임없는 개인적인 상호작용을 필요로 하며, 나아가 그러한 상호작용은 지속적인 도움, 인내, 민감성, 전문성에 기초한 것이어야 한다. 그러한 상호작용은 엄격성, 평가, 여러 근거자료에 기초하여 다양한 투입이 가능해야 한다. 교사의 직무는 자신들과 함께 일하기를 원하지도 않는, 그들의 방식이나 전문성이 나와 맞지 않는 사람들과도 같이 일해야 한다. 최대한으로 노력을 기울여도 감당할 수 없는 사람을 다른 곳으로 보내기 힘들기 때문이다. 교직은 일과 중에 동료나 다른 성인들과의 상호작용을 통해 기분을 전환하고 도움을 받을 기회가 거의 없다. 이러한 직무에 대한 대가는 대개 부업을 해야 만이 생활비를 충당할 수 있다. 비록 사람을 상대하는 다른 서비스 직업도 이러한 측면이 일부 있지만, 다른 직무는 끊임없이 아동을 상대하고, 다른 사람들로부터 성공에 대한 높은 기대를 받으며, 성인들과 접촉하는 기회가 드물고, 급여도 불충분하다는 요소를 갖추고 있지는 않다. 그래서 교사들, 특히 가족이 있고 학령기 자녀가 있는 교사들이 역할과중과 역할 갈등을 쉽게 겪는다는 것은 놀랄 일이 아니다.

물론 가정에서 모든 것이 잘 진행될 때(모든 요구들을 감당해내고 있다고 느낄 때, 배우자와 자녀들이 자신의 모든 것에 감사할 때)는 특별히 에너지로 충족되어 어려운 상황, 심지어 예전에는 다루기 힘들어 보였던 상황에도 맞설 준비가 되어 있다고 느낀다. 그리고 학교에서 모든 일이 잘 진행될 때(학생들이 학업에 진전을 보일 때, 자신의 노력으로 이런 결과가 왔다고 확신할 때)는 "불가사의하게도" 가족을 위해 시간과 에너지를 더 많이 사용하며, 다른 사람들과 함께 보내는 시간을 즐거워하고, 다른 사람들의 요구에 대하여 더 많이 인내할 수 있다.

❀ 탈진이 직무에 끼치는 영향

탈진한 교사들은 스트레스를 받기 전이나 탈진 전의 상태와 비교할 때 가르치는 데 노력을 덜 기울이게 되는데(Schwab, Jackson, & Schuler, 1984), 이것은 일부 교사들이 학교에서 학

랜드 오퍼스의 대사 중에 부인이 남편인 오퍼스 선생에게 당신은 학교에서 학생들로부터 존경받는 훌륭한 교사인지는 몰라도 장애 아들을 둔 아버지, 가장인 남편으로서는 실격이라고 아내가 투정하는 장면이 나오는데 지각 있는 교육행정 당국자들이 음미해야 할 내용이라고 생각한다.

생들에게 관심을 보이지 않는다고 불평했던 많은 소수민족 학부모와 학생들의 의견과 일치한다(Harris et al., 1988). 탈진하거나 지친 교사들은 더 이상 의욕적이거나 인내하거나 낙관적이지 않다. 이러한 논의를 반영하는 교사들의 진술들은 다음과 같다:

"교실에서 모든 학생들을 창조적으로 … 보살피며 … 가르치고자 하는 노력은 아무 소용이 없다."

"학생들을 상대하느니 차라리 잡무를 처리하며 시간을 보내는 것이 낫다; 대부분의 학생들이 열심히 공부하지 않는데 내가 왜?"

"학부모들은 자녀교육에 관심이 없다; 내가 왜?"

"나는 노력은 하겠지만 그것 때문에 손해를 보기도 한다."

"대부분의 학생들은 학업을 시작했던 그 시점에서부터 방황하고 있다."

"그들은 자신만을 생각한다. 그들은 버릇없고 즉각적인 보상에만 관심이 있다."

"나는 내 자신 먼저 돌보아야 한다는 것을 배웠다."

탈진한 교사들은 학생들과 직접적인 관련을 줄일 수 있는 방법을 찾는다("어딘가 다른 방법이 있을 거야. 한 번만 가르쳐주고 7번 예습시켜야지"; "내가 만약 행정가라면 교직에 계속 남아 있겠지만"; "일이 너무 많아서 개인적으로 교육과정을 준비할 시간이 없어"). 아울러서 대부분의 도움이 부질없다고 생각하기 때문에 다른 사람들의 조언을 받아들이려 하지 않는다. 행정가의 도움은 방해가 되고("빨리 그가 교실을 나가서 나를 혼자 있게 내버려뒀으면 좋겠어") 비현실적이거나("내가 뭘 할 수 있기를 바라는가?") 은혜를 베푸는 것("마치 나를 방금 졸업한 수업 경험이 없는 새내기 교사를 대하듯이 취급한다")으로 인식된다. 직무에 투자를 덜 하는 탈진 교사들은 "훌륭한 구성원"이 되고자 하는 동기가 낮으며 완강하게 저항하거나("그들을 위해 뭘 하느니 차라리 내 손을 지지고 만다") 심지어 행정가들과 싸우기를 좋아한다("자기들이 뭔데?").

탈진한 많은 교사들은 때때로 인내심을 상실한다. 탈진한 교사는 인내심을 더 쉽게, 더 자주, 더 극도로 상실한다. 불안에 대처하고자 그들은 완고하거나 권위적이 되기도 한다(Keavney & Sinclair, 1978). 예전에는 연민, 인내 혹은 지혜로 대했던 일들을 이제는 태연한 분노, 위협, 또는 이기적인 방식으로 대처한다. 탈진한 교사들 중의 일부는 너무 지나치게 심각하거나 너무 진지하지 않아서 어떤 위반의 심각성을 인식 못하는 경향이 있다. 사소한 "위반"임에도 흔히 과민반응을 한다. 예를 들면, 줄을 서지 않은 학생에 대해 반응할 때

교장실로 바로 보낸다

가정 통신문을 보낸다
체육을 못 하게 한다
방과 후에 남게 한다
숙제를 더 내 준다
성적표에 낙제 표시를 한다

학생들을 냉소적으로 바라보며("부족한 게 너무 많아서 공부하긴 틀렸어"; "너무 엉망이라 걔네들은 다른 사람들 생각을 전혀 못해"; "자기들을 항상 즐겁게만 해 주기를 원해"), 그 부모들도 마찬가지이고("자녀를 어떻게 키울지, 자녀에게 어떻게 대해야 하는지 아무 생각이 없는 사람들이야; 애들보다 부모들이 더 비난받아야 해"), 가르치는 사람 또한 마찬가지이다("이 직업은 너무 웃겨"; "나는 준비되지 않았고, 남은 내 인생에서 할 만한 일이 아니야"). 그리고 직업과는 아무 상관없는 생각과 백일몽에 빠져 있다. 더 이상 새로운 교육과정에 대한 생각이나 프로젝트는 생각하지 않는다. 탈진한 교사들은 자신의 생존과 욕구를 우선적으로 염려하기 때문에 유아적으로 된다. "사회과에서 미국혁명의 개념을 생생하게 설명하려면 어떻게 수업하면 좋을까?" "어떤 보조 서비스들을 사용하면 학생들의 읽기나 수학 문제를 돕는데 더 유용할까?"와 같은 질문 대신, "방과 후에 무엇을 하지?" "방학 동안 어디를 가야 하지?" "어떻게 부수입을 올릴 수 있지?"와 같은 질문을 한다.

교사 휴게실에서 스트레스 받고 탈진한 교사들은 일부 모범적인 학생의 성취나 행정상의 솔선수범 보다는, 일부 비행학생의 행동이나 행정적인 모욕에 관한 "심한 이야기"를 더 한층 하려고 한다. 이러한 교사들의 인식은 부정적인 사건에 맞춰져 있다. 이들은 교육의 모든 다른 보완체제(학교, 행정가, 학생, 학부모들)가 제대로 작동하지 않기 때문에 이러한 불행한 사태가 필연적으로 나타나게 되었다고 확신하고, 자신의 견해와 맞지 않는 사건들은 쉽게 지나쳐 버리거나 잊어버리는 반면 자신의 견해와 부합되는 사건들은 더 정확하게 인식하고 기억한다. 이와 비슷하게 자신의 견해와 의견이 일치하는 동료와 친구들과는 항상 어울리지만, 교육에 대해 긍정적으로 바라보는 동료와 친구들을 기피하는 경향이 있다. 이러한 과정을 통해 탈진한 교사들의 교직에 관한 부정적인 견해(많은 노력을 요구하고 사회적, 재정적, 심지어 교육적인 대가를 거의 얻을 수 없는 직업)는 확실해지고 강화된다. 확실치 않은 예(학생들은 공부를 열심히 하고, 동료들은 배려를 아끼지 않으며, 행정가들은 지원을 해 준다)는 그렇게 되기를 바라지만, 그것은 단지 규칙에 따른 일시적인 정상이탈, 예외로 간주한다.

학교에 출근해야 한다는 생각만으로도 기분이 끔찍하고 우울해지기도 한다. "일요일 밤의 공포" "월요일 아침의 우울함"은 이러한 교사들이 학교(직장)로 가야 하는 느낌을 나타내는 것이다. 조용한 저주, 나쁜 기분으로 새로운 일주일을 시작하므로 이들의 지각과 병가는 증가한다; 도시지역 고등학교 교사들에 대한 Hammen과 DeMayo(1982)의 연구에서 스트레스 그 자체만으로 이러한 교사들은 일년에 평균 4~5일을 결근한다는 것을 발견하였다. 한 때는 "소명"이었던 것이 정확히 "8시 30분 출근, 3시 칼퇴근"과 같은 직무가 되어버렸다. 아울러서 교단을 그만둘 수 있는 현실적인 기회가 거의 없고 심지어 그런 기회가 전혀 올 것 같지 않아도 교단을 떠나려는 생각은 떨쳐버리지 않는다. "나에게 딱 맞는 취업기회가 오기만 기다리고 있어"; "어떤 선택을 내려야 할지 심사숙고하고 있어"; "공부를 더 하려고 계획하고 있어." 물론 일부 교사들에게 이러한 생각들은 단순한 공상이 아니다; 한 때 재능 있고 헌신적이던 많은 교사들이 매년 교단을 떠나고 있다. 남아 있는 교사들은 한때 자신이 가졌던 이상주의를 심각하게 상실한다. Pines(1982)는 교사들이 교직을 시작할 때 품었던 이상주의는 현재 그 정도가 현저히 감소했다고 인식하고 있음을 발견하였다.

교사의 직무 스트레스와 탈진에 의한 기능장애적인 영향들은 학교 전체 차원에서도 분명히 드러난다. 그러한 "비판적 집단"의 교사들이 존재한다는 사실은 학교 전체 직원의 상태와 동기를 극적으로 변화시킬 수 있다고 앞에서 언급하였다. 특히 새내기 교사들은 학교의 분위기와 관행에 영향을 많이 받는데, 만약 자신들의 견해가 대부분의 동료의 생각과 차이가 있으면 불편하게 받아들인다. 그러나 경험 많은 교사들 역시 자신들이(탈진하지 않은 직원) 더 열심히 일해야 하는 이유는 바로 냉담하고 환멸을 느끼는 교사들의 몫까지 감당하게 되므로, 탈진한 동료들과 좋은 관계를 유지하기 어렵다. 묵묵히 열심히 일하는 교사들이 근본적으로 일을 포기한 교사들의 직무 태도에 대하여 크게 분개하는 것을 보기란 어렵지 않다. 아울러서 Dixon, Shaw와 Bensky(1980)가 언급한 대로, 학교가 직원들의 사기 문제로 곤란을 겪을 때 행정적인 직무는 필연적으로 영향을 받는다. 그러한 경우에는 행정가는 높은 이직률 때문에 직원을 채용하고 훈련시켜야 하고, 서로 다른 교사집단 간의 갈등과 교사와 행정가 사이에서 발생하는 문제를 처리하기 위해서 많은 시간을 보내야 하며, 스트레스를 필연적으로 발생시키는 관료적 형태와 절차에 대한 교사들의 거부에 대처해야 한다.

따라서 당연히 스트레스와 탈진은 교사들 삶의 모든 측면(학생, 동료, 행정가, 가족, 친구와의 관계)에 영향을 준다. 사회적 견지에서 교사의 스트레스와 탈진의 충격은 학생들의 교육, 특히 사회경제적인 지위가 낮은 학생들의 교육에 파괴적 영향이 가장 심할 수 있다. 불행하게도 이 분야는 대개 소홀한 취급을 받고 있는 연구영역이다. 교사의 탈진과 학생의 성취에 대한 교사의 영향력에 대한 실증적 연구를 통해 이러한 분명한 역효과를 검증할 필요가 있다. 확고한 증거가 있어야만 이 연결고리를 어디서, 어떻게 끊을 수 있을지 연구할 수 있는 연방정부 및 사적 연구기금을 끌어올 수 있다.

❀ 교사 탈진의 유형

이 장의 앞에서 언급한 바와 같이 우울증 같은 특정 정서적 장애는 다양한 형태로 분명하게 나타난다. 불안 장애, 사고 장애, 식사 장애 등에 몇 가지 유형이 있듯이 우울증에도 몇 가지 유형이 있다. 탈진 또한 서로 다른 모습으로 나타난다. 가장 일반적인 것으로는 수년 동안 만성적으로 스트레스를 느끼고 정신적으로 지쳐 포기한 교사들의 모습이며, 도전과 자극이 불충분하다고 느끼는 교사들도 물론 있다. 또한 수년이 아니라 단 몇 주일을 지낸 후에 포기하는 교사도 있지만 결코 포기하지는 않으나 그 대신 직무에 대한 열정과 학생에 대한 헌신으로 기진맥진한 교사(Freudenberger가 대개 언급하였던 교사)도 있다. 이 장에서는 세 가지 주된 하위유형〔지친(기진맥진한) 교사(worn-out teacher); 열광적인 교사(frenetic teacher); 도전이 불충분한 교사(under challenged teacher)〕을 설명하고자 한다.

유형 Ⅰ: 지친 교사

탈진에 대한 Freudenberger의 원래의 개념은 근로자들이 자신들이 할 수 있는 것보다 더 많은 것을 하도록 요구받는 동시에 다른 사람을 성공적으로 도우라는 압력을 받게 되어 궁극적으로 탈진한다는 것이다. 이들은 거의 불평 없이 자신의 불편과 선호(選好, preference)를 무시하고 일에 과도하게 전념하고 지나치게 헌신하는 사람들이다. Freudenberger에 따르면 이와 같이 대단히 의욕적인 근로자들은 스트레스에 대한 대처반응으로 탈진할 때까지 과로한다. 이점은 자체의 힘에 의해 소모되고 자신의 에너지에 의하여 결국 파괴되는 천체의 별(supernova star)을 생각나게 한다. Tom Wolfe의 저서『자부심의 모닥불(Bonfire of the Vaniteis)』에서 주인공은 가족과 친구를 위해서는 개인적 시간을 거의 내지 못하는 자신과 같은 사람을 "세상의 주인"이라고 묘사하고 있는 근면하고 정력적인 월가의 투자 중개인이었다. 그러한 사람들에게 실패란 상상도 할 수 없는 일이며, 일시적인 실패와 좌절에 대한 유일한 대책은 더 열심히 일하고 더 많은 노력을 기울이는 것이다.

그러나 이것이 탈진을 불평하는 교사에 대한 전형적인 설명은 아니다. 이것은 비록 대표성을 띄지만 우리가 일에 몰두하고 대가가 충족되지 않은 교사집단을 매도할 가능성이 있을지언정, 이를 통해 우리가 배울 수 있는 교육적인 이익을 생각하면 충분히 받아들일 수 있다. 그렇다고 해도 교사들이 과로하는 시점은 대개 피로를 느끼는 시점이라기보다는, 흥미를 상실하여 절망적인 상황에서 성공하고자 하는 노력을 멈춰버리는 상태라는 점이다. 중학교에서 다른 학생들을 못살게 굴고 수업을 방해하는 학생을 대할 때 그동안 이것을 혼자서 처리하곤 했던 어느 기진맥진한 교사는 매우 다른 태도를 취하기도 하였다: "나는 이제 복도를 걸어가면서 아무 것도 보지 않고 아무 말도 듣지 않기도 한다. 그랬더니 기분이 나아졌다" (Cerra, 1980, p. B2)고 보고하였다.

열정적이고 지나치게 전념하는 교사들(Freudenberger가 탈진한 것으로 판단했던 교사들)은 학생들이 배우게 만드는데 열심이며 자신들이 하고 있는 일을 좋아한다; 지친 교사들은 어김없이 복사한 연습문제를 나누어 주는 사람들이다. 지친 교사들은 더 열심히 일하는 것으로 스트레스에 반응하지 않고, 일을 덜 열심히 한다; 그들은 투입-산출 간에 불일치할 때 투입을 감소시킴으로써 그 균형을 맞추려 한다. 즉 지친 근로자들은 직무로 완전히 소모되기 전에 일을 그만둔다.

그러한 경우, 가장 불행한 측면 중의 하나는 증상이 자기 강화적인(self-reinforcing) 경향이 있다는 것이다. Cherniss(1980b)가 지적한 바와 같이 "성공을 위해서는 대개 열정, 낙관, 참여의 요소가 필수적이므로, 낙담과 움츠려들기는 실패로 이어지기 쉽다"(p. 19). 일단 교사들이 지치게 되면, 헌신과 보살핌에 대해 가졌던 생각을 지켜가기가 어렵다. 지친 교사들은 자신들이 열심히 일하건 말건 관계없이 교실의 성과는 실망스러울 것으로 믿고 행동하게 된다. 이러한 교사들은 학습된 무능 패러다임에 따라 행동하는데, 자신들의 행동이 의도한 교육목표에 영향을 끼칠 수 있다고 더 이상 믿지 않는다. 교사들은 자신의 통제능력을 벗어나는 상황이 계속적으로 누적될 때 지친다: 누구의 말도 듣지 않으려고 하는 문제 학생들, 학력이 떨어지는 데도 더 이상 노력하지 않는 학생들, 부모 노릇을 포기하거나 억눌린 인생 속에 처해 있는 부모들, 학생의 진보나 교사들의 생활수준보다 자신의 권력에 더 관심을 보이는 관료들. 도심 저소득층 지역의 교사는 빈곤과 절망에서 비롯되는 교실의 결과를 처리하면서 지친다; 또 한편으로는 교외지역 교사는 그 지역의 부유한 환경에 수반되는 자격(資格) 의식과 냉담함 때문에 지칠 수 있다. 도심의 저소득층 거주지역과 교외 지역에서 봉직하는 교사들은 모두 근시안적이고 편협한 학교위원회로부터 어떤 것을 조금이나마 더 얻어내려고 애쓰면서 지칠 수 있다.

가장 많이 기진맥진했다고 분류된 한 교사는 자신의 직무에 대하여 (다양한 인종이 사는 소도시의 고등학교 교사로서) 다음과 같이 말하였다:

> 다른 어느 누구도〔심리학자도, 범죄정의체제(criminal justice system)도, 사회기관도, 연방정부도, 어느 누구도〕 내가 직면하는 문제들을 효율적으로 처리할 수 없을 텐데 당신들은 내가 얼마나 오랫동안 열심히 일할 수 있으며, 나의 일이 중요하다고 믿으며, 내가 실제 상의 변화를 만들어낸다고 상상할 수 있는가? 약물, 범죄, 냉담, 10대 임신 …

> 이들 문제들 중 어느 것도 엄청난 도움 없이는 바로잡을 수 없으며 우리는 모두 그 결과가 어떠할 것인지 알고 있다. 만약 내가 영웅 흉내를 내느라 내 인생을 망치려 한다면 나는 천벌을 받을 것이다. 한 때는 나도 가능할 것으로 생각했지만 이제는 할 수 없다는 것을 안다. 나는 하지 않을 것이다. … 심지어 내가 최선을 다했을 때에도 성공은 그다지 대단하지 않았으며 정당한 평가를 받지 못한다는 것을 안다. 나는 매일 요구와 위협을 심하게 받았고, 때때로 심지어 참을 수 없는 조롱을 받는다. 나는 이러한 취급을 받기에는 이제 나이가 너무 많다(41세). 나 자신을 보호할 수 있는 유일한 방법은 남을 보살피는 것을 그만 두는 것이다. 내가 덜 주면 나도 덜 받는다는 것을 알지만 정말로 더 이상은 줄 수 없다.

두 가지 유형의 탈진을 최초로 구분한 정신분석학자인 Harvey Fischer(1983)는 지나치게 몰두하고 과잉 헌신하는 사람들은 "높은 자존심에 집요하게 매달린다"고 주장하였다(p. 42). Fischer에 따르면 이러한 사람들은 직업상의 성공 가능성을 최대화하려고 자신의 신체 건강과 사생활을 돌보지 않은 채 모든 불평등에 대항하여 이기려고 필사적으로 노력한다. 그들에게 실패를 인정하는 것은 인간으로서 자신의 개인적인 가치를 훼손하는 것이기 때문에 결코 인정하려들지 않는다. 직업은 자신, 자아의 연장이므로 성공적으로 수행되어야 하므로 지친 사람들은 자존심에 타격을 입는다. (그들은 더 이상 직무를 잘 수행하기 위해 개인적으로 투자하지 않는다.) 그들은 실패를 인정하고, 한 때 할 수 있다고 생각하였던 직무를 할 수 없는 것으로 시인한다. 아마도 많은 사람들은 실패에 대해서 여전히 다른 사람들을 비난하지만 최근 들어 자신이 한 때 스스로 설정하였던 목표를 달성할 수 없으며 이러한 방향의 노력은 무의미하고 자기패배적이었음을 인정한다. 내가 볼 때, 이러한 지속적인 개인적 투자 부족, 손상된 자아의 움츠림은 (자신에게 더 큰 투자를 하는 반대 입장의 교사들보다) 불행하게도 탈진되었다고 일컬어지는 교사들에게 더 전형적으로 나타난다.

이러한 주장은 내가 실시한 이전의 연구(Farber, 1984b)에서도 입증된다. 교직에 대한 교사들의 헌신과 전념은("만약 내가 그것을 꼭 하여야 했다면 나는 여전히 교사가 되려고 선택하였을 것이다" 그리고 "나는 앞으로도 교직을 계속할 것이다"와 같은 항목으로 측정된 것) 탈진과 긍정적으로 상관관계가 성립하지 않다는 것을 발견하였다. 사실상 자료에 의하면 교사가 더 많이 탈진할수록 직업에 대하여 덜 전념하였다. 물론 여기에서 인과관계는 밝혀지지 않았으며 탈진한 것으로 보이는 교사들은 한 때 그 학교에서 가장 헌신적인 교사들이었을 수 있다. 그럼에도 불구하고 이러한 자료에 의하면 전형적인 탈진 교사는 (적어도 탈진의 증상이 표현되는 시기에는) 교직에 과도하게 전념하지도, 헌신하지도 않는다.

열광적인 과잉전념의 시기를 거치고 난 후에 대개 지쳤다고 느끼는, 교사들은 자신들의 "기저선 비율(baseline rate)"의 노력이 성공적인 결과를 가져오지 못할 때에 그리고 자신들이 최고 노력을 기울였던 것이 "지치게 하는" 결과를 낳을 때 적어도 초기 시점에는 노력을 증가시킨다는 주장이 있을 수 있다. 그럴 수도 있지만 내 생각으로는 그때가 바로 급속도로 지치게 만드는 단계이다. 대부분의 교사들은 애초에 자신들이 충분하고 알맞은 노력을 기울이고 있기 때문에 학생들(또는 학부모)에게 결과가 곧 나타날 것이라고 생각한다. 그러므로 일부 교사들은 실패에 직면했을 때 노력을 다소 증가시킬 수 있기도 하지만, 대부분은 자신들의 노력이 거의 혹은 전혀 소용이 없다고 여기면서 조용히 물러서버린다(지치게 된다).

유형 II: 열광적인 교사

역경(逆境, adversity)과 예견된 실패에 직면했을 때 일부 교사들은 실로 학급이 더 나아지도록 노력을 배가시키며 가능한 모든 일을 한다. 그들은 해당 학교나 학군에서 마치 개혁운동가처럼 모든 분야의 사람들이 더 큰 노력을 하도록 선동하고, 협력, 공급, 인내, 낙관주의를 갖도록 설득한다. 그들은 전체 직원들을 위한 충분한 구상과 에너지를 가지고 있으며 전체 팀을 책임지고 있는 것처럼 보인다. 이러한 범주의 사람들은 긴장을 전혀 풀지 않으면서 성공할 때까지 최대의 노력을 기울인다; 그들에게 실패는 결코 그 문제 때문이 아니라 항상 의지의 부족으로 본다.

이러한 교사들의 특성은 자기 학생들을 향한 열광적인 에너지를 갖고 있으나, 이러한 에너지는 대개 오래갈 수 없기 때문에 궁극적으로 피로에 굴복하게 된다. 그러나 이러한 노력에는 대개 숭고함이 깃들어 있다. 이들 교사들은 대개 "진정한 신념가"이기 때문에 (사회정의, 가난한 사람들에 대한 교육개선 노력(ameliorative effects of education), 또는 단순한 보살핌의 치료적 노력에서) 자신들의 구상에 한계가 있다는 것을 가장 수용하기 힘들어 한다. 비록 다른 사람들은 현실적인 인식이 부족하고 문제를 바라보는 견해에 융통성이 없다고 그들을 비난을 해도 그들은 자신들의 가치관의 실현을 양보하려고 하지 않는다. 투입을 통해 기대하던 산출을 얻지 못하였을 때, 이 유형의 탈진한 교사는 자신의 목표를 축소하려 하지 않고, 실패를 합리화하지 않거나 노력을 줄이려고도 하지 않으며, (지친 교사들이 그러하듯이) 그보다는 노력만이 성공을 가져다준다는 신념으로 더 한층 열심히 일한다. 그러나 "이 모든 것이 소용이 없다"는 궁극적인 현실에 (나의 최상의 노력에도 불구하고 모든 학생들이 6월까지 진급에 필요한 읽기 수준에 도달하지 못할 것이다) 부딪치게 되면 절망은 대단할 수 있다. 환멸까지 느끼게 되며; 자신이 품고 있던 능력과 효과성에 기초한 세계관이 무너져버린다. 노력하면 반드시 성공하게 될 것이라는 신념을 포기하는 그 시점이 바로 탈진이 덮쳐오는 시점이다. 이러한 신념과 노력은 대개 장기간에 걸쳐 강렬한 수준으로 유지되어 왔기 때문에 대개 매우 갑작스럽고 극적으로 추락하게 된다. 지친 교사는 자신의 신념에 충격을 점진적으로 받으면서 점차적으로 환멸의 강도가 높아지는 반면, 또 다른 유형의 탈진 교사는 겉으로는 확고한 신념체계를 그대로 단단히 유지되는 것처럼 보이다가 갑자기 붕괴된다.

이들 탈진 교사의 두 가지 유형(지친 교사와 열광적으로 과잉 전념하는 교사) 간의 구분은 좌절과 실망에 대해 근본적으로 이들이 어떻게 반응하는지에 달려 있다. 지친 교사는 적어도 부분적인 패배는 기꺼이 인정하며 직무에 대한 투자를 하려하지 않으나, 열정적인 교사는 패배를 도저히 시인할 수 없으며(또는 이성적인 성공에 만족할 수 없으며) 더 이상 불가능하고 피로가 쌓일 때까지 더 열심히 일하고 점점 더 투신한다.

탈진유형 II의 고전적인 예는 대도시의 가난한 저소득층 지역 혹은 시골지역 학교에 이상, 열정, 확신에 가득 찬 채 부임한 젊고 잘 교육받고 사회적으로 이상주의적이며 정치적으로 관심 있는 젊은 남성 또는 여성교사, 그리고 수개월 간 계속하여 많은 것을 시도한 (잠자고 사회생활을 누릴 시간을 기꺼이 반납하고, 아동에게 동기를 부여하고 새롭고 창조적인 학습방법을 찾으려고 노력한) 후 이러한 노력이 보람도 없고 자신이 비효율적인 교사로 의심받고 있다고 생각하는 젊은 남녀 교사들이다. 그러나 이러한 유형의 탈진은 더 부유한 환경 심지어 교외지역 학교에서도 일어날 수 있다.

Jim S.는 부유한 교외지역 고등학교 영어교사였다. 대학졸업 후 그는 1년간 여행을 하였으며 그 후 훌륭한 교사직을 얻게 된 것을 행운으로 생각하였다. 그는 고등학교 시절부터 자신을 가르치는 교사들보다 더 쉽고 효과적으로 학생들에게 동기를 부여하는 영어교사가 되기를 꿈꿨다. 몇 년 동안 그는 10학년(고 1)과 11학년(고 2)들이 분명 좋아할 것으로 생각되는 교과서, 연극, 시 목록을 모았다. 비록 자신이 기존 교육과정의 시각에 맞추어야 할 것임을 알았지만 어떻든 자신의 새로운 구상이 모두에게 흥미롭고 유익할 것임을 교과부장에게 확신시키는 것이 어려울 것으로는 전혀 예측하지 않았다. 그러나 그것은 문제였다. 주(State) 규정과 "전통적인 교재"를 배워야 하는 대입 준비 학생들의 필요를 들면서 교과부장은 그의 구상을 단호하게 거절하였다. Jim은 실망하였지만 대신 전통적인 교재를 가능한 한 열성적으로 가르치기로 결심하였다. 그는 도전할 준비가 되어 있었다.

교직 첫해에 그는 네 학급을 담당하였으며 그 중 두 학급은 영재반이었다. 대부분의 학생들은 그를 좋아하였다. 그는 젊고 학생들을 잘 이해하는 교사로 보였으며 학생들과 농담을 하고 그들을 존중하며 공평하게 대하였다. 첫 해 그는 학년말에 있을 댄스파티 위원회를 맡도록 요청받았고 이에 기꺼이

동의하였다; 두 번째 해에는 그는 교내신문 지도교사가 될 것에 동의하였으며 또한 학교 연극반을 돕는 것도 동의하였다. 이때까지 이러한 동의는 결코 부담으로 여겨지지 않았다; 그는 점점 더 학교의 일부분이라고 생각하였으며 학생들과 더 가까워졌다. 그는 학생들을 돕는다는 생각에 즐거워했고 자신이 누리는 인기를 매우 즐겼다. 그렇지만 세 번째 해는 전환점이 되었다: 그의 명성이 높아짐에 따라 학생들은 방과 후에도 조언을 얻기 위하여 그를 찾아 왔다. 처음에는 대단히 만족스러웠지만, 곧 훨씬 더 심각한 문제들을 갖고 있는 무수히 많은 학생들을 돕기 위하여 더 자주 학교에 남아 있는 것은 부담이 되었다. 그러나 학생들은 그의 도움을 필요로 하였고 학교 상담교사와 심리학자는 자신들의 업무가 과중하다며 그에게 도움을 요청했다. 학교는 그 자신을 소모시키도록 만들었다. 비록 스스로에게 일을 사랑한다고 하였지만 그는 잠시도 쉴 틈이 없다고 느꼈다(계획할 무엇, 만나야 할 누구, 그의 도움을 필요로 하는 어떤 프로젝트가 항상 있었다). 그의 태도는 항상 유쾌하였지만 그는 생활에 대한 끊임없는 방해에 분개하기 시작하였다.

전환점은 근무 세 번째 해의 어느 날 오후였다. 오후 5시에 막 퇴근을 하려고 하는 때에 한 학생이 몇 분만 시간을 내달라고 하면서 방으로 찾아 왔다. 그는 화가 치밀었으나 재빨리 마음을 추스려 그 학생을 대했지만 자신의 태도가 바뀌었음을 느꼈다. 그 다음 몇 주일 동안 그는 자신의 영역을 존중하지 않는 학생들에게, 학생들을 충분히 잘 대하지 않는 (따라서 그에게 더 많은 일을 맡기는) 다른 교사들에게, 그의 개인시간을 지키는데 비협조적이며 경직된 교과부장에게 분노를 자주 느끼게 되었다. 그는 과로하고 있으며 이에 상응하는 평가를 받지 못한다고 느꼈고, 교직이 진정 그에게 천직인지 처음으로 심각하게 생각하였다.

유형 II에 속하는 또 다른 종류의 교사 부류가 있는데, 이들은 남을 도우려는 정력적인 노력은 다른 사람들의 잘난 체 하는 태도와 성급함 때문에 손상된다. 유형 II에 속하는 많은 탈진 교사 중 도움을 필요로 하는 동료들을 설득하고 도와주는 교사가 있는 반면, 이 부류의 교사들은 동료들에게 무정하다(아울러서 스스로에게). 이러한 교사들은 자신들이 이해한 것, 충분히 관심이 있는 것, 정답이 있는 것에 대해서만 관여하므로 대개 자기도취적 면모가 뚜렷하다. 예를 들어 1960년대 후반 열광적으로 추구하였던 과제에 성공할 수 없었음을 궁극적으로 시인했던 젊은 이상주의적 교사들이 지은 많은 서적들을 보면 이러한 책들은 비록 진지하고 좋은 의도가 있지만 근본적으로는 이기적인 영웅담이다(고독, 정직, 인내, 혜택 받지 못한 아동을 구출하려는 시도로 비열한 관료, 무관심한 행정가, 인종차별하는 동료들에 대항하여 씩씩하게 싸우지만 궁극적으로는 가치를 인정받지 못하는 교사들에 대한 서사적인 설명이다). 한편 탈진의 이러한 자기도취적인 측면, "다른 어느 누구도 어떻게 할 바를 모르기 때문에 내가 그것을 해야만 한다"는 생각은 학생들에게는 특별히 충분한 도움이 된다.

스스로 완전히 피로에 지치기 전, 이들 탈진 교사들은 자기 학급과 학생들에게 사실 평균적인 교사보다 대단히 많은 것을 제공한다. 이들은 총체적인 피로상태에 도달하기 전후 충분히 독선적이고 자기변호적이어서 숭고한 목표를 추구하면서 전적으로 헌신하지 않는 교사들을 비난할 수 있다. 따라서 탈진한 교사들(적어도 자기변호적인 이러한 하위집단)은 대개 학생들에게는 훌륭한 교사이지만(그들이 붕괴하기 전까지) 동료들에게 해를 끼칠 수 있다.

이 마지막 견해는 아마도 설명이 더 필요할 것이다. 겉으로 보기에 열정적이고 헌신적인 교사들은 (책에서 명예를 손상시키려고 하지 않았을 것인데) 왜 동료들의 적개심을 유발하는가? 열정과 헌신은 결국 학교 직원의 기능을 촉진시키는 긍정적이며 전염되는 성질이 있다. 최초의 자극에 사람들은 (일부 교사들이 열심히 일하는 동료들과 비교하여 부족하거나 부적절하다고 느낀다는 점에서) 시기나 부러움이 작용한다고 가정할 수도 있다. 그러나 내 생각으로는 대부분의 교사들은 전혀 이러한 집단을 부러워하지 않는다. 오히려 이들의 열정과 노력을 퇴색시키는 다른 사람들의 방식, 가치관, 목표에 대해 견딜 수 없어한다. 이 하위집단의 탈진 교사들은 자신들의 방식이 옳다고 확신하는 것으로 보인다. 이와 대조적으로 지친 교사들은 동료들에 대하여 덜 비판적이며, 편안하게 직무를 수행하려는 교사들을 동정하는 경향이 있다.

유형 III: 도전이 불충분한 교사

과도하게 하려하지도(열광적인), 과도하게 피로하지도(지치지) 않은 또 다른 교사들의 집단이 있다. 이들에게는 해야 하는 직무의 양도 적은데, 직무를 수행하면서 맞닥뜨려지는 장애물이 불만족스러울 뿐만 아니라, 매일 직면하는 과제가 주는 단조로움과 자극 부족에 대해 불만을 느끼는 교사들이다. 이들은 초등학교 학생들에게 단순한 곱셈을 가르칠 때, 본인과는 세대가 다른 고등학생들에게 시민전쟁의 원인을 가르칠 때 더 이상 열정을 불러모을 수 없다고 생각하는 교사들이다. 그들은 식상해하기보다는 무관심하며, 스트레스를 참을 수 없어 하기보다는 지루해한다. 그들은 자존심이 손상되지도 않았으며 직무를 통하여 비이성적으로 높은 자존심을 성취하려고도 하지 않는다; 대신 현실적으로 자신의 기술과 재능에 걸맞지 않은 불충분하고 불만족한 직무를 계속한다면 자존심이 손상된다고 생각한다. 도전이 불충분한 교사들에게는 직무 스트레스가 문제가 되는 것이 아니라, 오히려 특별한 심리적 보상이 주어지지 않는 점이 문제가 된다.

도전이 불충분한 교사들은 다른 두 범주의 탈진 교사들만큼 극적이지는 않으나 이들도 역시 교단에서 대가를 불충분하게 받고 있다고 생각한다. 도전이 불충분한 교사들은 지쳐 있는 다른 많은 교사들이 갖는 직무에 의한 억눌림을 느끼지도 않고, 또한 과도하게 일에 전념한 탈진 교사들의 선교사 같은 열의와 열광적인 에너지는 가지고 있지 않지만, 시간이 감에 따라 직무를 더 기계적으로 처리하고 이 일이 과연 자신에게 맞는 것이지 많은 의문을 품으며, 에너지와 열정을 거두어들이기 시작한다. 전형적으로 이러한 모든 것은 (지친 교사들처럼) 자포자기하거나 (탈진한 교사들처럼) 갑작스러운 고갈 느낌에 대한 반작용은 아니지만, 그럼에도 불구하고 이러한 일이 일어난다. 도전이 불충분한 교사는 교직을 계속하면서도 직무에 대한 기대도 하지 않으며 또한 특별히 실망도 하지 않는다. 그들에게 교직은 의미, 광채를 상실한 것이다(한 때 교직이 개인적인 충족의 수단으로 여겨지던 것이 이제는 조립공장의 직무처럼 느껴진다). 이러한 교사는 전직을 고려하기 시작한다.

도전이 불충분한 교사들은 대개 자신이 갖고 있는 기술과 재능을 완전히 사용하지 못하고 있다고 생각한다. 이들은 모든 것이 갖추어진 교실에서 어린 학생들과 온종일 함께 지내야 하는 것이나 특별히 총명한 학생들로 구성된 학급을 하루에 단지 한두 차례 가르치는 것으로는 충분하지가 않다. 이러한 맥락에서 매우 전형적인 교외지역 8학년(중2) 담임 영어교사는 다음과 같이 말하였다: “만약 운이 좋아서 하루 중 한 시간 반 정도만 수업을 한다면 나도 자극 받고 흥미를 느낄 것이다. 가르치는 동안은 매우 좋지만 그것 역시 성에 차지 않는다. 내가 약간 속물 같아 보이겠지만, 학습이 느린 아동을 가르치는 것보다 총명한 아동을 가르치는 것이 정말 좋지만, 현재 체제에서는 단지 하루에 한두 차례만 그렇게 할 수 있을 뿐이다.”

도전이 불충분한 교사들은 대개 자신들이 갖고 있는 비장의 기술들이 드러나지 않아서 학교현장에서 사용되지 못함을 불평한다. 많은 교사들은 행정가, 기획가, 작가, 사회조직가, 대변인 등이 될 수 있다; 많은 교사들은 정치적으로 기민하며/또는 지역 도시나 정치적인 조직에서 활동적이다. 요점은 대부분의 교사들은 많은 교육을 받았으나 행정가나 다른 학교 직원들에게 그들의 기술과 구상을 보여 줄 기회가 거의 없었다는 것이다. 많은 탈진 교사들이야말로 이 나라의 교사 중에서 가장 총명하고 가장 창조적인 교사부류에 속해 있는 것처럼, 도전이 불충분한 교사들은 교육체제의 가장 불행한 실패를 반영하고 있다. 대부분의 지방 교육체제는 재능 있는 교사들이 교실 밖에서 혁신적인 구상을 발표하거나 생각해낼 기회를 거의 혹은 전혀 제공하지 않는다. 실로 일부 교육체제에서는 심지어 자신의 학급에서도 새로운 접근방법이나 방식을 거의 비밀스럽게 해야 한다. 다음의 보기는 도전의 부족이 어떻게 교사에게 영향을 끼칠 수 있는지를 설명한다.

부모의 반대를 무릅쓰고 대학 3학년 때 Joan은 초등학교 교사가 되기로 결심하였다. 부모는 그녀의 우수한 성적과 지도력(그녀는 학생회에서 대단히 많은 직책을 맡았다), 도시 문제에 대한 그녀의 관심을 언급하면서 그녀가 법대에 진학하기를 원하였다. 그러나 그녀는 자신을 위한 여름방학을 원할 뿐만 아니라 아이들에 대한 사랑을 말하면서 교직을 택하였다. 그녀는 대부분의 교직과정을 즐겼으며 수업 중에 토의되는 많은 쟁점에 대하여 흥미를 가졌다. 그녀는 자신의 학급에서 자신만의 교육과정과 교실관리 방법을 시행할 것을 고대하면서 교사와 상급자들로부터 많은 것을 배웠다.

그녀의 첫 번째 직장은 교생 실습을 하였던 교육청에 소속된 학교였다. 그녀의 재능과 개인적인 방식에 좋은 인상을 받은 이 중간규모 크기의 교육감은 그녀에게 2학년을 가르치도록 하였다. 몇 년 동안 Joan은 자신의 직무에 대단히 만족하였다. 그녀의 학생들은 다양한 사회경제적인 환경을 가진, 태도가 훌륭한 아동들이었으며 해가 갈수록 그녀는 점점 더 그들의 욕구를 충족시켜줄 수 있었다. 그녀는 학교 행정가뿐만 아니라 학부모들의 반응을 통한 확신으로 교사로서의 자질에 자신이 있었다. 그러나 4년째가 지난 후 막연한 불만족이 생기기 시작하였다. 그녀는 일반적으로 교사탈진과 연관되는 쇠약한 증상은 없었지만(기껏해야 출근이 즐겁지 않았으며 집에 올 때 약간 우울하였다) 자신의 상태를 설명하기 위하여 탈진이라는 단어를 사용하였다. 사실상 무엇이 잘못되었는지 특징을 명확히 잘 표현한 것은 그녀가 친구에게 자주 얘기했던 다음과 같은 내용이었다: "나는 직무보다 빨리 성장한 느낌이야." 그리고 계속 말하기를 "교만스러운 소리인 줄은 알지만 나는 교사를 하기에는 너무 똑똑하다고 생각해. … 같은 일을 계속 반복해서 하고 있어. … 더 이상 이렇게 살고 싶지 않아. … 아마 학생들이 그리워지겠지만 나는 새로운 도전을 해야겠어. … 나는 성인들과 일하고 싶어. … 이성적으로는 내가 아주 중요한 무엇인가를 하고 있다는 것을 알지만 나는 활기를 잃어가는 것 같아."

그녀는 상급학년을 맡을 수 있도록 부탁해 보려고 하였지만 5학년이나 6학년도 몇 년 가르친 후에는 동일한 과정이 반복되리라는 것을 짐작하였다. 그녀는 학교 행정가가 될까도 생각해 보았지만 그 분야에서 멋진 직업을 갖게 되리라는 아무런 보장도 없이 대학원에서 몇 년을 보낼 것을 예상하면 힘이 빠졌다. 아울러서 그녀는 학교행정의 정치적 성향도 마음에 들지 않았다. 그녀는 교직을 떠나는 것에 다소 죄책감을 느꼈지만 자신은 4년간이나 훌륭한 교사생활을 함으로써 공익봉사의 "몫"을 충분히 하였다고 생각하면서 자신의 입장을 정당화하였다.

아마 이 교사를 "탈진"했다고 부르는 것은 그 용어를 지나치게 확대하는 것이다. 그녀의 증상은 연구자들이 지적하거나 일반이 기대하는 일반적인 목록과는 분명 일치하지 않는다. 그러나 Joan과 같은 많은 교사들이 단지 몇 년간의 교사생활을 한 후 교단을 떠나며, 5~7년을 가르치고 나서 교단을 떠나는 교사가 가장 절정에 이른다. 이러한 재능 있는 교사들을 놓치는 것은 "가장 우수하고 가장 총명한" 교사들을 간절하게 필요로 하는 교육계에서는 심각한 문제이다. 이러한 교사들은 자신들의 흥미 감소의 원인을 종종 "탈진" 탓으로 돌리는데,

적어도 한 가지 점에서는 그들의 말이 옳다: 그들은 자신들이 투입하는 것보다 직무에서 대가를 너무나 덜 받고 있다고 인식하여 동일한 역할을 더 이상 계속하지 않으려고 한다. 이런 점에서 이러한 유형의 교사들은 교사 탈진 문제로 인식될 수 있는 중요한 부분을 공유한다.

탈진의 조합

마치 동질적인 유형으로 보였던 세 가지 하위집단의 교사들에 관해 제시하였다. 그러나 앞에서 언급한 바와 같이, 많은 탈진한 교사들은 쉽게 범주화되기를 거부한다. 그러나 대부분의 탈진한 교사들은 때로는 너무나 압도되고 비관적이어서 자신의 관심을 바꾸며(지친 교사), 때로는 너무나 열정적이고 낙관적으로(또는 자신을 증명하고 자존심을 위한 어떤 수단을 다시 얻기 위하여 너무나 필사적이어서) 에너지를 직무에 더 많이 투입하고 건강을 바치며(열광적인 교사), 때로는 학교와 아동의 문제와 쟁점에 대해 단지 무관심하며 자극을 받지 못한다고 느끼는 (도전이 불충분한 교사) 이러한 범주들 중 어느 한 유형에 속할 것이다.

제 4 장

이상주의와 환멸: 누가 왜 가르치며 왜 떠나는가?

구인: 직무에 대한 인내심과 솔로몬의 지혜를 가지고 대단히 어렵고 때로는 위험한 여건 하에서 다음 세대를 생산적인 시민으로 준비시킬 능력 있는 남녀를 모집함. 지원자는 학부모가 부적절하고 부재하거나 직장 때문에 생긴 공백을 기꺼이 메워 주고, 주정부 및 지역관료의 요구를 만족시키며, 건전한 문화 및 도덕적 가치관을 전수하고(바로 그것), 3R(읽기, 쓰기, 셈하기)을 가르치기를 기대함. 근무 시간: 주당 50~60시간, 급여: 괜찮음(점차 나아지고 있음). 대가: 대부분 눈에 보이지 않는 것임.

—Susan Tifft(1988, p. 58)—

교사의 직무 스트레스와 탈진에 대한 유령(specter)과 실체는 부분적으로는 교사 충원과 교사 유지라는 중요한 교육문제와 관련이 있다. 교사가 부족하여 자격이 부족한 사람으로 충원되면, 남아 있는 교사들에게는 직무 스트레스가 더 가득 쌓이게 된다. 최근의 카네기 교직특별전문위원회 보고서(Carnegie Task Force of Teaching as a Profession report)에서 언급한 바와 같이 "많은 훌륭한 교사들이 열악한 근무여건에 처해 있는데 이러한 여건이 근본적으로 바뀌지 않는 한 진정 실력을 갖춘 새로운 인재들이 교직을 택하려고 하지 않을 것이다." 아울러 이 보고서에서는 우리가 재능 있는 교사들을 교육의 질을 향상시키는 데 참여시키지 못한다면 "이 나라의 미래상은 어두워질 것"이라고 주의를 환기시켰다. 이 장의 초점은 교사 부족, 충원, 유지, 만족과 관련된 문제를 다룰 것이다.

❀ 교사 부족

미국에서는 1980년대 초반 갑자기 교사 부족 현상이 나타났다. 학생수가 감소한(1970년과 1984년 사이 학령기 아동 수는 620만 명이 감소함) 결과로 수년 동안 학교의 폐교와 교사 전직이 이루어졌다가, 갑자기 증가하는 재학생의 수에 맞추기 위하여 더 많은 교사들이 필요하게 되었다. 예상 밖으로 많은 수의 "베이비붐 세대"의 자녀들이 공립학교로 진학하였다. 하지만 문제는 교사 수가 충분하지 않다는 것이었다: 교사에 대한 수요가 감소하고, 교사의 급여 인상이 물가 상승을 따라가지 못하고, 교직의 매력과 명성이 시들어감에 따라 신임교사의 수는 1972년부터 1985년 사이에 60%가 감소하였다. 1995년에 은퇴교사의 수가 증가할 것으로 예상됨에 따라 그 사태는 악화 일로에 있다. 예를 들어 1992년까지 신임 교사에 대한 수요는 매년 21만 5천 명으로 예상되는 반면 그 때까지 교직에 투입될 수 있는 졸업생은 단지 13만 7천 명에 불과하다.

특히 수학과 과학 교사, 소수민족 교사, 주요 도심지역 학교의 교사에 대한 충원 문제는 매우 심각하다. 1950년대 이후에 수학과 과학 교사의 충원이 어려웠으나 교직과 일반 기업체 사이에 임금 격차가 더 심하게 벌어지면서 상황은 악화되었다. RAND 연구소의 Linda Darling-Hammond에 의하면 수학과 과학 교사는 동등하게 교육을 받은 다른 직종의 동년배 근로자에 비하여 급여를 평균 30~50% 적게 받는다. "현재 비율로는 사범대학 졸업생은 매년 2만 명의 수학과 과학 교사의 공석을 약 과반수 정도만 충족시킬 수 있을 것으로 예상된다" (Darling-Hammond, 1989, p. E21).

소수민족 교사의 부족 문제도 마찬가지이다(흑인과 남미계 학생들은 공립학교에 재학 중인 4천만 명 아동 중 25% 이상을 차지하나, 흑인과 남미계 교사는 전체 교원의 단지 10.5%를 차지하고 있다. 1988년 흑인은 교사훈련 프로그램에 등록한 수의 5%를, 남미계는 3%를 차지하였다.) 이러한 수치는 흑인과 남미계가 교육학을 전공하는 대학생 중 17%를 차지하였던 1980년에 비하면 뚜렷이 대조적이다. 더 많은 소수민족 출신 교사가 필요하다는 점을 조사하는 또 다른 방법이 있다: 소수민족 인구의 비율에 기초할 때 매년 새내기 소수민족 교사는 5만 명이 필요하다; 그럼에도 불구하고 교육학 학위를 받고 졸업하는 소수민족계 대학생 수는 매년 약 1만 4천 명에 불과하다(대도시학교 자문위원회, 1987). 산업체와 다른 분야에서 더 높은 급여와, 더 명성 있는 직종으로 이들을 계속 채용함에 따라 소수민족 학생들이 교육계에 들어갈 가능성은 줄어들었다. 컬럼비아대학의 사범대학 학장인 P. Michael Timpane이 이러한 상황을 두고 했던 말은 시한폭탄과도 같다. "만약 상당한 수의 소수민족 출신이 교직으로 진출하도록 만들지 못한다면 미래의 다문화 사회에서 다양한 구성원과 지도자를 배출하기란 어려울 것이다"(Berger, 1988, p. A17에 인용). 우리는 소수민족 학생들이 교직을 택하도록 유치하는데 실패하였을 뿐만 아니라 이미 교직에 있는 소수민족 교사들을 유지하는 데에도 중요한 문제가 있다. 미국교사의 대도시 생활 조사(Harris et al., 1988)에 따르면, 소수민족 교사의 40%(비소수민족 교사들보다 15% 높은 수치)가 향후 5년 이내에 교직을 떠나려 하며, 실제로 떠나고 있다. 소수민족 초임교사들(교직 경력이 5년 미만인 교사들)이 가장 떠나기 쉬우며, 55%가 향후 5년 내에 퇴직할 것임을 표명하고 있다.

소수민족이든 아니든 경험이 많든 적든 주요 도심지역 학교에서 근무할 교사를 충원하는 일은 어렵다. 도시지역 학교의 근무여건(예: 대우)은 대개 예비교사들에게 이미 좋지 않다고 인식되며(불안전, 비인간적, 비후원적), 그러한 환경에서 근무하는 교사들은 견딜 수 없을 만큼 스트레스를 받으며 자주 탈진하는 것으로 인식된다. 뉴저지 주 Paterson 학군의 교육감인 Frank Napier, Jr.에 따르면 "도시 학군의 부정적인 평판 때문에 교사들은 그러한 학교체제로 들어오고 싶어 하지 않는다"(Olson & Rodman, 1988, p. 28). 사실 일반적으로 교직이 스트레스로 가득한 직업으로 인식되므로, 도시지역 학교에서 가르치는 일은 특별히 스트레스라고 여겨지는 것이다. 이 책의 출판을 위하여 면담했던 어느 교사는 "누가 교사가 되려고 하겠는가?"라고 말하였다: "교직은 '훌륭한' 학교에서조차도 어렵다." 문제를 복잡하게 만드는 것은 많은 도시지역 학군의 급여가 근처 교외지역 학군의 급여보다 낮다는 사실이다. 직원채용 문제를 해결하기 위해 더 높은 급여와 더 나은 근무여건을 제공하면서 교외지역 학군에서는 경험 있는 대도심의 저소득층 지역 교사들을 더 적극적으로 채용하기 시작하였다. 현실적으로 도시지역 교사의 공석은 교외나 시골 학군에 비해 2.5배에서 3배 정도 많을 것으로 추정된다.

한 연구자에 따르면 "도시지역 교사부족 문제의 심각성은 실례보다 축소되어 알려졌다. 사실 교외지역 학교에는 위기가 없다. 교육계의 실제적 위기는 바로 미국의 도시에 있다"(Yarger, Wells, 1988, p. A28에 인용됨). Yarger는 중등교육을 전공하는 대학생 900명을 대상으로 조사하였는데, 그 중 95%가 교외 지역, 시골 지역, 소도시 출신이며 이들 학생은 거의 모두 졸업 후에 출신 지역으로 되돌아갈 계획이라고 밝혔다. 4% 미만만이 교사 첫 근무

처로 도시지역 학교를 선택하였다. 많은 대학생들이 혜택 받지 못하는 가난한 지역 아동들을 가르치도록 부추겼던 60년대의 이상주의는 70년대와 80년대 초기에 들어서면서 상당한 정도 빛이 바래었다. 도시지역 학교들은 이제 매력적이기보다는 가혹한 곳으로, 도심환경은 위협적인 곳으로 비춰지고 있다.

일부 학군에서는 인원이 부족한 자리에 교사를 충원할 때 획기적인 해결책을 제안하기도 한다. 예를 들어 휴스턴의 학교이사회는 새로 채용된 교사들과 그 가족들에게 주거를 제공하기 시작하였으며, 플로리다의 데이드 카운티에서는 영어, 수학, 과학 교사에게 "계약 상여금"으로 5천 달러를 지급하였다. 데이드 카운티에서는 도심의 저소득자 거주지역 학교에서 일하겠다는 교사들에게는 추가로 500달러의 상여금을 지급하며 매년 교직계약을 갱신할 수 있다. 이러한 유인책이 장기적인 효과가 있을지 여부는 여전히 미지수이다. 인상된 급여와 주거 제공은 더 많은 교사들을 도시지역 학교로 유인할 수는 있지만 만약 학교여건에 따라 그들이 직무를 효과적으로 느끼지 않는다면 학교에서 장기간 재직할 가능성은 적다.

카네기 교직 특별전문위원회(1986)는 교사 부족에 대응하는 방법으로 교사채용 기준을 낮추는 것을 강력히 반대하면서 주의를 촉구하였다. "장기적인 효과를 보려면 국가에서 교사를 찾기 위하여 근본적인 대책을 세워야 할 것이다." 그럼에도 불구하고 이러한 전략은 많은 학군에서 매년 새 학기에 신임교사를 선발하는 방법으로 이미 채택되고 있다. 북동부 지역의 대규모 학교체제를 관장하는 어느 교육감의 말을 인용하면 "2천 명의 교사가 부족한 매년 노동절에는 기준을 더 낮추어서 누구라도 들어오게 하고 있다. 그들은 '노동절 특채생(Labor Day Specials)'이라고 부르고 있다"("곤경에 처한 교육", 1986, p. 52).

이와 연계된 또 다른 심각한 문제가 있다. 1978년 이래 대학에서 교육학을 전공하겠다고 하는 고등학교 졸업반 학생의 SAT 점수는 영어나 과학을 전공하려고 하는 학생들의 점수보다 약 200점 정도 낮다. 아울러서 교육학 전공생의 거의 과반수는 대입준비 학생을 위해 계획되지 않은 일반 고등학교 프로그램이나 직업 프로그램 출신이다. Bridges(1986)에 의하면 미국교사 중 5%는 근본적으로 무능해서 약 200만 명의 공립학교 학생들의 학습을 해치고 있다. 그들은 교실을 통제할 수도 없으며 기초적인 기술을 가르칠 수도 없다. 이러한 견해는 몇몇 남부지역에서 교직에 몸담고 있는 경험 많은 교사들이 치렀던 능력시험 결과에서도 일부 증명되었다. 이 시험의 낙제율은 텍사스주의 5%에서 아칸소주의 10%, 조지아주의 12%의 범위를 보여 준다.

교사부족 문제를 해결하기 위하여 카네기 교직 특별전문위원회는 보수를 더 올리면서, 교사자격 요건은 더 강화하라고 권고하였다. 다른 나라의 국가보고서에도 반향을 일으킨 그 보고서의 요점은 교직은 더 전문화되어야 하며, 자질이 우수한 학생들이 교사훈련을 받도록 선발되어야 한다는 것이다. 다시 말하면, 그 보고서는 교사가 되려면 석사학위를 요구하고 상당히 높은 급여를 제공하면서 국가 교사자격증, 국가 실력인정 시험을 치를 것을 권고한다. 하지만 이러한 계획은 대단히 이상적이어서, 이를 실제로 이행하면 교사가 되고자 하는 소수민족 학생 수가 상당히 감소하게 될 것이라는 문제점들을 내포하고 있다.

가장 뛰어나며 총명한 사람들 중에서 교사를 충원하는 것은 항상 그렇게 어려운 일은 아니다. 지난 1960년대까지는 많은 총명한 여성들과 소수민족 학생들이 교직을 최고의 선택으로 보았다. 하지만 시민운동과 여성운동 등의 결과로 이러한 학생들 중 많은 수가 더 명망 있고 급여를 더 많이 주는 직장을 찾기 시작하였다. 1973년 이래 한 때는 거의 남성 직업으로 여겨졌던 직업에 진출하려는 여대생의 수가 대단히 증가하였으며, 이중 가장 두드러진 것은 회계, 비지니스, 경영, 공학, 법률 분야였다. 물론 어떤 점에서 보면 이것은 매우 진보적인 발전이지만, Albert Shanker(1986b)가 언급한 대로 "공립학교에게는 끔직한 충격일 수 있다. … 이제 그 밖의 직업이 이들에게 개방되면서 이들이 새로운 직업을 선호하리라는 것은 명백하다. … 학교는 이러한 재능 있는 많은 인재들을 잃게 되었다. 그들은 분명히 그밖의 직업들이 더 많은 대가(명성, 급여, 근무 여건)를 준다고 믿는다."(1986b, p. E9). 1960년대 이후 많은 학생들에게 돈을 버는 것이 점점 더 중요한 일이 되었다. 1967년에는 대학 신입생 중 43.5%는 경제적으로 부유한 것이 매우 중요하다고 믿은 반면, 1985년에 그 수치는 71%로 부풀었다. 어느 교육자는 "교직은 인생에서 앞서가기를 원하는 젊은이에게는 장미빛 미래를 제공해 주지 못한다"고 하였다(Fiske, 1982, p. A52).

교사 부족 완화 전망

교사 부족 현상은 심각할 뿐만 아니라 악화일로에 있다. Darling-Hammond(1984)는 "교육에 다가오는 위기(coming crisis in teaching)"에서 경험이 많고 교육을 잘 받은 많은 교사들이 은퇴하고, 많은 젊은 교사들은 수입이 더 많은 다른 직업으로 이직하는 현상이 함께 벌어지고 있음을 지적하였다. 그녀의 견해로는 "현재 대두되고 있는 교직의 위기는 교육에서 강조하는 다른 개혁의 성취를 방해할 수 있다"(p. 1).

반면 1980년대 후반과 1990년대 초반이 되면 교사 부족 현상은 줄어들 수 있고, 교직의 매력 또한 되살아나고 있음을 시사하는 자료도 있다. Berger(1988)는 이와 같은 사실을 보여 주는 몇 가지 지표를 지적하였다. 하버드, 스탠포드, 컬럼비아 대학과 같은 일류 사범대학은 1988년도 지원자가 상당히 증가하였음을 보고하였다. 로스앤젤레스의 캘리포니아 대학의 고등교육조사연구소가 실시한 전국연례조사에 따르면 교사가 되려는 대학 신입생의 비율은 수년간 감소해 왔으나, 1980년대 중반을 기점으로 다시 증가하기 시작하였다. 1968년에는 신입생 중 거의 25%가 교사가 되려는 의향을 나타냈는데, 이러한 교직에 대한 관심도는 1982년에 4.7%로 감소하였다. 그 이후 교사가 되려는 학생들의 비율은 느리지만 꾸준히 증가해 왔다. 1985년의 6%에서 1986년에는 7.3%로, 1987년에는 8.1%로 증가하였다.

더 많은 학생들이 교직으로 나아가려 하고 더 많은 학생들이 교육대학원에 진학할 뿐만 아니라 예비교사들의 자질(대학원과 대학 성적 모두에서) 역시 향상되고 있다. 예비교사의 SAT 점수는 최근 수년간 향상되어 왔으며 1988년에 교사가 되고자 하는 고등학교 졸업반 학생들의 수학 부문 SAT 점수는 전무후무한 최고 기록인 442점이었다. 대학원에서는 더 높은 시험점수를 받은 일류대학 출신 학생들의 지원이 증가하고 있다.

여기에서 드는 의문은 무엇이 교직에 대한 관심의 방향을 이렇게 전환하도록 만들었는가이다. 그 중 하나는 더 높아진 급여이다. 비록 몇몇 실험 카운티(예를 들어 뉴욕의 로체스터 또는 플로리다의 데이드 카운티)를 제외한 모든 카운티의 교사급여는 아직도 상대적으로 낮지만 그래도 극적으로 향상되었다. 1989~1990학년도의 평균 교사급여(31,315달러)는 1980년과 비교할 때 거의 두 배이다. 여기에서 또 한 가지 중요하게 보아야 하는 요인으로, 1960년대에 가지고 있었던 교직에 대한 두드러진 신망을 다시 회복하기 시작했다는 점이다. 1980년대, 특히 『위기에 처한 국가(A Nation at Risk)』가 발간된 1983년 이래로 교육문제에 대해 대단한 관심을 불러일으키게 된 결과로 교직이 다시 중요하게 여겨지게 되었다. 신임교사들이 필요하고 새로운 구상이 논의되며 직업에 대한 새로운 도전이 일어날 것으로 생각된다. 아울러서 "문제 학교에 대해 높아진 언론의 관심과 미국 경제력 문제에 대한 인식은 교직이야말로 소명 혹은 개혁운동으로 여기게 한 것 같다"(Berger, 1988, A17).

또한 80년대를 대표했던 특징인 자기중심적인 관심의 시대는 새롭게 나타난 이타주의로 바뀌고 있다. 수많은 학생들에게 개인적으로 의미 있으며 사회적으로도 중요할 수 있는 직업을 다시 한 번 생각하게 만들었다. 이러한 흐름은 1990년대 비교직 전공자를 채용하여 상황이 열악한 카운티에 2년간 교사로 배치하려는 "미국을 위한 교육(Teach for America)"은 대단히 성공적으로 착수되었다. 1989년 프린스턴 졸업생 Wendy Kopp의 브레인스토밍을 통해 나온 그 프로그램은 첫해 2,500명의 지원자 중 505명의 훈련생을 선정함으로써 시작되었다. 일종의 "평화봉사단(Peace Corps)에 상응하는 국내교육"(Tifft, 1990, p. 66)인 이 프로그램의 개념은 적어도 초기 단계에서는 미국 전국 상위대학의 가장 총명한 일부 학생들을 매혹시켰다.

교사 부족이 학생과 교사에게 끼치는 충격

어쩌면 교사 부족은 예상만큼 아주 심각하지는 않을 수 있다. 만약 학교체제에서 계속하여 급여를 올려주고 교사의 전문성과 관련된 문제들을 효과적으로 처리한다면 향후 10년 동안에는 더 많은 학생들, 아마도 더 많은 우수한 학생들이 교직으로 진출할 것이다. 그러나 대도시의 저소득층 지역 학교에서는 교직은 아직도 극도로 스트레스 가득한 직업으로 인식되고 있다. 교직으로부터 얻는 본질적인 대가(아동의 삶에 효과적으로 관여하고 있다는 느낌 같은 것)를 교사들이 보다 더 많이 누릴 수 있도록 근무 여건이 바뀌지 않는 한, 충분한 자격을 갖춘 지원자의 부족 사태는 계속될 것이다.

비록 교직에 관심을 두는 학생이 계속 증가하고 있다고 해도, 여전히 향후 몇 년 동안은 교사 부족이 심각할 것으로 예상된다. 이러한 예측은 교사들을 더 많이 채용하고, 더 나은 보수를 지급하며 교직이 대단히 가치 있는 직업으로 받아들이도록 상황을 만들 수 있을 뿐이다. 그리고 지방도시 환경에서는 이미 급여가 인상되고 교사들이 상당한 전문가적 자율성을 갖게 되며 학교행정에 더 큰 목소리를 내게 되었다. 교수 역량 증진을 목표로 한 카네기재단(1988a)에 따르면 지방도시 지역 교사들은 교육목표 설정 및 교과서와 수업자료 선정에 도시지역 교사보다 3배 이상 더 많이 관여하고 있다고 느낀다. 교사 부족으로 인하여 신임교사에게 문호를 개방하면서 일부 학교는 생기를 회복하였다. 이 중에서 많은 교사들은 대학졸업 후 곧장 교직으로 들어가며 전형적인 대단한 포부, 열정, 새로운 구상을 가지고 학교 체제로 진입한다.

그러나 교사 부족은 여러 방식으로 교사의 스트레스와 탈진을 악화시킨다. 경험 많은 교사의 부족과 잦은 이직, 교원 부족은 교육환경에 상관없이 사기를 저하시킬 뿐 아니라 다양한 교육 및 학교경영 문제를 야기한다. 새내기 교사는 훌륭한 교장이나 과로 상태의 동료들로부터 따뜻한 환영을 받더라도 곧 경험 많은 본보기가 거의 존재하지 않는, 인원이 부족한 학교현장에서 일해야 하는 현실은 이들에게 무거운 짐으로 다가올 수 있다. 교직 경험이 쌓이면서 교사들은 직무에서 어떠한 대가나 개인적 만족을 얻을 수 있겠지만, 소중한 동료들이 금방 사직하는 것을 지켜보며 이러한 느낌은 위협받을 수 있다. 경험 많은 교사들이 교단을 떠남에 따라 남아 있는 교사들은 직무가 더 어렵고, 사회의 지원은 별로 받지 못하고 학교나 교실을 향한 자신들의 헌신은 점점 쓸모가 없어지고 있음을 발견한다.

따라서 전형적인 시나리오는 다음과 같다. 교사 부족으로 도시지역 학교에서는 심지어 경험 없고 자격이 불충분한 사람들을 황급히 채용하게 된다. 이러한 교사들은 필연적으로 교직에서 어려운 시간을 겪게 되고(특히 초기에는), 많은 경우 상급자의 도움을 거의 받지 못한 채 혼자 이에 견디지 못하고 교직을 떠나곤 한다. 그들이 교실을 통제하지 못하고 어려움을 겪는 한, 더 나은 직장을 찾고자 교단을 떠나는 한, 그들은 학교의 혼란과 불안정에 일조하며 남아 있는 교사들을 (심리적으로 교육상으로) 더 어렵게 만든다. 최고의 교육이 절실한 학생들에게 그러한 교육이 거의 제공되지 못하고, 학생들이 갖고 있는 문제는 다음 해로 넘어가면서 교사 개개인에게 놓인 직무의 어려움은 한층 더 가중된다. 교육의 중요성 심사위원단(the Educational Priorities Panel)에서 실시한 뉴욕시 교원에 대한 연구결과에서 보여 주듯이, 대도심의 저소득층 지역 학교들은 "이중 애로(double bind)"를 지니게 된다. 이런 학교들은 새내기 교사들에게 매력적이지 않고, 이들은 곧 퇴(이)직하기 때문에 "학교 개선 프로그램의 지속을 매우 어렵게 만든다." 로스앤젤레스의 일부 저소득층 지역 학교에서도 매년 40% 또는 50%의 교사 이직률을 보이고 있다(Olson & Rodman, 1988, p. 30).

캘리포니아주 학력위원회(Achievement Council)에서 실시한 연구에서 주로 소수민족이 다니는 학교들에서는 3년 미만의 경력자가 가장 높은 교사비율을 차지하고 있다는 것을 발견하였다. 그 다음을 차지하는 교사는 약 25년의 경력을 가진 교사들이었다. 경력이 아주 적거나 아주 많은 양 극단의 집단구성은 차세대의 지도력에 부정적인 영향을 끼치게 될 것이다. 나이든 교사들은 젊은 교사들에게 현명하고 성실한 조언자의 역할을 할 수 있지만 자격을 충분히 갖춘 교사들이 교직에 많이 남아 있기를 바랄 것이다; 아울러서 젊은 교사들은 틀림없이 자신들 위에는 왜 이렇게 적은 수의 교사들만 남아 있는지를 의아해 하고 의문을 가질 것이다.

또한 학교의 직원배치(staffing) 양상은 다른 방식으로 스트레스와 탈진을 일으킬 수 있다. 학교에서 경험 많은 교사들이 더 유리한 배정을 얻기 위하여 수업을 맡지 않으려 하며, 가장 꺼려지는 자리는 가장 경험이 적은 교사의 몫으로 남겨지곤 한다. Darling-Hammond에 따르면 "다수의 경험 많은 교사들은 이미 많은 것을 알고 있는 아동들을 가르침으로써 그 보상을 받는다. 반면에 신임교사들은 어느 누구도 가르치고 싶지 않은 아동과 학급을 배정받게 되어, 유능하고 경험 많은 교사로부터 배운다면 더 많은 도움을 받게 될 학생들이 그들에게 떠맡겨 진다"(Olson & Rodman, 1988, p. 29에 인용됨). 물론 이런 상황은 학생들에게 별 효과가 없을 뿐만 아니라, 경험이 부족한 교사들에게도 역시 이런 상황에서 스트레스를 느끼고 보답 받지 못하며 탈진할 가능성이 생기게 된다. 이와 같은 신임교사에게 배정된 첫째 과제는 이들의 교직경력의 지속에 좋지 않은 영향을 끼친다.

❀ 누가 왜 가르치는가?

1986년을 기준으로 미국 공립학교에는 약 220만 명의 교사가 있었다. 약 69% 즉 150만 명은 여교사였다. 전체 교사의 평균 연령은 42세로 평균 연령이 33세였던 1976년에 비하여 상당히 높아졌다. 이들 교사 중 90% 이상(정확히 말하면 90.8%)은 5년 이상의 경력자로, 이것은 1976년의 72.8%보다 상당히 증가된 것이다. 전체 교사의 거의 1/3(32.8%)이 "늦게" 즉 적어도 대학을 졸업한지 5년이 지난 후에 교직에 들어 왔다(Heyns, 1988).

전국교육통계센터의 연구에 따르면, 사람들이 교직을 선택하는 첫 번째 요인은 어린이를 돕기 위하여, 자신의 능력을 발휘하기 위해서이다. 이 연구에서는 또 다른 요인으로 좋은 급여와 직업 안정성을 지적하였다. 그러나 나뿐만 아니라 Lortie(1975)의 의견 역시 첫 번째 요인이 가장 중요하다고 본다. 교사들은 중요한 어떤 방식으로든 자신이 "학생(아동)들에게 영향을 끼치며" 아동의 삶에 변화를 만들고 있다고 생각하기 때문에 교직에 몸을 담으며 교사 생활을 계속한다.

그 밖의 연구 역시 이러한 점을 확인시켜 준다. Engelking(1986)은 교사에게 가장 큰 영향력이 있는 두 가지 대가는 다른 사람들의 인정과 성취감임을 발견하였다. 이와 유사하게 「뉴욕 타임스」 여론조사에서(Fiske, 1982) 응답한 교사의 2/3는 자신들에게 최고의 대가는 아동을 돕거나 그들에게 동기를 부여하는 것이라고 하였다. 어느 교사는 말하기를 "나는 아이들을 사랑합니다. 나는 그들이 지적으로, 사회적으로, 정신적으로 성장하는 것을 지켜보는 것이 즐겁습니다. 교직은 내가 여태 경험하였던 것 중 가장 도전적인 경험입니다." 다른 교사는 교직이 "어린아이들 속에 함께 있을 수 있고, 긍정적인 방향으로 아동에게 영향을 끼치고 삶을 형성시키는" 기회를 주기 때문에 교육계에 들어 왔다고 말하였다; 세 번째, 교사는 "무언가 가치 있는 일을 하고 있다"고 생각되기 때문에 자부심을 느낀다고 말하였다(p. A52). McEnany(1986)는 성공적이며 활동적이고 탈진하지 않은 교사들은 자신들의 최고의 대가는 학생들의 성공을 지켜보는 것이라는 것을 밝혀낸 바 있다(p. 84).

그러나 미국의 교사의 대도시 생활 조사에서는(Harris et al., 1988) 자신의 직무에 "매우 만족"이라고 표시했던 교사들 중에서도 21%의 소수민족 교사와 12%의 비소수 민족 교사들이 향후 5년 이내에 교직을 떠날 가능성이 많거나 확실히 떠날 것을 생각한다는 것이 밝혀졌다. 따라서 많은 교사들은 직무에 대하여 상당한 이중의식을 갖고 있다는 것이다(한편으로는 교직을 즐긴다고 인정하지만 다른 한편으로는 교직을 떠날 것을 고려한다). Herzberg (1971)의 지적대로 몇 년 전에는 직무 만족과 스트레스 요인은 서로 독립적으로 존재한다고 보았다. 그러므로 일부 교사들에게서는 높은 직무만족과 높은 스트레스는 함께 보고되었다

(Kyriacou, 1987). 최근 수년간의 문제는 많은 학교에서 근무여건 상 긴장의 증가와 비례하여 만족은 더 줄어들었다는 것이다. 그럼에도 불구하고 대부분의 교사들에게는 직무를 견딜 수 있게 하며 때로는 유쾌하게 만드는 충분한 만족이 있다.

스트레스와 탈진의 문제에도 불구하고, 현직교사들에게 교직은 여전히 도움이 되고, 가치있으며, 차이를 만들어낸다고 느낄 수 있는 기회를 준다고 지각하고 있다. 교직은 여전히, 심지어 매우 어려웠던 날에도 학생들을 감동시키고 있다고 느끼게 한다. 교사들은 스트레스에 압도당하였다고 느낄 때도 있지만, 학생들의 얼굴에 이해하였다는 갑작스러운 표정, 감사의 미소, 누군가에게 읽기나 논리 또는 문제에 대하여 생각하는 방법을 완전히 다르게 가르쳤다는 중요한 경험을 통해 원기를 회복하는 스스로를 발견한다.

이러한 가슴 벅찬 경험은 1988년 「타임」의 표지기사 "누가 우리 아동을 가르치고 있는가"에서 명확하게 표명되고 있다: "전구가 켜지는 순간(교사들이 그 순간을 위해 산다). 그들이 바로 교사이며, 그것이 바로 배관공이나 은행투자가가 되려하지 않은 이유이다. 어린이의 눈빛: 알았어! 이해했어! 한 학기 동안 그러한 순간은 다만 평균 몇 차례에 불과해도 교사에게는 그것은 잊을 수 없는 순간이다"(Tifft, 1988, p. 64).

「뉴욕 타임스」 연구에 따르면(Fiske, 1982), 교직에 가장 만족해 하는 교사(다시 교사가 되겠다고 하는 교사들)는 여성과 소수민족 교사, 29세 미만이거나 50세 이상인 교사, 교육을 덜 받은 교사, 초등학교에서 가르치는 교사, 그리고 영재학생을 가르치거나 학력부족을 보충하는 역할을 담당하는 교사들이었다. 미국교사의 대도시 생활 조사(Harris et al., 1988)에서는 남자교사(40%)보다 훨씬 더 많은 여교사가(54%) 교직에 "매우 만족"해하며, 중학교(44%)나 고등학교(47%)에서 가르치는 교사들에 비하여 초등학교 교사들(54%)이 더 많이 교직에 "매우 만족"해하는 것을 밝혀낸 바 있다. 또한 20년 이상 교직에 몸담고 있는 교사 중 다소 많은 비율(55%)이 경력 5년 미만인 교사(48%), 5~9년인 교사(49%), 10~19년인 교사(48%)보다 "매우 만족"해하였다. 물론 여기에서 고려되어야 할 것은 교직에 불만족스러워 하였던 교사들은 이미 교단을 떠났을 수 있다는 것이다. 「뉴욕 타임스」 조사와는 대조적으로, 대도시 생활 조사에서의 소수민족 교사들은 비소수민족 교사들에 비하여 교직에 더 만족하지는 않는 것으로 나타났다; 각 집단의 51%는 교직에 매우 만족한다고 보고하였다.

여성은 남성보다 전통적으로 교직에 더 많이 종사해 왔으며, 교직의 양육적 측면에서 더 많은 만족감을 얻고 있다. 남교사에 비해 여교사가 초등학교에 더 많이 재직하고 있다는 점을 상기해야 한다. 초등학교, 영재교육, 또는 학력부족을 보충하는 교육 프로그램을 담당하는 교사들은 아마도 교육계 내에서 대가를 가장 가깝게 피부로 느낄 수 있다(즉 이들은 대부분의 시간을 학생들과 보내기 때문에 학생을 개별적으로 알 수 있다). Heyns(1988)는 초등학교와는 달리, 중고등학교는 전형적으로 자원이 더 풍부하며 가르치는 데 대한 전문적인 대가를 더 얻을 수 있는 장소라고 주장한다. 그러나 그녀는 "현실"보다는 "이상"을 생각하고 있다고 생각한다. 많은 중등학교에서 약물 남용, 생활지도 문제, 마지못해 출석하는 학생들이 있다는 사실은 가르치는 것에 대한 잠정적인 대가를 상당부분 경감시킨다.

이러한 가설을 뒷받침하는 것으로, 역시 「뉴욕 타임스」 연구(Fiske, 1982)를 보면 다시 직업을 선택하더라도 교직을 택하겠다는 교사들은 자기 학교교육의 질에 대하여 더욱 긍정적으로 생각하며, 폭행을 덜 당했거나 폭행당할 수 있다는 상황을 덜 두려워한다고 하였다. 즉 교사들은 효율적이고, 안전하고, 자신의 노력이 무언가의 차이를 만들어내고 있다는 어떤 만족감을 느끼게 하는 학교에서 일할 때 자신의 직무에 만족을 느낀다. 만족에 영향을 끼치는 다른 중요한 요인 또한 언급되어야 한다: 교직에 늦게 입문한 교사나(즉 대학졸업 직후가 아닌) 교직에 있는 동안 휴직 경험이 있었던 교사들이 교직에 더 만족하는 것으로 나타난다(Heyns, 1988). 아마도 교단에 서기 전에 다른 직업을 가져 보았거나 다른 관심을 추구하기 위하여 교직에서 벗어나 보았던 교사들이 구속을 덜 느끼며 필요할 때 직무의 긴장에서 더 잘 벗어날 수 있기 때문일 것이다. 이러한 느낌은 다시 더 큰 헌신, 목적 의식, 만족감을 불러일으킬 수 있다.

❀ 누가 왜 교단을 떠나는가?

대부분의 교육학자들은 교사 부족(teacher shortages) 문제를 해결하기 위해 신임교사 채용에 필요한 정책과 유인(誘因) 조건(inducement)에 초점을 맞추어 왔다. 그러나 충원 문제는 교원 문제의 반에 불과할 뿐이고, 나머지는 어떻게 유지하느냐이다. Shanker(1986b)가 언급했던 대로 "채용하였던 많은 교사들이 다른 직장으로 떠나는 상황에서 과거에 했던 교사 충원 노력을 또 다시 시도한다는 것은 어리석은 일이다"(p. E9). 그러므로 누가 교단을 떠나며, 얼마나 많은 교사들이 떠나며, 왜 떠나는지에 대해 단지 학문상의 논의에 그쳐서는 안 된다. 이러한 쟁점을 어떻게 바라보느냐는 정책 결정, 교원 충원 계획, 전국의 모든 교무실에서 느끼는 사기 등에 영향을 끼친다. 몇몇 연구에서 이러한 쟁점을 상세하게 다루었다.

얼마나 많이 떠나는가? 1976년에서 1985년 사이에 교사생활을 시작했던 교사들을 대상으로 했던 미 전국 표본에서는 적어도 1년 이상의 경력을 갖춘 교사 중 거의 과반수(44.7%)가 1986년에는 교사직을 그만두었다(Heyns, 1988). RAND 연구소의 보고서는(〈그림 4.1〉 참조) 우리를 더 낙담시키는데, 신임교사 중 적어도 80%는 2년째까지는 교단에 남아 있지만,

그 후 꾸준히 자연 감소하여 교직을 시작한지 6년 후에는 남자교사의 30% 미만, 여교사의 50% 미만만이 교단에 남아 있다.

그러나 상당수의 교사들이 일시적으로 교직을 떠났다가 이후에 다시 교단에 복귀하기 때문에 자연 감소율은 해석하기가 어렵다. Heyns(1988)의 표본에서는 1986년에 교직에 있는 교사들 중 거의 1/4(23.7%)이 1976년과 1986년 사이에 일시적으로 학교를 떠났다. 아울러서 한 카운티에서 나타나는 자연감소의 2/3~3/4은 "학군간 이동, 일시 휴직, 은퇴, 병가와 사망, 교육계 내의 다른 자리로 승진하고 이동"한 것으로 설명이 된다(Grissmer & Kirby, 1987). 나아가 Heyns는 교직의 자연 감소율에 대해서 다소 좋은 소식을 전하고 있다(사실

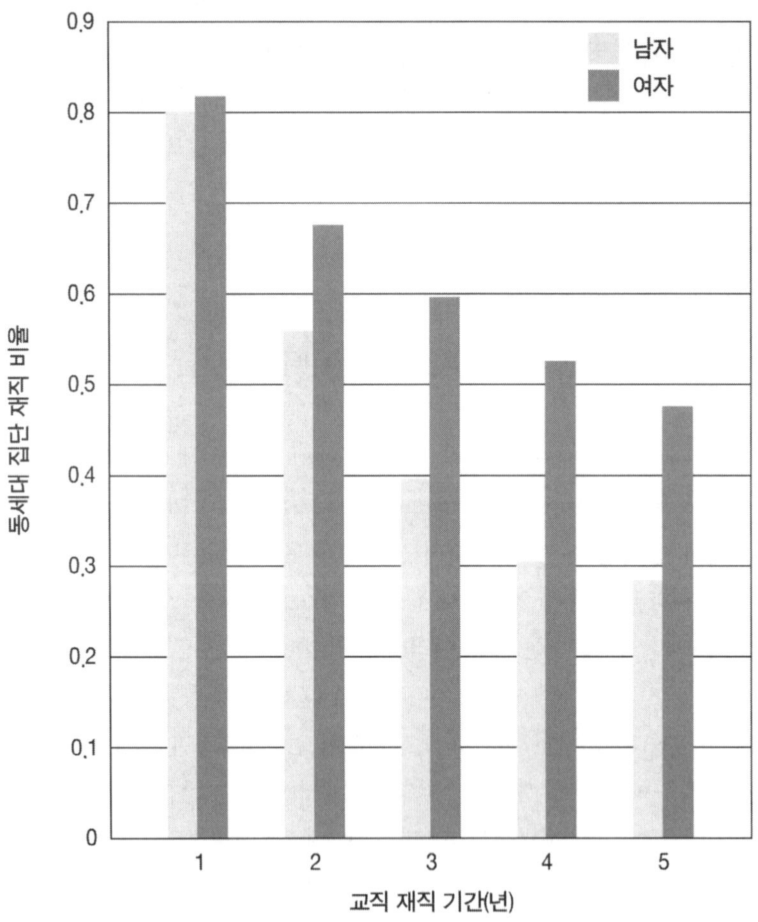

〈그림 4.1〉 첫 5년간 교단에 남아 있는 교사의 비율

출처: RAND 협회의 승낙을 받아 게재함.

상 1960년대 후반 이래 적어도 젊은 교사의 자연 감소율은 줄어들고 있다). 그녀는 최근 교사 잔류비율이 높아진 원인으로 남녀가 모두 결혼과 출산을 늦추고 있는 점, 여성이 자녀를 둔 후에도 직업을 계속 갖는 경향이 높아진다는 점 등을 든다.

교직의 자연 감소율에 초점을 둔 많은 연구들은 초임교사들에 주목하여 너무나 많은 젊은 교사들이 첫 몇 해내에 교직을 떠난다는 사실에 높은 우려를 표시한다. 그럼에도 불구하고 이를 균형된 시각으로 보아야 한다. Feistritzer(1986)에 따르면 5년 내에 1/3의 교원이 이직한다는 사실은 교원 역사상의 이직 추세와 비교하면 평균적인 것이었다. Grissmer와 Kirby(1987)도 경험 많은 다수의 교사들이 교직을 떠난다는 염려는 연구에 의해 입증되지 않았다고 지적한다(이 집단이 교직에서 가장 늦게 은퇴한다).

교육계가 아닌 곳에서 직장생활을 하기 위하여 교직을 떠나는 사람은 누구인가? 누가 왜 교단을 떠나는가에 대한 보고서(reports on who leaves and why there)에서는 다음과 같은 중요한 사실을 알려준다. 첫째, 앞에서 언급된 바와 같이 초임교사들이 가장 쉽게 떠나며, 둘째, 많은 교사들이 탈진 때문에 떠나지는 않으며(퇴직하는 교사의 수가 탈진한 교사의 수를 훨씬 능가한다), 셋째는 스트레스가 퇴직 가능성을 증가시키지만 대가(재정적, 정신적으로 모두)의 부재가 더 두드러진 요인이라는 것이다.[1] 교직을 떠나는 사람들(또는 떠날 의향이 있다는 사람들) 중 많은 사람들은 이성적으로 직업에 만족하고 있으며 직무의 긴장을 견뎌낼 수 있으나 다른 곳에서 더 큰 대가를 찾고자 한다.

누가 왜 교단을 떠나는가에 대한 심층 조사는 Louis Harris와 동료들(1985)이 시행한 교사의 대도시 생활 조사를 통해 이루어졌다. 이 보고서는 교단을 떠나는 교사들의 대부분은 이미 쉽게 직업을 떠나는 사람들이라는 것을 발견하였다. 전직교사 중 46%가 교직 경험이 10년 미만이다(현직교사는 22%). 아울러서 현직교사 수는 여교사가 남교사보다 2배가 더 많지만, 여교사보다 남교사가 2배 더 교직을 떠난다. 그리고 초·중·고 현직 교사의 45%가 중학교나 고등학교에 재직하는데 비해 퇴직교사의 72%는 중고등학교에서 이직한다. 중등학교에 남교사가 더 많이 근무한다는 사실을 고려하면 그 결과는 혼동스럽게 받아들여지기도 한다. 대도시 생활 조사에서(Harris et al., 1985) 남교사가 더 높은 비율로 이직하는 원인을

1) 역자 주: 한국의 경우 김대중 정부 시절과 노무현 정부 시절에 정년 단축(65세에서 60세로)과 명퇴금 지급률 변동과 교원연금법 개정에 따른 지급률 감소에 영향을 받은 다수의 중견, 원로 교사가 명퇴했다. 뿐만 아니라 원로 교사 1명에게 지급하는 급료로 신규 교사 2명을 채용하는 것이 더 경제적이라는, 즉 고비용 저효율성 논리에 따른 원로 교사에 대한 홀대 정책에 대한 사회적 반감이 더 큰 영향을 끼쳤다.

경제적, 사회적 요인 탓으로 돌렸다. 대부분의 가족에서 주된 임금 소득자인 남성은 아마도 경제적인 압박으로 전직을 하게 되며, 사회는 전형적으로 남성에게 더 많은 직업기회를 제공하나 자녀양육 책임은 더 적게 부과한다. 한편 Heyns(1988)는 자연 감소율에서 성별 차이는 좁아지고 있을 뿐만 아니라 어떠한 차이가 존재하더라도 이것은 우선 남교사들이 재직하고 있는 학교의 유형 차이 때문이 아닐까라고 하였다. "남녀교사 모두 자연 감소율이 가장 높은 곳(가장 많이 사직하는 곳)은 고등학교이며, 고등학교에는 수적으로 남교사가 우세하다"(p. 26). 따라서 여교사보다 남교사가 왜 교직을 더 많이 떠나는지 또는 중고등학교의 근무여건은 성별이 어떠하든 왜 자연 감소율이 더 높은지 여부를 판단하기는 어렵다.

대도시 생활 조사는(Harris et al., 1985) 야간에 부업을 하는 교사들이(대개 남교사) 교직에서 더 많이 이직한다는 것을 발견하였는데, 현직교사의 28%가 부업을 가지고 있지만 전직교사의 54%는 퇴직하던 해에 방과 후 부업을 하고 있었다. 보고서는 또한 교직을 떠나는 교사가 가장 재능 있고 자격을 갖춘 교사라는 인식이 사실이 아닐 수 있다는 증거를 제시하였다. 현직 및 전직교사는 유사한 비율로 진급 등급을 받았으며, 다른 교사를 장학하라는 요청을 받았고 교사상도 수상하였다. 다른 자료를 사용하여 Heyns(1988)는 사회경제적인 환경과 SAT 점수에서 전직교사들이 현직교사에 비하여 "약간의 우세함"을 발견하였다. 하지만 이러한 작은 차이는 교직에서 결코 떠난 적이 없거나, 떠난 후 복직을 원하지 않는 교사들에 비하여 교직으로 다시 복귀하려는 전직교사들의 고등학교 성취검사와 SAT 성적이 더 높다는 사실에 의하여 상쇄된다. 그러므로 Heyns는 "비록 가장 재능 있는 교사들이 더 많이 이직하였지만, 그들 중 많은 수가 교직으로 다시 되돌아온다"(p. 28)고 결론을 내렸다.

대도시 생활 보고서에 따르면, 자신이 자주 스트레스를 받으며 일한다고 인식하는 교사들은 직무 스트레스를 덜 받는다고 생각하는 교사들보다 더 많이 교직을 떠난다. 하지만 일반적으로 많은 교사들이 만족을 느끼고 있음에도 불구하고 교단을 떠난다는 것이 마음에 걸린다. 사실상 교직에 불만이었던 전직교사의 비율과(53%) 일반적으로 만족을 느낌에도 불구하고 퇴직한 교사들의 비율은(47%) 많은 차이가 있다. 하지만 현직교사에 비해서 전직교사들과 "퇴직 희망자"들은 교직보다 다른 분야에서 더 큰 지적 도전을 받는다고 여긴다. 일반적으로 교직에 만족하지만 도전이 충분하지 않기 때문에 퇴직하는 교사들은 바로 앞 장에서 유형 III 탈진으로 불렀던 교사에 해당된다. 즉 견딜 수 없는 긴장의 결과가 아니라 그보다는 직무의 자극이 부족하고, 도전이 불충분하거나, 대가가 불충분하다고 느끼기 때문에 교직을 그만둔 사람들이다.

누가 교단을 떠나는가에 대한 또 다른 조사가 Heyns(1988)에 의하여 이루어졌다. 이 연구에서는 예상 밖으로 "가장 많이 교직을 떠나는 사람들이 문제가 많고 힘든 학교에서 가르치는 교사들이 아니라 가장 좋은 환경에서 가르쳤던 교사들이었다"(p. 30)고 결론을 내렸다. 구체적으로 공립학교에 비하여 사립학교에서, 도시지역 학교에 비하여 교외지역 학교에서, 소규모나 중간규모 학교에 비교하여 대규모 학교에서 교사 자연 감소율이 더 높다는 것을 발견하였다. 가장 놀라운 사실은 능력이 낮거나 혼합된 학생들(또는 사회경제적인 지위가 중하층 혹은 혼합된 학생들)을 가르쳤던 교사들보다 능력이 높거나 평균인 학생들(또는 사회경제적 지위가 상층 혹은 중상층 학생들)을 가르쳤던 교사들이 더 많이 교직을 떠난다는 것이었다. 이러한 결과는 우리의 일반상식과는 다소 어긋난다. 즉 사람들은 가장 억압적인 환경에서 가장 곤란한 학생들을 가르치는 교사들의 자연 감소율이 가장 높을 것으로 생각한다. 이러한 결과는 위에서 조명했던 사실과 일치하는데, 퇴직하는 교사들이 반드시 가장 스트레스를 받거나 탈진한 교사들이기보다는 대개 스스로 더 큰 직업적 대가를 찾으려는 교사들이라는 것을 의미한다. 더 나은 학교에서 더 나은 직무방식을 찾으려는 교사들은 궁극적으로 다른 곳에서 더 수입 좋고 스트레스가 덜한 직업을 찾고자 하는 어떤 개인적인 단면(아마 에너지, 야망, 또는 창의성)을 가지고 있는 교사들일 수 있다.

왜 교사들이 떠나는가? 대도시 생활 보고서에서는 적은 급여가 가장 자주 언급되었다고 보고한다. 그것은 또한 퇴직을 고려하고 있는 현직교사들이 가장 빈번하게 지적했던 이유이기도 하다. 전직교사들 중 60%가 퇴직의 주요 이유로 불충분한 급여를 언급하였고, 향후 5년 이내에 퇴직하겠다는 현직교사들의 그 수치는 65%이다.

대도시 생활 조사에서 나타난 교단을 떠나는 두 번째 이유로는 지나치게 많은 잡무 처리, 지나치게 많은 비교육적 업무, 오랜 근무시간, 직업상의 결정권 부족 등의 "열악한 근무여건"이었다. 그 밖의 이유로는 학생 관련 문제들(규율 부족, 동기 부족), 행정관련 문제들(지원 부족, 일반적인 불만족), 존경 부족(학생, 공동체, 부모, 사회로부터)이 지적되었다. 교단을 떠나게 하는 이유 중 탈진은 전직교사의 8%, 잠정적 퇴직자의 6%만이 언급하였다(두 경우에 차이가 있지만 예상보다는 다소 낮다). 내가 볼 때 조사방법 때문에 이러한 수치가 나타난 것으로 본다. 즉 교사들에게 주어진 질문은 "교단을 떠나게 한 주된 이유는 무엇입니까?"(또는 현직교사들에게 "교단을 떠나야겠다고 생각하게 하는 주된 이유는 무엇입니까?")였다. 탈진의 개념에는 이미 명명된 많은 특정 요인들(억압적 근무여건, 학생규율 문제, 행정적 지원 부족, 존경 부족)을 포괄하기 때문에 많은 교사들은 더 일반적인 용어인 탈진으로 답변하기보다 이 질문에 대한 답변을 구체적인 용어로 했을 것으로 생각할 수 있다.

교사 이직의 원인을 찾아보기 위하여 다른 연구들 역시 수행되었다. 한 연구(Berry, 1985)에서는 불만으로 퇴직하는 교사의 대부분은 급여에 대한 불만이라기보다는 직무여건(예를 들어 뒤떨어진 행정, 불충분한 학생 규율, 낮은 교사 통제력)에 따른 욕구좌절 때문임을 발견하였다. 다른 두 가지 연구(Bredeson et al., 1983; Frataccia & Hennington, 1982)에서는 가장 널리 언급된 이유는 학교조직의 제약 때문에 학생들을 효과적으로 다루지 못한다는 무능력 때문이었다.

이러한 결과는 다음과 같은 사실을 말해 준다. 즉 교사들은 상대적으로 높은 정도의 스트레스를 견딜 수는 있지만 거기에 대한 대가가 불충분할 때는 교단을 떠나고(또는 탈진한다), 이러한 대가는 금전적인 것일 수도 있지만 다른 형태로 나타날 수도 있다(다른 사람들로부터의 존경이나 인정, 직무 자체의 지적 도전, 효과적인 교육자의 역할을 잘 담당하고 있다는 만족감 등). 조사에 따르면 교사의 자연감소는 교사의 효능을 저해하는 학교 풍조와 깊은 관계가 있다(Darling-Hammond, 1984; Darling-Hammond & Wise, 1983).

대도시 생활 조사에 따르면, 교직으로 유인, 유지하기 위해서 해야 하는 것으로 전·현직 교사 모두 일반적으로 동의한 점은 다음과 같은 것들이다.

교사의 급여 인상과 학교체제에 대한 예산 증가
교사들에 대한 더 큰 존경
학습동기가 매우 높은 학생들을 가르치고, 연구 안식년 같은 기회의 증가
비교육적 업무에 대한 책임 축소
교직입문 시 입학기준 강화로 교직 위치를 상향 조정함
예비교사들이 자격증을 얻기 전 교육 실습을 거친 것은 의무화할 것

교사들이 직무로부터 "더 많은" 것을 필요로 함은 분명하다(더 많은 돈, 더 많은 존경, 더 많은 지적 자극, 자신들이 효과적인 전문가라고 느낄 수 있도록 학생들을 가르칠 더 많은 기회).

교단을 떠난 전직교사들에게 이직은 보수 면에서는 나은 선택으로 보인다. 전직 교사들은 평균 19% 증가된 급여를 받음으로써 새로운 직업에서 더 많은 보수를 받는다. 그들 중 58%는 교단을 그리워하나 더 많은 대다수는(83%) 적어도 향후 5년 이내에는 결코 교실로 돌아가지 않을 것이라고 단언한다. (교단으로 돌아갈 것이라고 말하는 소수의 사람들 중에는 초등학교에서 가르쳤던 여성이 수적으로 우세하다.) 전반적으로 교단을 떠난 사람들의 직무만족도는 현저히 향상된 것으로 보고된다. 그들 중 47%는 교사로서의 직무에 만족스러웠던 기억을 가지고 있음에도 불구하고 96%가 새로운 직무에 만족을 느낀다고 보고한다. 이러한 직무만족 수치는 다소 잘못된 것일 수 있다(긍정적인 이전의 기억은 퇴직하기에 앞서 퇴직을 하도록 했던 불유쾌한 사건에 대한 기억에 의하여 지워질 수 있음). 아울러서 이러한 집단의 96%는 앞으로도 계속 새로운 직업에 만족을 느끼기란 결코 쉽지 않을 것이다.

따라서 이러한 수치는 과장일 수 있지만 그럼에도 불구하고 깜짝 놀랄 일이다. 심리적인 견지에서 그들은 교직과 일반적인 다른 직업 사이에 존재하는 큰 차이를 드러낸다. 사실상 모든 교사가 적어도 한 명의 전직교사를 알고 있으며 그들과 유대관계를 지속한다는 사실에 비추어 볼 때, 현직교사로부터 듣는 이야기를 통해 교단을 떠난 것이 현명했다고 생각할 수 있다.

따라서 요약하면 누가 가장 교직을 떠나기 쉬우며 왜 떠나는가? 스트레스를 느끼고 있으며 직무에서 대가를 얻지 못하고 방과 후 부업을 하는 어느 교외지역 젊은 고등학교 남교사가 그 예가 될 수 있다. 퇴직 후 이 젊은 남성은 가장 흔히 판매원, 행정관, 경영직, 전문직에 종사하면서 새로운 분야에서 자신의 급여, 전문가적 명성, 직무통제 능력, 직무에서의 지적 도전 등 모든 면에서 더 낫다고 믿기 쉽다. 그러한 사람이 교단으로 돌아올 것인가? 쉽지 않다. 대도시 생활 조사에서는 전직 남교사의 12%, 여교사의 26%만이 5년 이내에 교단으로 돌아올 것으로 예측하였다. Heyns는 "응답자 중 교직경력이 많을수록, 다른 직업을 가져본 경험이 적을수록 교단으로 돌아오려는 열망을 더 많이 표현한다"(1988, p. 27)는 것을 발견하였다.

❀ 세 명의 전직 교사의 사례

교사들은 다른 시기에 서로 다른 이유로 교단을 떠난다. 다음은 세 가지 유형의 퇴직 교사에 대한 복합적인 모습이다: 2년간 전력을 다한 후 탈진을 느껴 퇴직한 초임교사; 탈진을 느껴서가 아니라 더 큰 지적 도전이 필요해서 10년간의 교직을 퇴직한 중간 경력의 교사; 지쳤다고 느꼈기 때문에 퇴직한 경험 많은 교사의 사례를 소개한다.

사례 I: 탈진한 젊은 교사

26세인 Paula는 도시지역 초등학교에서 2년간 교사생활을 한 후 퇴직하였다. 그녀는 "단지 탈진"하여 더 이상 자신이 나눠줄 수 있는 것이 없다고 느꼈기 때문에 떠났다고 말한다. (그녀의 설명은 저자가 유형 II [열광적인] 탈진으로 명명한 것과 부합한다.)

Paula는 교육학을 전공하였지만 졸업 후 곧바로 교단에 서지 않았다. (공공업무를 담당하는) 직장에서 3년간 근무했는데, 그 직장은 "괜찮았지만" "개인적인 만족을 위한 기회가 부족"하며 충분한 휴가기간이 부족했다고 생각했다. 대학에 다닐 때는 언젠가는 교사가 되겠노라고 생각하였다. 직장생활을 한지 3년째 되던 해 대학원에서 교육학 과정을 수강하였으며, 교직과목에서 요구하는 선행조건을 인근 학교(2학년)에서 수행하였다. 그녀는 어느 누구로부터도 가을학기(신학기)에 교사 자리가 있을지 "어떤 직접적인 확답"을 듣지 못했고, 여름 내내 교육청으로부터 "알아보겠다"는 말만 들었다. 8월초 그녀는 집에서 약 20분 거리에 있는 시내 중학교에서 과학을 가르치지 않겠느냐는 제의를 받았다. 그녀는 거절하였다. 약 2주 후 그녀는 최근 몇 년 동안 좋게 변모하고 있는 지역의, 하지만 아직 완전히 "고급 주택화"되지 않은 시내 지역의 초등학교 4학년 담임을 제의받았다. 그녀는 도심의 저소득층 거주 지역에서 가르칠 의향도, 가르친 경험도 전혀 없었지만 자신의 삶을 변화시킬 때라고 판단하고 그 "기회를 포착"하였다. 이러한 결정을 내리게 된 요인 중 한 가지로 그 학교를 운영하는 행정가가 교사들을 전적으로 강력하게 지원한다고 들었기 때문이다.

학교에서의 첫 날, 첫 주, 그리고 첫 달은 그녀가 언급하였듯이 "신임교사로부터 듣게 되는 전형적인 공포 이야기"였다. 학급의 학생들을 통제할 수 없었고, 학습이 부진한 학생들을 위하여 교과서를 충분히 챙겨주지 못했으며, 동료 교사들의 지원을 받을 만한 충분한 시간이나 에너지를 찾을 수 없다고 느꼈다. 첫 몇 주간의 교단에 대한 기억은 주로 다음과 같은 이미지로 표현된다: 학급에서 계속 소리 질러대기, 주변이 그렇게 혼란스러운 데도 그녀의 말에 귀 기울여주었던 소수 학생들에 대한 감사의 마음, 왜 내가 운동장 점검을 해야 하는지에 대한 의문, 다소 "매질" 당한 느낌은 있지만 교직을 "계속"하겠다고 결심하면서 퇴근하기. 교장 선생님은 (나중에 그가 진정으로 보살피는 사람이었음을 알게 되었지만) 처음 몇 주간은 그녀에게 할애할 시간이 전혀 없었다.

Paula는 자신이 아주 유능하다고 생각하였고 마음만 먹으면 뛰어난 교사가 될 것이라고 믿고 있었다. 직무에서 받는 긴장을 집에서 노력을 두 배로 들이고, 학생들이 집중할 수 있는 창의적인 수업안을 만듦으로써 해소하고자 하였다. 그리고 이러한 접근방법은 효과가 있었다(어느 정도는). 학생들에게 더 관심을 기울였으며, 더 나아지고 있다고 생각하였다. 또한 학교의 교사 몇 명과 만나면서 친하게 되었다. 그러나 2년째의 중간에 그녀는 퇴직하기로 결정하였다. 더 이상 노력을 지속할 수 없으며 하루 종일 소리 지르기에 지쳤다고 생각하였다; 그 외에 다른 직업을 가진 친구들은 "상당한 돈"을 벌고 자신의 분야에서 점점 더 대단하고 중요한 직책으로 올라가고 있다는 사실을 받아들이기가 점점 어려워졌다. 만약 자신이 다른 직업에 대해서도 교직에서 하는 것만큼 전념한다면 훨씬 더 성공적이며 궁극적으로 더 행복할 것으로 생각되었다.

그렇게 많은 새내기 교사들이 첫 몇 년 동안에 교단을 떠나는 것은 놀랄 일은 아니다. 어느 학군에서나 새내기 교사는 가장 힘겨운 자리를 배정 받곤 한다. 특히 도시지역 학교체제의 새내기 교사들은 현실적으로는 거의 이루어지지 않을 여러 종류의 지원과 보조를 필요로 한다. 콜럼비아 대학 사범대학의 취학전 아동교육 프로그램 책임자인 Fran Bolin에 따르면 "신임교사들은 전형적으로 모든 측면에서 무시 당한다"(Olson & Rodman, 1988, p. 30).

도시지역 학교에서 근무하는 새내기 교사들은 늘 이러한 과제에 즉시 대처할 만한 준비가 되지 않았음을 느낀다. Martin Haberman에 따르면 "근본적으로 사범대학에서는 이러한 도시지역 학교에서 일할 수 있도록 준비시켜 주지 못하고 있다"(Olson, 1988, p. 19에 인용됨). 교사들뿐만 아니라 증가하는 교육적 비판의 목소리는 대부분의 단과대학과 종합대학들이 양부모를 가진 결함 없는 가정의, 학년 수준만큼 읽을 줄 아는, 전학이 잦지 않은, 행동을 잘 하며, 영어권의 동질적인 학생만을 가르치도록 준비시킨다고 불평한다. 많은 교사들이 현실과 동떨어진 직무 준비교육을 받았다고 생각하는 사실은 놀라운 일이 아니며, 그들의 무력감과 절망은 가공할 만하다. 새내기 교사들은 우리가 이미 잘 알려있는 것을 부르짖는다: "도와주세요, 이제 막 임용 되었는데 여기 도심 저소득층 학교에서 내가 무엇을 어떻게 해야 할지 아무 것도 모르겠어요"(Olson, 1988, p. 19).

우리는 사범대학에게 교사가 도심 학교에서 일할 수 있도록 준비시키는 능력이 왜 그렇게 부족한지 질문할 수 있을 것이다. 그러한 점에서 급격히 증가하는 소수민족 학생들이 재학하는 도심 학교에서 일할 수 있도록 준비시키는 능력이 왜 그렇게 부족한지도 질문할 수 있다. 단과대학과 종합대학 측에서 소수민족 아동의 특수한 요구를 인정하기 꺼리는 주된 요인은 바로 인종차별 때문이라고 주장할 수 있을 것이다. 한편 사범대학이 대부분 도시교육이 처한 위기에 민감하지 않은 시골과 교외 환경에 있다는 사실과 결부시키기도 한다. 또한 단순히 교사훈련 프로그램이 가져야 할 고유의 기본적인 자세 부족을 지적하기도 한다. 많은 사람들은 전통을 지적하기도 한다(이제껏 단과대학과 사범대학은 이 나라의 학교체제에서 가장 성공적인 30% 학생들에게 가장 많이 알려지고, 또 거기에 안주해 왔다는 사실). 하지만 근본적으로는 많은 신임교사들이 도시학교 학급이 처한 급선무에 대해 전적으로 준비되지 않았다고 느낀다는 점이다; 이들이 그 상황에 대처해야 하는 에너지는 몇 년 이상 지속될 수 없다. 그들은 탈진하여 떠난다〔더 나쁘게는 그들은 지친 채(거의 부자하시 않는 사실로 인한 좌절에 대처하는 방식) 학교체제에 머무르면서 모든 사람들에게 손해를 입힌다〕.

사례 II: 도전이 불충분한 교외지역 교사

Jill이 두 번째로 교직을 그만둘 때는 38세였다. 대학졸업 후 특수교육학 석사학위를 받기 위하여 2년간 시간제로 대학원에 다녔다. 그 후 도시지역의 초등학교에서 교사생활을 하였고, 첫아이를 출산할 때까지 정서장애가 있는 아동의 특수학급을 3년간 가르쳤다. 처음 교단을 떠날 때 그녀는 여러 감정이 뒤섞여있음을 느꼈다: 처음으로 어머니가 된다는 사실에 즐거웠지만 한편으로는 교단이 그리워질 것으로 생각하였다. 자신이 직무의 긴장을 잘 견뎌냈다고 느꼈고 자신이 했던 일에 즐거운 마음이 들었다.

아이를 하나 더 낳고 6년이 지난 후 교단으로 되돌아 왔고, 이번에는 동네 교외지역의 한 초등학교의 교재실(resource room) 교사가 되었다. 그녀는 성공적이며 충족된 직업세계로의 귀환이 되도록 준비하였다. 가족은 가외소득이 필요했고 자신은 교단에 복귀할 준비가 되었다고 느꼈고 흥분이 되었다: 그녀는 학생들과 즐겁게 지냈으며 새로운 학교에서 흥분을 느꼈고 몇 명의 동료들과 친해졌으며 개인지도가 집중적으로 필요한 학생들에게는 인내하며 창의적이라는 평판을 쌓아갔다. 소리 지르고 좌절을 느끼는 기분 나쁜 날보다는 좋은 일을 하고 있다고 확신에 찬 날이 훨씬 더 많았다. 그러나 교단으로 돌아온 지 4년째 들어서면서 남편에게 때때로 이직을 생각하고 있다고 하였다. 왜라는 질문에 자신이 흥미를 잃어가기 시작했다고 대답했다. 아니, 아동들은 자신을 힘들게 한다고 느끼지 않았다. 그리고 급여는 대단하지는 않아도 괜찮았다. 다만 그녀는 무언가를 더 원한다고 느꼈다. 새로운 도전을 하고 싶은 마음을 간직하며 힘든 시간을 보내고 있었다. 일과 중에 성인들과 더 많이 생활하기를 원하였으며 성인의 문제로 자신의 시간을 보내고 도전할 수 있기를 원하였다.

위의 경우는 교단을 떠나는 교사들 중 간과하기 쉬운 집단이다. 과도하게 스트레스 받고 탈진한 교사들에게 관심을 집중한 사이, 이 집단은 지나친 스트레스로부터 도피하는 것이 아니라 더 큰 자극을 찾아 떠난다(대개 자신의 지성과 능력에 걸맞는 더 많은 보수를 찾아 떠난다). 이 집단은 자신의 삶에서 대단한 것을 갈망하기 때문에 30~40대에 교단을 떠난다. 이 집단은 교직은 매년 동일한 일을 하느라 처박혀 있으며, 그 결과 거의 다 죽어가고 진부하며 뒤쳐졌다고 생각한다. 이 집단은 교육계의 진급 제도로 가장 이익을 얻을 수 있는 집단이다.

사례 III: 나이든 지친 교사

56세인 Hal은 도시지역 고등학교에서 30년간 재직한 후 최근 교단을 떠났다. 스스로 시인하였듯이 그는 적어도 마지막 10년간은 열심히 일하지 않았다. 왜냐 하고 물으면 "그럴 가치가 없어요. … 아, 가끔씩 일부 아주 뛰어난 학생들이나 이례적으로 훌륭한 학급은 열중하여 가르치지만 대부분은 그저 가르칠 뿐이죠. 이 녀석들은 학교에 와야 하기 때문에 출석하고 공부할 열의가 없기 때문에 대부분 수업에 집중하지 않아요. 난 수업을 약간만 준비할 거고(일부에게는 아주 괜찮겠고 일부에게는 지루할 거라고 확신하지만), 이 녀석들이 심하게 장난치면 좀 시끄럽게 떠들겠지만 그것은 모두 예측한 일이므로 그다지 괘념치 않아요. 일반인들은 문제를 일으킨 장본인(villains)이 교사라고 생각하지만, 매일 당하는 모욕을 감내하면서 계속해서 관심을 기울이려면 교사는 초인이 되어야 해요. 교사들이 얼마나 나쁜가 하는 신문기사를 읽을 때마다 신물이 나요. 자기 자녀가 학업성적이 좋지 않다고 나에게 화를 내는 부모에게도 신물이 나고요. 아이들의 태도에는 정말 신물이 나요. 이 녀석들은 공부를 해서 무슨 대가를 얻을 수 있는 부류의 아이들이 아닌 것 같아요. 가끔은 내가 가르쳐야 하는, 또 내가 가르치고 있지 않은 훌륭한 아동들에 대하여 죄책감을 느끼기도 하는데요, 그런데 아세요? 그건 내 잘못이 아니라구요. 10년 아니면 15년 전에 사회에서 모든 사람이 교육받아야 한다고 결정했고 훌륭한 아동들은 그 결정 때문에 현재 그 대가를 치르고 있는 거예요. 사실 나는 가르치는 것이 여전히 좋아요(다만 그런 진정한 교육을 할 기회를 자주 갖지 못했지만).

"교직을 왜 그만두었냐구요? 왜냐하면 더 나이 들기 전에 다른 분야에서 일을 해 보고 싶어서요. 난 그들 모두(아동, 부모, 학교 행정가)에게 헛소리를 듣기에는 너무 나이가 많아요. 어떤 의미로는 그런 일(비난받는 것)에 익숙해졌고 더 이상 개인적인 것으로 받아들이지는 않아요. 다른 의미로 내 시간이 더 나은 대접을 받았으면 했어요. 나는 끔찍한 교사는 아니었지만 누군가로부터 무엇을 되돌려 받고 있다고 느꼈다면 더 나은 교사가 될 수 있었을 거예요.

물론 일반인이 가장 분개하는 교사는 바로 이러한 부류이다. 급여를 가장 많이 받으면서 모든 사람들로부터 신임교사들에게 귀감이 되기를 기대하는 교사의 부류이다. 그러나 이들은 직업의 다양한 긴장을 수년간 처리하면서 지친 교사들이다. 이들은 자신들의 받아야 할 "마땅한 대가"를 기만당하고 있다고 생각하는 부류의 교사이다.

이들은 지나치게 많은 스트레스와 지나치게 적은 보상대가를 주는 교육계에서 조기 은퇴하려는 사람들이다. Albert Shanker는 뉴욕시 학교체제에서 전국의 많은 학교들을 대표할 수 있는 일부 수치들을 수집하였다. 1978년과 1985년의 은퇴 연령을 비교한 수치에 따르면 평균적으로 교사들은 10년 전보다 1년에서 1년 반 정도 더 일찍 은퇴하고 있다. "수치상으로는 가벼운 변화이지만 문자 그대로 경험 많고 고도로 훈련된 교원을 매년 수백 명씩 잃고 있다는 것으로 해석이 될 수 있다"(1986a, p. E7). 비록 행정가들은 나이 많고 지친 교사들을 더 젊고 급여가 낮은 젊은 교사로 대체할 수 있기 때문에 이것은 손실이라고 생각하지 않지만[2] Shanker의 생각으로는 "점진적으로 이들을 놓치는 것은 우리 학교에게 치명적인 타격이 된다"(1986a, p. E7)고 보았다. Shanker에 따르면 이러한 교사들의 문제점은 교직에

2) 역자 주: 우리나라에서도 최근에 이와 유사한 사고방식을 정부의 고위 경제 관료(나중에 교육부 장관이 됨)가 공개적으로 밝혔다. 원로교사 1명을 퇴출시키면 그 분에게 지출하던 인건비로 2~3명의 새내기 교사를 채용할 수 있어 경비 절감의 효과와 고비용 저효율의 폐단을 시정하는 여러 가지 효과가 예상된다는 것이다.

대한 사랑의 상실이 아니라, 자신들의 목표실현을 끊임없이 방해하였던 체제와 환경에 대한 불만이다. Shanker는 은퇴한 교사들은 아마도 특수 하위집단이라고 말하였다. 이들은 젊은 동료들처럼 주로 재정적인 문제 때문에 교단을 떠나는 것이 아니며 여러 해 동안 낮은 급여를 견뎌왔다. 그들은 너무나 학교의 많은 근무여건이 교사들이 전문가로서 존경받지 못하고 적절한 행정적·재정적·인적 지원의 부족으로 인해 떠나는 것이다.

❀ 교사 부족, 전직 의향, 탈진에 대한 마지막 언급

오늘날 교직이 직면한 문제들은 실로 심각하며 탈진은 전체 교사의 10~20%에 영향을 끼치고 있다. 자연 감소율은 감소하고 있지만 여전히 신임교사들이 5년 경력이 되기 전에 30~40%가 떠난다. 또한 아직 탈진하지도, 교단을 떠나지도 않은 교사들 중 많은 교사들이 만성적으로 스트레스를 느낀다. 그러나 통계 수치, 탈진과 교사 부족을 둘러싼 모든 평판의 여파로 현재 대부분의 교사들은 그냥 견디고 있다는 사실을 간과하기 쉽다; 직무의 긴장에도 불구하고 그들은 학생들을 여전히 잘 돌보며 학생들을 책임 있게 가르치고 있는 유능한 교사로 인식한다. 사실상 1984년에서 1988년까지의 5년간 자신의 직업에 "다소 만족" 또는 "매우 만족"하다고 보고하는 교사들의 비율은 1984년의 낮은 79%에서 1988년에는 87%의 범위에 들어 있다.

앞서의 연구에서(Farber, 1984b) 적어도 전체 교사(도시, 교외지역 학교 모두)의 2/3는 학생에게 헌신하며, 자신의 직업에 대단히 전념하고 있다는 것을 발견하였다. Kaiser(1981)가 언급한 바와 같이 "가르치는 것 자체는 스트레스가 아니다, 그것은 나름대로 모든 것이다." 그런데 나의 연구에서는 상당한 비율의 교사, 특히 도시지역 교사들이 교직에 전념한 적이 "결코 없다" 또는 "드물다"라고 느끼는 것으로 나타났다. 이것은 미국의 과반수 이상의 교사가 교단을 떠날 것을 진지하게 고려하고 있음을 나타낸 1985년과 1986년의 미국교사의 대도시 생활 조사에서의 수치와 일치한다.

요점은 학생의 삶을 향한 효과적인 관여, 교직에 대한 헌신의 감소는 모두 탈진을 방지하는데 중요한 역할을 한다는 것이다. 다른 사람들처럼 교사들도 직업의 대가 측면을 최대화하고 스트레스와 좌절을 최소화하려고 노력한다. 따라서 대부분의 지친 교사들을 제외한 모든 교사들은 그렇게 빈번하게 (학부모와 정치가들과 같이 가장 지원적이어야 할 사람들로부터) 비난받는 직장에서 스스로 거리를 둔 채 아동을 가르치는 일에서 계속 만족을 추구한다. 스스로를 직장으로부터 거리를 둔다는 것은 미래의 다소 불명확한 시기에 퇴직한다는 의향을 밝히는 것이다. 그것이 실제로 이루어지든 아니든, 이러한 의향의 진술은 때로는 중요한 심리적인 기능을 할 수 있다. 적어도 한 사람에게 자신은 "옴짝달싹 못하는 것이 아니라 아마 향후 5년 이내의 어떤 시점에서 떠날 것이다"라고 선언하는 것은 지나치게 적게 주는 적은 대가를 받는 직업으로부터 거리를 두고 있음을 의미한다. 탈진-열정 수직선(burnout-enthusiasm continuum) 상의 중간지점에 처해 있는(스트레스를 받지만 아직 탈진하지 않은) 많은 교사들에게는 전력과 헌신을 감소시켜야만이 계속하여 교사로서 기능할 수 있다고 느끼게 하는 심리적 수단이 된다. 그렇게 전력을 감소시키지 않고서는 많은 교사들은 "이러한 체제"에 이용되는 것을 견딜 수 없어 한다. 덜 전념하게 되면 투입-산출 상의 균형이 회복되고, 이러한 전략은 궁극적으로 대가를 줄이고, 더 큰 이직(離職) 욕구로 이끌게 된다.

교사에 대한 비난: 난처한 60년대의 유산

「일은 배우면 되지만 경영자에게 꼭 필요하면서도 배울 수 없는 것이 인격이다.」

—『현대의 경영』에서. Peter F. Drucker—

교사의 직무 스트레스와 탈진은 비록 지금에서야 이러한 명칭으로 알려졌지만 새로운 현상이 아님을 앞에서 언급하였다. Sarason(1982)이 관찰한 바와 같이 "오늘날 학교에서 발생하는 이런 곤란한 현상들은 어제, 작년 또는 10년 전에 발생된 것이 아니라, 우리 사회에서 오랫동안 학교의 특징으로 알려진 것들이 최근에 와서 분출되고 혼란스러워진 것이다"(p. 209). 학교와 공동체, 교사와 행정가, 교육환경과 예비교사들 사이에서 신랄함과 오해가 오래도록 존재해 왔다.

그리고 지난 20~30년 동안 여러 가지 환경이 바뀌었는데, 우선 경제 성장과 교육 혁신에 대한 공동체의 지원이 감소하였다. 그 속에서 우리는 이제 경제가 위축되었고 교육에서 "기본"으로 돌아가기(return to educational "basics")를 요구하고 있다. 또한 중산층에서는 공립학교 기피현상이 만연하고 있다. 대규모 학교체제 하에서 잡무 처리량이 증가하고, 관료층이 증가하였으며, 1950년대에는 상상조차 할 수 없었던 "학생의 권리"는 법적으로 대단한 지위를 얻고 있다. 교사들은 더 이상 1950년대처럼 존경받지도 못하며, 자녀가 교사가 되었으면 하는 학부모도 거의 없다. 반면 교사들에게 할당된 책임과 과제는 20~30년 전에 비해 훨씬 과중되었지만, 직업상의 자율성은 전혀 증가되지 않았다. 짧게 말하면 "효과적이려면 혼자 뛰어나도록 내버려 두라. 교사는 … 예전보다 더 문제가 많다"(Sarason, 1982, p. 213)라는 것이다. 따라서 나의 주장은 이런 환경에서 직무 스트레스를 받거나 탈진한 교사들이 훨씬 더 잘 이해하고, 쉽게 그렇게 될 수밖에 없는 현실이다.

탈진에 대한 현재의 느낌(지원은 한정되어 있고 대가는 거의 없는 환경에서 빈곤한 아동을 가르치는 헌신적인 교사들)을 들게 하는 요인 중에 어떤 모습들은 "60년대"에 그 뿌리를 두고 있다. 다음에 예시한 60년대의 다섯 가지 특징들은 현재 교사들의 불만이 생긴 기원으로서의 사회적 맥락을 알게 해 준다.

1. 새내기 교사들이 갖고 있는 이상주의의 현저한 증가
2. 교사집단에 대한 비현실적인 기대, 학생의 성취, 행정적인 지원, 개인적인 대가(보상)의 필요
3. 지난 20~30년 중 마지막 몇 년 동안 더 과격해진 인습 타파의 목소리
4. 때늦은 감이 있고 그 필요성에 매우 공감하나, 사회서비스의 제공자와 수혜자 모두에게 의도하지 않은 기능장애적인 결과를 야기한 시민 권리의 입법 및 사회의식의 대단한 증가.
5. 남교사의 징집 거부 및 교육계로 유입된 베트남 전쟁에 대한 광범위한 반대

아울러서 60년대 후반에 벌어졌던 교사 파업은 교사 스스로에 대한 인식뿐만 아니라 일반인의 교사에 대한 인식을 극적으로 변화시킨 분수령적인 사건들이었다.

❀ 이상주의와 기대

이 문제에 대해 그 시대의 불가사의하고 신화적인 성격에 비추어 충분히 "옛날 옛적에 60년대라는 시절이 있었노라"라는 문구로 시작될 수 있을 것이다. 60년대의 "급격한" 사회변환에 대한 약속, 낙관주의, 훌륭한 의도, 초현실주의적인 특징은 교직뿐만 아니라 모든 서비스 직업(helping profession)에 투신한 수천 명의 젊은 남녀가(나 자신을 포함하여) 궁극적으로 환멸을 느끼도록 하는데 상당히 일조하였다. 60년대에는 특유의 이상주의와 젊음의 열정이 극도로 고양되었던 시기였다. 이러한 열정은 때로는 지나치고 빗나가서 피해도 되는

대결과 다소의 폭력으로 이어졌다. 그러나 급진적인 정책과는 별도로 60년대를 특징짓는 사회적, 정치적 감성은 주로 평화롭게 타인을 도와주는 서비스에서 찾아볼 수 있다. “평화”와 “사랑”을 외치는 스티커와 포스터들은 평화 행진, 성 가치관의 변화뿐 아니라 직업선택에 영향을 끼치는 태도의 변화를 보여 주는 예이다. 80년대의 대학생들이 「월스트리트 저널」에 녹아 있는 시대 정신(zeitgeist)에 영향을 받았던 것처럼, 60년대의 대학생들은 전통적인 유물론적 가치관의 대안을 찾고 있었다. 드러내 놓고 금전을 추구하는 것은 어리석어 보였으며 체제의 왜곡된 가치관을 상징하는 것이었다; 대신 직업에서 추구해야 할 것은 “내면적인 평화(inner peace)”로 “토지를 경작하기” 또는 많은 사람들에게 영향을 끼치는 전반적인 여건을 돕는 것이 훨씬 더 가치 있고 심오한 목표로 간주되었다. 이러한 가치는 평화봉사단과 미국 빈민지구 봉사활동(VISTA)과 같은 봉사기구에서 일하는 것으로 구체화되기도 하였다. 하지만 이러한 기관의 수가 제한적이어서 상대적으로 몇 안 되는 학생들만이 실제로 참가하였고, 다른 많은 학생들은 이러한 가치관을 반영하는 절충안을 (박봉의 공공 서비스 직업) 택하였다. 심지어 비즈니스 쪽으로 진로를 정한 사람들도 먼저 타인을 돕는 이타적 대안 등을 고려한 후 그쪽으로 가기로 결정을 하였다; 아울러 대부분은 인도주의적 이상을 추구하는 사람들을 후원하고, 동정하고, 전적으로 존경하였다.

물론 이러한 일반적인 직업 양상에는 많은 예외들이 있다. 그러나 60년대와 70년대에 대인서비스에 투신한 대부분의 사람들은 개인적으로 고무되고 역사적으로 중요하게 여겨진 새로운 가치관에 의해 크게 영향을 받았다. 많은 사람들은 60년대가 궁극적으로 이전의 개인관계나 국제관계의 성격을 영원히 변화시킬 수 있는 타인에 대한 존경과 관심을 표명하는 새로운 시대라고 확신하였다; 이 시기 특유의 환상은 정신적, 개인적 성장을 지향하고 공통된 헌신으로 뭉쳐진 지구공동체를 표방하였다. 그러한 진화(또는 변혁)의 수단은 음악과 심리치료용 약물을 통해(이 둘은 모두 사람들을 더 원숙하고, 민감하고, 다른 사람을 수용하게 만드는 것으로 보였다) 중요한 역할을 한 “의식 고취”였다. 지금 회고하면 이러한 사상은 터무니없이 순진하지만 그 시대에는 성인기에 들어가는 많은 사람들의 지침이 되어주었다. 60년대의 대학생들은 “나의 일은 개인적으로 의미가 있어야 한다”, 또는 “내가 다르게 바꿀 수 있다”, 또는 “나보다 불우한 사람들을 돕고 싶다” 같은 다짐을 품은 채 직업선택을 하였다. 짧게 말하면 60년대와 70년대 초 직업 세계로 들어가는 많은 대학생들은 개인적, 총체적인 잠재력이 사회 질서에 현저한 변화를 가져올 수 있다고 믿었던 이상주의자들이었다.

그 시기에 교직에 진출한 사람들은 분명히 이상주의와 “가능성”에 대한 열렬한 신념에 고취되어 있었다. 철학적 성향의 소설(예: 헤르만 헤세의 소설), 정치적 성향의 책(예: 이반 일리치 또는 파울로 프레이리의 저작), 심리적 성향의 집단역학 실험(예: 만남 집단과 t집단),

자서전(예: 『말콤 X의 자서전』 또는 실비아 애쉬톤-워너의 『교사』), 미국교육에 대한 직접적인 비판(예: 로버트 로젠탈의 『교실의 피그말리온』[1] 또는 폴 굿맨의 『강요하는 잘못된 교육』), 동시대의 음악(예: 밥 딜런 혹은 "Sgt. Pepper"로 시작하는 비틀즈의 노래), 영화(예: ≪선생님께 사랑을≫), 항의 집회, 같은 의견을 가진 사람들과의 끝없는 토론은 교사의 수업 목표, 방법, 철학, 교재의 급진적인 개정의 필요성을 주장하는 교육에 대한 새로운 생각을 가져 왔다. 전형적인(매우 조직된) 교실은 아동의 창의적 잠재력의 표현을 제한하고 해롭다고 여겨졌으며, 전통적인 교육과정은 변화하는 세계의 필요에 부적절한 것으로 여겨졌고, 교사의 자율성에 대한 전통적인 견해는 엘리트의식이 있고 아동에게 은혜라도 베푸는 것처럼 여겨졌으며, 아동이 무엇을 배울 수 있을까에 대한 전통적인 가정은 특히 소수민족 아동들에게는 해로운 것으로 여겨졌다. 심리학에서의 인간 잠재력 운동은 개방, 상호성, 무엇보다 사실상 모든 아동에게 거대하게 내재된 잠재성을 강조하는 새로운 교육 접근방법에 대한 이론적인 토대를 제공하였다.

수많은 새내기 교사들은 낡은 방법을 경멸하고 새로워 보이는 접근방법에 대한 열정과 낙관주의를 공개적으로 표명하면서, 이러한 가치관을 교실로 가져 왔다. 학생들은 과거보다 더 많은 것을 배우고, 과거보다 학교에 대하여 더 좋게 생각하고, 어느 전통적인 교육자가 가능하고 바람직하다고 했던 것 이상으로 더 진실되고 개방적인 교사와의 관계를 맺기 시작하였다. 학생들이 이전에는 결코 적절하게 받아 본적이 없는 따뜻함, 사랑, 창조적인 관심을 표명하면 "학급 통제" 문제를 다루는 데 문제가 없을 것이라고 생각하였다. 하지만 이러한 기대는 그 취지는 칭찬 받을 만한 하지만 너무 비현실적이었다. 교사가 관료적 장애, 행정적 무관심, 동료의 무시, 무엇보다 과거의 교육 또는 가족의 무시, 학대, 또는 인종주의에서 비롯된 아동의 누적적인 기능장애적인 모습에 직면하면서, 이러한 목표들은 짧은 기간에 완수할 수 있다는 가정은 필연적으로 실망으로 이어질 수밖에 없는 것이었다. 가장 명백한 예(교실 통제) 외에는, 대부분의 교사들은 곧 "사랑만으로는 충분하지 않다"는 것, 대개 비행아동에게 관심을 기울이면 같은 행동을 더 유발하게 만든다는 것을 알게 되었다. 이상주의 교사들은 선의 때문에 의도하지 않은 희생이 있을 수 있다는 이러한 역설은 『교사의 생존지침(The Teacher's Survival Guide)』에 잘 표현되어 있다. 이 책의 일부를 소개하면, "역설적이게도, 젊은이에 대한 본성적 애정을 가지고 자신의 타고난 장점에 깊은 확신을 갖고 있

---

1) 역자 주: 이 책은 국내에서 다음과 같이 번역 출판되었다.
심재관 옮김(2003). 기대와 칭찬의 힘: 피그말리온 효과, 서울: 이끌리오(Rosenthal, R. and Jacobson, L. (1992). *Pygmalion in the Classroom*).

는 교사는 곤란에 처하게 될 것이다. … [문제] 사건이 발생했을 때 이를 무시한다면 괜찮아질 거라고 생각하기 쉽다. 그렇지 않다. 더 나빠질 것이다"(Gray, 1967, p. 5).

그러나 Cherniss(1980a)가 잘 입증한 바와 같이, 일반적으로 이 시대의 새내기 교사들은 다른 공공 부문의 신입사원들처럼 자신들이 일하게 될 기관의 성격에 대해서는 잘 알지 못한다. 교사들은 일련의 교사-학생 상호작용 이상의 교육을 다룰 준비가 되어 있지 않으며, 동료 관계, 고마움의 표시, 관료적 반응에 대한 기대는 대개 현실과 큰 차이가 있었다. 아울러서 Sarason(1973)의 민감한 지적처럼, 혜택을 받지 못한 소수민족의 교육적 변화에 대하여 잘 알아야 함에도 불구하고, 이들의 생각은 순진하고 다소 불성실하였다. 매우 복잡한 쟁점에 대하여 Sarason은 도시지역 교육의 질적 향상을 위해 우리가 필요하다고 생각하는 시간의 구도는 비현실적으로 낙관적이라고 주장하였다. Sarason에 따르면, 60년대에 고려하지 못한 것은 교육의 탁월성을 강조하는 가치관(교육상의 변화를 실현시키고 견디기에는 너무나 비관적인)은 하룻밤 사이나 심지어 1~2년 내에 바뀌어 질 수는 없다는 사실이었다. 이러한 논란 이외에도, Sarason은 기회가 주어지지 않으면 어떠한 문화에서도 교육을 강조하고 장려할 수 없다고 지적한다: 가치관, 자기 이미지, 학부모와 아동의 교육적 가치의 변화는 만약 그럴 수 있다고 하더라도 단기간에 성취되기는 어렵다. 따라서 60년대에는 변화가 일어나길 희망했던 교육조직의 성격에 대한 준비가 되지 않았을 뿐더러 변화 과정 그 자체도 비현실적이었다. 이와 관련되어 문화적으로 혜택을 받지 못한 학생들(culturally disadvantaged students)에게 효과적으로 접근하고, 학업에 거의 관심을 보이지 않거나 학문적인 능력을 보이지 못하는 학생들을 학교에 계속 다닐 수 있도록 하는 포괄적인 노력들도 결국 교사의 직무 성격 속에 포함된다는 사실을 고려하는 정책입안가는 거의 없었다. 일부 교사들은 전통적으로 혜택을 받지 못한 집단에게 진전을 가져오게 할 수 있는 기회에서 대해 대단한 만족을 느꼈지만, 그 밖의 교사들은 과제에 압도되었으며 이러한 새로운 입력에 길 대처하지 못했다.

그 시대의 새내기 교사들은 학생이나 행정 영역으로부터 많은 것을 기대하면서도 동시에 개인적인 보상이나 편안함을 추구하는 이중의식을 가지고 있었다(적어도 전체 교원이 점점 더 투쟁적으로 된 60년대 후반까지는). 다른 한편으로 Cherniss, Egnatios와 Wacker(1976)가 언급한 대로, 교사들은 자신들의 노력에 대하여 대중들이 감사할 것으로 기대하였는데 이것이 실제 현실에서 일어나지 않았을 때 실망하고 심지어 분노한 것으로 보였다. 다른 한편으로는 많은 교사들은 자신들보다는 학생들을 위한 여건 개선에 상당히 노력하였고, 많은 교사들은 직무 만족을 바라는 자신들의 요구를 드러내는데 주저한 것으로 보였다. 많은 교사들은 자신들이 갖고 있던 이 시대의 인식 때문에 스스로 덫에 걸린 것으로 보였다; 교직

같은 공공 서비스직은 근본적으로 이기적이어서는 안 된다고 보는 그들의 견해는 직무에서 개인적 대가를 추구한다는 개념과 양립될 수 없는 것이었다. 회고하면 지난 60년대 말에는 이기주의와("내가 중시되는 시대"의 시작) 이타주의의 상반된 혼합이 나타났다. 놀랄 일은 아니지만, 그 시대의 마법에 사로잡힌 사람들은 자기인식과 공적 행동의 기반을 적어도 더 고결한 것에 두었다; 남을 보살피는 이타주의에 자부심을 가졌던 시대에 나를 보살펴달라고 요청하는 것은 어려웠다. 따라서 많은 새내기 교사들은 다른 사람들을 도우려는 열망을 드러냈지만, 자신들의 합당한 욕구는 부인하거나 심하게 경시하였다. 그러한 환경에서 효과적으로 무한정 계속 일한다는 것은 거의 불가능하기 때문에 궁극적으로 학생들뿐만 아니라 교사들은 고통을 겪게 되었다. 초기 많은 연구자들이 탈진에 대해 언급한 바와 같이, 이상주의는 사람들에게 보수 없이 공공서비스 직무를 하게끔 동기를 부여할 수는 있지만 이것은 한편으로 환멸과 탈진으로 이어질 수 있다. 이러한 점에서 Schlechty와 Vance(1983)는 사회정의와 공동체적 지도력에 관심을 두는 대학생들이 교사가 되고자 훈련을 받는 사람들 전체를 대표한다고 볼 수는 없지만, 이들 역시 다른 사람들보다 5년 내에 교단을 떠날 가능성이 높다는 사실을 발견하였다.

요약하면 60년대에 교단에 섰던 교사들은 몇 가지 비현실적 기대를 품고 있었는데, 첫째 학생들의 성취를 즉각적이면서도 상당하게 기대했다는 점에서, 둘째 행정가, 관료, 학부모들이 자신들의 길을 평탄하게 가도록 도와줄 것으로 예상한 점, 그리고 개인에게 의미 있는 보상이 주어지지 않는 곳에서 자신들이 잘 해낼 능력이 있다고 가정한 점에서 그렇다. 이러한 요인들은 많은 교사들이 학교체제에 대해 "무언가 잘못 되었다"고 느끼게 하는 분위기 조성에 일조하였다. 그들은 자신들이 받아 마땅한 몫을 요구하려 하지는 않으면서도(그것은 많은 사람들의 가치관과는 대조적이다), 이렇게 많은 것을 희생하는 교사들에게 그렇게 조금 베푸는 체제에 대해서는 심각한 결함이 있다고 생각하였다.

❀ 인습타파와 항의의 성격 변화

인습타파(iconoclasm)란 숭배해 왔던 제도, 관습, 혹은 태도를 비판 그리고/또는 파괴하는 행동 또는 선언이다. 그것은 60년대에 만연했던 분위기를 특별히 잘 표현하는 단어이다. 사람들은 그 시대를 "반항적"이거나 "혁명적"으로 성격규명을 하지만 요지는 인습타파와 동일하다: 그것은 항의의 시대, 노인을 거부하는, 대체로 젊은이를 위한 대중의 시대였으며, 아마도 새로운 가치관을 적극 추구하면서 기존의 가치관을 파괴한 시대, 아마도 더 순수한 삶의 시대였다. Sarason(1982)은 제2차 세계대전 이후의 시대는 모든 것을 새롭게 정의내리고 도전을 하는 시대로, "모든 주요 제도의 권위적인 권력이 의문시되었다"(p. 183)며 이러한 움직임이 절정에 달했던 소용돌이치는 60년대에 대해 언급하였다(정부, 종교, 법률, 군 징병, 전통적인 성역할, 가족, 전문직업의 역할). 그 모든 것이 그 시대에 성인이 된 사람들에 의하여 비판을 받았고 널리 거부당하였다. 평화, 사랑, 조화라는 유토피아적 가능성을 강조한 이상주의("보병궁(寶甁宮, Aquarius) 시대의 도래"), 그리고 제도를 "국민에 의한" "국민을 위한" 것으로 만들고자 했던 제퍼슨 식의 목표는 60년대를 풍미했던 인습타파적 태도의 한 징후였다.

그러나 세월은 흘러가고 여전히 젊은이와 시민권이 없는 사람들이 꿈꾸는 이상주의의 실현을 향해 국가는 느리게 때로는 감지되지 않을 정도 움직여갈 때, 이 시대 초기의 낭만적인 정신은(밥 딜런의 "Blowin' in the Wind") 더욱더 분노하고 폭력적인 흐름(롤링 스톤스의 "Sympathy for the Devil")에 밀려났다; 전통적인 제도에 대한 건설적인 비판은 진보를 방해하는 것들을 향해 가해지는 파괴적이고 무제한적인 공격에 묻혀 사그라졌다. 어떤 형태를 취하더라도 정부는 여전히 개인의 권리와 욕구를 충족시켜주지 못했다. 대학 캠퍼스의 항의운동 성공에 고무되고 급격히 증가하는 시민권 운동의 정당성과 그 열정이 맹위를 떨치면서, 이러한 분노의 흐름은 1960년대 후반에 놀라운 영향력을 발휘하였다. 60년대 후반에는 이상주의가 여전히 영향력 있는 행동가 의식의 일부로 남아 있긴 했지만, 그 형태는 초기의 온화한 양상과는 매우 거리가 멀어졌다. 강도가 점차적으로 강해지는 이러한 양상은 좌절에 대한 합리적인 반응으로, 또한 평화적인 시위에 폭력적인 대응을 한 정부를 향한 정당한 반응으로 이해될 수 있다. 여전히 미국의 이러한 운동은 전쟁과 인종차별 정책에 항의하고, 정부, 대학, 기업의 온정주의와 보수주의에 항의하면서 보다 적극적이다 못해 심지어 폭력적 대립을 감수함으로써, 이러한 항의의 형태는 타협과 중도를 선택할 수 있는 여지를 거의 허용하지 못하게 하였다.

분파적인 구호가 난무하였다: "30대 이상은 누구도 믿지 마라" "절대 타협할 수 없는 요구" "모든 정치가는 부패하였다" "학교는 감옥이다" "정치가들은 파시즘의 돼지이다" "교사들은 젊은이의 정신을 망치고 있다" 물론 이러한 진술들은 과장된 일면이 있고 심지어 불평을 품은 부류 중 단지 소수를 대변하는 것이다. 비록 많은 사람들로부터 무조건적 지지를 받지는 못했지만, 그럼에도 불구하고 그러한 견해는 대중을 더 난폭하고 냉소적으로 움직임으로써 여전히 많은 관심을 얻게 되고 대중의 태도에 강한 영향을 끼치게 된다. 이에 따라 소수민족 아동의 요구에 더 민감해져야 한다거나 보다 적절한 교육과정 자료를 개발해야 한다던 60년대 초와 중반의 교사들의 주장은 단지 몇 년이 지난 후 교사의 인종차별적 태도에 대한 고소, 교사의 능력 수준에 대한 비난, 즉각적인 변화에 대한 요구로 변하게 되었다. 교사집단은 바로 지금 세상이 변하기를 바라는 사람들의 분노의 단일 표적은 아니었지만, 교사야말로 (아마 정치가와 더불어) 모든 전문가 집단 중에서 60년대 후반과 70년대 동안 가장 많은 원망과 잦은 비난을 받았던 집단이었다.

왜 교사들인가? 몇 가지 이유를 생각할 수 있다.

첫째, 교사들은 가시성(可視性, visibility)과 취약성을 함께 갖추고 있다.[2)] 이들의 수는 막대하고 눈에 잘 보이는 존재임에도 불구하고, 이들은 대개 일반인들에게 의사나 변호사에 비하여 독특하게 지배력이 적고 수준이 낮은 전문집단(lower-level professionals)으로 인식된다.

둘째, 사실상 모든 사람들이 스스로를 교육과 학습에 대한 전문가라고 자부한다는 것이다; 의사나 변호사들을 비난하려면 그 분야에 대한 전문적인 지식을 가질 필요가 있지만, 많은 사람들은 과거에 학생이었던 자신의 경험만으로 학교와 교사들을 비판할 자격은 충분하다고 간주한다.

셋째, 사회의 결함(인종차별에서부터 여학생들의 수학적 적성의 상대적인 부족에 이르기까지)이 전국적인 관심이 될 때마다 학생을 교육하고 이들에게 적절한 가치를 주입시키도록 하는 것이 교사의 주요 업무라고 생각하고 교사들에게 암묵적 책임을 가한다.

마지막으로 아마 가장 중요한 것으로 이 나라의 많은 소수민족의 비참한 여건의 직접적인 원인은 바로 교사 때문이라고 여겨졌기 때문에 이 기간 동안 공공연하게 비난을 받았다.

불행하게도 일반적으로 (교사들에게) 적용하는 공식은 복잡한 것이 아니다: 소수민족이 가난한 이유는 직업을 얻을 수 없기 때문이며; 직업을 얻을 수 없는 이유는 제대로 배우지 못했기 때문이고; 제대로 배우지 못한 이유는 학교 그리고/또는 교사들이 인종차별을 하거나 무능하거나 잘 보살피지 않기 때문이다. 물론 학교는 소수민족 아동의 교육을 여전히 잘 하고 있지 못하지만 Sarason(1982)이 지적한 대로 "문제가 학교 맥락 내에서만 일어난다면, 학교 안의 문제를 정확하게 지적하고 학교 내에서 변화를 제안하는 것은 너무나 쉬운 일이다."(p. 12).

60년대 후반 교사들은 온 도처에서 비난을 받은 듯하다. 성인들도 비판을 자제하지 않았지만, 교사들이 가르치던 많은 학생들 또한 그 비난에 가세하였다. 그 당시의 분위기는 중학

---

2) 역자 주: 비저너리(visionary)는 실현 불가능한 것을 꿈꾸는 사람을 뜻한다. Landrum(1999)에 의하면 비저너리 성향을 위대한 인물의 특성으로 지목했다(Landrum, G. N. (1999). *Eight Key to Greatness: How to Unlock Your Hidden Potential*).

교와 고등학교 학생들까지 가세하여 투쟁을 유발하기에 이르렀다. 1968년 11월부터 1969년 2월까지 학생 시위는 38개 주와 콜럼비아 학군의 348개 고등학교에서 발생하였다; 이들 시위는 "전국의 모든 영역에서, 모든 종류의 공동체에서, 모든 종류의 학교에서" 발생하였다 (Silberman, 1970, p. 13). 학생들은 전통적인 권위 관계에 도전하였고 교사들은 거의 피하지 못하였다. 학생들은 자신들의 권리가 침해당하는 것, 변하기 쉬운 정책과 규정의 대상이 되는 것, 억압적인 환경에서 보수적인 교사들에 의하여 부적절한 과목을 배우는 것을 불평하였다. 다시 말하면, 이러한 불평이 부분적으로 진실이라고 할지라도 교사와 학교가 모든 부류와 종류 심지어 교사들이 직접적인 책임이 없거나 관계가 없는 불평거리의 희생양이 되었음을 분명히 해야 한다.

❀ 인권 운동

어느 누구도 인권 운동의 필요성, 합법성, 영향력 혹은 수백만 명의 흑인과 백인 아동의 삶에 미친 긍정적인 효과에 대해 의심할 수는 없다. 그것은 교육의 질에 대한 접근을 더욱 가능하게 하였고, 소수민족 구성원이 더 나은 취업 기회를 가질 수 있도록 하였으며, 오랫동안 선입관에 갇혀 있던 많은 사람들의 인식을 바꾸어 놓았다. 이러한 대개혁의 기초적인 전제와 성과에 대해서는 어떠한 논쟁도 있을 수 없지만, 하나의 심각한 기능장애적 교육결과를 가져 왔다는 점은 짚고 넘어가야 한다. 여기에서 싫증날 만큼 논쟁을 유발해 왔던 고등교육 혹은 초등학교 학급에서의 영재를 위한 "할당제도"를 언급하려는 것은 아니다. 교사에 대한 책임전가에 대해 언급하려는 것이다. 소수민족에 대한 악의적인 처우, 소수민족의 직업상 기회부족을 안타까워하면서 국가는 죄책감, 후회, 분노를 교육체제 특히 교사에게 너무나 거리낌 없이 표출시켰다. 거의 2백 년 동안 지속되어온 잘못된 가치를 해결하려는 연구에서는 학교에 점점 더 중심을 두고, 교사들은 소수민족 아동의 발전을 방해하는 사람으로 여겨졌고, 더 광범위한 공동체 차원의 학교 참여를 요구하였다. 지도자들과 낡은 태도에 대하여 비난을 하는 것만으로는 충분하지가 않았다: 정치적으로 현재 소수민족 아동이 겪고 있는 교육상의 미흡한 성공에 대하여 책임을 질 필요가 있었는데 교사들은 편리한 표적이 되었다. 따라서 시기적으로 매우 늦었지만 소수민족 집단에게 참정권을 부여함으로써 발생한 가장 즉각적이며 널리 퍼진 부산물 중 하나는 대중으로부터 교사를 향한 존경과 지원을 거두어들이게 한 점이다. 스스로를 진보적이라고 생각하는 사람들에게 교사는 적으로 인식되었다. Grant(1988)의 뛰어난 저서, 『The World We Created at Hamilton High(해밀턴고등학교에서 우리가 만들어낸 세상)』에서 언급하였듯이, 교사들은 사회적 인종차별주의 세대의 희생물이 되었다.

사실상 이러한 "교사 비난"은 의도한 것은 아니나 연방정부(아울러서 교사 노조, 이 장의 후반에서 논의될 요인)에 의하여 선동되었다. 인권지도자 및 그 지지자들에게 대도심 저소득층 지역의 여건 악화와 도시교육 실패에 대한 인식이 주요 의제로 부각되면서 연방정부는 매우 의도적인, 상당한 개혁을 후원하고 지원하기로 하였다. "전통적 견해에 따르면 교육은 지역과 주정부의 책임이며 연방정부는 부모-지역-주의 업무영역에 참견할 근거가 없다고 생각했으나, 이러한 생각에 변화를 가져온 계기는 바로 '도시문제'의 어려움 때문이었다" (Sarason, 1982, p. 92). 연방자금이 투입됨으로써 나타난 그 밖의 변화로는 학교체제 내에 관료층이 추가로 생기고, 학내에 모든 다양한 교육전문가들을 추가로 두게 되었다. 이러한 노력들은 보통의 담임교사의 부담을 줄여주려는 의도에서 비롯되었지만, 긍정적인 예상과는 달리 완전히 다른 결과를 낳았다. 많은 경우 이들 추가 직원들은 더 번거로운 관료층을 형성하였고, 담임교사와 직무혼선을 일으키면서 이미 바닥에 떨어진 담임교사의 권위와 자율성을 더 한층 위태롭게 하였다.

그러나 더 심각한 것은 학교에 연방정부가 개입함으로써 교사들이 더 한층 전국적인 조명을 받게 되었고, 잘못 계획된 개혁정책의 실패에도 비난은 교사들에게로 돌아갔다. 개혁가들은 학교문화에 필요한 변화에 대하여 거의 혹은 전혀 알지 못하였기 때문에 이러한 노력은 실패할 수밖에 없었다고 Sarason(1982)은 주장하였다. 교육개혁은 너무나 자주 학교체제의 외부 인사(대학 교수, 정부관료)에 의해 계획되었고, 교사들의 조언이나 교사에게 필요한 것이 반영되거나 존중되지 못했음에도 불구하고 교사들에게 강요되었다. 교육 "전문가"들은 교사들의 비타협적인 태도가 성공적인 학교개혁에 주된 방해라고 확신하는 사람들과 합세하여, 학교의 문제는 바로 교사들에게 있다고 보았다. "좋은 의도로 이러한 개혁을 제안한 사람들은 개혁이 실패할 때 학교 직원을 경직, 편집광적, 의욕 부족과 같은 개인적인 특성으로만 이해하려 하였다"(Sarason, 1982, p. 3). 또한 이들은 교사에 비해 여론에 훨씬 더 영향력을 갖고 있기 때문에 그들의 신랄한 견해는 이미 기울고 있는 학교와 학교 직원에 대한 대중의 신뢰를 악화시킬 뿐이었다. 교사를 향한 그러한 태도는 아직도 분명히 작용하고 있다; 1986-87년 동안 미국 교육부 장관을 역임했던 William Bennett은 교원 노조가 파업으로 학교 개혁을 방해한다고 자주 비난하였다.

학교의 실패, 특히 소수민족 아동의 실패를 교사들의 잘못으로 간주하는 "변질된 비난"은 그 시대의 초기를 견뎌야 했던 교사들에게는 매우 고통스러운 경험이었다. 1950년대와 1960년대 초에는 교사들은 비록 매우 박봉이었지만 널리 존경받고 유능한 전문인으로 여겨졌다; 심지어 1969년에도 갤럽 여론조사에서 미국 학부모 중 75%가 자녀가 공립학교 교사가 되면 좋을 것이라고 하였으나, 이러한 수치는 1980년 48%로 하락하였다. 시기에는 학생이 학교에서 잘 하지 못하면 그것은 학생의 "잘못"으로 돌렸고 학부모들에게 수치였다; 교사는 신성한 존재로 여겨졌다. 그러나 사회적 자각과 항의의 시대, "교육체제"가 모욕의 초점이 된 시대에 와서 이러한 태도에 결정적인 변화가 생겼다. 학생폭력은 반응이 없고 도덕적으로 부패한 국가의 필연적인 부산물로 여겨졌다; 교육의 실패에 대한 책임은 학생에게서 교사에게로 전가되기 시작하였다. 교사들은 더 이상 예전과 같은 존경과 칭찬을 받지 못하였으며 이제는 학생이 학교에서 잘 하지 못하면 교사가 보살피지 않았고, 무능하고, 심지어 인종차별주의자이기 때문에 생긴 잘못으로 간주되었다. 이제 학생은 대단히 대우받고 신성한 존재가 되었다; 학생의 실패는 학교의 잘못이며 교사의 수치로 여겨졌다. 이러한 추세에서는 당연하게 학생은 무죄로 두었지만 사실 그것은 본질을 비켜가는 것이었다(이 사회에 퍼진 인종차별주의는 심지어 "훌륭한 교사들"이라도 필요를 충족시켜 줄 수 없는 하류층을 형성하게 하였다). 아동 "결함 모형(deficit model)"(도시교육의 실패를 아동의 문화적, 정신적, 지적 결함 탓으로 돌리는 모형) 없애기에 갈채를 보냈던 많은 교육자, 비판가, 관심 있는 시민들이 이제는 학교실패는 주로 교사 결함 때문에 생긴 결과라고 주장함으로써 이제는 교사 결함 모형으로 대체되었다. 교육실패에 대하여 어떤 집단을 희생양으로 삼고자 하는 많은 대중들은 이 모형을 받아들이게 되고, 명백하게 교사들은 괴로운 고립상태에 몰아세워졌다.

60년대 교단에 있던 많은 교사들은 인권운동에 지원적이었으나, 그 시대 후반부에서는 도처에서 제기된 소수민족 아동의 필요를 교사들이 파멸시켰다는 비난 때문에 교사들은 기만당했다고 느꼈으며 분노를 느꼈다. 교사에 대한 이러한 모욕스러운(아울러서 역설적인) 비난은 반유대주의 정서를 보이는 뉴욕 같은 대도시에서는 더 심했기 때문에 그곳의 많은 유대인 교사들은 더 한층 분노하게 되었다. 자유로운 가정에서 성장하여 자유로운 정서에 섞어 있는 젊은 유대인 교사들은 학교 공동체에 팽배한 반(反)교사, 반유대주의 정서에 속수무책이었다. 사실 자신들이 비난받는 집단의 일원으로 취급당한다는 사실은 60년대에 도시교육 체제로 들어간 많은 교사들에게는 (백인, 흑인, 유대인, 기독교인 또는 그 누구이든) 심한 충격이었다.[3)]

3) 저자 주: 비록 신임 흑인교사와 신임 히스패닉계 교사들은 대개 이러한 취급을 받지 않았지만, 항상 그랬다고 생각하는 것은 또한 잘못된 생각이다. 나의 경험에 비추어보면, 이 시대에 가장 알려지지 않지만 일부 가장 극심하였던 투쟁은 흑인 교사, 흑인 학부모, 흑인 공동체 지도자들이 주도하였고, 교직의 품위를 떨어뜨리고 학교를 공동체가 통제할 것을 요구하는 투쟁적인 흑인 지도자들보다 흑

(신임과 경력 교사이든) 많은 교사들은 원칙 면에서는 흑인 지도자들의 근본적인 불평에 대하여 공감하였지만, 대부분의 교사들은 학교에 대한 통제력을 포기하려고 하지 않았고, 공동체 지도자들, 반체제 언론인들, "진보적인" 교육자들이 교사들을 향해 매도하던 고발내용을 인정하지도 않았다. 60년대 후반 공동체 운동가의 일반적인 비난은 학교위원회가 진두지휘하고 백인 교사들이 행동으로 옮긴 "민족말살" 정책의 대상이 흑인 및 소수민족이라는 것이었다. Nat Hentoff의 저서, 『Our Children Are Dying(우리 아이들이 죽어간다)』(1966)은 덜 선동적인 것이었다. Jonathan Kozol의 『Death at an Early Age(어린 나이의 죽음)』(1967)은 대도시 중심부의 저소득층 지역 학교에서 일했던 자신의 체험에 대해 기술하면서 다른 교사들로부터 배울 수 있는 유일한 것은 "아동의 인간애나 독립성, 독창성을 어떻게 억압하고 말살하는가"(p. 14)하는 것이라고 느꼈다고 하였다.

이러한 항의의 목소리는 60년대 미국교육의 상황, 특히 소수민족 교육 상태가 어떠한가를 뚜렷하게 내포하고 있다. 인종 차별주의자인 교사와 고풍스런 태도로 부당한 정책을 시행하는 복고풍의 학교위원회가 있었으며, 이들은 모두 대중의 관심을 끌 필요가 있었다. Kozol이 썼던 보스턴 공립학교들은 누가 들어도 소수민족 아동의 필요에 무심한 학교위원회에 의해 운영되었다. 논의의 여지가 있지만, 많은 교사들은 대도심의 저소득층 지역 아동의 특수한 환경과 문제에 대하여 민감할 필요가 있다. 하지만 문제는 이 문제와 관련하여 수많은 교사들을 구별하려는 시도를 하지도 않았다는 점이다. 만약 조금이라도 구별을 시도한 경우 그 분류는 아주 극단적이었다(훌륭함 대 나쁨, 인종차별주의자 대 자유주의자, 진보주의자 대 보수주의자). 특히 60년대 후반은 분열과 "비이성적 단순화"의 시대였으며(Morrow, 1988), 교사들은 "악역"을 맡았다.

대부분의 교사들은 기꺼이 배우고 비판을 받아들임으로써 스스로를 돕는 사람, 혁신적으로 돕는 사람으로 생각하였으나, 교사들은 비효과적이라는 메시지뿐 아니라 교사들이 소수민족 아동의 정신을 파괴하는 "억압 기계"의 부품이라는 더 과격한 메시지를 받아들일 준비가 되어 있지 않았다.

우리는 인권 운동의 결과에서 얻은 성취적인 측면을 무시할 수는 없다. 특히 1968년(「타

인 교사들은 신임과 경력에 상관없이 교사들에게 더 크게 충성을 표현하였던 것은 전혀 진기한 일이 아니었다. 사실상 모든 흑인 교사들은 출생 환경이나 성취로 볼 때 확고한 중산층이었고, 일반적으로 생각했던 또는 생각하는 것보다 일부 하류층 학생들과 그들의 부모들에 대하여 분명 덜 동정적이었다. 그리고 그들은 현재 가난한 소수민족 아동의 형편없는 상태에 대하여 집단적으로 교사들 책임이라는 비난에 거의 공감하지 않는다(그 시대의 주어진 분위기에서 일부 흑인 교사들이 매우 불편한 곤경에 사로잡히도록 한 믿음).

임」에서는 20년 후 이때를 "한 세대의 형태를 만든 해"라고 언급하였다) 이후, 교사들이 얼마나 무례한 대접을 받았는지를 상기하지 않고는 이 시대에 대하여 쓸 수 없다. 국가 의식과 양심을 움직였던 1968년에 일어난 사건 중에는 설날의 베트남 공격, Eldridge Cleaver의 저서 『Soul on Ice(얼음 위의 영혼)』 출간, 대통령 출마를 선언한 Lyndon Johnson, 콜럼비아 대학 학생들의 학교 건물 점거, Robert Kennedy 암살, 가난한 사람들의 워싱턴 시위 행진, 시카고 민주당 전당대회에서의 폭동, Richard Nixon의 당선, 그리고 교육과 학교정책에 관련된 가장 두드러진 충격으로 Martin Luther King Jr. 목사의 암살이 있다. 사실 킹 목사의 사망 무렵에는 그의 영향력은 점차 감소되고 있었다. Lance Morrow에 따르면 그가 선택한 평화주의적 방법은 "많은 흑인들에게는 부적절할 정도로 고상하고, 고풍스러우며, 모진 현실과는 동떨어진 것으로 보였으며"(1988, p. 23) 이 당시 H. Rap Brown과 Stokely Carmichael과 같은 더 "과격한" 흑인 지도자들이 부상하고 있었다; 왓츠, 디트로이트, 뉴욕 지역들은 이미 폭동에 휩싸였다. 킹 목사의 암살은 엄청난 비극이었음에도 불구하고 이러한 추세는 아픈 역사적 사실로부터 아직도 완전히 회복되지 못할 만큼 미국의 꿈을 산산이 부수고 도시와 학교를 혼란으로 몰아넣었다.

> James Baldwin은 나중에 백인들은 그 당시 흑인들이 느꼈던 비탄의 깊이를 결코 이해하지 못할 것이라고 말하였다. 미국은 일주일 동안 폭동에 휩쓸렸다. … 모두 125개 도시에서 폭력사건이 일어났다. … Martin Luther King Jr.와 그 이후 대단원의 종말이 된 Robert Kennedy의 암살은 한 사회가 갖고 있던 윤리적 예측방식이 죽음을 맞이하도록 만들었다. 킹 목사는 거의 없어져버린 고귀함과 희망을 구체적으로 보여 주었다. 킹 목사, 케네디 대통령의 암살과 더불어 순수한 이상주의(미국이 다시 회복되기를 희망하는 이상주의)도 함께 죽었다. 1968년의 신경쇠약 여파로 이상주의라는 단어는 거의 타락한 용어가 되었다. 이상주의는 궁극적으로 적극적인 특수한 이해의 추구(선거구민이 장기전으로 투쟁하는 것과 같은)로 변질되었다. … (Morrow, 1988, pp. 23-24).

실로 60년대 중반 (점차 그 세력이 약화되었지만) 교육철학의 특징이었던 이상주의는 킹 박사의 죽음과 함께 완전 박살이 나버렸다. 그 대신 더 심한 분노, 더 심한 폭력, 인간관계를 더 소원하게 만드는 일들이 나타났다. 투쟁적인 지도자들이 공동체에서 점점 더 강력한 인물이 되어갔고, 교육체제에서 "소수민족 아동의 필요에 더 부합하고자" 보다 적극적인 시도를 하였다(문자 그대로의 의미로는 친절하고 심지어 칭찬 받을 만한 문구이지만, 도시지역 학교에서 소수민족 출신이 아닌 교장을 쫓아내고 소수민족 출신 교사가 아니면 환영받지 못한다고 느끼게 되는 문구였다). 여기서 주장하고자 하는 것은 소수민족 문화에 대한 인식이나 공감이 없는 비소수민족 교사들은 교실에서 더 쉽게 좌절하고 소수민족 아동에 대한 교육을 더 쉽게 포기한다는 것이었다. 도시지역 교육의 도전에 동정을 갖고 효과적으로 일을 잘 처리할 수 있는 사람은 오직 소수민족 교사들과 행정가들뿐이라고 주장하였다. 많은 초임교사들은 이상주의와 자유주의 성향을 갖고 있다는 점에서 나이든 교사들과 다르다고 인식하였지만, 공동체에서 이들은 전통적으로 불친절하고, 별 도움이 안 된다고 생각되는 새로운 구성원 정도로 여겨졌다; 교직에 더 오래 동안 몸담은 교사들에게도 때때로 도시 빈곤과 인종 편견에 대한 직접적인 책임의식을 느끼도록 하였다.

인종 평등 투쟁을 향한 이러한 새롭고 보다 대립적인 국면은 많은 교사들 심지어 대도심의 저소득층 지역에서 가르치지 않는 교사들에게조차 극적인 결과를 가져 왔다. 두 가지 사례(하나는 대도심 저소득층 지역 학교에서 "어느 편에 속해야 할지" 결정해야 하는 새내기 교사의 사례이며, 다른 하나는 백인이 월등히 많은 학교의 교직경력이 많은 교사의 사례)는 이러한 점을 더 잘 보여 줄 것이다.

1967년 가을에 23살이 된 Diane는 북동부 대도시의 주로 흑인이 다니는 중학교에서 2년째 영어를 가르치고 있었다. 대학생일 때 자신이 읽었던 책이나 가깝게 지내던 사람들에 비추어 볼 때, 그리고 자신의 반전사상, 인권 운동과 대학입학 개방에 대한 지지, 혜택 받지 못한 아동을 가르치고자 하는 욕구에 비추어 볼 때 스스로를 "자유주의자"로 간주하였다. 이 학교의 교사들은 지나치게 주류에만 초점을 맞추고 교과서에 지나치게 의존하며, 아동의 삶의 심리적 현실은 관심이 없거나 인식하지 못하기 때문에 그녀는 이러한 전통적인 아동교육 방법은 효과가 없다고 생각하였다. 그녀는 학생들을 이해하기를 원했고, 학생들이 스스로를 더 잘 이해하는 데 도움이 될 만한 책을 소개하고 싶었다. 그녀의 학생들은 The Yearing(한 살 박이, 어린 백인소년의 말에 대한 애착에 관한 이야기)보다는 Sounder(음향기, 남부에서 자라는 흑인아동에 대한 이야기)를 읽으려고 하였다.

교사로서 첫해에 Diane는 교직이 생각보다 더 어려우며, 그녀가 출근할 때 어느 누구도 관심을 갖거나 교사로서 이룬 성취에 대해 축하하는 사람이 없었고, 자신의 학급배정에 대해 할 수 있는 말이 거의 없으며, 동료들은 다 좋은 사람들이나 일과 후에는 사실 모두 곧장 집으로 돌아가는 전형적인 현실을 발견하였다. 그러나 첫해 그녀를 가장 불편하게 한 것은 인종차별에서 기인한 학교의 긴장이었다: 후임 교감의 선정 문제로 흑인교사와 백인교사들은 서로 화를 내며 의견대립을 하였고, 흑인학생과 백인학생들은 서로 다른 길로 다니는 것 같고, 백인 학부모들보다 흑인 학부모들은 정학이나 경멸적 인식, 성적표의 성적을 항의하고자 학교에 더 빈번히 찾아 왔다.

정치, 인종, 교육에 대한 문제는 상황이 더욱 심각해져 다음 학년도(1967~68)는 폭발 직전이 되었으며, 이런 상황은 그녀를 매우 불편하고 혼란스럽게 만들었다. 그녀는 몇 명의 학부모와 동료들에게

"만일 당신이 해결책을 제시할 수 없다면 당신도 역시 문제의 원인"이라고 반복하여 일깨워줬다. 그러나 이러한 표현이 자신의 학급에서 어떻게 받아들여졌는지 분명하지 않았다. 그녀는 이미 학생들에게 "적절하고" 흥미 있는 쟁점을 수업에 반영했기 때문에 스스로는 이미 "해결책의 일부분"으로 생각하고 있었다. 또한 그녀는 학생들의 삶을 진정으로 이해하려는 노력을 하고 있으며, 학생 스스로 세상에서 자신들에게 도움이 될 기술 개발에 전념하도록 한다고 생각하였다. 그러나 거리에는 분노와 격노가 넘쳐나고 학급에는 공부를 잘 따라오지 못하는 학생들이 있었기 때문에 그녀는 스스로를 확신하지 못하였다. 그녀에게도 아마도 책임이 있었을 것이다; 아마 모든 교사들도 그러하였다. 그녀는 받아들이기 힘든 다음의 두 가지 제안 중에서 선택하여야 하는 것처럼 느꼈다: 첫 번째는 전반적인 공동체 정신을 구체화하는 것으로, 모든 학생의 행동, 정서, 태도는 "합당하고" 가치 있으며 비난 대상이 아니라는 것이며; 두 번째는 전문교육자의 전반적인 입장을 구체화하는 것으로, 그 공동체 외부에서 태어나고 잘 교육을 받은 그녀와 같은 교사들만이 모든 아동에게 무엇이 최고인지 진정으로 알고 있는 유일한 진문가라는 것이었다.

이러한 입장에서 그녀는 무엇을 가르칠지 불안정하지만 균형을 유지할 수 있었다. 그녀는 기존의 교육과정에서 벗어나 학생들의 삶에 더 적절하다고 생각되는 것으로 자유롭게 대체하였다. 하지만 더 어려운 것은 학급의 문제행동을 적절하게 처리하는 방법을 찾는 것이었다. 소수민족 학생들이 괜한 오해를 받고, 심지어 성인들로부터 학대까지 받고 있다고 느끼면서도, 버릇없는 학생들에 대하여 불편한 감정이 생기고 심지어 자신의 마음속에 "가까이 다가오는" 인종차별을 느꼈다. 다른 한편으로는 그들의 행동을 무시한다거나 이들 일부와 개인적으로 대화를 나누는 것은 효과가 없어 보였고, 그녀는 학급에서 그러한 나쁜 행실이 계속되는 것은 다른 학생들에게 부당하다고 생각하였다. 학급을 잘 통솔 못하거나 학생들이 자신을 모욕하고 저주할 때에는 스스로 무력하고 전문적이지 못함을 느꼈다. 그리고 학기 중에 이러한 공격의 빈도와 격렬함이 증가하면서 비록 이성적으로는 이러한 격분을 이해할 수 있지만 현실적으로 참기 어렵다는 것을 깨달았다.

학교의 분위기는 그녀를 지치게 만들었고, 그래서 출근할 의욕이 나지 않았다. 자신의 많은 학생들과 지역사회가 대체로 자신, 학교, 교사들을 향해 직접적으로 갖고 있는 감정에 대하여 그녀는 점점 더 분노하고 있음을 깨달았다. 비록 교직의 결점(예: 관료적인 무능)은 인정하고 자신과 동료들의 부적절함은 시인할 수 있지만, 자신도 교직도 이 같은 취급을 받기에는 부당하다고 생각하였다. 그녀는 여전히 학생들을 보살폈으나, 교사들을 향한 지역사회의 분노는 대개 그릇된 방향으로 나타났다. 다소 방어적이나 그녀는 교사들이야말로 가난한 지역사회에서 가장 신뢰스러운 도움제공자라고 생각하였다. 그래서 그녀와 다른 교사들이 적절한 아동보호의 만성적 부족의 책임으로 비난받아서는 안 된다. 그녀가 내린 선택은 (몇 년 후 그녀의 회고에서 더 분명해졌는데) 자신의 에너지를 이러한 전체 상황에 더 이상 사용하지 않기로 하였다. 교사로서 받는 비난에 대한 분노는 아동과 학급을 보살피는 것을 멈추게 하지는 않았지만, 그녀의 열정을 멈추게 하였다. 그녀는 아직도 교사이지만 이제는 덜 열심이다.

Jim은 1947년 제대한지 얼마 후 교단에 서기 시작하여 주로 백인 근로자층 거주지역에서 19년간 교사생활을 하였으며 계속 6학년을 가르쳤다. 그는 일을 즐겼으며 자신이 훌륭하고, 철저하며, 진실한 교사라는 사실에 자부심을 가지고 있었다. 본인이 시인하였듯이 그는 매우 "기본적인" 사람으로, 학생들에게 교육의 "기본"인 3R's를 가르치는데 전념하고; 최신의 교육흐름이나 새로운 교육과정 자료에 특별한 흥미를 보이지 않았다. 그는 지역사회에서 널리 존경을 받고 있다는 사실에 스스로 감사하게 생각하였다. 그리고 제자들이 몇 년 후 그를 찾아와 자신의 성공담을 함께 나누고 싶어하는 그러한 부류의 교사였다.

간단히 말하자면, 그는 60년대의 도래를 알리는 변화, 즉 새로운 복장, 새로운 음악, 전쟁반대, 반미국정서 등 아무 것에 대해서도 준비가 되어 있지 않았다: 분명 미국교육은 심연의 늪으로 떨어지고 있고 철저한 조사가 필요하다는 대중의 비난에도 준비가 되어 있지 않았다. 그는 학생들의 장발과 제멋대로인 복장에 익숙해지고 있는 자신에게 놀랐지만, 결코 이 시대의 근본적인 인습타파, 권위에 대한 불경(不敬)은 용납할 수 없었다. 그는 존경받는 것에 익숙해져 있었고 실로 자신은 존경받아 마땅하다고 생각하였다. 급여는 불충분하여 생활비는 빠듯하였지만 가족과 친구들도 그가 받은 대학교육과 전문가로서의 지위에 자부심을 가졌다. 그는 당시 전국적으로 만연했던 정치적 항의에 일반적으로 공감하지 않았고, 또한 그것들이 특히 자신에게 영향을 미친다고 생각하지도 않았다. 그러나 그를 격분시키는 것은 인종 차별에 대한 교장실에서의 연좌 항의, 교사들에 대한 신체적인 폭행, 특정 도시 혹은 전국적인 교육실정을 담은 권위 있는 보고서 작성이 필요하다는 글을 읽는 것이었다. 아울러 이런 비난의 결과로 나타나는 교사를 위한 지원 부족에 대해서 배신감을 느꼈다; 비록 많은 학부모들과 심지어 신문 편집인들도 교육제도를 공격하는 사람들의 책략에 대하여 항의하는 목소리를 내었지만, 실제 교사들을 방어한 사람은 거의 없어 보였다. 많은 사람들은 교사들을 자랑스럽게 여기고 최선을 다했던 그 시절, 성공적인 학생들이 공부했던 그 교실들을 너무나 빨리 잊은 듯이 보였다.

학부모부터 신문 편집인에 이르기까지 모든 사람들이 교직에 관해 철저한 조사가 필요하다고 암시하였으나, Jim의 입장에서는 점검(tune-up) 정도면 충분하다고 보았다. 비록 소련 우주선 스푸트니크 발사에 연이어 미국교육의 질에 대한 대중으로부터 강력한 항의를 받았던 1957년의 유사한 기억이 있지만, 그때의 항의는 본질적으로 교사보다는 새로운 교육방법의 필요성 특히 수학과 과학교과에 대한 전국적인 관심에 더 큰 초점이 두어졌다고 보았다. 지금의 새로운 물결이 가하는 비난은 교사 스스로에게 기본적인 자질과 민감성에 의문을 표시하는 것으로, Jim에게 "기본적 인격 암살"이라는 생각이 들게 하였다. 그는 언론과 일반인에 의하여 배반당하였다고 생각했고, 비록 자신은 여전히 지역사회 학부모로부터 지원을 받고 있다는 것을 알지만 전국적으로 교사들을 향한 학부모들의 지원이 사라지는 것이 아닌가 염려하게 되었다. 그에게 교직은 처음으로 오해받고 고독한 직업이 되었다.

학교에 대한 지역사회의 통제가 좋은지 나쁜지, 흑인 교사와 흑인 행정가들이 흑인 아동에게 반드시 더 나은지, 교육적 성공 가능성에 가장 영향을 끼치는 것이 가정 혹은 학교 여건인지 모두 논의되어야 하는 쟁점이다. 분명한 사실은 이러한 쟁점에 대한 격렬한 토의와 이를 해결하려는 성급한 시도가 많은 교사들(대부분 백인이나 일부 흑인 교사도 포함됨)이 자신들의 진실성, 윤리, 전문성이 의심을 받거나 비난받고 있다고 느끼게 되는 교육위기에 일조하였다는 것이다. 상황을 되돌아보면, 반체제나 개인권리를 지향하던 60년대는 본질적으로 인권운동과 결합하여 많은 교사들이 특권을 박탈당했다고 느끼도록 함으로써 피할 수 없는 연속적인 사건을 불러왔다. 이러한 새로운 "교사 비난하기(blaming the teacher)" 분위기에 가장 즉각적으로 영향을 받은 집단이 바로 가난한 도시지역에서 가르치는 교사들이었다. 그러나 이 집단은 비난의 초기 표적이었을 뿐 다른 교사들에게도 곧 비난이 퍼지게 되었다. 공통 요인이나 특성을 연결시켜 어떤 개인집단을 동질화시키려는 경향이 교사들에 관해 생각하고 집필하는 사람들에게 분명히 영향을 끼쳤고, 학생들의 필요를 충족시키는데 대부분의 교원은 무능하다고 간주되었다. 1980년 「타임」 표지기사 제목은 1960년대 후반 이래 눈덩이처럼 불어난 교사들에 대한 감정을 나타낸다: "도와줘! 교사들이 못 가르치잖아(Help, Teachers Can't Teach)."

그러한 반교사 정서에는 너무나 많은 역설이 담겨 있다. 첫째, 무능한 교사와 인종차별 교사가 설령 있다고 해서 전체 교원을 무능하고 인종차별자라고 일반화시켰던 여러 개인과 단체들이야말로 바로 인종차별에 대한 세상의 편견에 가장 강력하게 대항해 왔던 사람들이었다. 둘째, 확증 없이 소문에만 근거한 실패(비타협적 태도, 무능, 통찰력의 부재)로 말미암아 교사들을 비난한다는 것은 일명 "희생자 비난하기(blaming the victim)" (교사와 같이 고객을 대하는 공무원의 예상되는 태도를 기술할 때 흔히 사용하는 문구) 개념과 대단히 유사하였다. 대중들은 현재 이럴 수밖에 없는 모습이나 그 역사적 맥락을 이해하기보다는 이들의 성격적 결함을 찾는데 훨씬 더 관심이 많았기 때문에 이들에게 가혹하고 냉정한 대접을 하였다. 도시지역의 가난한 사람들은 분명 평균적인 교사들보다 훨씬 생활이 어려웠던(현재에도 어려운) 것은 사실이나 두 집단 모두 이러한 상황에서 자존심을 지키고자 고군분투하였다는 사실이다. 마지막 역설은 나이든 교사들을 비판하였던 젊고 이상주의적 교사들마저도 이제 전체 교사를 낡고 무능하다고 바라보는 대중에 의하여 한 덩어리로 인식되었다는 것이다.

❀ 남자 교사의 교직 쇄도

사실 베트남 전쟁은 대단할 정도로 정치, 사회 모든 면에 영향을 끼치면서 60년대 분위기를 좌지우지하였다. 고등교육의 효과는 가시적이었고 대학교육 역시 그 효과가 잘 인식되어 있었다. 그러나 공교육 적어도 도시지역 공교육의 효과는 비록 인내를 더 필요로 했다. 수많은 젊은이들이 격렬하게 전쟁을 반대하고 징집이나 심지어 예비부대에서 6개월간의 복무도 거부하던 그 시대에 캐나다로 도망가거나 장애자 흉내를 내거나 아니면 남자 대학졸업자들에게는 흥미를 끄는 선택이 하나 있었다: 바로 Title 1 학교(불리한 조건을 가진 학교, disadvantaged schools)에서 교사가 됨으로써 징집을 피하는 것이다. 불리한 환경조건을 가진 교육지역에 교사가 필요했고, 그 곳에서 교사를 하겠다는 사람들에게 국가는 징집 연기를 흔쾌히 승낙하였다.

어떤 일이 벌어졌는가? 학교를 개선하라는 엄청난 압력 때문에 연방정부와 지방정부는 교실의 규모를 줄이고 교사와 지원할 직원의 수를 증가시킬 계획을 마련하였다; 갑작스럽게 전국적으로 교사 부족의 해결책을 찾아야 했다. 그리고 거의 "완벽한" 해결책을 찾을 수 있었다. 정부의 입장에서 고등교육을 받았고 이상주의자들이면서 징집을 거부하는 젊은 남성 전체를 기소하기는 거의 불가능하였고 또 정치적 논란을 일으킴으로써 엄청난 시간과 돈을 소비하기보다는 그들에게 군사적 의무를 "연기"할 수 있는 방안으로 환경이 열악한 공동체에서 교사가 되는 것을 허락하였다. 그처럼 60년대 후반 뉴욕과 많은 도시에서는 대학에서 단지 12시간의 교육이수(심지어 그 중 일부는 심리학 같은 학문을 다루었다)를 통해 임시 교사자격증을 취득할 수 있었다.

이러한 방식으로 많은 남성들이 교육계에 진입했으며 전통적으로 "여성" 직업으로 인식되던 교직에 남성비율이 증가되었다. 일부는 더 이상 징집대상 연령이 되지 않는 26세까지만 교직에 머물렀다. 그러나 26세에 교직을 떠날 것으로 예상했던 많은 사람들은 그 나이가 되었을 때 그들의 마음을 움직이는 다른 직업변경 계획이 없고, 새로운 직업을 준비하기 위하여 학교로 다시 돌아가려는 마음이 거의 혹은 전혀 없으며, 교직이 상당한 이익이 있는 (특히 여름방학) 괜찮은 직업이라고 생각하였다. 따라서 그들은 교직에 남았으며 이들의 존재는 차이를 가져 왔다. 그 때는 (아마 아직도) 남성의 목소리가 여성의 목소리보다 더 크게 들렸고 교직이 더 이상 단지 "여성의 일"이거나 이류 직업으로 여겨지지 않았기 때문에 교사들은 직무에서 더 많은 것을 요구하기 시작하였다. Brenton(1970)이 지적한 바와 같이 "우연 이상으로 교사 투쟁성에서의 극적인 증가는 … 남성교사 수의 극적인 증가와 함께 동시에 발생하였다"(p. 110). 60년대 교단에 처음 설 때는 그렇게 적은 대가로도 기꺼이 일하였던 남성이 그러한 방식에 영원히 머무르지는 않았다. (60년대 후반과 70년대 초반) 교사들의 분위기가 바뀌고 그들이 더 고립되고 지원받지 못한다고 느끼면서 교직은 더 이상 "여성만의 직업"이 아니라는 사실은 전체 교원의 권한 부여에 도움이 되었다. 조직에 남자교사가 투입된 결과, 자율성과 급여체계 개선에 대한 요구가 증가하였다; 그것은 교사 및 교원노조 측의 투쟁성을 높이는 강력한 공격수단이 되었다. 전국의 교사파업 횟수는 1963~64학기당 5회에서 1967~68학기 114회, 1979~80학기 242회로 꾸준히 증가하였다. 그 이후 이러한 추세는 누그러졌지만 그 이유는 주로 경제 상황이 악화되었기 때문이었다.

물론 교사의 탈진은 남자 교사만의 현상은 아니었다(제2장에서 언급한 바와 같이 남성은 여성보다 다소 높은 스트레스나 탈진을 경험하기 쉽지만). 여기서의 요점은 징집 거부를 하고, 불손하고, 반체제적인 60년대 젊은이들의 도전적인 태도는 교사들로 하여금 불만을 공개적으로 밝히고 〔Bel Kaufman의 유머가 넘치는 『Up the Down Staircase(내려가는 계단의 위쪽에서)』(1964)〕 소설을 제외한 교직의 어려움에 대한 1인칭 보고서는 모두 남자들이 썼다. 자신들이 당연히 받아야 한다고 생각한 것(예: 더 높은 급여)을 적극적으로 요구하는 환경을 만들었고, 교사들이 더 나은 여건을 요구하는 슬로건으로 탈진을 다루었다. 사실상 1980년 「뉴욕 타임스」 여론조사에서 "특별히 환멸이 느껴지는 교사 집단으로 … 1966년과 1968년 사이 베트남의 군 복무를 기피하는 방법으로 교직에 들어온 남성들"(Fiske, 1982, p. A52)의 존재가 명백하게 지적되었다.

❀ 교원 노조와 교사들의 투쟁성

60년대의 많은 교사들은 직업에 대한 긍정적인 느낌을 갖고 교사가 되었는데 학생, 공동체, 학교위원회, 개혁가, 언론들이 이들을 적대시하기 시작하면서 "탈진"을 느끼게 되었다. 교사들은 "인종차별 갈등, 규율 문제, 과밀학급, 낡은 시설, 시민 압력, 부적절한 행정"을 다루어야 했으면서도(Campbell, Cunningham, Nystrand, & Usdan, 1980, p. 28) 다소 그들에게는 이해가 안 되지만 이러한 어려운 시기에 대중의 지원을 얻지 못하였다. 본질적으로 교직은 고독한 직업이다(intrinsically, teaching is a lonely profession); 과거 20~30년 동안 미국 대중들이 교사들을 포기함으로써 더 고독하게 되었다.

이와 같이 교사들을 대중들로부터 소원하게 만들고 교사에 대한 사회의 전통적인 견해를 바꾸게 만든 힘은 무엇이었나? 남성의 교직 유입과 더불어 60년대 전체의 "의식-고양"의 목소리는 교사들로 하여금 주위의 다른 많은 집단처럼 항의하고 사회에 더 많은 것을 요구할 수 있도록 만들었다. 60년대 초반 많은 교사들은 자신들의 권리와 욕구를 주장하는데 이중적 양상을 보였는데, 젊은 교사들은 다른 사람들의 필요가 우선시되어야 한다는 신념체계를 가지고 있었고 나이든 교사들은 자신들이 바로 전문가라는 신념체계를 보이며 자신들은 노동자 같은 태도를 취할 수 없다고 주장했다〔많은 교사들은 미국노동총연맹 산업별회의(AFL-CIO)와 긴밀한 연대를 유지할 것을 주장하는 미국교원동맹(AFT)에 반대하였다〕. 그러나 요구를 주장하고 주장을 정치화하려는 교사들의 초기의 이중의식은 점점 더 심한 공격을 받게 됨으로써 극적으로 잠잠해졌다.

60년대에 나타난 일반적인 두 가지 구호인 "자존심" 그리고 "권력"은 교사들이 누려야 할 정당한 영역으로 인식되기 시작하였다. 흑인민권운동이 일어나고 결국 교사와 이들이 심하게 힘을 겨루었던 60년대 후반의 사회적 조류 또한 교사들이 얻고자 했던 권한부여 가능성을 높이는 결과를 낳았다. 여전히 교사들은 진정 목소리를 내기 위해서는 결집력 있는 세력이 될 필요가 있었으며, 교사 진영에 더 많은 남성을 둔다거나 정치적인 구호로만 요구하는 것으로는 충분하지가 않음을 느꼈다. 60년대와 그 이후 교사들이 자신들의 생각을 천명하는데 강력한 목소리를 내도록 만든 것은 (이러한 사회변화에 의하여 촉진된) 교원노조 세력의 출현이었다. 집단적 형태를 띠지 않는 개인적 불만의 표현은 쉽게 무시될 수 있었으며 대개 무시당하였다. 따라서 교사의 탈진이 중요한 사회쟁점으로 (교사나 일반인이 무시할 수 없는 사안으로) 대두하도록 만든 것은 교원노조 세력의 증가로 가능하였다. 교사의 투쟁성과 교원노조의 세력은 60년대에 분명히 보조를 같이하였으며 하나가 다른 하나를 서로 부추기는 역할을 담당했다.

스트레스 가득한 근무여건과 개인의 권리를 표현하려는 분위기와 합세하여 그 밖의 몇 가지 역사적, 인구통계학적 요인들이 60년대의 교원노조의 투쟁성을 성장하고 증가시키는데 영향을 미쳤다. 하나는 1962년 뉴욕시 교사파업이었다. Albert Shanker의 연합교원동맹(UFT, AFT의 지부)이 지휘한 것으로, 뉴욕주 법률을 무시하고 교원노조와 교육부 간에 협상을 하였다. Campbell, Cunningham, Nystrand, 그리고 Usdan이 언급한 바와 같이: "뉴욕시의 파업은 실로 이정표였다. 왜냐하면 교사들이 성공적으로 파업할 수 있다는 것을 확인하였을 뿐만 아니라 투쟁성이란 협상 테이블에서 이익을 얻어내게 한다는 것을 알았기 때문이다"(1980, p. 283).

교원노조의 성장을 도왔던 또 다른 역사적 흐름은 바로 1962년 Kennedy 대통령이 서명한 연방 고용인에게 사용자측과 조직적으로 협상할 수 있는 권리를 인정한 행정명령이었다. 연방정부 내의 전문직 고용인의 수적 증가에 따른 요구에 의하여 촉진된 이러한 움직임은 연방 공무원과 지방 공무원의 단체적인 행동을 부추겼다. 1960년대 교원노조의 과격성을 촉진시킨 다른 요인들에 대해 Campbell과 동료들은 "많은 교사들이 더 나은 교육을 받았고 그에 따라 가족주의적인 학교위원회나 행정가를 덜 용납하였다", 또한 75%의 주민이 도시지역에 살고 있기 때문에 "세련되지 않고 억제되지 않았던 개인주의 미덕에 대한 낭만적인 개념은 … 사라지고 있었다"(1980, p. 284)고 언급하였다. Brenton(1970)은 1970년대 교사들이 어떻게 투쟁적으로 변하게 되었는지를 설명하면서 이러한 요인들을 잘 요약하였다: "학교에 대한 충성심은 학교가 점점 더 관료화되면서 줄어들었다. 전문직에서 맨 아래층에 있는 자신을 발견하고, 정체성이나 공동체와의 연관성을 상실하고, 더 나은 교육을 받아 그에 상응하는 교육받은 사람의 지위를 기대하고, 교직에 들어온 젊은 남성은 더 커진 과격성과 실용주의에 물들고, 자신의 많은 임무에 대하여 불안과 염려를 느끼면서, 교직을 전문직으로서 충실히 수행하게 하는 자존심이나 자율성이 결여한 채 여전히 자신을 낮은 급여를 받는 이류시민으로 본다. 그가 보는 것이 그를 분노하게 만든다. 많은 공동체의 피상적인 학교지원은 그를 더 분노하게 만든다. … 그는 교사의 역사가 어떠해 왔는가를 상기한다. 그는 이류시민이라는 의식을 떨쳐내기 위해 다른 집단이 시도했던 항의와 행동의 영향을 받게 된다"(p. 112).

이러한 요인들의 영향은 1960년대 후반 교원노조의 전체 조직이 변할 때까지 계속되었다. 여러 해에 걸쳐 전국교육협회〔NEA, 주된 경쟁상대인 미국교원동맹(AFT)보다 월등히 더 규모가 크지만 전통적으로 덜 투쟁적임, 역자 주: 136~137쪽 '사과 속의 벌레' 참조〕는 교사, 교장, 교육감을 포함하여 사실상 전체 교육계를 대표할 수 있는 30개 이상의 자율적인 전국적 교육단체들로 구성되게 된다. NEA가 상대적으로 교원의 권익을 주장하지 않는 태도는 전문적 교육활동에 종사하는 모든 사람들(교사, 행정가, 그 밖의 관리직 학교 직원)이 동일한 팀의 성원이며, 학생의 이익뿐만 아니라 교원의 이익을 위하여 함께 노력해야 한다는 신념에서 알 수 있다; 아울러서 여러 해 동안 NEA의 많은 중추적인 정치조직들을 학교행정가들이 차지했었다. 그러나 교사의 투쟁성이 증가하면서 NEA에 살인적인 내분을 가져왔으며 "몇 년간의 과정을 거치면서 … 통일된 교육계라는 모든 자취 심지어 그 기억마저도 파괴되었다"(Campbell, Cunningham, Nystrand, & Usdan, 1980, p. 282). 아울러서 과격한 AFT에 회원을 빼앗기면서 NEA는 더 과격한 정책을 택하기 시작하였다. 1968년 NEA는 사실상 그때부터 AFT처럼 투쟁적으로 되었다고 여겨지며, 플로리다주에서 주차원의 교사파업을 이끌고 지원하였다.[4)]

4) 역자 주: NEA가 미국 교육에 끼친 부정적인 영향을 『사과 속의 벌레(Peter Brimelow (2003). *The Worm in the Apple: How the Teacher Unions Are Destroying American Education*. New York: Harper Collins Publishers)』라는 제목으로 다룬 책이 최근에 출판된 바 있다.

사과 속의 벌레

미국에서 가장 강력한 노조는 철강 노조나 자동차 노조가 아니라 교원 노조다. 일반 기업과는 달리 망할 우려가 없는 공립학교에 노조가 생겼으니 학교는 교사들의 철옹성이 돼버린 것이다. 그럼에도 미국의 교원 노조를 제대로 다룬 책을 찾아보기는 어려웠다. 교사들의 세계에 접근하기가 쉽지 않기 때문이다. 포브스지 기자를 지낸 피터 브리멜로우(Brimelow, 2003)가 7년간의 취재를 통해 펴낸 『사과 속의 벌레(Worm in the Apple)』는 교원 노조를 철저하게 파헤친 최초의 책이라고 할 만하다. 교원 노조가 미국의 교육을 파괴한 장본인이라는 것이다.

미국에는 전국교육협회(NEA)와 미국교사연합(AFT)이라는 두 개의 교원 노조가 있다. 현재 260만 명의 회원으로 구성된 NEA는 1857년에, 그리고 110만 명의 회원으로 구성된 AFT는 1916년에 발족됐다. NEA는 원래 교사뿐 아니라 교육행정가도 참여하던 협의체였지만 AFT는 처음부터 노조 성격을 갖고 태어났다. AFT가 노조로서 본격적으로 활동하기 시작한 것은 케네디 대통령 시절부터다. 케네디는 1960년 선거에서 자기를 지지해 준 노조에 대한 보답으로 공무원 노조에게도 단체교섭권을 인정했다. 그러자 AFT도 단체교섭권을 갖게 되었고, 이에 자극받은 NEA도 노조로 탈바꿈한 것이다.

이들 교원 노조는 무능한 교사를 보호하고 교사 봉급을 올리는 데 급급해서 공립학교 교육을 저질화시켰다. 기초 지식이 없는 교사들이 허다하지만 교사들의 봉급은 턱없이 높다. 이런 교직사회를 개혁하려는 노력에 대해 노조는 조직적으로 저항했다. 노조에 우호적인 민주당 후보를 각종 선거에서 지지하는 등 막강한 정치적 영향력을 행사했다. NEA는 마치 공산당 같은 구조를 갖고 있는데, 공산당 정치국을 빼어 닮은 본부가 일선 학교 지부에 각종 투쟁지침을 내려 보내고 있다. 교원 노조나 교사들을 비판한 기자와 교수들이 엄청난 항의전화와 항의서신에 시달리게 되는 것도 NEA 본부의 지시 때문이다.

학생들을 어떻게 잘 가르치느냐 하는 것은 교원 노조의 관심사가 아니다. 노조 본부는 산하 조직원에게 교육위원회와 협상하는 방법 등 조직 원리와 협상 기법을 가르치고 있다. 노조는 우수교사를 특별히 채용하거나 능력급 제도를 도입하려는 주(州) 정부의 시도에 극렬히 저항하고 있다. 노조가 찬성한 교육개혁은 학급당 학생수를 줄이는 것뿐이다. 학급이 늘어나면 교사들의 신분은 보장되지만 학급당 학생이 몇 명 준다고 교육의 질이 좋아지지는 않는다. 오히려 무능한 교사들이 늘어나고 예산만 증가할 뿐이다.

교원 노조는 이제 지방 교육위원회에도 영향력을 행사하고 있다. 노조 출신이 교육위원회 위원의 과반수를 차지한 곳도 많다. 교육위원회, 교장 그리고 지역 교원 노조가 한통속을 이룬 곳도 적지 않으니 노조가 공교육을 아예 접수한 꼴이다.

NEA의 연간예산은 12억 5,000만 달러에 이르는데, 이를 위해 회원 교사들은 매년 약 500달러를 전국 회비와 지부 회비로 낸다. NEA는 이 엄청난 자금을 이용해서 자신들의 기득권을 지키기 위한 로비와 홍보에 몰두하고 있다.

교원 노조가 가장 무서워하는 것은 교육 소비자가 학교를 선택할 수 있는 제도가 도입되는 것이다. 노조는 차터 스쿨이라고 부르는 자립형 공립학교, 사립학교 학비를 연방정부가 보조하는 바우처 등 모든 형태의 학교 선택 제도에 극력 반대하지만 이들 제도는 상당한 성공을 거두고 있다.

저자는 미국의 공립학교를 병든 사과에 비유한다. 사과를 병들게 한 사회주의를 퇴치하고, 사과 속에 박혀 있는 벌레인 교원 노조를 박멸해야 한다는 것이다. 저자는 독점금지법을 동원해서 거대한 교원 노조를 아예 해체해야 한다고 주장한다.

우리나라의 초·중·고교에서 전교조가 비난받는 이유와 문제점을 고찰해 볼 필요가 있다.

가장 악명 높고 심각했던 전국적인 교사파업은 60년대 후반, 정확히 1967~68년 뉴욕시에서 발생하였다. 그 당시 전국적으로는 흑인들이 자신들의 삶, 자신들의 공동체, 자신들에게 학교에 대한 더 많은 통제권을 요구하였고, 이러한 쟁점에 대한 분노는 증대하고 있는 것으로 보였다. 지역적으로는 다른 학군으로의 교사 이동을 관리하고 제한하겠다는 연합교원동맹(UFT)의 주장으로 말미암아, 경험이 부족한 많은 교사들이 대도심 저소득층 지역 학교로 배치된 결과에 대해 지역사회 지도자들은 매우 격분하였다. 또한 지역사회 지도자들은 세 곳의 지역공동체가 관리하는 학교시범센터를 건립함으로써, 쉽게 권한을 서로 나누려하지 않는 두 조직(UFT 및 뉴욕시 교육위원회) 간의 직접적인 갈등을 야기하는 결과를 낳았다.

최상의 상황에서조차 순탄하게 움직이지 못했던 뉴욕시 교육위원회는 지역공동체 관리라는 위협에 직면하여 더 한층 관료적으로 엄격해지고 훼방적으로 변해갔다. 반면 UFT는 교육위원회와 시범학군 모두를 향해 세력을 과시하기 시작하였다. 첫 번째 파업은 1967년 가을, 자금 문제와 문제학생을 처리하는 정책, 대도심 저소득층지역 학교에 소규모 학급과 많은 지원 직원을 두는 교육모형을 지지하는 교육위원회의 약속 때문에 벌어졌다. 동맹파업은 3주간 계속되었으며, 흑인 공동체에 많은 적개심을 낳았고, Albert Shanker는 주정부의 반시위 법률 위반으로 구속되었다. 하지만 가장 위태로운 것은 교원노조와 흑인 공동체 사이에 상당한 대결의 양상을 가져 왔다는 사실이며, 이는 궁극적으로 그 다음 해에 더 심하고 더 장기적인 파업을 가져오는 결과를 낳았다: "교사들 입장에서는 '강제로 내쫓겼다'며 비난을 가했고, 원치 않는 학교 이동에 대한 정당한 절차를 요구하였고, 그리고 '폭민정치'라고 쓴 피켓을 휘두르며(흑인 공동체 입장에서는 이를 인종차별적 용어로 보았다) 세를 과시하였고, UFT는 파업을 하였다. … (약 55,000명 중에서) 50,000명의 교사들이 학교행정가들과 함께 학교에 가지 않았고, 2~3주 후에는 학교 관리인도 이에 동참하여 파업에 참여하지 않는 교사와 학부모, 학생들이 폐쇄된 학교로 진입하는 것을 막기 위해 보일러를 끄고 문 자물쇠를 바꾸어버렸다. … 비록 대부분의 백인 학부모들이 UFT를 지지하였지만, 몇몇 학교는 수업을 하도록 강요받아 수업을 하였다. 따라서 백만 명 이상의 학생들이 한 달 동안 배움을 박탈당하였다"(Brenton, 1970, pp. 122-123).

이러한 권력투쟁은 학생, 교사, 뉴욕시의 인종 관계에 좋지 않은 영향을 끼쳤다. Mayer (1969)가 볼 때 1968년의 파업은 주요 인종폭동보다 더 해로운 사회적 영향을 끼쳤다. 그러나 이러한 파업의 여파는 뉴욕시의 범위를 벗어나게 되었다. 미국의 교사와 지역공동체-교사 관계에 암울한 음영을 던졌다. 오늘날까지 교사들을 괴롭히게 만들었다. 정확한 표현은 아니지만 많은 교사들의 자존심의 근원이며 많은 대중의 존경의 바탕이 되는 교사 이미지(다른 표현으로, 정치적으로 영향을 받지 않고 정치에 관심을 두지 않는 존경할 만한 공무원)의 종말을 고하게 하였다. 그것은 권력을 추구하고 세력이 강한 새로운 교사의 이미지를 보임으로써 많은 학부모들, 예전의 후원자들, 일부 보수적인 교사들을 걱정스럽게 만들고 위협하기에 충분하였다. 비록 많은 교사들은 이러한 새로운 이미지를 환영하였지만, 동시에 대중의 존경심을 얻었던 전통적인 토대는 위협받게 되었다.

60년대 후반과 70년대 초에 걸쳐 NEA와 AFT는 모두 새로운 계약에서 상당한 급여 인상뿐만 아니라 교실 규모, 직원 이동, 교육과정 개발 같은 전통적으로 주로 관리 영역이던 부문에 참여를 요구하면서 놀라운 정도로 투쟁성을 띠게 되었다; 아울러서 두 조직은 모두 이상적이라고 간주한 방식으로 자신들의 요구가 충족되지 않을 때에는 파업을 준비하였다(아마도 심지어는 열망하였다). 여러 여파 때문에 교사의 요구에 응하지 못하는 교원노조에게 교사들은 이제 오히려 투쟁성을 요구하였다. Brenton(1970)이 언급한 바와 같이 교사들은 자신들의 분노와 좌절의 표현, "교사에 대한 이류 시민의식 이미지 철폐", 교사의 중요성을 세상이 인식하도록 강요하고자 하였다(pp. 114-115).

지난 20~30년 동안의 사전들은 교사들이 이러한 목표를 성취하는데 단지 부분적으로만 성공을 거두게 하였다고 본다. 분명 그들은 직업수당을 더 받음으로써 훨씬 우호적인 계약협상을 하였으며, 그들의 개인적, 직업적인 삶은 외부 권력집단에 의한 통제를 덜 받게 되었다. 그러나 이러한 승리는 대가없이 얻어지지는 않았다. 교사의 파업과 불매 운동의 여파는 교직 내에 분파를 형성하였을 뿐만 아니라 대중들로부터 멀어지는 결과를 낳았다. Campbell, Cunningham, Nystrand, 그리고 Usdan이 관찰한 바와 같이, 대중들은 NEA와 AFT가 그리 다르지 않다고 인식했다; 납세자들에게 파업, 제재, 불매 운동은 모두 비슷하게 보인다. 한 때 교사들의 소문난 헌신과 이들이 제공한 서비스의 결과로 받았던 교사에 대한 존경은 이제 교사들이 새로이 획득한 권한에 기초한 마지못한 존경으로 바뀌었다. 아울러서 이러한 증가된 권한과 영향력의 결과 때문에 교사들은 대중의 적대감이라는 이제 다른 부담을

지게 되었다. 이처럼 상당한 교육변화를 표방하면서 시작된 시대는 특별한 집단인 변화 대변자들이 그 가치를 인정받지 못하고 성과도 거두지 못하며, 여러 선거구민들로부터 공격당하며, 잘못 계획된 개혁을 강요하면서 끝이 났다. 교사들은 직무로부터 많은 것을 기대하였고 대중들은 교사들로부터 많은 것을 기대하였지만 어느 쪽의 기대도 성공적으로 충족되지 않았다. 따라서 교사 탈진에 대한 현재의 표현은 "교사 비난하기"라는 20년 또는 30년 동안의 상황에 비춰 조망해야 하며, 60년대 이상주의와 교사와 학생의 삶을 개선하려던 교육개혁의 실패 사이의 괴리의 함수로 보아져야 한다.

짧게 말하면 60년대의 사건들은 교사 및 교직에 대한 교육계 안팎의 이미지를 잊을 수 없도록 바꾸어 놓았다. 득실을 꼼꼼히 계산하기 어렵지만 스트레스와 탈진을 경험하는 교사들이 증가하고 있다는 사실은 60년대가 복잡하고 난처한 유산을 남겼음을 시사한다.

제 6 장

거울에 비춰보며: 언론이 교직에 대한 시각을 어떻게 반영, 왜곡시켰으며 영향을 끼쳤는가?[1)]

악을 행하면 선이 줄고
선을 행하면 악이 준다.

제5장에서 1960년대의 문화적 변화가 교사 탈진 현상이 대두되는 단초가 되었다고 하였다. 그 당시의 대단했던 사회적 불안은 경제적, 교육적 불평등 문제에 초점을 맞추게 하였고 대중들은 오랫동안 지속된 사회문제를 교사들에게 치유하라고 많은 압력을 가하였다. 문제는 Passow(1971)가 언급한 바와 같이 "양질의 교육(quality education)", "교육기회의 균등(equality of educational opportunity)"에 대한 요구였지만, 어느 쪽의 문구도 분명하게 정의되지는 않았다.

먼저 양질의 교육을 제공하는 과제를 특별히 교육상의 동일한 성과를 얻는 것으로 기대한다는 것은 수십 년이 걸릴 일인데, 아직도 이러한 도전을 계속 받고 있다. 그럼에도 불구하고 전국의 거의 모든 주(州)에서 과거의 불평등을 극복하고자 보여 주었던 초기의 강렬함과

1) 이 장은 Leonard D. Wechsler와 공동 집필하였다.

열정으로 인해 변화과정의 실체에 대해 제대로 판단하지 못하였다. 변화에는 시간이 걸리며, 다양한 선거구민이 관련이 되고, 순차적이고 질서정연하게 나아가기가 힘들다(이 문제에 대한 철저한 논의는 Sarason, 『학교 문화와 변화의 문제』, 1982를 참조). 교사들이 하룻밤 사이에 읽기점수나 SAT 점수, 고교 중퇴율을 극적으로 변화시키지도 시킬 수도 없다. 반면 도덕적 의무 또는 사회불안에 대한 두려움으로부터 벗어나고자 하는 대중들은 참을성이 없었으며, 제도상의 변화의 모습과 한계에 대한 학문적인 설명은 설득력이 없었다. 이러한 학문적인 설명이 전하는 호소력은 어려운 문제에 대한 그럴 듯한 얼버무림 정도로 여겨졌다. 낡은 습관, 양식, 제도상의 통제는 실로 사라지기 어려우며, 변화는 일어난다 해도 더디다. 결론적으로 학교와 관련된 모든 사람들과 모든 것(교사, 행정가, 교원 노조, 학교 건물)이 언론을 비롯한 많은 대중으로부터 더 면밀히 조사받고 비판을 받게 되었다.

교사들은 공격을 받았다고 여겼고, 궁극적으로 교육체제에서 학교 통제권을 빼앗으려는 사람들로부터 위협을 느꼈다. 많은 교사들은 대중의 이미지가 변화하였고, 교사 개인이나 전체 학교체제에 대해 비판하는 사람들로부터 스스로와 교직을 방어해야 하는 사실에 괴로워하였다. 이상주의적인 젊은 교사들은 자신들을 향한 적개심에 어떻게 대처해야 하는지 준비되어 있지 않았다(도대체 그들이 무슨 일을 하였길래 그러한 취급을 받아 마땅한가?); 나이든 많은 교사들은 자신들의 수년간에 걸친 헌신적인 서비스에 대한 "보상"이 이러한 종류로 된 것에 대해 분노하였다. 따라서 일부 교사들은 교단을 떠났으며, 일부는 그 비판을 마음에 깊이 새겨 더 한층 열심히 일하였고, 일부는 비판을 무시하고 평상시처럼 지냈으며, 일부는 교직에 계속 남아 있기는 했으나 업무를 포기하였다. 앞서 언급한 바와 같이 교사 파업은 대중들의 분개와 증오심을 더 한층 불붙였으며 교사와 대중들의 관계는 점점 서로 무관심, 오해, 과잉반응의 혼합적인 특성을 보이게 되었다.

하지만 이러한 혼합적 특성에 한 가지 특별한 선동적인 요소가 더 가미되는데, 그것은 바로 대중으로 하여금 교사를 인종차별주의자, 권위주의자, 반진보주의자라는 이미지로 인식하도록 강력하게 기여한 60년대와 70년대의 일련의 반교사 서적들(antiteacher books)이었다. 이러한 민감한 시대에 몇몇 성난 베스트셀러 도서의 출판으로 말미암아 교사들과 다양한 지역주민 사이의 어려움들은 매우 악화되었으며, 대단히 역설적이게도 그 책들의 대부분은 교사들이 저술하였다.

이 장 첫 부분에서는 교육체제에 관한 비판을 다루는 세 명의 유명한 저자인 John Holt, Jonathan Kozol, Herbert Kohl을 소개하는데, 이들은 모두 교사로서 모두 60년대 중반~후반 사이에 유명해진 사람들이다. 비록 어떤 점에서는 차이가 있지만(Kozol과 Kohl은 아동 개인의 비극적인 이야기를 강조하는 반면, Holt는 전체 교육체제의 어리석음에 대한 간파에 관심을 둔다) 이들 세 명의 저자들은 공통적으로 자신과 함께 일했던 대다수의 교사뿐만 아니라 공립학교 체제에 대하여 경멸을 표한다. 이 세 가지 책의 소개에 이어서 이 장의 두 번째 부분에서는 그 당시 교사들이 텔레비전과 영화에서 묘사된 방식에 대해 초점을 맞춘다.

❀ 책에서 표현되고 있는 교사

John Holt

미국 공립학교 체제를 신랄하게 비난했던 교사 출신 저자 중에서 John Holt야말로 가장 명성 있고 집요한 비판가였다. 그를 통하여 사람들은 그가 전하고자 하는 요점이 전국적으로 아동 특히 가난한 소수민족 아동을 더 잘 돌봐야 할 필요가 있음을 알게 했다는 점이다. 그는 아동의 필요에 전적으로 주목한 것으로 보였다. 반면 모든 저서를 통해 그는 교육체제가 지니고 있는 복잡한 본성을 지속적으로 무시하며 학교와 교사들에 대해 비판을 가하였다. Postman(1979)의 관찰처럼, Holt 같은 비판자는 "교사와 행정가를 향해 경멸감을 갖고 있다"(p. 14)고 판단되었다.

Holt의 책은 순진무구한 선한 아동과 성인 세계의 악(교사)이라는 그 시대의 반체제적 가치를 강하게 반영하는 낭만적인 입장을 채택하였다. "이 시대에 아동에 대한 주되고 유일한 착취자는 바로 학교"(1969, p. 29, 원문을 강조)라고 보았다는 점에서 아동, 교육, 사회에 대한 그의 단순한 시각을 보여 준다. 근본적으로 그는 교실 특히 도시 환경 속의 교실이 얼마나 힘들고 좌절될 수 있는 장소인지를 간과하였다. 또한 대도심 저소득층 지역의 아동은 처해진 환경과 성장내력 때문에 교실에서의 기대와 요구가 다를 수 있다는 사실도 간과하였다. 아동은 칭찬하되 교사는 비하하는 일반화(예: 모든 학생들이 똑같이 준비를 갖추고 똑같이 배울 준비가 되어 학교에 온다는 일반화)를 하면서 그는 학생들의 모든 부적절한 문제행동을 사소한 것으로 여기거나 두둔하였다. 도시학교에서의 교육실패에 대한 Holt의 지론에 따르면, 학교가 예전에는 순진무구하던 아동의 성실성과 지성을 근본적으로 타락시켜 버렸다는 것이었다. Holt의 시각에서는 학습장애 아동(learning disabled, LD), 납 중독자, 과잉행동 아동(hyperactive), 또는 학습부진 아동(slow-learning children)의 존재를 인정하지 않았다. Holt 본인도 시인하였듯이 그는 "이례적으로 우호적인 환경에서 … 다루기는 쉬운 아동으로 구성된 상당히 소규모인 학급에서"(1969, p. 97)만 가르친 경험을 갖고 있다. 그러함에도 불구하고 그는 아무런 주저 없이 교사들이 도시환경 학생들에게 계속적으로 불공평한 대우를 하고 있다는 확신을 갖고 기술하였다.

Holt는 아동에게 "실패한 전략"을 장려하는 학교를 비난하였다. 아동들이 "나약, 무능, 무력한 전략"(1964, p. 85)을 받아들이면 교사들은 아동들이 공부를 잘 못하는 것에 대해 비난하거나 처벌하지 않을 것이기 때문이다. 학교에서 실패한 모든 아동들은 단지 교사들을 두려워하기 때문으로 보았다. Holt의 책에서는 편부모 가족의 해로운 영향, 어른의 감독이 없는 방과 후 시간, 긍정적인 귀감의 부족, 정신적 또는 신체적인 학대, 아동이 공부할 조용한 장소의 부족에 대해서는 거의 언급하지 않았다; 낮은 자존감이나 교육에 대한 신념의 부족이 교실에서의 행동, 동기, 학습 양식에 영향을 끼칠 수 있다는 점에 대해서 조금도 인정하지 않았다. Holt의 책에서는 너무나 많은 대도시 저소득층 지역 아동들이 과중한 부담을 짊어진 가족 속에서 성장하며, 대개 정규교육이 아닌 다른 통로를 통해 성공할 수도 있으며 어려운 주변환경 속에서 성장한다는 사실에 대해 전혀 인정하지 않는다. Holt는 "실패 전략"의 책임을 학교에 떠넘기며 비난함으로써 많은 대도심 저소득층 지역 아동이 처해 있는 가혹한 현실을 무시하였고, 그러한 지역의 학교에서 재직하는 교사들의 당면한 어려움 또한 무시하였다.

Holt는 『How Children Fail(아동은 어떻게 실패하는가)』(1964)라는 책에서 거의 모든 아동은 "본래 타고났고, 생후 2~3년 동안 최대한으로 발휘했던 어마어마한 학습능력, 이해력, 창의력 중 극히 적은 부분만을 발달시킬 뿐이다"라는 주장으로 시작하였다. 그러나 많은 아동은 타고난 능력을 생후 2~3년 동안에도 완전히 발휘하지 못하며, 생후 5~6년 후에도 그러지 못한다. 다시 말하자면, 환경적 조건이 영양결핍과 정서적 무시, 허물어져 가는 집, 적절한 자극의 부족에 이르는 범위에 처해 있음으로 해서, 일부 아동은 총체적으로 기능 개발이 미흡한 채 학교에 입학할 수 있다. 예상할 수 있듯이 (정신적으로나 인식발달 면에서) 미성숙한 아동은 사회적으로, 교육적으로 어려움을 갖게 된다. 대개 이러한 아동은 대도시 저소득층 지역 학교에 많이 재학하는데, 이들은 가르치기 힘들고 그들을 교육시키려는 노력은 교직의 통상적인 스트레스를 가중시킬 수 있다. 매정하게도 Holt는 교사들이 현실적으로 직면하게 되는 이러한 문제들이 마치 교육현실의 일부분이 아닌 것으로 보았다.

물론 우리 교육체제에 결함도 있고 인간인 교사들이 분명 불완전하다. 그러나 Holt의 주장처럼 교육정책이 고의적으로 무익한 행위와 무시를 하기위해 극악한 행동을 한다는 것은 총체적으로 불필요하게 과장된 말이다. 실천을 개선하려고 모색하는 교사들에게 Holt의 비난조의 과장된 표현은 거의 도움이 되지 않았다. 다음과 같은 표현은 분명 잘못되었다: "그가 온다, 이 호기심 많고, 인내심 있으며, 결단력 있고, 에너지로 충만되고, 능력이 있는 학습자. 우리는 그를 책상에 앉히고 무엇을 가르치는가? 많은 것들을 가르친다. 첫째, 학습은 생활과는 괴리되어 있다는 것. '너는 배우려고 학교에 온다'고 말한다, 마치 예전에는 그가 배운 적이 없었던 것처럼, 마치 삶은 밖에 있고 학습은 그 안에 있으며 그 둘 사이에는 아무런 연계가 없는 것처럼. 둘째, 그가 학습할 수 있는 존재라는 사실을 믿을 수 없다는 것과 실제로도 잘 하지 못한다는 사실"(1969, p. 17)을.

하지만 교사, 학부모, 대부분의 대인서비스 전문가들도 잘 알고 있듯이, 대도심 저소득층 지역이든 부유한 교외지역이든 많은 아동들이 이러한 이상적인 조건을 가지고 학교에 입학하지는 않는다. 많은 아동은 5세, 10세, 혹은 15세가 되어도 인내심이나 결단력을 보이지 않는다. 저마다 다른 능력과 주의력을 가진 아동들이 과밀 학급에서 학습에 대한 주의와 관심을 지속시키고자 최선을 다하면서 함께 지내는 것이 얼마나 스트레스 쌓이는 일인지 그것을 시도해 보지 않은 사람은 거의 상상하기 힘들다. 달리 말하면, 아동은 손쉬운 청중이며 훌륭하고 놀라운 재능으로 가득 차 있다고만 암시하는 것은 근본적으로 학업상황을 잘못 나타내는 것이다. 아울러서 Holt가 말한 "너는 배우려고 학교에 온다"라는 문구가 주는 가혹한 추론은 근본적으로 그가 주장했던 학생들은 신실일 뿐만 아니라 기본적으로 무해하다는 진술과는 균형이 맞지 않는다. 너는 배우려고 학교에 온다고 말하는 것은 학습은 학교 밖에서도 일어날 수 있다는 점, 그리고 아동이 그 이전에도 계속 배워 왔다는 사실을 간과하고 있다.

아마도 도시학교에서 가장 논란이 되는 쟁점은 바로 "훈육"과 "문제" 아동이다. 제2장에서 설명한 바와 같이 교사들에게 지속적으로 가장 높은 스트레스를 주는 요인 중에서 훈육문제에 대해 Holt가 지적한 바가 있는데, 문제행동에 대한 "변명자" 같은 그의 태도만큼 교사들을 그렇게 자극한 것도 없었다. 대부분의 교사들은 한번에 20~30명의 아동을 책임지는데, 한 명의 소란한 아동이 다른 모든 아동들의 학습 노력을 방해할 수 있다. 무능하거나 경험이 없는 교사는 문제행동에 서투르게 혹은 부적절하게 반응하여 문제를 더 자극시킨다; 아울러서 문제행동이 발생할 가능성은 교사가 무능한 교실에서 분명 더 높다. 그럼에도 불구하고 이러한 아동은 어느 누구의 상상의 존재이거나 "열등한" 교육의 결과가 아니나. 정신적이거나 행동적으로 어려움을 가진 아동의 문제를 처리하기에는 여건이 부적절하지만, 분명 현실적인 첫 단계는 이들 아동의 존재와 이들을 가르치는 것이 얼마나 어려운가를 인식하는 것이다. 그런데 Holt는 문제 아동의 존재를 인정하기를 거부한 채 단지 문제 교사들만 보려고 한다. Holt가 지적한 바와 같이 "억압하는 교사들"에게는 훈육적인 문제가 있는 아동은 문제가 되지만, "자유주의적인 교사들"에게는 그렇지가 않다. 그러나 사실 전체 교실의 안녕을 마음에 두는 모든 교사에게 있어서는 그러한 아동이 문제가 된다.

Holt는 다음과 같이 기술하였다. "아동이 마음속에 늘 갖고 있던 불안감에서 조금이나마 벗어났다고 느낄 때는 마치 풀려난 죄수와 같이 행동한다. … 그들은 소란을 핀다; 그들은 대담하고 건방지다; 그들은 한동안 자신들을 그렇게 오랫동안 힘겹게 한 성인들을 힘들게 만들고자 할 수 있다"(1964, p. 97). 하지만 이렇게 쉽게 내뱉는 말 이면에는 현실속의 아동들을 간과하고 있다; 예를 들어 가난하고 과중한 부담을 지닌 편부모 가정의 아동은 분노하고 반항적이며, 배우고자 애쓰는 다른 학생들을 방해하거나 심지어 신체적 위협을 가한다; 심지어 그들에게 무엇인가를 하라고 하면 욕설을 퍼부어 교사가 비록 이를 무시하더라도 다른 아동을 자극시키는 아동도 있다. 대도심 저소득층 지역 교사들이 처한 복잡하고 전형적인 문제를 Holt는 다음과 같이 아주 깔끔하나 잘못된 상투어로 단순화시켰다: 교사와 학교는 나쁘다; 그러므로 학생들이 나쁘게 행동하는 것은 정당화된다. Holt는 아동의 행동에 대하여 교사를 비난하는 특별한 형태를 대중화시키며 60년대 후반과 70년대 교육체제를 비판한 사람들의 선두에 섰다.

Holt는 "많은 아동들은 강하고 중요한 요구를 가지고 있다. … 신체적으로나 언어적으로 폭력적 행동을 하고자 하는, 또 강렬한 인간 상호작용을 갈망하는"(1969, p. 23)이라고 인정하였다. 또한 심리학자와 그 밖의 사람들은 어린 나이에도 조숙하게 폭력적인 도시생활의 여러 절망적인 모습, 그리고 아동에게 정신적으로 안정된 환경을 제공하지 못하는 특정 가족생활 양식(부모-자녀 상호작용)을 깨닫게 하는 기질이나 환경조건을 지적하였다. 그럼에도 불구하고 Holt는 이러한 요인 중 어떠한 것이 그 원인이 될 수 있는 가능성에 대해 언급하지 않았다. 대신 그는 교실에만 주목하였다. "아동이 너무나 흥분하고 분노하여 더 이상 누를 수 없을 때까지 억압하는 대부분의 억제된 교실에서 흔히 발생되는 일이지만 이러한 인간적인 상호작용이 싸움일 필요는 없다"(1969, p. 23). Holt는 도시지역 교육의 중요한 문제 중의 하나로 학교 내 폭력을 정확하게 지적하였지만 이러한 현상의 원인으로서 교실을 바라보기보다는 그것이 나타나는 장소로 잘못 인식하였다. Holt의 책에서는 학교 관계자가 건강한 아이를 불안한 청소년으로 변화하게 하는 존재로 암시함으로써 교직의 권위를 손상시켰다.

또한 Holt는 많은 학교들이 교내에서 학생들에게 복도통행 허가증을 지참하도록 강요하는 사실에 분개하며, 그것은 수감자들을 교도소 뜰 안에만 머물도록 하는 것과 같다고 보았다. 그러나 대도심 저소득층 지역 학교들은 대개 위험한 장소에 있다. 복도통행 허가증, 강당과 출입구에서의 교사 도우미, 안전요원, 훈육부장의 존재는 "즐거운" 것은 아니지만, 그것들은 모두 아동과 교사들의 안전을 위해서 필요하다. 학교가 더 안전한 학습환경을 마련하기 위해 취한 그러한 방안은 비판받기보다는 칭찬받는 것일 수도 있다. 그러나 Holt는 분별력 있는 기술보다는 극적인 "제목"(교사들은 억압적이다)을 선택하였다. 도시지역 교사들이 교실에서 일어나는 폭력문제로 비틀거리고 있을 때 그러한 환경에서 결코 가르쳐본 적 없는 교사들은 학교를 더 안전한 곳으로 만들려는 그들의 노력을 비웃고 있었다. 그의 저서

중 한 권인『The Underachieving Schools(성취에 못 미치는 학교)』에서는 "새로운 교육 개혁가들"은 학교가 어떤 상태에 있는지 진정으로 알지 못한다"(1969, p. 24)고 비난하였다.

Holt는 그 밖의 저서에서 교사들의 많은 점을 비판하였다.『How Children Fail(아동은 어떻게 실패하는가)』에서 Holt는 아동은 "다른 무엇보다 실패하는 것을 두려워한다. … 그들에 대한 [성인들]의 너무나 큰 희망과 기대는 그들 머리 위에 구름처럼 드리워져 있다"(1964, p. 16)라고 하였다. 또한 아동은 "학교에서 주어지는 일과 하라고 듣는 것이 자신들의 폭넓은 지능, 능력, 재능에 비추어 너무나 제한된 요구이기 때문에 지루해한다"라고 하였다(p. 16). 뒤이은 문장에서 Holt는 교사들은 처음에는 너무나 많은 것을, 이후에는 너무나 작은 것을 동시에 기대한다고 비판하였다. Holt에 따르면 교사들은 너무나 무감각하고 둔해서 자신의 직무를 아동의 적절한 수준에 맞추지 못한다고 하였다.

Holt는 교사들이 단지 무능하다는 점보다는 고의적인 무자비함에 대해 비판받아야 하며, 비난을 받아야 할 대상은 소수의 "예외"적인 교사가 아닌 바로 전체 교원이라고 하였다. 그는 "만약 내가 대부분의 교사들처럼 아동들과의 접촉에서 움츠려들거나 겁을 먹고 물러섰다면 아마도 아동들과의 관계에 종지부를 찍었을 것이다"(1969, p. 27)고 하였다. 학교체제나 교사의 교육철학의 단점에 대한 비판과는 다른 "대부분의 교사들"이 아동과의 접촉에 너무나 무감각하여 겁을 먹고 물러선다고 비난하는 것은 부당하다. 그러한 비난은 교사들의 기본적 인간성과 명예를 손상시키며 교직에 대해 지나치게 일반화된 평가를 내리게 하였을 뿐만 아니라 많은 교사들이 자신들의 직무에 대하여 방어적으로 느끼게 만들었다. 이러한 한 권의 책에서 단지 한 줄의 문장에 불과할 뿐이라고 말할 수도 있겠지만, Holt의 저서에서의 이와 유사한 표현들과 더불어 이러한 특별한 어조는 새로운 방식(악의, 이기심, 인종차별적 성향이 있는 전문가)으로 교사들을 바라보도록 부추겼다. 이러한 대중의 하향적 인식은 교직을 더 대가가 낮은 직업으로 만들었으며, 분명히 1980년대 교육계를 괴롭혔던 교사 충원과 유지의 어려움에 일조하였다.

또한 Holt는 교사들이 금색 별모양을 활용하고, 종이에 "100점"이라고 표시하고, 성적표에 A 등을 표시하는 것을 호되게 비난하였다. 그는『How Children Fail(아동은 어떻게 실패하는가)』책에서 이런 것은 "보잘것없으며 하찮은 대가"라고 주장하였다. "아동이 진정 그렇게 많은 칭찬을 필요로 하는가?"라고 Holt는 물었다. 그러나 그 대답은 적어도 많은 경우에 있어서 "그렇다"이며, Holt가 이러한 필요를 보지 못한 것은 교실의 현실을 계속하여 무시한 채 교사들을 바라보고 있다는 것을 반영한다. 다시 한 번 여기에서 교사들은 어려운 상황에 대처하는 해결책을 고안하거나 채택하면서도 자신들의 노력에 대하여 비판만 받고 있음을 보게 된다. Holt 뿐만 아니라, 이와 같은 의견을 가진 60년대와 70년대의 교육비평가들은 교사들은 창조적이고, 진지하고, 정직하고, 아동을 가르치는 일을 사랑해야 한다고 주장하였다. 누가 이에 대해 반론을 제기할 수 있었겠는가? 그러나 이 점은 효과적인 학습을 위한 필요조건은 될 수는 있지만 대개 충분조건은 아니다. 그 시대의 인기를 끌었던 교육비평가들의 가장 큰 오류는 바로 창조성, 따뜻함, 이해를 적정하게 제공만 한다면 쉽게 또 필연적으로 아동이 학습을 잘하게 될 수 있다는 암시를 했다는 점이다. 이들의 저서에서 훌륭한 가르침이란 그다지 어렵지 않은 것처럼 암시하였다.

Holt는 금색 별표, 칭찬의 말을 사용하는 것을 비난하였지만, 사실 모든 아동(모든 사람들!)은 칭찬과 격려가 필요하다; 특히 칭찬과 대가를 거의 받아보지 못한 아동들에게 동기를 부여하게 만드는 칭찬의 강화는 대개 성공적이며, 교사와 학생 모두를 만족시킨다. 교사의 칭찬은 일부 아동에게 자존감을 갖게 하는 몇 안 되는 방법 중 하나이다. 사실 수학 문제, 단어 쓰기, 체스에서 말 위치 변동, 또는 문장 읽기 후 칭찬과 격려의 말을 간절히 기대하는 아동을 보지 못한 교사는 거의 없다("맞았어요? 제가 잘 했나요? 제가 어땠어요?"). Holt는 학교 자체에서 그러한 자기 의심을 부추겼다고 암시하였지만, 사실 부자와 가난한 자, 교외 거주자와 도시 거주자의 경우처럼 많은 아동들은 학교에 입학하기 오래 전부터 이미 보잘것없는 자기 이미지, 자기 회의를 갖고 있었으며, 학교에 재학하는 동안에도 학교 울타리를 벗어난 곳에서까지 계속 그러한 생각이 지속된다. 만일 아동에게 동기가 부여되고 성공적일 수 있었던 이유가 학습과정의 일부로 칭찬이나 보상을 받았기 때문이라면, 학습은 "그러해야 하는" 방식에 단지 따르지 않았다는 이유만으로 이것이 평가절하 되어서는 안 된다. 사회적이건 물질적이건 보상을 사용했다고 해서 결코 교사와 학생 사이의 효과적인 의사소통의 필요를 부인하지 않으며, 또한 창의적인 교사의 중요성도 결코 흐리지 않는다. 그리고 보상은 아동의 학습에 종종 도움을 준다.

그러나 여기에서의 요지는 Holt의 비판에 대한 논리적인 반박이 아니다. 그의 책은 앞으로 짧게 소개할 다른 사람들의 책과 더불어 학교와 교사들을 공격함으로써 많은 교사들이 극도로 괴로움을 느끼도록 하였다. 만일 Holt 저서의 주장을 그대로 믿는 교사가 있다면 자신들 스스로 미덕이란 전혀 갖추지 않은 사람이며, 자신들의 노력은 가치 없고 파탄지경에 이르렀고, 어느 학생도 자신이 교육을 잘 받았다거나 교사로부터 친절한 대우를 받은 적이 없으며, 적어도 공립학교는 학생들이 공부하지 않는 것에 대해 책임을 져야 하며, 미국의 학교에서는 창의적인 글쓰기나 사고를 시도한 적이 없었고, 자신들이 행한 교육관행은 변명의 여지가 없으며, 자신들의 제공한 보살핌은 전혀 호의가 없었다고 결론을 내려야 한다.

Jonathan Kozol

『보스턴의 공립학교에 다니는 흑인아동의 마음과 정신 파괴』라는 부제가 붙은 『Death at an Early Age(어린 나이의 죽음)』라는 책은 1967년에 발간되었고 뒤이어 전국도서상을 수상하였다. 그 책은 60년대 초반 보스턴 공립학교 체제의 인종차별에 대한 통렬하고 설득력 있는 고발서적이다. 독자들은 "흑인아동 스스로 인간으로서의 가치와 존엄성을 갖기에 모자란 존재임을 인정하도록 강요한 보스턴 학교체제의 부당행위와 파괴행위"(p. 8)에 대해 알게 되었다. 독자들은 흑인학생들에게 친절을 금지하고, 학급뿐 아니라 인종을 분류하고, "자유주의적(liberal) 부정직성", "쓰레기"라고 말하면서 아동의 그림을 찢는 교사의 만행에 대하여 고통스럽게 알게 되었다. 학교에서 흑인 아동들이 감수하는 비참한 여건을 묘사하여 소수민족 아동들이 존중 받을 수 있는 보다 인간적인 교육체제에 대한 열렬한 간청을 알게 되었다. Kozol은 주변 공동체의 가치관과 문화를 조롱하면서 스스로를 자유주의적이라고 주장하는 사람들의 위선뿐 아니라 흑인아동의 성취를 경시하는 편협한 오만을 공격하였다. 그는 인종차별 체제에 결탁되어 있는 많은 교사들을 비판하였다.

Kozol은 사실 Holt만큼 세상을 떠들썩하게 만들지도 도에 지나칠 정도로 반교사적인 입장은 아니었다. 그의 표적은 주로 자신과 함께 일했던 개별 교사였지 전체교원은 아니었다. 사실, Kozol은 일부 동료들의 행동과 태도에 분개하였다. 예를 들어 자신과 가장 긴밀히 일했던 두 명의 교사에 대하여 "아동의 인간성이나 독립성이나 독창성을 어떻게 억압하고 분쇄할 것인가에 대한 생각을"(p. 14) 그들로부터 배울 것이 전혀 없다고 생각하였다. 그는 이들 교사 중 한 사람에 대하여 다음과 같이 설명하였다:

> 그녀는 우리 학급에는 거의 오지 않지만 올 때는 항상 당당히 걸어 들어 왔다. 적어도 그해 초 그녀의 출현은 나에게조차 불안을 느끼게 하였다. 왜냐하면 그녀가 교실에 들어올 때는 주로 자신에 차있고, 거의 벌을 받아야 하는 불안의 분위기를 풍기기 때문에 무엇인지 모르지만 내가 잘못한 것이 있는 것은 아닌지 살피게 되었다. … 미술 교사가 엉뚱한 짓을 하는 아동을 주목하면 그 학생뿐만 아니라 주위에 있는 아동들은 곤란한 상황을 맞이해야 했다. 왜냐하면 그녀는 진정 복수심 같은 것을 마음에 품고 공포 분위기로 그에게 비명을 지르며 말하기 때문에: 그거 이리 내놔! 네 그림은 모두 엉망진창이야! 아주 끔찍하게 망쳐놨구나. 쟤가 한 짓 좀 봐! … 쓰레기! 헛소리야! … 나는 그림에 대해서는 많이 알지 못하지만, 미술 선생님조차도 모든 그림에 대해서 잘 알 수 없다는 사실, 나아가 그 선생님 역시 성격을 파괴하는 방법을 알지 못할 뿐 아니라 전혀 관심 없다는 것 정도는 나도 충분히 알고 있다[pp. 2–4].

『Death at an Early Age(어린 나이의 죽음)』과 『How Children Fail(아동은 어떻게 실패하는가)』 사이의 어조 차이는 두드러지며 의미심장하였다. 다른 교사들이 훌륭하게 직무를 수행했다는 증거가 없고, 최소한 모든 교사들이 무자비하다고 주장하지 않았다는 이유로 Kozol은 마치 교사가 아동학대를 한 듯 분노를 표시하였다. 아울러서 Kozol은 실제로 대도심 저소득층 지역에서 근무한 경험이 있기 때문에 그의 관찰은 Holt의 과장된 표현을 통해서는 결코 얻을 수 없는 신빙성뿐 아니라 조용한 진실을 내포하고 있었다.

따라서 Kozol의 메시지는 수용하기가 훨씬 더 쉬웠다(그리고 훨씬 더 공정하였다). 과거에도 그리고 여전히 일부 교사는 그 당시의 변명할 여지가 없는 물결 속에 사로잡힌 인종차별주의자였다. Kozol은 이러한 인종차별이 학교에서 표현되는 모습에 대해 분노하였다. 그러나 Kozol이 전하는 고통스러운 진실에도 불구하고, Holt처럼 그 역시 학교만이 유일하게 아동의 행동에 대하여 영향을 끼친다는 잘못된 오류에 빠져 있었다. 이들의 견해에 따르면 학교에서 나타나는 모든 부적절한 행동은 오직 학교의 잘못이었다. 자신을 위한 장소가 있기를 희망하면서 교실에서 시간을 보내는 16~17세 된 청소년이 처한 곤란스러운 상태에 대하여 언급하면서 Kozol은 다음과 같이 주장하였다: "그의 동기에는 아무런 잘못도 없었다. 그의 가정이나 가정생활에도 역시 아무런 잘못도 없었다. 그를 억제하고 그의 생활상을 끔찍하게 만들어버린 것은 순전히 공립학교였다. 그것은 보스턴에 있는 수천 명의 다른 학생들에게도 해당되는 이야기이며 미국의 다른 수십 개 도시의 학생들에게도 역시 동일하게 해당된다고 믿는다"(p. 48).

이 점은 "오늘날 학생들에 대한 착취자는 바로 학교이다"라는 Holt의 견해와 유사하다. 그러나 Kozol은 이 학생들의 교육환경에서 학업을 실제로 더 어렵게 만드는 무엇인가가 있을지에 대해 몰랐거나 적어도 우리에게는 알리지 않았다. 이 학생들은 열등한 학교에 의하여 억제되어졌겠는가? 물론 그럴 가능성은 있다. 그는 일련의 무능하고 보살피지 않으며 인종차별적인 교사를 보아 왔을 수 있다. 그러나 위의 사실이 필연적으로 진실이라는 것과 어느 아동의 환경 또는 미국 내 "수천 명 다른 아동의" 환경이 읽기와 수학을 배우는데 성공 혹은 실패를 가져오는데 아무런 관련도 없다는 가정은 사태를 너무 쉽게 보고 오해를 사게 만든다. 이와 유사하게 Kozol은 학생들의 자존감 부족은 "학교의 구조적인 부적절함을 자신들의 의식 부족으로 여기고, 건물이나 체제의 결함도 자신들의 탓으로 돌리기 때문에"(p. 92) 생긴다고 암시하였다. 이러한 발생과정의 가능성은 쟁점은 아니다; 그보다는 이러한 과정을 통해 어렵고 가난한 환경 속에서 성장하는 아동에게 흔히 나타나는 자존감의 부족을 전적으로 설명하려고 한다는 가정이다.[2)]

그러나 "그것은 모두가 학교 그리고/또는 교사의 잘못이다"라는 판단은 위험한 오류이다.

물론 이렇게 문제를 단순화시키면 다른 변수들의 충격을 배제하고 문제를 단일한 원인의 탓으로 돌리기 때문에 호소력이 있다. 그리고 이러한 논리는 아주 많은 사람들을 만족시키고 분노를 발산하게는 하였으나 그것은 변화를 이행해야 하는 교사들을 소원하게 만들었다. "교사들에게 부분적으로 책임이 있다"와 "모두 교사(또는 학교) 탓이다" 사이의 차이는 사소한 것이 아니다. Holt나 Kozol(또는 Kohl이나 다른 사람들)에 의해서 더 복잡한 방정식(학업성취를 분석할 때 그 밖의 다른 변수들을 포함시키는 방정식, 소수민족 아동에게 평등한 기회가 제공되지 못했음을 많은 선거구민들이 인정하는 방정식)이 사용되어졌다면, 보다 많은 교사들이 교육실패에 대한 부분적인 책임을 인정하고 변화를 위해 전적으로 더 투신하려고 했을 것이다. 하지만 많은 교사들 중 어느 누구도 소수민족 교육문제에 대한 책임을 전적으로 인정하려고 하지 않았고, 또 책임을 져야 한다는 주장에 분개하였다. 이러한 인기 있는 저자들과 대중들이 가하는 공교육의 일반적인 상태에 대한 신뢰와 비난은 많은 교사들에게 탈진을 유발하였다.

아울러서 Kozol은 또 다른 함정에 빠져 있었다. 그 당시 소수민족 문제를 저술했던 다른 저자들처럼 그는 가난한 사람들을 낭만적으로 그렸다. 이후의 저서 『The Night Is Dark and I Am from Home(밤은 깊은데 집은 멀다)』(1975)에서 Kozol은 "어른스러운 아동을 낭만스럽게 묘사"(p. 2)하는 것에 반대를 표시하며, "아동은 단정하며" 우리는 "아동 자신의 유기적이고 자연발생적인 욕구에 따라 성장하고 꽃피고, 탐구하는 … 모든 진실성을 추구하도록"(p. 2) 두어야 한다는 신념을 주장하기까지 하였다.

그럼에도 불구하고 『Death at an Early Age(어린 나이의 죽음)』에서의 전반적인 주제는 아동의 "조용한 영웅적 자질"이었으며 그 책에서 등장하는 모든 학생들은 그러한 설명에 부합해 보였다. 그는 교장에 대한 아동의 무례함을 "자유를 내품는"(p. 92) 능력으로 설명하였고, 시끄러움과 분노는 "그들에게만 있는 용기와 도전"(p. 162)으로 보았나. 그는 위험하며 잠정적으로 치명적일 수 있는 장난(장난으로 알람 울리기)도 기꺼이 정당화시켰다: "학생들은 학교를 벗어난 곳에서 화재경고 장치를 당기는 행동을 할 수도 있고, 사이렌 소리가 들리고 소방차가 오는 것을 즐기면서 이것이 모두 자신이 벌인 일이고 자신이 책임져야 한다는 사실을 알게 되면 적어도 짓궂은 상상이 실제로 세상에서 어떤 일을 빚어내는지 보여 주는 것이다"(p. 6). Kozol은 아동은 대개 순수하고 상냥하나 학교 건물에 들어가면 돌변하는 존

2) 역자 주: 자존감 부족이나 상실, 저하가 건전한 발달이나 생존에 유해하다는 주장을 교육심리학자와 인간발달, 아동과 청소년의 발달정신병리학자들은 강조하고 있는데 뿐만 아니라 지나친 자존감도 유해하다는 논지를 주장하는 사회심리학자들도 있다.

우두머리 자존심

"自我가 강한 사람이 수치 느끼면 공격적으로 돌변할 가능성 높아"

20세기 초 과학자들은 폭력을 유발하는 사회적 요인인 가난, 매춘, 알코올 중독 따위가 정신박약으로부터 비롯되며 정신박약은 유전된다고 생각했다. 따라서 살인율이 급등한 1930년대 미국에서는 우생학 운동이 기승을 부렸다. 우생학은 환경보다는 유전이 인간의 사회적 행동을 결정한다고 전제하기 때문에 생물학적으로 열등한 인간의 제거를 당연시했다. 가령 시어도어 루스벨트 미국 대통령은 "범죄인은 단종 되어야 하고 정신박약자에 대해서는 자손을 남기지 못하도록 해야 한다"고 공언할 정도였다.

또한 폭력적 성향을 지닌 사람은 자존심이 낮다는 게 오랫동안 상식이었다. 학교에서 교사들은 문제 학생들의 자존심을 살려주는 것이 폭력적 언행을 자제시키고 학업 성적을 끌어올리는 최선의 방법이라고 생각한다. 부모들 역시 말썽꾸러기 자식들을 심하게 꾸짖으면 정신적 상처를 입어 불량배가 될지 모른다는 고정관념으로 잘못된 행동을 하더라도 나무랄 엄두조차 내지 못한다. 이처럼 낮은 자존심이 폭력을 유발하는 요인이라는 주장은 학계의 정설이었다.

그러나 미국의 사회심리학자인 플로리다 주립대의 로이 바우마이스터 박사는 '낮은 자존심 이론'(low-self-esteem theory)에 이의를 제기했다. 자신을 부정적으로 보는 사람들은 위험 부담이 많은 공격적 행동에 나서기는커녕 만사에 미적지근하게 대처하고, 자신의 우월성을 입증하려고 노력하기는커녕 얼렁뚱땅 넘어가려는 성향이 농후하다는 사실에 주목했기 때문이다. 1998년 7월 바우마이스터는 '낮은 자존심 이론'의 대안으로 자존심이 높은 사람일수록 폭력적인 성향이 강하다는 이른바 '위협받는 자부심 이론'(threatened-egotism theory)을 제안했다.

바우마이스터가 분석하기에는 이라크의 사담 후세인은 자존심이 강했기 때문에 호전적으로 행동했다. 아돌프 히틀러가 집권 직후 우생학적 법률인 유전위생법을 공포하고 유럽 점령 지역에서 유대인 등을 수백만 명 살육한 것도 아리안 민족이 고등 인종이라는 자부심에서 비롯되었다. 살인자나 강간범은 남보다 우월하다고 생각하기 때문에 모욕을 당하면 공격적으로 돌변해 일을 저지른다. 거리의 깡패나 골목대장들도 다른 사람보다 잘났다고 착각하기 때문에 자존심에 상처를 입으면 폭력을 휘두른다.

바우마이스터는 '위협받는 자부심' 이론을 뒷받침하는 극단적인 사례로 자신에 대한 폭력적 행동, 곧 자살을 꼽는다. 이를테면 사회적으로 성공한 사람들이 명예가 실추되거나 부도가 나면 자부심이 손상되기 때문에 자살한다고 볼 수 있다는 것이다.

바우마이스터의 이론은 폭넓은 지지를 받고 있다. 침팬지의 행동에서 국가 간의 전쟁까지 그 공격성의 배경에 자존심이라는 감정이 깔려 있는 것으로 밝혀졌기 때문이다. 침팬지 수컷은 집단 내에서 최고봉에 오르기 위해 모든 것을 걸다시피 한다. 우두머리 자리를 획득하고 유지하기 위해 많은 시간을 들여 교활하고 끈질기게 노력한다. 서열이 낮은 수컷이 권위에 도전하면 우월한 수컷은 분노한다. 수컷 침팬지의 자존심이 모든 갈등의 근원인 것이다.

기원전 431년 아테네와 스파르타 사이에 벌어진 펠로폰네소스 전쟁은 자존심 강한 사람들에 의해 통치된 자존심 강한 두 도시국가 사이의 경쟁에서 비롯되었다. 스파르타가 우위를 차지하고 있었으나 아테네가 성장하면서 두 나라 사이에 자존심 경쟁이 불붙어 결국 전쟁이 일어난 것으로 분석된다.

바우마이스터의 이론은 물론 자부심이 강한 사람들이 모두 공격적이라고 주장하는 것은 아니다.

부하의 도전에 위협을 느낀 수컷 침팬지처럼 재벌 회장은 자존심을 건드린 술집 웨이터들을 직접 응징하고야 말겠다는 복수심에 사로잡혀 있었던 것은 아닐까.

(이인식과학문화연구소장. 조선일보, 2007.5. 12-13, 제26817호. 필자의 승인을 받고 전재함.)

재로 보았다: "실제 아동과 학교 의자에 앉아있는 아동의 차이는 너무 크다. 상술하면 인조인간과 진짜 인간의 차이 같다"(p. 117). 그가 지적하려는 문제는 관심을 모을 만한 비극이었지만, 『Death at an Early Age』에서 시도한 선(아동)과 악(교사)의 단순한 구분은 그렇게 하지 않았더라면 중요하였을 책의 가치를 손상시켰다. 너무 말끔하고, 너무 단순하게 묘사되었기 때문에 그 학교에서 Kozol만이 학생을 보살피는 유일한 교사였다거나 심지어 그 이외에는 실제로 어느 교사도 친절한 행동을 하지 않았다고 믿기는 어렵다.

Herbert Kohl

60년대에 공립학교에서의 체험을 저술한 영향력 있는 교사인 저자 삼총사 중 세 번째 인물은 바로 Herbert Kohl이었다. 그가 쓴 『36 Children(36명의 아동)』은 1967년에 발간되었고, Holt와 Kozol의 책이 받았던 것처럼 열렬한 호응을 받았다. 사실 이 책은 Kozol의 『Death at an Early Age(어린 나이의 죽음)』와 놀랄 정도로 비슷하다. 두 가지 책 모두 기본적으로 대도시 저소득층 지역 초등학교에 근무하는 풋내기, 중산층, 백인교사의 일기이다; 두 책 모두 교사가 아동에게 민감하고 존중하는 대우를 했을 때 마침내 교육적으로 정신적으로 아동이 꽃피워났음을 묘사했다는 점이 마음에 감동을 준다; 또 두 가지 책 모두 대부분의 독자들로 하여금 가난한 소수민족 아동이 학교체제로부터 받았던 방식에 격분하도록 만들었다는 점에서 강력하고 선동적이었다. Kozol의 책과 비교할 때, Kohl 책에서는 자기 학급의 개별적인 아동의 삶에 보다 집중하여 바라보긴 했지만 낡아빠진 학교, 방치된 교실, 낡고 부적절한 교재, 부족한 교재, 그리고 가장 중점적으로는 무관심하고 무감각한 교사 때문에 빈민아동의 삶에 끼치는 충격적인 영향에 대해 지나치게 자세히 열거하였다.

바로 이런 점 때문에 Kohl의 책은 유사한 경향들을 보여주었다. 그 한 가지로는 Kohl은 아동 간에 존재하는 모든 개인차에 대해 첫째로 책임을 물어야 하는 것은 바로 교사와 교사들이 갖고 있는 아동에 대한 "선입견"이라고 보았다: "아동에 대해 다른 교사들이 이미 내려버린 판단을 잊어버릴 때만이 '정서적인' 문제가 사라지고, 가장 둔한 아동이 가장 예민한 아동으로 또는 가장 총명한 아동이 가장 평범한 아동으로 바뀔 수 있음을 지켜보는 것은 놀라운 일이다"(1967, p. 13). 그 시대의 많은 사회비평가들처럼, Kohl은 대도시 저소득층 지역 학급은 교사의 기대에 맞게 아동이 스스로에게 기대하는 자기충족적인 예언, 소위 "피그말리온 효과"의 원리들이 작용한다고 가정하였다(Rosenthal & Jacobson, 1968). Kohl에게는 교사의 선입관과 무감각, 낮은 기대 하에서는 대부분의 대도시 저소득층 지역 아동들이 학교에서 공부를 잘 하지 못하는 것은 당연하다고 보았다. 아울러서 교사들은 단지 무감각 할 뿐 아니라 "둔감하고 자극을 주지 않는"(Kohl, 1967, p. 54) 경향이 있다고 묘사하였다. Kohl은 "교사는 자신이 무엇을 가르치는지 이해하지 못하며, 더 심각하게는 자신이 이해하지 못한다는 사실에 괘념치 않는다"(p. 54)고 하였다.

그러나 이것은 전체 교사에 대한 부당한 비난이다; 많은 연구에서 그의 이러한 가정을 확인하는데 실패하였다. 예를 들어 두 명의 흑인 연구자 Carew와 Lightfoot(1979)는 인종적으로 통합된 도시지역 학교 두 곳에서 교사의 행동과 언어를 1년 동안 관찰하였다. 그들은 인종적인 (또는 성적인) 차별의 증거를 거의 발견하지 못하였고, 그 대신 대부분의 교사들은 학생들에 대한 판에 박은 판단을 거부하였으며 심지어 학생의 IQ에 대한 다른 사람들의 평가에 대해 논박하였다는 것을 발견하였다. 또한 그들의 관찰에 따르면 교사들은 열심히 일하였으며 교실에서의 행동을 아동 개개인의 능력과 필요에 따라 맞추었다.

예측할 수 있겠지만, Kohl은 학생들의 나쁜 행동을 교사의 무능 탓으로 돌렸다: "훈육문제는 학생들에게 흥미 없는 것을 하도록 만들었고, 갈수록 이질적인 행동들을 하게 하였다. … 단지 내 교실뿐만 아니라 대부분의 아동들에게 백인 성인의 무시와 권위만 계속 누적되어 보여 주는 학교환경 속에서 Alvin의 불쾌함, John의 학습거부는 자연스러운 반응이었다"(1967, pp. 28-29). 다음과 같은 묘사를 보면 사실 모든 문제(행동부터 학업 문제까지)에 대한 해결책은 바로 교사의 독창성과 민감성이라고 생각하는 것을 알 수가 있다: "그녀는 일부 교사에게는 '말썽꾸러기'로 다른 교사들에게는 '정서장애자'로 여겨졌다. 그러나 솔직하게 실제적이고 진지한 소설을 쓸 기회가 주어지면 그녀는 꽃이 피어난 듯 했다"(p. 185).

따라서 이 책에 대해서 Holt와 Kozol의 저서들이 받았던 동일한 항의를 제기할 수 있다. 만일 이 책의 내용을 액면 그대로 따른다면 1960년대 중반 학교환경을 벗어난 곳에서는 문제아동이란 존재하지 않으며, 전국의 공립학교에서 덕이 높고 헌신적인 교사는 단지 그 백인 남성교사 세 명뿐이었다고 믿어야 할 것이다. 불행하게도 이 책들은 모두 학교란 일반아동을 거의 돌보지 않고 흑인이나 히스패닉 아동들은 소홀히 돌보는 권위적인 사람들이 운영하는 악의적인 장소라는 인식을 형성하고 일반인들이 그렇게 믿도록 영향을 끼쳤을 수 있다. 하지만 다음과 같은 구분이 필요하다. 이들 저자들은 직접 지켜본 공포를 부정확하게 서술하였다고 주장하는 것은 아니다(사실 그들은 소수민족 아동의 비참한 상태에 대한 의식을 고양시키는 매우 귀중한 일을 수행했다고 본다). 그러나 매우 복잡한 문제들에 대한 원인을 한 곳으로만 (학교/교사에게로) 귀속시켰다는데 대한 항의이다; 교사들의 특징, 의도, 도덕성에 대한 그들의 일관되고 지나친 일반화에 대한 항의이며, 이들 책들의 혼자 신성한 척하는 어조, 오직 한 가지 교육방법만이 옳으며 기술한 문제의 원인이나 해결책에 대하여 이성적인 사람들 사이에는 이견이 있을 수 없다고 암시하는 어조에 대한 항의이다.

Herndon과 Silberman

이 시기에 출간된 다른 두 권의 책 또한 언급되어야 한다. 한 권은 James Herndon의 책 『The Way It Spozed to Be(해야만 하는 방식)』(1965)이며 이 책은 Kohl과 Kozol의 책과 양식이 비슷한, 가난한 중학교에서의 교직경험에 관한 글이다. 두 번째 책은 Charles Silberman의 저서 『Crisis in the Classroom(교실의 위기)』(1970)이며[3] 이 책은 1960년대 후반 미국 교육

상황을 매우 학문적인 입장에서 바라보았다.

이 장에서 언급했던 다른 책들에 비해, Herndon의 책은 어조가 온화하지만 책에서 보여주는 정서는 많은 점에서 이전에 언급하였던 판에 박힌 인식과 논조가 일치한다. 다른 점이라면 다른 저자들이 선호했던 분개/아첨/이것은 잊을 수 없다는 식의 어조라기보다는 Herndon의 학교와 교사에 대한 분노는 더 투덜대는 식으로 보였다. 그러나 난폭한 행동은 교사들뿐만 아니라 학생들에게도 금지되어야 함을 기꺼이 인정한다는 점에서 위에서 언급한 책들과 Herndon의 책이 다소 구분된다. 그는 분명 자신이 재직했던 학교에서 일부 교사들의 인종차별을 비판하였고 사실 모든 학교관계자의 비타협적 태도(학교가 "해야만 하는" 방식이라고 보는 일종의 신화적인 견해에 집착하는 학생을 포함한 모든 사람들의 방식)를 비난하였지만, 동시에 대도시 저소득층 지역에서 교직생활을 하는 것은 "피곤"할 수 있으며 학생들은 힘들고 비이성적이고 심지어 인종차별적 방식으로 행동할 수 있다는 것을 깨닫고 있었다. Herndon은 자신의 학급에서 오랫동안 충분히 견뎌낼 수 있기를 희망하였고, 자신의 가르침이 학생들의 향후 인생에 전혀 차이를 가져오지 못할 것을 두려워함으로써 탈진에 대해서도 직관적인 이해를 가지고 있었다(1965, p. 142).

Herndon의 주된 요지는 교사와 학교가 질서 유지에 지나치게 집착한다는 것이었다. Herndon의 9학년(중 3) 학급에서 한 학생이 "쟤들이 저렇게 난리 부리는 데도 선생님은 왜 그냥 두세요?"라고 질문하였다. "나는 학생들이 저렇게 행동하지 않아도 얻는 게 있다면 아마 다르게 행동했었을 것이라고 본다고 대답하였다. 실제로 얻는 것이 없기 때문에 절대 그 행동을 멈추려 하지 않을 것이라고 대답하였다; 교사가 제재하면 그 순간만 잠시 피하려할 뿐 다시 시작할 것이다"(p. 151). Herndon에 따르면 우리는 아동의 자유를 제한하려고 지나치게 열심히 애쓴다. 그는 교사와 행정가들은 규칙위반에 대해서 더 참아야 한다고 믿었다. "우리는 뛰기, 고함지르기, 먹기, 지각, 화장, 라디오, 교실파티와 선거 등에 대하여 규칙을 정한다. 또 위반자에 대한 벌칙을 마련한다; 그리고 학교생활을 시작하는 처음부터 규칙을 준수하지 않을 학생들이 발생할 것에 대비하여 또 다른 벌칙을 마련해야 한다"(p. 187). 이렇게 할 바에야 좀 시끄러우면 어떠냐고 Herndon은 주장하였다. 결국 교실은 조용해지고 학습을 하게 될 테니까. 질서를 유지하려는 성인들의 노력은 단지 상태를 악화시킬 뿐 거의 누그러지지 않을 적대적 갈등만 더욱 조성한다. Herndon은 학교란 기본적으로 아동이 "하루 7시간을 억눌려 지내야 하는" 장소이며 그들의 진정한 욕구는 "무시될 뿐 아니라 적극

---

3) 역자 주: 미국에서 베스트 셀러가 되었다고 하는 이 책의 번역서가 국내에서 출판되었다.
편집부 편역(1985), 교실의 위기. －교육신서 58, 59－, 서울: 배영사.

적으로 벌을 주는" 곳이라고 믿었다. Herndon은 아동이 학교에 머무르면서 교실의 무지함과 엄격함을 견뎌야 하는 점을 언급하면서 "아마 당신은 견딜 수 있겠죠" "어쩌면 견딜 수 없을 지도 몰라요. 하지만 어느 쪽이 되었든 어느 정도 당신에게 해가 될 거예요"(p. 188)라고 말하였다.

교육적 실패에 대한 해결책으로 Herndon은 "자유"를 제안하였고, "선의이지만 실험할 수 없는 추상적 개념"이라던 Hook(1966)과 Sarason(1982)의 견해를 떠올리게 한다. 이러한 것들은 대개 어떤 조작적 기준을 정하지 않은 채 "그래야 할 의무가 있다"고만 말하는데, 이상이 실현될지 그리고 어떻게 실현될지 검증할 수 있는 분명한 방법은 전혀 없다. 사실 실험할 수 없는 가설에 대한 Sarason의 실례 중 하나는 자유에 대한 Herndon의 요구와 매우 비슷하다: "일반적으로 학교체제, 특별히 교실은 권위적인 환경이다. 민주적 정신이 더욱 만연하여야 한다"(Herndon, 1965, p. 37, 원문을 강조). "자유"라는 목표에 관한 논박을 하기란 어렵다. 그렇기는 하지만 사람들은 Herndon이 생각하였던 자유가 다른 학생들에게는 다른 것을 의미하는지, 일부에게는 안전하고 질서 있는 환경에서 배울 자유를 의미하는지 의문을 갖는다.

Holt, Kohl, Kozol, Herndon의 저서와 비교할 때, Silberman의 책은 교육적 비판에 대하여 완전히 다른 요인을 반영한다. Silberman은 카네기협회의 연구지원을 받아 3년 반의 기간에 걸쳐 세계적으로 저명한 많은 교육자와 교육학자들과의 공동연구를 통해 미국교육을 재건하기 위해서 "무엇이 잘못되었으며 무엇을 해야 하는지"(1970, p. vii)에 관한 연구와 저술을 하였다.

Silberman은 교사들에 대하여 두 가지 마음을 갖고 있었다. 먼저 그는 드러내 놓고 교사에 대해 동정적이었다. Silberman은 자신의 저서인 『교육의 위기』 서문에서 다음과 같이 말하였다: "공립학교에 대한 나의 고발은 요구가 많은 교직에서 오래노독 열심히 일하지만 학생들 못지않게 교사들도 희생을 강요하는 조직으로 인해 대단히 많은 교사들이 좌절하고 있다는 사실에 공감하기 때문이다"(p. x). Silberman은 대부분의 교사들이 "가장 힘든 환경하에서 최선을 다하는 품위 있고 정직하며 선의를 가진 사람들"(p. 142)이라고 주장하였다. 그는 Sarason의 지적처럼, 교직은 고독한 직업이며 교사들은 거의 전문가적인 대우를 받고 있지 못한다는 사실에 동의한다. 거의 모든 교사들은 자신들의 사무실이 없으며, 휴게실이란 대개 조악하게 설비가 된 곳일 뿐이며, 전형적으로 공동체로부터 낮은 존경을 받으며, 교직에 대한 언론의 전형적인 태도는 지속적으로 우호적이지 않은 경향이 있으며, 불충분한 급여는 일반인의 태도를 너무나 정확히 반영하는 것이라고 말하였다. 그는 다음과 같이 말하였다. "교사들이 일하는 곳을 하찮게 보고 불신하는 분위기가 있다; 교사들은 공장 노동자나 사무실 직원처럼 출퇴근 시간을 기록하고, 교육과정 내용이나 교과서 선정과 같이 그들과 가장 밀접하게 관련된 일에 대해서조차 교사에게 의견을 구하지 않는다. 그리고 직무 자체의 여건도 그렇다: 반성의 시간이나 사생활을 가질 여유를 주지 않는 교직의 부담감뿐 아니라 전문가로서의 위상을 손상하도록 만드는 강당이나 식당에서의 '감독 당번'과 같은 하찮은 일"(p. 143)을 담당해야 한다.

따라서 Silberman의 비판 대상은 교사가 아니며, 그보다는 학교와 학교위원회의 경직되고 무지한 정책에 대한 비판이다. Silberman은 교사들을 큰 조직 속의 인질로 보았다. 심지어 Silberman은 "현대 교육 비판의 상징이 되어버린 교사들을 향해 퍼부었던 오만과 지적, 사회적, 속물적 행위로부터"(p. x) 자신을 구해 준 동료들에게 감사를 표하였다. Silberman은 이러한 비평가들에 대하여 명백하게 비판적이었다.

> (Edgar Friedenberg, Paul Goodman, John Holt, Jonathan Kozol 같은) 교육에 대한 매우 영향력 있는 일부 현대 비평가들에 따르면, 학교는 가학적인 사람과 얼간이들을 직원으로 채용해서 신분상승이나 자신의 분노를 학생들에게 발산하기 위한 수단으로 이용하고 있다고 표현하였다. 그 뉘앙스와 어조와는 달리, 보다 분명하게 진술하면 이러한 인상이 덜 다가온다. (David Riesman이 "귀족적인 무사태평"이라고 불렀듯이, 이들 저자들이 미친 영향은 결국 교육받은 중상층이 화이트칼라 중하층인 교사, 사회사업가, 공무원, 경찰관을 향해 일종의 거만을 부린 행위로 여겨졌다.) 그들은 폭력에 대한 교사들의 수동성과 두려움을 여자 같다고 비웃었으며, 때때로 교사들의 인간성을 거의 부인함으로써 중하층에 속하는 교사의 문제에 대해 공감을 표시할 수 없는 것 같았다[pp. 141-142].

가장 특이한 점으로, Silberman은 학교 및 교사 이외에 다른 조건들이 아동의 학업성취에 영향을 끼칠 수 있음을 이해하고 인정하면서 보다 넓은 사회맥락 속에서 교육과정을 조망했다. "서로 다른 학교에서 동일한 결과를 기대하는 것은 아마 비논리적인 일이다. 하류층 아동은 학교만 마냥 비난할 수 없는 심각한 교육적 결함을 가진 채 입학한다; 아울러서 우리가 이미 논의한 바와 같이, 학교는 아동의 학문적 성취에 영향을 끼치는 여러 교육기관과 영향 중에서 단지 한 곳일 뿐이다"(p. 62). 그러므로 본 장에서 논의하였던 다른 저자와는 달리, Silberman은 교육적 성공을 방해하는 유일한 장애물이 교사라고 지목하지 않았다. 오로지 Silberman 혼자만이 "가족, 이웃, 학교의 상호작용이 아동의 학문적, 정서적 성장에" 분명히 영향이 있음을 지적하는 Coleman 보고서(미국 교육부, 1966)와 미국인권위원회(1967)의 결과를 인식하고 있는 것으로 보였다(Passow, 1971).

다른 한편, Silberman은 그 시대의 정신으로부터 완전히 자유로울 수는 없었다. 다시 말하자면 그는 60년대 후반과 70년대 초기에 매우 유행하였던 교사 때리기 방식에 자주 빠져들었다. 그는 "학교 내에서 실패를 가져온 원인은 무엇인가?"(1970, p. 83)라는 질문에 "교사의 낮은 기대" 때문이라고 대답하였다. (열등반 학생의 성취에 대한 학부모, 또래, 언론의 낮은 기대에 관해서는 전혀 언급하지 않았다). 비록 교사들은 타산적, 인종차별적으로 묘사되지는 않았어도 학생들이 학습에 흥미를 갖도록 하는데 하는 일이 거의 없어 보였으며 심지어 하류계층 학생의 성취를 적극적으로 방해하는 것으로 보였다. 전형적으로 교사들이 학생들을 옹호하고 비난하는 방식에 대한 보기로서 Silberman은 Herndon과 Kohl의 관찰을 참고하였다. Holt가 그랬던 것처럼, 학교는 "학생들이 스스로 생각하고 행동하는 호기심"(p. 134)을 파괴하였다고 생각하였다. 궁극적으로 Silberman은 교사들이 저소득층 학생들을 존중해 주었던 몇몇 학교에 대하여 설명하였지만, 그의 메시지는 분명하였다: 학생들을 존중하고, 즐겁고 행복한 교실을 만드는 교사는 실로 드물다. "성인들은 학교에 대하여 당연하게 여기는 것이 너무나 많기 때문에 대부분의 미국학교들이 얼마나 가혹하고 재미없는 장소인지, 자신들이 시행하는 규칙이 얼마나 억압적이고 비열한 것인지, 분위기가 얼마나 지적으로 빈곤하며 심미적으로 매력이 없는지, 교사와 교장 측의 정중함은 얼마나 끔찍하게 부족한지, 그들이 학생들을 무의식적으로 얼마나 경멸하는지 제대로 평가하지 못한다"(p. 10). 그러므로 교사에 대한 경시를 피하고자했던 처음의 의도에도 불구하고(Silberman은 자신은 다르다고 공언하였지만), 그렇게 다르지 않은 교사들의 풍자적인 모습들을 때때로 묘사하였다.

교사 탈진에 대한 책의 영향

이 시점에서 이러한 서적들의 메시지와 어조가 1960년대 후반과 1970년대 초 교사 스트레스와 탈진에 어느 정도로 영향을 끼쳤는가에 대해 분명한 의문점이 생긴다. 내 생각으로는 이러한 난처한 시기를 거치면서 실로 이 책들은 교사의 스트레스를 증가시켰다. 교사들이 도전 받았던 과제들은 막대하고 긴박하다고 여겨졌다. 그러나 여러 교사조직에 뒤얽혀 있는 정치적 공론, 많은 교실이 혼란스러운 상태에 처해 있는 그 시기에 교사들이 그러한 서적 때문에 조소와 경멸의 대상이 될 필요는 없었다. 물론 비평가들 입장에서는 교사들이 바로 이러한 이유 때문에 공격받는다고 주장할 것이다(즉, 교사들은 시급하게 처리해야 하는 교육적 직무를 수행하고 있지 않으며, 자신들의 정치적 권력기반을 보호하기에만 지나치게 바쁘며, 교실에서 효과적으로 기능하지 못한다고 본다). 그러나 우리 사회가 교사들에게 전하는 메시지는 다음과 같다는 점을 인정해야 한다: "교사 여러분들이 필사적으로 과거의 교육에서 잘못했던 점을 바로잡기를 바란다. 당신이 이 어려운 과제를 즉시 완수하기를 원한다(그런데, 당신들 전부는 아닐지라도 대부분은 이를 수행하기에는 근본적으로 무능하고 도덕적으로 부적합한 것 같다)." 사실상 때로 그 메시지는 교사들을 더욱 난처하게 만들었다. 왜냐하면 많은 교육 비평가들은 그 과제가 "어려운지" 아닌지 구분하는 데 확신이 없기 때문이다(인종차별이라는 잠정적인 비난과 교사가 해야 할 과제를 서로 혼동되게 만들었다). 이러한 교직에 대한 명예훼손은 교사들로 하여금 교사들의 능력과 권위에 대한 만연하는 냉소적 태도를 따를 수밖에 없었던 학생뿐 아니라 학부모, 학교위원회와 협조하고 신뢰하는 것을 어렵게 만들었다. 질문할 필요도 없이 그러한 환경 속에서 효과적으로 소신 있게 직무에 임한다는 것은 점점 더 힘겹게 되었다.

Grant(1983)는 이 나라에서 교사들의 위상이 저하된 이유로 60년대에 벌어졌던 사회적 권위기반의 침식 때문으로 보았다. 비록 "심각한 인신비방이 행해졌다"(p. 601)고 하여도, "낭만주의적 저자나 최근 신막스주의 비평가들에게 교사 자존감 상실에 대한 전적 혹은 부분적인 책임을"(p. 601) 물을 수는 없다고 하였다. 비록 나는 Grant의 의견처럼 다만 Holt, Kohl, Kozol, Herndon, Silberman의 서적 때문에 교사들에 대한 대중의 존경이 저하되지는 않았다고 보지만, 여기에서 들리지 않는 귀에다 대고 "대단한 비방을 시도한" 것은 아니라는 점이다. 이 장에서 언급된 책들은 심오하다거나 지식인 취향의 작품이 아닌, 대중적이고 "고자세를 띤" 저작물이었다. 만약 이 책들의 영향으로 교사에 대한 무례한 어조를 낳지는 않았다 하더라도, 그것들은 분명 이미 존재하던 교사 비방의 경향을 악화시킨 것은 사실이다. 그 책들은 교사들이 교직에 대하여 좋게 느끼게 하거나 이 나라의 사회복지에 이바지한다고 느끼게 하는 것을 어렵게 만드는 문화적 환경에 일조하였다.

만약 의도가 있었다면, 교사들의 직무 수행상의 어려움을 분명히 시인하고, 교사들에게 사회 변화과정에서 자신들이 담당하는 중요한 역할을 상기시키고, 교사들에게 시대의 변화하는 필요와 방향을 향해 도전을 증가시키도록 간청하고, 결점이 있다면 교사들의 근면한 노력을 칭찬해 주는 방법으로 서적의 잠정적인 영향력을 미칠 수 있지 않았을까? 책의 힘만으로 교사가 포기하거나 탈진하지는 않았다; 어떠한 교사가 그 중 어떤 책을 읽은 직접적인 결과로 사직하였다고 볼 수는 없다. 그렇지만 이 책들은 교사들에게 또 다른 스트레스의 원천을 제공하였다. 탈진은 대개 자신이 쓸모없고 보잘것없다는 생각을 가질 때 나타나는 현상이다(그리고 이들 책은 이러한 생각에 미미하지만 의미 있는 방식으로 영향을 끼쳤다).

❀ 텔레비전과 영화 속에 그려진 교사들

텔레비전

앞 절에서 논의된 "60년대의 저서들"은 대중매체를 통하여 표현된 반교사 정서의 가장 두드러진 보기들이다. 그러나 교사에 대한 비판주의는 1970년대와 1980년대에도 계속되었으며 다른 매체들을 통해서도 표현되었다. Raywid(1984)는 매체, 특히 대중 언론이 학교에 대한 대중의 신뢰를 손상시키는데 중요한 역할을 하였다고 주장하였다. "사람들은 직접적인 접촉보다는 매체를 통해 학교에 대해 긍정적이지 않은 이미지를 받아들이게 된다"(p. 208).

텔레비전과 영화 모두 지난 30년간 교사에 관해 설정한 이미지로 성자, 또는 성자와 대조적인 두 유형의 인물(광대 또는 폭군) 중 하나로 표현되었다. 1950년대에는 사회의 시각에 부합하여, 매체에서 교사를 아동기 문제를 효과적으로 처리하는 악의 없는 여교사로 설정하였다. 이들 교사는 아동의 정신과 가치관을 개발하는데 (어머니들처럼) 지극히 헌신적이며 선천적으로 소질이 있었다. (여성들에게 쉽게 개방되어 있는 유일한 다른 직업들인) 간호사나 비서처럼 교사들은 다른 사람들을 돌보기 위하여 존재하였다. 그리고 교사들이 사실 바보가 아닌 이상 교직은 지성보다는 인내와 양육을 더욱 요구하는 것으로 보였다. 가르치는 것은 어렵지 않았으며 교직 자체는 대단히 단순한 직업으로 보였다.

예를 들어 "Our Miss Brooks"는 학생 한 사람 한 사람 모두를 돕기 위하여 열심히 일하는 TV 성자였다. 그녀는 학급에 애제자가 두 명 있었지만 심지어 가장 다루기 어려운 학생을 향해서도 지칠 줄 모르는 인내심을 발휘하였다. 다른 직업의 여성들처럼 교직은 결혼하여 가족이 생기기 전까지 몇 년간 하는 직업으로 여겨졌으며, 독신인 Brooks 양은 남자친구인 Boynton 군과 결혼하기 위한 은밀한 계획을 세우면서 많은 시간을 보냈다. Brooks 양은 학생들에게 친절하였을 뿐만 아니라 완벽한 미덕을 갖춘 여성이었다. 물론 50년대는 교사가 정말 괴짜 같거나 급진적인 어떠한 행동을 한다면 해고사유가 될 수 있는 그런 시대였다.

50년대의 또 다른 TV프로 "Mr. Peepers"는 호인이며 학생들에게 긍정적인 영향을 끼치는 인기 연예인이었지만, Casper Milquetoast처럼 아주 "진짜 남자"는 아니었다. 안경을 쓰고 부드러운 목소리를 가진 호리호리한 체격의 Peepers씨는 여성의 세계 속에 사는 미아였다. 이미지는 온화하지만 메시지는 분명하다: 교직은 여성의 일이다; 진짜 남자(real men)는 교사를 하지 않는다; 교직은 대개 즐거우며 아주 어려운 일은 아니다.

TV에서 교사를 성자로 묘사하는 전통은 사실 그 이후로도 계속 이어져 Miss Brooks와 Mr. Peepers에 이어 "Lucas Tanner", "Mr. Novak", "The White Shadow", "The Bronx Zoo",

"Welcome Back, Kotter", "Room 222", "Fame", "Head of the Class"로 이어졌다. 이들 프로그램에서 교사들은 "훌륭한 유머감각을 가지고 있고, 약간 난처한 일이 벌어지면 여기에 상식을 적용시켜" 해결함으로써 매주 기적을 일으켰다(Gunderson & Haas, 1987). 사실상 이러한 점에서 TV 프로그램에서의 교사의 이미지는 "성자"라기보다는 다소 특이하고, 선하며, 대단히 헌신적이며, 매우 효과적인 캠프 상담가의 이미지였다. 모든 프로그램은 거의 항상 행복한 결말을 맺었다. 심지어 TV 프로그램에서 학생들을 더욱 도전적으로 묘사하는 1970년대와 1980년대에도 교사가 나서면 모두들 반시간이나 한 시간 내에 보이스카우트나 걸스카우트에 가입하였다. 이들 프로그램에서 교사들은 학생들을 포기하는 일이 거의 없다; 능력이 별로 없는 행정가도 거의 없었다; 본인이 할 수 있는 능력의 1/100 정도만 돌보는 동료도 거의 없었다. 사실상 이들 TV 프로그램에서는 훌륭한 교사들의 이미지와 반대되는 엉뚱한 사람들을 발견하기란 지극히 어려웠다(대개 학교마다 단 한 사람씩은 있기 마련인데도). 교사들(사실 모든 행정가들)에 대한 대체적인 평가는 주로 나쁜 사람, 광대나 폭군이라는 것이었다. 결국 TV 속의 교사들을 통해 실제 교실에서의 교사들은 성자처럼 헌신적이거나 돌보지 않고 무능한 사람들이라고 배우게 되었다.

TV 프로그램에서의 교사들, 적어도 남녀 주인공들은 저녁이나 주말시간을 학생들을 사회화시키는데 보낸다는 점에서 두드러진다. 사실상 Gunderson와 Haas(1987)가 관찰한 바와 같이 TV에서는 "가르치는 것은 교사가 학급환경 밖에서 수행하는 일보다 중요하지 않은 것처럼 묘사되었다"(p. 30). "Fame"에서 교사는 자신을 필요로 하는 학생들에게 가기 위하여 위험도 상관하지 않은 채 범죄가 만연하는 지역으로 들어간다. 전직 프로야구 선수였으나 이제는 도시 고등학교에서 일하는 선생님 이야기인 The White Shadow에서는 교육에서 얻는 중요한 것을 학생들에게 가르치기 위하여 끊임없이 학생들의 생활에 관여한다. Mr. Kotter의 학생들은 교사의 아파트를 자기들의 집처럼 생각한다. 여기서의 암묵적인 메시지는 진정으로 보살피는 교사들은 수업계획을 세울 뿐 아니라 개인적으로 학생들과 접할 뿐만 아니라 하루 24시간을 학생들을 염려하고 보살피면서 보낸다는 것이다. TV상의 교사들은 근무 외 시간을 학생들과 보냄으로써 그들의 사생활과 맞바꾼 것 같다. 성직자를 제외한 다른 어떤 직업도 이와 비슷하게 묘사되지 않는다. 몇 개월 내에 이들 헌신적인 교사들은 수년간에 걸친 교육의 실패뿐만 아니라 수년간 지속되어 온 경제적인 박탈, 부모의 무관심, 인종차별을 보상할 수 있는 것으로 보인다.

그런데 이 모든 것이 왜 문제인가? 결국 TV는 허구이며 현실이 아니고 TV 프로그램은 각본을 따른다는 것이다. 나아가 이들 프로그램에서의 교사는 초영웅적 존재(긍정적인 귀감, 성격 형성자, 매우 중요하고 인내하며 성취하는 사람)이다. 교사들은 이러한 성격으로 학생들을 감동시켜야 한다고 주장할 수 있다. 그러나 문제는 확고하고 훌륭한 교사인데도, 일부에게는 도움이 되고 모든 아동에게는 도움을 주지 못하는 교사, 일부의 문제해결에는 효과적이나 모든 문제에는 효과적이지 않은 교사, 어떤 날은 열정적이고 도움이 되지만 항상 그렇지는 않는 교사의 모습에 대한 여지가 전혀 없어 보인다는 것이다. TV에서는 1회분 방영 시간 동안 그렇게 훌륭한 교사가 해결하지 못하는 문제란 없어 보인다. TV에서는 결국 모든 학생들이 읽기와 행동 통제방법과, 잘못을 하였을 때 사과하는 방법과 교육 가치를 제대로 평가하는 법을 배운다. 심지어 "Welcome Back, Kotter"에서 Sweathogs(정서장애자라는 소문이 있는 적응할 수 없는 사람들의 집단)도 이에 해당하며, 교사의 친절한 봉사를 통해 아동들이 진정으로 훌륭하게 다루기 쉬워진다. 아무리 거친 녀석이라도 결코 나이어린 학생들의 돈을 빼앗거나 폭행하지 않는다. 모든 사람들은 단순히 그가 거칠다고 말하고 그의 체육관 락커의 양말냄새에 대하여 농담을 한다. TV에서의 교사는 힘든 학생을 가르치려고 애쓰지만 실패하는 것, 수업시간에 방해를 받으면서도 요점을 놓치지 않으려고 고군분투하는 것, 차에 뛰어 타는 학생을 보호하려고 참견하는 것, 학기 초에 물품부족으로 좌절감을 맛보는 상황들을 보여 주지 않기 때문에, 대중들은 이에 대해 거의 알지 못한다. TV에서는 교사 직무의 진정한 성격을 너무 쉽게 묘사하여 학부모들과 일반인들의 견해를 왜곡시킬 수 있다.

매체에서 어떤 직업에 대한 묘사는 이 사회의 너무나 많은 사람들에게 그 직업에 대하여 느끼고 행동하는 방식에 영향을 끼치기 때문에, 교사에 대한 이미지는 우리가 상상하는 것 이상으로 교사들의 개인적, 직업적인 자존감에 영향을 미친다. 교사들은 이상하고 모순된 이미지(다른 어떠한 사회기관도 해결할 수 없어 보이는 문제를 해결해낼 수 있는 사람들이지만 쉬운 직업을 가지고 있는 사람들이라는 이미지)의 부담을 안고 있다. 대개 TV상에서(또는 그 점에 대해 영화에서) 만성적인 교육적, 사회적인 문제들을 해결하는데 겪는 어려움을 매우 신중하게 다룸으로써 이러한 모순을 융화시키기도 한다. 그래서 교사가 진정으로 학생들을 보살핀다면 약간의 부수적인(교사의 쉬운 일과에 비추어 볼 때 대단한 것도 아닌) 일을 해 주면 상황이 더 나아질 수 있다는 메시지를 우리에게 전달하고 있다. 물론 교사의 직무는 TV가 보여 주는 것보다 훨씬 더 어렵고 시간이 걸리며 성공할 확신은 훨씬 적다. 이러한 사실을 대중들이 진정으로 평가해 준다면 교사들이 더욱 존경받고 후원받는다고 느끼는 데 도움을 줄 것이다; 그렇지 못하다면 좌절을 가져오는 또 하나의 원인이 된다.

영화

영화는 항상 TV보다 더 현실적인 삶의 모습을 다루는데, 미국의 대중들에게 ≪Our Miss

Brooks≫에서 묘사했던 바와 아주 다른 학교 이미지를 소개한 것은 할리우드였다. 영화 ≪Blackboard Jungle(칠판 정글)≫(1955)은 많은 전후영화 중 곤란하고 난폭한 학생들을 대상으로 헌신적인 교사를 최초로 그리고 있다. 이 영화에서 주인공(Glenn Ford)은 졸업 전에 학생들이 나쁜 행동으로 제적이 되고, 학생 범죄집단이 교사를 폭행하고 가방을 약탈하려고 기다리고 있고, 한 학생이 여교사를 강간하려는 그런 학교에서 교사생활을 하고 있다. 결국 진정한 할리우드 방식을 사용하여 그 교사는 자신의 정성과 창조성으로 학생들을 감화시킨다. 그는 학생들에게 잭과 콩나무 만화를 보여 주며 가치관에 대한 감동적인 토론을 이끌어낸다. "처음에는 좀 배워보려고 했는데요, 지금은 아예 포기했어요"라고 말하는 다소 반항적이지만 이성적인 학생인 Sidney Poitier와 어렵사리 친구가 된다. 그들은 약속(어느 한 쪽도 중단할 수 없는 것)을 하고, 잘못 알려지고 오해받고 있는 다른 학생들을 성공적으로 함께 지도한다. 주인공이 아닌 교사들에 대한 묘사는 두드러진다: 다른 교사들은 포기하고 비효과적이지만, 불구이며 퇴역군인 Purple Heart에서부터 고독한 독신여성에 이르기까지 모두 선량한 사람으로 보인다.

10년 내에 Sidney Poitier는 영화 ≪To Sir with Love(선생님께 사랑을)≫(1967)에서 반항하는 10대에서 주인공으로 배역이 바뀌었다. 그러나 그 밖의 다른 많은 점에서 이들 영화는 매우 유사하다. ≪Blackboard Jungle≫처럼 이 영화는 흑인학생들을 곤란한 존재로 묘사하는 도덕적, 정치적 함정을 교묘하게 회피한다; ≪To Sir with Love≫에서 교사는 흑인이며 아이들은 런던의 노동계층 출신 백인이다. 또한 두 영화 모두 대두하는 로큰롤시대의 에너지와 반항성을 교사에게 반항하는 학생들의 상황으로 설정한다. 사실상 ≪Blackboard Jungle≫에서 이제는 고전이 된 Bill Haley와 혜성같이 등장한 초기 선량한 로큰롤 노래 중 하나인 ≪Rock Around the Clock≫을 소개하였다. (Lulu가 부른 ≪To Sir with Love≫ 노래는 영화제목과 동일하고, 온화하고 다소 눈물을 자아내는 발라드풍이었지만 영화 분위기 자체는 더 딱딱하였다.) 두 영화 모두 주인공을 제외한 다른 교사들은 비효과적이고 무익하다.

≪To Sir with Love≫에서는 훌륭한 교사는 모든 문제를 극복할 수 있고 모든 학생들은 근본적으로 선하다는 입장을 고수한다. 두 영화 모두 가르치는 어려움을 인정하지만 근본적으로 교사들에 대해서는 냉혹한 영화이다. 두 영화를 통해 우리는 한 사람의 훌륭한 교사가 문제 학생들을 창조성, 인내심, 열성, 친절함으로 감화시킬 수 있으며, 그 과정에서 학생들이 과거 16년가량 사회와 부모들의 손에서 겪었던 부당함을 보충할 수 있음을 배우게 된다.

현실적으로 미국에서 여교사가 남교사를 수적으로 훨씬 능가하여 왔는데도 불구하고, 우연하게도 TV에서처럼 영화 속 주인공 교사는 거의 대부분 남성이다. 이러한 규칙에 대한 한 가지 예외는 바로 Bel Kaufman의 동명소설을 영화화한 ≪Up the Down Staircase(내려가는 계단의 위쪽에서)≫(1967)이다. 이 영화에서 대학을 졸업하고 대도심 저소득층 지역 고등학교에서 영어를 가르치려는 젊은 여성(Sandy Dennis)이 등장한다. 그러나 이 영화는 ≪Blackboard Jungle≫, ≪To Sir with Love≫, 그리고 그 이후의 ≪Fame(명성)≫(1980)과 근본적으로 동일한 기본 줄거리를 가졌으나 단지 더 부드러운 형태로, 상냥하고 이상주의적인 교사가 분노하고 상대하기 힘든 학생들과 냉담한 교사들이 있는 학교에서 유능한 교사가 되기 위해 고군분투하는 내용이다. 이 영화의 대단원에서 Dennis 학생인 수줍어하는 푸에르토리코 출신 소년이 학교 모의재판에서 두각을 나타낸다. 그녀는 자신이 진정으로 한 사람을 감화시켜 현실적인 차이를 가져 오게 한다는 것을 깨닫고는 교단을 떠나려던 계획을 포기하고 교직에 투신한다.

1980년대 말 학교에 대한 할리우드의 묘사는 극적으로 변화하였다. 주인공 교사는 여전히 숭고하지만 주변세계는 상당히 더 거칠게 묘사되었다. 행정가는 온건하게 무시하는 자에서 방해하는 무능력지로 위치가 바뀌었다; 사회는 부당함과 인종차별뿐만 아니라 마약, 비행, 심각한 범죄의 온상으로 묘사되었다; 학부모들은 더 이상 단순히 무관심하고 오해하는 것이 아니라 자녀를 무시하고 심지어 학대하였다. 심지어 학생들도 과거보다 더 냉담하고 위험하게 묘사되었다. 그러나 가장 중요한 것은 70년대와 80년대 학교 영화에서는 주인공 이외의 교사들과 다른 직원은 단지 소극적인 이류가 아니라 적극적으로 학생에게 유해한 존재로 묘사되기 시작하였다. 실제로 탈진한 20%보다 훨씬 많은 교사들이 학생들을 돌보지 않고, 피로하며, 냉소적으로 그려졌다. 교원들의 이미지는 거의 일률적으로 우둔하고 헌신적이지 않이며 급여를 부당하게 많이 받는 존재로 그려졌다.

학교에 대한 할리우드의 가혹한 시각 덕택으로 이들 영화의 극적 효과가 증가되었다; 어느 한 사람의 교사가 무자비함, 무능, 냉담한 상황이 판치는 환경 속에서 성공하는 이상한 장면이 더욱 자주 나타났다. 이들 영화에서 묘사된 이례적인 교사(탈진히지 않는 주인공)는 더욱 영웅이 되어 갔으며, 주인공이 아닌 사람들(일반 교사들)은 더욱 측은해 보이고 경멸을 받게 되었다. 여기에서 전하고자 하는 메시지는 이렇게 난처하고 극도로 어려운 시대에 우리는 진정으로 헌신적으로 돌보는 교사들이 필요한데, 우리에게는 진정 그러한 교사들은 없다는 것이었다. 아마 이따금씩 운이 좋다면 그러한 교사를 한 학교에 한 사람, 혹은 아마 지역사회에 한 사람 정도 둘 수 있을 것이다.

1980년대 가장 인기 있던 교사 영화 중 하나는 ≪Stand and Deliver(꼼짝 말고 빨리 다 내놔)≫(1987)로 혜택 받지 못하고 대개 학습동기가 없는 고등학생들을 가르친 동부 로스앤젤레스의 뛰어난 수학교사이며 히스패닉인 Jaime Escalante의 실화이다. 이 영화의 앞 장면에서 학생들은 과격하게 행동하고, 큰 소리를 지르며, 교사에게 종이뭉치를 던지고 있다. 칠판에는 낙서가 있으며 학교복도는 소란스럽다. 학생들은 종을 조작하여 수업은 정해진 시간보다 일찍 끝난다. 한 학생은 "나는 수학이 전혀 필요 없다"고 노골적으로 말하는데, 사실 이것은 다른 모든 학생들의 태도이다. 그러나 열정적인 보살핌과 표준적인 엄격함을 통하여 Escalante 선생은 학생들에게 자존심, 야망, 그리고 상당한 수학 지식을 주입시킨다. 그는 학생들의 수학실력을 너무나 향상시켜 그들이 대학 수능시험에서 커닝을 하였다는 의심을 받는다. 사실 모든 학생들이 시험을 통과하게 되고, 우리는 많은 학생들이 이제는 "해낼 것"이라는 생각을 가지고 영화관을 나선다; 그들은 예전에는 결코 가능하리라고 생각하지 못한 대학진학을 하고 직업을 가질 것이다.

≪Stand and Deliver≫는 강력하고 감동적인 영화였다. 그 영화는 모든 불평등(무능한 행정가, 냉소적인 동료, 냉담한 학생들)을 타파한 열정적이고 매우 유능한 교사 이미지를 대중에게 소개했다는 점에서 다른 영화와 차이가 난다. Albert Shanker에서부터 이 책을 저술하기 위하여 면담했던 수많은 교사들에 이르기까지 많은 교육자들이 이 영화에 대하여 대단히 이중적인 생각을 가지고 있다는 것이 비교육자에게는 놀라울 수 있다. 왜 그러한가? 이 영화는 아주 단순하게 만약 Jaime Escalante가 할 수 있었다면 모든 교사들도 급여에 상당하는 일을 할 수 있다(그리고 해야 한다)고 넌지시 말하기 때문이다. 교사들은 우리가 Escalante의 기준에 따라 평가되어야 하는가라고 묻는다. 나는 이제 일주일에 최소한 60시간을 일하고, 야학에서 무료로 가르치고, 그리고 내 전체 인생을 심지어 배우자와 자녀들을 희생하면서까지 학생들에게 바쳐야 하는가? 법률가들은 Felix Frankfurter나 Louis Brandeis와 자신들의 일을 비교하며 자신들의 능력을 판단하는가? 야구선수들은 Babe Ruth만큼 치거나 투수 Nolan Ryan처럼 던지지 못하기 때문에 자신이 이류라고 여기는가?

Escalante 같은 교사들은 영웅이다. 왜냐하면 그들은 다른 교사들이 할 수 없는 것을 (학생들을 공정하고 인간적인 방식으로 효과적으로 교육한다) 했다고 그려지기 때문이다. 이 교사들은 평범한 대부분의 동료들과 비교할 때 영웅적인 존재이다. 그것이 바로 교육자들이 대부분의 영화 속 주인공 교사에 대하여 이중의식을 갖는 이유이다. 이들 영화(그리고 많은 TV 프로그램 또한)에서는 교사 중에 이례적인 한 인물을 칭송하기 위해 기꺼이 전체 교사집단을 매도하는 것으로 보인다.

그렇기는 하지만 아마도 가장 방심할 수 없는 것은 ≪Stand and Deliver≫의 메시지는 훌륭한 교사로 인정받기 위해서는 교사는 거의 죽을 지경으로 일해야 한다는 점이다. 돌보는 것만으로는(≪Blackboard Jungle≫, ≪To Sir with Love, Fame≫에서처럼) 더 이상 충분하지가 않다. Escalante는 자신의 직업윤리 때문에 결혼이 파괴되고 거의 죽음에 이를 지경의 심장마비를 일으킨다. 그는 여전히 속도 늦추기를 거부하고 심지어 완전히 건강을 되찾기 위한 병가도 갖지 않는다. 이러한 사건들은 단순히 그가 진정으로 학생들을 돌보는 사람이라는 증거가 된다. 24시간 계속하여 일하면서 다른 모든 것을 희생한다(그것은 분명히 훌륭한 교사가 하는 일이다).

실로 Escalante는 학교 내에서 유일하게 인간적인 사람이다(매체에서 늘 교사를 묘사하는 방식이다). Escalante가 미적분학을 가르치려고 하는 계획에 반대하며 어느 수학교사는 "문맹자들에게 로그방정식을 가르칠 수 없다"고 말한다. 여성 부장은 자부심이 강한 폐쇄적인 사람으로 그려진다. 오직 Escalante의 보살핌, 그리고 궁극적으로 그의 보살핌만이 대단한 차이를 낳는다. 따라서 ≪Stand and Deliver≫는 "피그말리온" 논제에 대한 또 하나의 표현이나, Henry Higgins가 그려낸 인물은 더 이상 그런 종류가 되지 못하며(어느 누구도 그렇게 되지 않을 것이다) 자신의 생애를 기꺼이 적절한 기회를 가져본 적이 없는 사람들에게 바치려는 송시이다. 이것은 존경할 만하고 가치 있는 할리우드식의 방법이지만, 이 영화가 우리에게 주는 암묵의 메시지는 교사란 진짜 쉽지 않은 일을 담당한다는 점이다.

≪Lean on Me(내게 기대세요)≫(1988)의 주인공(전직 교장 Joe Clark의 실제 생애)은 학생들이 성취할 때까지 야단치며 야구방망이를 휘두르는 반면에, 친절한 마음을 가진 사람으로 유명하다. 그리고 ≪Stand and Deliver≫와 아주 비슷하게, ≪Lean on Me≫에서 교사들은 지쳐 있으면 아동에게 파괴적이다. Clark의 메시지는 Escalante의 메시지와 유사하다: 우리들은 제대로 교육받지 못하고 보이는 것에만 급급하게 살아가는 학생들에게 더 많은 것을 요구해야 한다. 그러나 Clark의 악의는 학생들에게 많은 것을 요구하지 않는 교사들뿐만 아니라 다른 학생들의 학습을 망치려는 의도 없이 나쁜 행동을 하는 학생들에게로 향한다. Clark의 방식은 등급 매기기의 일종이다: 배우기를 원하는 학생들은 가르치고, 나머지는 버린다. 만일 Escalante였다면 모든 학생들을 구해내기 위하여 최선을 다하였을 것이라고 어렴풋이 짐작해 본다.

≪Stand and Deliver≫, ≪Lean on Me≫에서 교사들은 모두 영웅으로 묘사되지만, 낮은 교육적 성과를 "비난"하는 방식은 다르다. 비록 두 영화 모두 낮은 기대를 가진 교사들의 냉담함을 지적하지만, ≪Lean on Me≫에서는 제대로 안 돌아가는 학교문제의 중요한 원인은 규칙에 따르지 않고 말썽부리는 학생들이 존재하기 때문으로 돌려질 수 있다. 그 점에서 이 영화는 더욱 공평한 편이었다. 강인한 초영웅적 존재가 복잡한 문제를 해쳐가는 방식은 비록 순진하지만, 적어도 이 영화에서는 현재의 교육적 위기는 순전히 결점이 많은 교육 때문만은 아니라고 인식하게 하였다. 나아가 ≪Lean on Me≫에서의 교사들은 도덕적인 용기나 동정심이 본래 부족해서가 아니라 자신들이 직면하는 상황 때문에 낙심하고 사기가 저하되어 있다고 묘사된다.

위에서 언급한 두 영화와 유사한 맥락을 갖고 있으나, 1980년대 조금 덜 유명한 영화로서 전체 학교〔≪The Principal(교장)≫〕 또는 심지어 전체 학교체제〔≪Teachers(교사들)≫〕를 떠맡을 수 있는 전설적인 교육자상을 제시한 영화들이 있다. 영화 ≪The Principal≫(1988)은 환경(학교)과 갈등(강인한 교장 대 난폭한 학생들)을 통하여 더 큰 심오함을 고취하고자 하는 판에 박은 액션 영화였다. 영화의 메시지(구세주 같은 한 사람의 교육자는 전체 학교를 일신시킬 수 있다)는 ≪Lean on Me≫의 메시지와 크게 다르지 않다. ≪The Principal≫에서 그 지역에서 가장 나쁜 학교의 교사 출신인 강인한 교장(Jim Belushi)에게 화장실에서 나오게 한 마약거래 학생들을 다시 교실로 되돌아가지 못하도록 교사들이 간청하는 놀라운 상황을 보여 준다. 이들 교사들은 그렇게 되돌려 보내면 심지어 "괜찮은" 학생들도 교육시킬 수 없게 된다고 주장한다. 교장은 "쉬운 학생만 가르치고 나머지는 쓰레기장에 버리는 일"은 할 수 없다고 그들을 타이른다. 자신의 소신을 증명하기 위하여 그는 아침 출근하고 가난하고 문맹인 10대 미혼모를 개인지도하기 위하여 늦도록 학교에 머무른다. 그 과정에서 그 교장은 학교계단에서 오토바이를 타는 장면을 포함하여 여러 장면에서 범죄집단 우두머리인 "악"을 이겨낸다. 결국 질이 나쁜 녀석, 가장 폭력적인 녀석들도 의욕 있는 학생으로 변하게 된다. 심미적 견지에서 보면, 그 영화는 비현실성과 과장을 심하게 한 심각한 결함을 갖고 있었다; 영화의 극적인 순간은 자주 공허해 보인다. 교육적 견지에서 보면, 영화의 결함은 우리가 필요로 하는 것은 학교를 "대청소" 시켜서 모든 것을 올바르게 만들 몇 사람의 보다 매우 강인한 행정가임을 암시하는 것이다. 또한 이 영화 ≪The Principal≫에서는 교사들이 자기들의 반사회적인 행동의 허위의식에 빠져서 진정으로 "훌륭한" 너무나 많은 학생들을 포기한다고 주장하였다.

Nick Nolte가 주연한 영화 ≪Teachers≫(1984)는 주인공을 제외한 모든 교사들을 부패한 존재로 그린 또 다른 형태의 영화였다. 이 영화에서 교사들의 모습은 지루하고, 유머감각이 없고, 술에 취해 있고, 음란하며, 종신신분 보장(tenure) 때문에 교직에 남아 있고, 너무나 어리석어 교사 이외에는 다른 일을 할 수 없어서 여전히 교직에 남아 있는 존재로 그리고 있다. 학생들이 유인물을 돌리는 동안 언제나 그렇듯이 교실에서 잠을 자곤 했던 학교의 교사가 어느 누구도 알아차리지 못한 사이에 죽어버린다. 행정가는 학습에는 관심 없고 나쁜 평판을 회피하는 데만 관심이 있다. 여기에서 학생들은 권리, 존중, 학습기회가 부인된 희생자들로 묘사된다.

Nolte 자신은 낮은 급여를 받으며, 수고를 제대로 평가받지 못하며, 사람들에게 자신이 교사라고 말하는 것을 부끄러워하는 사람이었다. 그러나 그가 학교는 학부모, 행정가, 교사들을 위하여 존재하는 것이 아니라 아동들을 가르치기 위하여 존재하는 것이라고 인식하게 되면서 모든 것은 제자리를 찾는다. 아동은 진정으로 배우고자 하므로 성인들이 그들의 진로를 방해하지 않는다면 배우게 될 것이라는 점을 주인공이 깨달음으로써 교직은 숭고한 직업으로 회복된다. 영화의 마지막 장면은 Nolte가 존경하는 학생들, 당황하는 동료, 패배한 행정가들에게 "나는 교사다!"라고 자랑스럽게 외치는 모습이다. 따라서 우리는 영화 ≪Teachers≫와 ≪Stand and Deliver≫에서 제시하는 것과 동일한 흑백논리를 접하게 된다: 학생들은 순진하나 교사들은 가혹하고 이기적으로 희생시키는 존재이며, 이러한 사실을 깨닫는 순간 우리는 자녀들을 진정으로 교육시킬 수 있다. 이들 영화는 모두 보살피지 않고 탈진한 교사들의 정형화된 이미지를 제시하였다; 어느 영화도 적어도 이들 교사 중 일부는 예전에 대단한 성공이나 확신이 없어도 수년 동안 열정적으로 일하였을 가능성에 대해 언급하지 않았다.

이러한 "진지한 영화들"은 (1) 대부분의 교사들은 형편없고, (2) 그러함에도 불구하고 한 사람의 훌륭하고 강인하고 덕이 있는 교사나 행정가야말로 학생들이 갖고 있는 모든 과거의 잘못을 바로 잡을 수 있다는 표적을 청중에게 심어 주었다. 그렇지만 이 영화들은 교직이 존경할 만한 직업이라고 믿었다. 이와 대조적으로 ≪Fast Times at Ridgemont High(리지몬트 고등학교에서의 빠른 나날들)≫, Ferris Bueller's Day Off(Ferris Bueller의 휴가)≫, ≪Porky's (Porky의 것)≫, ≪Private School(사립학교)≫와 같은 1980년대의 만들어진 "10대용 영화"에서는 교사를 바보로 그리고 있다. 10대들의 영화 관람료 지출이 영화 수입원에 꾸준히 증가하는 비율을 차지하게 되면서, 할리우드는 10대들이 원하는 이미지를 물밀듯이 제공하였다. 그 결과 이들 영화에서 교사 이미지는 비록 학부모나 다른 성인들의 모습만큼은 아니지만 풍자적으로 묘사되었다. 10대들은 원래 성인들을 비웃는 결함이 있다. 그러나 사람을 비웃는 방식에는 그 대상이 갖고 있는 결함과 개인적인 특징을 우리가 어떻게 생각하는지 드러난다. 따라서 최근 영화에서 교사들을 악의가 있고 호색가이며 냉담하거나 정신질환이 있는 사람으로 묘사하는 것은 이 사회가 교사들의 헌신, 지성, 미덕에 대한 존중이 기본적으로 부족하다는 사실을 충분히 반영해 준다.

매체 상연(표현)의 영향

Gunderson과 Haas(1987)가 언급했던 바와 같이, 매체에서 그려내는 이러한 모습은 "실체를 나타내는 지표는 아니지만, 대중에게 보여지는 '실체'를 드러내는 지표"(p. 28)의 역할을 한다. 나아가 매체에서 판에 박은 듯 그려내는 유형은 실체의 반영 그 이상이다(또한 창조를 한다). 매체는 우리가 세상을 바라보는 방식을 만든다. 매체는 필연적으로 어떤 사실은 과장하고 어떤 사실은 무시 혹은 최소화시키고 정치적인 인물 또는 전문직 집단에 대한 태도를 촉진, 강화, 영속화시킨다. 훌륭한 교사라면 전형적으로 교실이나 학교의 어떠한 문제라도 해결할 수 있다고 보는(아울러서 다소 신속하게 해결하는) 것은 과장된 것이었다. 훌륭한 교사는〔그것이 Miss Brooks이든 Kotter이든, Charlie Moore("Go to the Head of the Class")이든, 또는 Jaime Escalante이든〕 상대적으로 사소한 또래문제부터(학교 무도회에 데려갈 상대가 없는 소년이나 소녀; 친한 친구가 없는 학생), 가족문제(자녀교육을 지원하지 못하는 엄마나 아빠), 더 뿌리 깊은 교육적 또는 심리적 문제(읽지 못하는 학생들; 물건을 파괴하고 다른 학생들을 괴롭히는 과격하고 공격적인 학생들), 만성적인 사회문제(인종차별적인 선입관)에 이르기까지 모든 문제해결에 성공적임을 보여 준다. 필연적으로 이들 교사들은 학생문제에 대하여 창조적이고 효과적인 해결책을 생각해낸다. 또 다른 유형의 과장이 있는데, 반대 방향으로 작용함으로써 탈진 혹은 그렇지 않으면 정신질환에 시달리는 교사의 수에 관한 것이다.

매체에서의 묘사를 통해 전형적으로 최소화 혹은 무시된 영역은 바로 어느 교사가 교실에서의 학업 관련 과제와 교실 밖에서 이를 준비를 하는데 보내는 시간이다. TV와 영화에서 보았던 사실에 근거하여 사람들은 교사들이 대부분의 시간을 학교에서 학생들의 개인 문제들을 해결하고, 동료나 학생들과 잡담하고, 학교 연극을 준비하고, 계획한 수업 중에 윤리와 도덕 문제에 관해 돌발적인 토의를 하는 것으로 상상할 것이다. 교사 이미지가 이와 같기 때문에 교사들이 가정에서도 수업 준비를 하고, 개인별 과제물, 숙제 점검, 보고서 작성, 주말에도 수십 건의 학생들의 글을 읽느라고 주말에도 시간을 보낸다는 사실을 상상하는 일반인은 거의 없다. 따라서 교사들은(적어도 "훌륭한" 교사들은) 실제로 그들이 하는 일보다 더욱 효과적이고 강력하게 표현되며, 그리고 실제 교사가 처한 상황에 비해 교직의 특수성과 소상한 사정을 제대로 드러내고 있지 못하다.

우리가 결국 판에 박은 첫 번째 유형(영웅인 초인적인 교사)을 수용하느냐는 그보다 훨씬 더 위험한 판에 박은 유형(대부분의 교사는 영웅적이다)을 받아들이느냐에 달려 있다. 따라서 학부모, 정치가, 학교 감독자들은 첫 번째(전지전능한) 것을 더욱 쉽게 기대하거나 요구하며, 그렇지 않으면 후자(실패한 교사)로 간주한다. 물론 대부분의 교사들은 중간(초영웅적 존재도, 실패자도 아님)에 속한다. 그리고 그들이 그 중 하나이어야 한다고 기대하는 것은 스트레스가 될 것이며, 탈진에 취약하게 만들 것이다. 완벽한 성과를 보여야만 일반인들이나 학부모로부터 조롱을 피할 수 있다면 교사 자신이 중요하고 효과적이라고 생각하기는 어렵게 된다.

제 7 장

교사에 대한 대중의 존경: 역사적 조명

미국 교육의 질은 결국 우리가 교직에 부여한 존엄성보다 높을 수 없다.[1)]

(Boyer, 1988, p. 11)

나의 주장은 일반 대중이 교사들을 어떻게 바라보느냐가 교사의 사기 및 스트레스의 취약성에 영향을 끼치면서, 60년대 후반을 거치면서 극적으로 악화하기 시작하였다는 것이다. 공립학교에 대한 비난, 매체, 널리 대중화된 일련의 책들의 영향으로 일반 대중이 교사들에 대한 존경과 지원이 감소하였다. 이러한 상황에 대한 교사들의 반응은 더욱 투쟁적으로 되었으며, 외부 비판에 대하여 방어적인 자세를 띠게 되었다. 이 두 가지는 모두 교사들에게 자존의 수단을 제공하였지만, 그러한 태도는 훨씬 심각한 대중의 분개를 낳았고 더 한층 지원을 상실하게 만들었다.

---

1) In the end, the quality of American education, can be no greater than the dignity we assign to teaching.

교사와 학교에 대한 일반인의 분노는 1970년대와 1980년대에도 계속 타올랐다. 여기에 컬럼비아 대학의 사범대학장인 저명한 교육학자 P. Michael Timpane은 1970년대의 교육의 운명에 대해 다음과 같이 바라보았다.

> 70년대는 학교의 학생 수가 처음으로 안정적으로 되거나 감소하기 시작한 시기였다. 70년대 동안 학급은 더 소규모로 되고 전문인들이 추가로 채용되면서 학생 1인당 실제 비용은 25% 상승하였다. 그러나 몇몇 전국 단위의 학력검사로 측정된 학생들의 학업성취는 처음으로 하락하기 시작하였다. 증거는 불충분했지만 곧 많은 학교에서 교육과정이 질적으로 저하되거나 불필요한 것으로 구성되어 있다는 일반적인 믿음이 대두되었다. 많은 학교에서는 매일같이 폭력이 발생하기 시작하였다. 한 세대 동안 하락하던 고등학교 중퇴율은 하락을 멈추었다. 대학은 처음으로 삶의 기억을 치유하는 프로그램들을 마련하였다. 교사들은 자신들의 복지를 확보하기 위하여 전국적인 조직망을 갖추었다; 그러나 그들은 교사생활을 시작할 때보다 더 낮은 급여를 받고 더 심한 고통을 느끼면서 70년대를 마감하였다. 학교에 대한 대중의 신뢰가 꾸준히 침식되고 70년대 말에는 교육적 자원과 관심이 가난한 소수민족에게로 옮겨감으로써 다른 학생들을 희생시킨다고 느끼는 중산층의 상당한 반발이 있었다. … 대중들은 교육이 효과적이지도 책임을 지지도 않는다고 확신하며, 교육에 대한 비용제한 운동이 불붙어서 각 주마다 퍼져나갔다 [1982, pp. 2-3].

1990년대로 접어들면서 학교위원회가 교사들의 급여를 상당히 인상하고, 지속된 교육개혁이 국가적 관심이 되면서 더 많은 대학생들이 교직에 관심을 표명하게 되었고, 교직에 대한 대중들의 명예훼손 추세가 감소되었다. 그러나 1960년대에(그리고 그 이후에) 나타난 교사에 대한 평가절하는 심각한 결과를 낳았다: 1960년대 중반부터 1980년대 후반까지 대학생들의 교직 선택이 줄었으며, 교사에 대한 대중들의 평가는 덜 우호적으로 되었고, 더욱이 자녀가 교사가 되는 것을 바라는 학부모는 거의 없었다. 물론 이러한 변화는 몇 가지 원인이 있으며 (특히 여성들에게는) 직업기회가 더 많이 가능하게 되었다. 그러나 많은 공립학교가 일하기 위험한 곳이 되어가고 있다는 인식이 증가하였다. Grant(1983)가 언급한 바와 같이 대중들의 교사들에 대한 존경 하락이 여전히 이러한 추세의 핵심 부분이었다.

60년대에 교사들이 대중으로부터 존경의 상실을 겪었다는 견해는 사실 그 전에는 교사들이 높은 자부심을 가졌었다고 암시될 수 있다. 보다 자세하게 살펴보면, 60년대에 발생된 교사들에 대한 존경 상실은 미국 역사상 교육과 교사들을 대단하게 생각하고 "공동체의 막대한 지원을 즐겼던" 제2차 세계대전 이후의 특별한 시기와 상대적으로 비교되었다(Sarason,

1982, p. 93). 따라서 이 장에서는 미국에서 역사적으로 교사들이 받은 처우에 초점을 둔다; 즉, 제2차 세계대전부터 현재까지 교직에서 일어난 변화에 초점을 두기로 한다. 또한 현대의 교사들에게 부여되는 일반적인 존경 결여의 세 가지 주요한 측면(여론, 낮은 급여, 학부모·학생·행정가들에 의한 일상적인 예우)에 대해 살펴보기로 한다.

❀ 교사들의 사회적 지위에 대한 짧은 역사

일부 학자들에 따르면 미국 사회의 전통적인 교사들의 위상은 "대체로 매우 비참하였다" (Brenton, 1970, p. 60). 이러한 시각에서 미국에서 교사들의 역사는 권한 부재, 노예 같은 행동 기대, 항상 부족함을 느끼게 하는 급료, 정치적 억압으로 특징 지워진다. 그 밖의 학자들은 비록 이러한 극단적인 상태로 인식되지 않더라도 사회체계 속에서 교사들은 Lortie (1975)의 표현대로 항상 "특별하지만 가려진", "가깝지만 말초적인", "특별하지만 빛나지는 않는" 존재라는 다소 모호한 위치를 차지해 왔다고 생각한다: "교사들이 행하는 서비스는 대개 생활인의 범위를 벗어나는 것이며, 교직은 사회에서 존경받는 특별한 소명(mission)을 갖고 있는 것이라는 기대를 받고 있었다. 그러나 교사에게 보여 준 실제적인 호의는 공언했던 호의와 결코 일치되지 않았다는 점에서 사회는 교사들에게 이중의식을 가지고 있었다"(p. 10).

미국에서 교사의 역사는 직무 성격이나 대중 이미지 모두 매우 바람직하지 않았음을 분명하게 보여 준다. "1776년 『Maryland』지는 영국의 벨파스트(Belfast), 아일랜드의 코르크(Cork) 시에서 '쇠고기, 돼지고기, 감자, 교육기자재와 함께 섬에서 생활하는데 필요한 다양한 일용품' 등의 화물을 실은 배가 미국 메릴랜드주 볼티모어(Baltimore)에 도착했음을 전하였다"(Fiske, 1989a, p. B6). 미국 역사 초기에는 "용인할 수 있는 도덕적 자질"을 갖춘 사람이라면 누구든지 교사자격이 있는 것으로 여겨졌다. 교사 급료는 농장노동자의 급료와 비길만한 것이었다. 초기 식민지 시절 교사들은 교실 청소, 석탄 삽질, 교회종 치기, 종교 교육, 공동체 심부름하기, 병든 주임목사 대리하기, 심지어 무덤파기 등을 해야 했다(Elsbree, 1939). 또한 교사들은 경비를 줄이기 위한 방법으로 매주 다른 가정에 "돌아가며 기숙"을 하게 했다. 근본적으로 그들은 권리는 거의 없고 고용주에 의해 지시된 역할을 하는, 개인행동이나 직업적 행동에서 벗어날 수 없는 지역사회의 종복(servant)이나 다름없었다. 지역사회 위원회는 교사들을 그들이 가르치는 학생들보다 더 낫거나 신뢰할 만하다고 생각하지 않았기 때문에 그들의 행동을 소상하게 감독하였다. 이 시대에 대부분의 교사는 남성이었으며 그 중 많은 사람들은 목사가 될 포부를 가지고 있었다. 교직은 단지 "더 중요한 지위에 대한 신임장을 [획득]한 후에 그만둘 도제살이"(Lortie, 1975, p. 11) 정도로 보았다. Lortie와 Charters(1963)는 교사들은 지역 공동체에서 소중한 사람들이었지만 "더 세계적인 인물과 명사와 비교할 때 존경을 받을 수 없었다"(Lortie, p. 11)고 하였다.

19세기에 접어들면서 국가가 세속화(世俗化, seculariged), 산업화, 도시화되면서 교직도 전문화되었다. Horace Mann과 Henry Barnard 같은 사람들이 이끄는 공립초등학교 운동의 영향으로 19세기말까지 거의 모든 주에서 세금으로 지원되는 무상 의무교육이 촉진되었다. 이러한 개혁이 교사들에 대한 일반인들의 태도나 존경에 어떻게 영향을 끼쳤는지를 질문할 수 있을 것이다. 한편으로 교사들은 보다 인간적인 산업사회를 구축, 유지하는데 핵심 역할을 담당하는 것으로 보였다. Horace Mann은 교육을 "인간의 여건을 크게 균등화시키는 것"으로 "문명의 모든 세력 중에서 가장 효과적이고 친절한 것"(great equalizer of the conditions of man, the most effective and benign of all the forces of civilization. 1847, p. 112)으로 보았다. 그리고 기술이 급격히 향상되고 공장이 번성하면서 학교는 점점 더 아동들을 미래의 직업을 위하여 선발·훈련시킬 필요가 있었다. 물론 교사들은 이러한 사회 변화가 일어나게 하는 증폭제 역할을 하였다. 교실이 하나인 학교에서 배우던 시절에는 학생들이 알파벳과 거스름돈 계산을 배우지 못해도 그다지 문제가 되지 않았지만, 사회가 변화하면서 교사들은 학생들을 새로운 역할에 대한 준비를 시켜야 할 필요가 있었다. Elsbree (1939)에 따르면 이 시기는 새로운 학교, 교육과정의 진보, 교육 잡지, 교사훈련 기관에 대한 교육개혁 논의가 풍부하였다.

다른 한편으로 교사에 대한 요구가 증가하고 교직이 점점 더 여성에게 적합한 직업으로 되어가면서 (남성들은 새로 설립된 공장에 필요하였다) 교직의 명성이 하락하였다. 교사들은 "대부분 가장 형편없는 훈련, 가장 낮은 급여, 가장 초라하게 취급받는 전문직 근로자"(Brenton, 1970, p. 63)로 남았다. 대개 여교사의 급여는 남자교사 급여의 절반에도 끼치지 못하였으며, 남자교사의 급여는 대개 대장장이, 도장공, 목수와 같은 기능직 근로자의 급여의 절반에도 끼치지 못하였다. 심지어 지독한 인종차별적인 선입견이 존재하던 시대인 1867년에도 보스턴의 한 학교에서는 여교사의 주급(2.50달러)이 같은 지역의 흑인 요리사의 급여(3.00달러)보다 낮았다(Brenton, p. 64). 그러나 여성들에게는 교직은 대개 가장 훌륭한 (그리고 어떤 경우에는 유일한) 직업으로 보였기 때문에(Lortie, 1975) 여교사는 낮은 급여, 책임, 직무 스트레스를 불평 없이 감당할 것으로 기대되었다. 1839년 설립된 교원양성학교는 여성을 교사로 훈련시키기 위하여 대개 대단히 금욕적인 삶을 살 것을 요구하였다. 남·여 교사 모두 의도적으로 "고상한" 사회적인 역할의 대가를 계속하여 치루었고, 대개 충성 서약이 요구되었고, 교직에 대해서 사실상 전혀 모르는 사람들이 주관하는 능력 시험을 매년 보기도 하였으며, 교사의 행동은 계속하여 면밀히 감시 받고 끊임없이 규정되었다. 1862년 어느 일기에 의하면 교사가 되는 것은 모순을 감당하는 것을 의미하는 것으로 표현하였다: 교직은 사람을 훌륭하게 만들기 때문에 초라한 지위로 살지만 "고상한" 마음을 가질 것, 지위는 열등하지만 "만족"할 것(Grace, 1978에 인용됨).

이러한 여러 이중의식(교사는 필요하고, 지역사회 가치관의 방어자인 동시에 잠정적인 타락자이며, 헌신적인 직업이지만 또한 흔하고 적절한 대우를 받지 못하는 직업이라는 일반인들의 견해)은 20세기에도 지속되었다. 1926년 미국 공립학교의 교사, 교장, 감독자의 평균 연간 급여는 1,276달러였던 반면, 노동조합원은 2,402달러를 벌었고 상급 사무직 근로자는 1,908달러를 벌었다(전국교육협회, 1927). 지역사회는 교사와 학교에 비용이 든다는 사실에 계속 분개하였다. 또한 교사들은 계속하여 개인생활과 직업생활 모두 통제 받았다. "1920년대 후반에도 캘리포니아, 테네시, 일리노이의 일부, 매사추세츠, 그 밖의 지역에서 흡연을 하는 교사들은 직업을 얻기가 어려웠다. … 정치적으로 뉴욕, 오하이오, 미시건, 테네시, 다른 많은 주들의 법률이 뚜렷하게 엄격해지면서 교사들은 … 정치적으로나 사회적으로 기존의 미국인 삶에 대하여 의문을 가질 수 있는 여지가 전혀 없는 행로"(Brenton, 1970, p. 67)를 밟아가야 했다. 남자교사들은 더 나은 직업을 위하여 퇴직하고 여교사는 결혼과 출산을 위하여 떠나면서 교직은 교육계 안팎의 모두들에게 여전히 일시적인 직업으로 여겨지고 있었다.

그러나 20세기 들어서는 교직에 중요한 변화가 일어났다. 19세기 초반 독창적으로 조직되었던(그러나 실패하게 된) 교육협회가 재등장하기 시작하였다. 전국교육협회는 1919년 만 명의 회원에서 1932년에는 22만 명의 회원으로 성장하였다(Elsbree, 1939); 주 교사협회(State Teacher Associations)는 1910년에는 참가 교사가 15%였으나 1937년에는 70%로 증가하였다. 현재의 추산으로는 전국의 교사 중 90~95%가 교원노조에 가입하고 있다.

20세기 동안 점진적으로 일어난 또 다른 변화는 교사에 대한 사회적 제약의 완화이다. 국가가 점점 도시화되고 도덕적 분위기가 느슨해지면서 교사에 대한 감시도 어려워졌다. 1927년 작은 남부도시에서 여교사에게 요구하였던 춤, 데이트, 연애에 대한 자제뿐 아니라 "항상 학교위원회와 도시사람들에게 기꺼이 봉사하는 [사람]이라고 생각할 것"(Waller, 1932, p. 43)과 같은 약속을 교사들에게 더 이상 기대하지 않게 되었다.

비록 1964년 교사들 중 단지 40% 정도만이 자신들이 정치적인 문제에 대하여 자유로운 입장을 취할 수 있다고 믿었지만(Brenton, 1970) 과거보다 더 많은 교사들이 정치에 관심을 갖게 되어 저술을 하였고, 사회문제에 대하여 강력하고 공개적인 입장을 취하였다. 이러한 추세는 60년대의 분위기가 격렬해지고 이상주의적이며 거침없이 말하는 새로운 집단이 교직에 진입하면서 극적으로 강화되었다.

❀ 일반 대중의 태도 변화와 교사 탈진의 증가

1950년대 후반 이래 교사의 직업적 역할과 개인적 역할 규정에 교원노조(teacher union)의 증가, 교사에 대한 사회적 제약의 완화, 교육에 대한 연방정부의 역할 등이 모두 영향을 끼쳤다. 그러나 1960년대 사건에 대해 많은 교사들의 반응이 왜 그렇게 강력하였고 교사의 탈진이 이 시기 동안 왜 그렇게 두드러지게 문제가 되었는지를 이해하기 위해서는 교원노조의 성장이나 연방정부의 교육지출액의 양보다는 눈에 보이지 않는 어떤 것에 초점을 두어야 한다. 여기에서 가장 적절한 논점은 제2차 세계대전의 종전에 이어 시작된 60년대 이전의 교사들이나 학교교육에 대한 일반인들의 태도이다.

제2차 세계대전 이후는 교육에 대한 필요와 가치가 대단히 강조된 시대로 특징지어진다. 이러한 견해는 수백만의 퇴역 군인들의 교육을 위하여 연방정부가 자금을 제공하는 법률(미국 제대군인 권리장전)이 통과되면서 그 힘이 발휘되었다. Sarason(1983)이 언급한 바와 같이 그 권리장전은 교육에 대한 대중들의 태도를 극적으로 변화시켰다. 학교교육은 이제 성공을 위한 왕도이며, 아동과 성인 모두에게 훌륭한 삶을 위한 최고의 수단으로 여겨졌다. "1950년대 후반에는 제2차 세계대전 이후에 성장한 아동은 학부모와 대중으로부터 태초 이래 가장 잘 교육받고 가장 잘 교육된 세대라는 평을 듣기 시작하였다. … 이러한 부모의 견해가 중요한 것은 첫째 학교교육, 더 정확하게는 증가된 학교교육을 강조했다는 점이다. 교육은 개인, 사회, 그리고 세상에 대한 구제수단이었다"(p. 95).

이것은 학교나 교사들이 이 시대에 비판을 받지 않았다는 말은 아니다. 교육에 대한 비판은 어떠한 형태로든 우리 역사상 지속되었는데, 대부분 "사회가 학교교육에 대해 너무나 많은 결과들을 기대하기 때문이었다"(Sarason, 1983, p. 36). 그러나 비판에도 불구하고 제2차 세계대전 이후 대부분의 미국인들은 교육의 힘을 강력히 신봉하였으며 교사 개개인의 노력이 중요함을 강력하게 믿었다. 이 시기의 교육체제에 대한 비판은 교사에 대한 대중들의 존경에 직접적으로 영향을 끼치지는 않은 것으로 보였다. 대부분의 가정에서는 교사의 권위는 절대적으로 정당한가의 문제 외에는 의문을 갖지 않았다; 교사는 잘못하거나 구태의연하거나 부당할 수는 있지만, 그래도 교사들에게 귀 기울이고 그들에게서 배우고 그들을 존경해야 한다고 생각하였고, 아동이 비록 교사를 좋아하지 않더라도 이러한 규칙을 받아들였다. 아동 대부분에게 교사에 대한 불경은 있을 수 없는 일이며, 공손하지 않은 것은 중대한 잘못으로 여겨졌다. 교사에게 말대답하면 교사 그리고/또는 교장과의 면담에 부모가 즉시 소환되고, 부모에게도 어떠한 처벌을 받을 것임을 예상할 수 있었다. 그러나 심지어 학부모들이 교사의 권위를 지지할 것으로 기대되었다라고 말하면 그들이 이것은 어떤 외부적인 압력으로 오해 받을 수도 있겠지만, 사실 일반적으로 학부모 스스로 교사와 교장과 동일한 가치관을 갖고 있었다. 학교교육은 "그러한 방식"으로 행해졌으며, 교사들의 규칙을 따르는 것은 의문의 여지가 없었다. 학부모들이 교사의 방식에 동의하지 않거나 자녀가 다른 교사에게 배울 수 있기를 고대할 수는 있겠지만, 자녀에게 그들은 대개 "그래, 그 분[또는 그녀]은 최고의 선생님은 아니더라도 여전히 선생님이기에 귀 기울여야 해"라고 할 것이다. 학교 밖에서는 교육과정과 방법 및 적절한 목표에 대한 논쟁이 격렬하고 변화에 대한 열정적인 호소가 일었지만, 교실에서는 교사가 지배한다는 사실에 대해 암묵적으로 동의하였다. 『The World We Created at Hamilton High School(우리가 해밀턴 고등학교에서 이룩한 세계)』에서 Grant(1988)는 그때는 학교에 질서가 있어서 지각이 거의 없었고, 학생들의 나쁜 행동을 교정하기 위해서도 교사의 엄격한 시선만으로도 충분하였다고 언급하였다.

1950년대와 1960년 초기에 대부분의 교사들이 경험한 것은 이러한 태도, 이러한 존경과 후원이었다.2) 사실 이 시대는 교사들에게 매우 불충분한 급료를 주든가, 교사들은 다른 전문직만큼 현명하거나 존경할 만하지는 않다고 여기는 "그림자 같은" 이미지를 드리웠다. 이렇게 가시적인(재정적인) 대가가 결여된 상황 하에서 대중의 존경과 지원은 교사들에게 노력을 더 하게 하는 강화역할을 했을 뿐 아니라 Grant(1983)가 언급한 바와 같이 교실에서 교사의 권위가 설 수 있는 바탕이 되었다. 60년대에서 곧 드러났듯이, 대중의 지원과 협력 없이는 교직은 거의 불가능한 직업이다. 교실 규율은 필연적으로 침식되고, 행정적인 도움은 확보하기가 더 어려우며, 여러 집단에서 학교 비평을 경쟁적으로 하면서(또는 더 한층 적대시하도록 만들면서) 학교 내의 알력은 증가되었고, 교직은 더욱 고독한 직업이 되었다.

대중의 존경과 지원이 교사들이 견뎌야 하는 많은 해악과 보잘것없는 급여를 보상한다고 말하는 것은 복잡한 관계를 지나치게 단순화하는 것이다. 1960년대 중반에 이르기까지 상당한 전후 기간 동안 이러한 특정 학생들을 효과적으로 가르치며 사회적으로 중요한 역할을 담당한다는 것이 그 교육적 대가임을 공언할 수 있게 하는 토대를 마련했다. 교직과 교사들은 학계로부터 비판받고, 교육과정 개혁은 교사들의 참여가 거의 혹은 전혀 없이 계획되며, 급여는 계속하여 생활비를 간신히 마련하는 정도이고, 교사에 대한 은밀한 비방("다른 일을 할 수 없는 사람들만이 교직을 택한다")이 대부분의 교사들은 교직의 가장 근본적인 측면(학생-교사 관계)에서 만족을 얻었다는 점에서 공동체의 충분한 지원을 받았다.

---

2) 역자 주: 이 책의 5, 6장의 설명을 통해서 교사에 대한 애증이 교차되어 왔다는 것을 알 수 있고 이러한 시대·사회적인 영향이 교육계, 교사에게 무엇을 남겼으며 교권옹호 단체들의 역할과 성과는 무엇이었는지에 대한 설명이 없는 점이 아쉽다.

그러나 1960년대 후반과 1970년대에 들어서 사회관습이 극적으로 변화해 감에 따라서 교사의 권위는 몇 가지 측면에서 침식되었다. Grant(1983)는 교사의 권위는 네 가지 원천에서 비롯된다고 설득력 있게 주장하였다: 1) 교사들이 대중들로부터 받는 존경, 2) 교사들이 봉사하는 공동체로부터 받는 호평, 3) 함께 일하는 다른 교육자들의 태도와 지원, 4) 사회에서 성인들을 판단하는 일반적 지위. 그는 이 각각이 60년대에 현저히 저하했다고 주장하였다.

첫째, 교직은 더 이상 자부심을 갖게 하는 직업이 아니었다. 모든 부문의 정부 기관, 학계, 사회비평가, 지역사회로부터 공격, 주장, "건설적 비판"이 제기되었다. 이 모두는 최소한 교사들은 자신들이 무엇을 하고 있는지도 모르며, 최악에는 교육시켜야 할 책임이 있는 학생들에게 해가 될 수 있다는 생각을 하도록 일조하였다. 동시에 1960년대 후반 성인이 된 베이비 붐 세대는 교직보다 "더 높은" 포부를 가지게 하여 사회적 행복을 성취하는데 법률, 의학, 심리학이 더 명예로운 수단을 제공한다고 보았다.

둘째, 개별적인 학부모뿐만 아니라 조직화된 학부모 집단, 그 밖의 지역사회 구성원들은 교사들의 노력이나 특권에 대하여 더 이상 지원하지 않았다. 교사들을 적극적으로 지원하는 대신 교사들과 싸우는데 법적, 정치적 수단을 사용하려는 학부모들이 점점 더 많아졌다. Goodlad(1984)가 지적한 대로 "이전 시대의 특징으로 여길 수 있었던 가정과 학교 사이의 지원적인 관계는 상당히 나빠졌다. 100년 전 심지어 50년 전에는 아동이 학교에서 매를 맞고 오면 가정에서도 다시 매를 맞아야 했다. 그러나 1975년에는 학교에서 아동에게 가한 체벌은 학부모들이 학교를 상대로 소송을 하게 만드는 중요한 사건이 되었다"(p. 7). 본질적으로 아동체벌의 장점에 대한 향수를 말하는 사람은 거의 없겠지만, 체벌이 문제는 물론 아니다. 학교와 공동체 사이에 맺어졌던 암묵적인 유대는 그 결과를 누구도 예견하지 못할 방법으로 변하고 있었다. 표면상으로 법적인 도전, 일반인의 요구와 같은 것들 때문에 생긴 많은 변화는 표면적으로는 아동권리의 확대와 강화를 의미하였다; 이러한 사회적 태도가 교실에서 일하는 교사들에게 어떤 잠정적인 충격을 미칠지 고려하는 사람은 거의 없었다. 수십 년간 교사들이 갖고 있던 기본 가정(교실의 규칙은 교사가 정하며, 터무니없이 불공정하지만 않는다면 학부모들로부터 지지받는다)은 많은 지역사회에서 더 이상 통하지 않았다. 더 이상 교사들은 학생들이 누가 잘못인지 안다고 가정할 수 없었다. 권위에 도전하려는 충동(최초의 외디푸스 갈등처럼 오래된 것)은 더 이상 지역사회의 금지항목에 포함되지 않게 되었다.

셋째, 제5장에서 다룬 바와 같이, Grant는 60년대 대학을 졸업한 교사들은 대개 가치관과 전통적인 관습에 의문을 품고서 교사가 되었다고 지적하였다. "경쟁은 비도덕적이며 어떠한 종류의 계급제도도 피해야 한다"는 신념에 매료된 새로운 세대의 교사들은 "학교 내의 불확실성"이라는 새로운 특징이 나타나도록 하는데 일조하였다(Grant, 1983, p. 604). 훈육,

시험, 숙제 같은 문제들에 대하여 의견이 다양한 학교가 건전한 학교라고 주장할 수 있겠지만, 연구에 따르면(예를 들어 Coleman, 1981) 교사들끼리 혹은 교사와 행정가들 사이에서 규율과 학생 시험점수 같은 문제들에 대해 일반적인 공감이 형성되어 있는 학교가 더 우수하였다. Grant가 말한 바와 같이 "학교 내에서 교사의 권위는 그 환경 속에서 교사들이 획득한 공감 혹은 공감 부족에 의하여 영향을 받는다"(1983, p. 604). 젊고 이상주의적인 교사의 유입으로 전통적인 질서, "그렇게 해야 하는 방식"이 무너졌다. 물론 이렇게 의도하지 않았던 바는 아니었다(많은 신임교사들은 자신들의 가치관이 나이 많고 경험 많은 교사들의 가치관과 차이가 있는 것을 전적으로 인식하였으며 이에 자부심을 가졌다). 그렇지만 주요한 요점은 다음과 같다: 1960년대 초 교육적 규칙과 가치관에 대한 현저한 내부의 이견으로 학교체제와 사회 일반에서 교사의 권위가 저하되었다; 또한 이렇게 의견이 달랐기 때문에 대개 스트레스의 충격을 완화시키는 역할을 하는 동료 간 유대 형성이 방해되었다.

그리고 넷째로(제5장에서 상세하게 논의된 쟁점) 60년대에는 권위에 대한 전반적인 맹렬한 공격이 있었다. Grant가 말한 바와 같이, 사회의 전반적인 부문에 성인의 특권과 권리에 대한 가정은 더 이상 먹히지 않았다. 간단하게 말하면 교사들이(또는 그 문제에 대하여 어떤 다른 권위 있는 사람이) "그렇게 말했다"고 해서 그대로 따르지 않게 되었다.

Grant의 목록에 한 가지 항목을 더 추가한다면 앞서 언급한 바와 같이, 60년대에 교육실패의 책임을 교사들에게 되묻는 상당한 사회적 압력으로 말미암아 교사들의 권위 또한 침식되었다. 예전에는 학생들의 능력부족이나 문화실조(文化失調, cultural deprivation)의 불행한 결과로 여겨졌던 그러한 실패가 이제는 교사의 부적절함의 결과로 여겨지기 시작하였다. 학생들에 대한 일반적인 여론은: "모두가 상을 받아야 한다." 모두가 "평균 이상"이어야 하며 그렇지 않으면 어떤 누군가가 교사, 학교, 또는 이러한 판단 기준(예를 들어 표준화된 검사)의 권위가 훼손된다. 모든 아동은 "새로운" 미국에서 미래를 낮을 자격이 있다는 견해와 동시에 그러한 미래를 제공하는 것이 그렇게 단순하지 않다는 것을 깨닫게 되었을 때 새로운 희생양이 필요하게 되었다. 짧게 말하면 소수민족에 대한 수세대 동안의 교육소홀에 대하여 즉각적으로 보상을 하라는 대중 및 정치권의 압력으로 말미암아 교사들의 노력, 재능, 도구, 헌신에 대한 광범위한 비판이 촉발되었다. 교사들은 소수민족 아동이 교육실패율이 높은 것에 대해 책임지도록 비난을 받았고, 보수적이고 부당한 교육적 관행에 대하여 책망을 받았으며, 유연성 없는 권력체제의 해결할 수 없는 한 부분으로 여겨졌다.

이러한 추세는 교사의 힘과 위상을 모두 극적으로 저하시켰다. 대중, 학부모, 동료 교사들의 지원이 사라지고, 성인의 지위에 대한 전통적인 보호막과 보호가 사라지면서 교사들은 과거보다 더 고독하다고 느꼈으며 정신적으로 고갈되었다. 대개 아동의 성취에 대한 높아진 그러나 대체로 비현실적인 기대와 함께 나타난 이러한 후원의 침식으로 말미암아, 많은 교사들은 교직의 만족만으로는 더 이상 스트레스를 감당하지 못한다고 느끼게 되었다. 제대로 평가받지 못한다고 느끼며, 모든 영역으로부터 공격을 받고, 자신들이 보잘것없는 존재라고 느끼면서 더 많은 교사들이 탈진하게 되었다.

1950년대로부터 오늘날까지 교사들은 과거 어느 때보다 미국사회에서 더 중요하고 더 눈에 띄는 위치를 차지하고 있다. 이것은 교사들이 60년대에 자신들에 대한 공격에 왜 그렇게 강력하게 반응하였는지를 부분적으로 설명한다. 그들이 초기에 전문가 의식과 대중의 인정을 경험하기 시작하였을 때 일반인들의 태도는 가파르게 변화하고 다소 심술궂게 여겨졌다. 따라서 1960년대 중반 교사들의 파업과 교사들 사이의 탈진을 바라보는 초기 인식에 대한 나의 견해는 프랑스 혁명에 대한 알렉시스 드 토크빌(Alexis de Tocqueville)의 이론(억압받는 사람들은 억압이 심해지고 자신들의 기대가 일깨워지기 전까지는 봉기하지 않는다)과 비슷하다. 일반대중들이 교사에게 보인 무례와 무관심의 고질적인 역사는 50년대와 60년대 초기 상당히 줄어들었으며 이에 따라 교사에 대한 기대도 높아졌다.

❀ 데이드 카운티에 대한 연구[3)]

이러한 주장을 입증하는 많은 자료는 1964년 교사들의 태도와 1984년 태도를 비교함으로써 찾을 수 있다. 1964년 Lortie는 (플로리다주) 데이드 카운티의 6,500명의 교사들을 조사하였다; 이것은 그의 독창적인 책, 『학교-교사(School-teacher)』(1975)의 기초자료가 되었다. Lortie가 데이드 카운티를 선택한 이유는 교사와 학생들이 문화적으로 동질성을 갖고 있고, 광범위한 교육쟁점에 대한 교사들의 태도를 조사하기 위해서 평균 이상의 환경 때문이었다. 20년 후 Kottkamp, Provenzo와 Cohn(1986)은 데이드 카운티의 2,700명의 교사들을 조사하여 많은 쟁점과 태도에 대한 역사적인 시각을 제공하고자 하였다.

그들은 1984년도의 교사들이 1964년도의 교사들보다 나이가 많고, 경험도 있으며, 더 나은 교육을 받았음을 발견하였다. 또한 그 동안 몇 가지 태도와 인식이 변화하였음을 발견하였는데 1964년에는 Lortie의 표본 중 81%가 만족을 느꼈던 반면〔즉 그들은 7점 척도에서 상위 세 점수 중 하나("매우 만족", "만족", "다소 만족")를 선택하였다〕. 1984년에는 Kottkamp와 동료들의 표본 중 76%만이 이러한 수준의 만족을 표현함으로써 "약간의 하락"을 나타냈

3) The Dade County Studies

다. 한편으로 이러한 자료를 살펴보는 또 다른 방법은 상의하달식(top down)보다 하의상달식(bottom up)으로 보는 것이다. 이러한 견지에서 자신의 직무에 대하여 "불만족" 또는 "매우 불만족"인 교사의 수는 1964년의 2.9%에서 1984년의 5.5%로 증가하였다. 학교에 대하여(자신들의 직무 자체보다) 만족하는 교사의 수는 1964년의 80%에서 1984년에는 68%로 하락하였으며, 그렇지만 하의상달식 시각에서 보면 자신들의 학교에 대하여 불만족한 교사들의 수는 현저히 증가하였다(2.5%에서 10.2%로 증가). 비록 불만족한 교사들의 비율은 여전히 상대적으로 낮고 일부 숫자상의 변화는 정상적인 표본오차 때문일 수 있지만, 이러한 비율은 여전히 상당히 증가하고 있다; 아울러서 심각하게 불만을 품은 소수의 교사들은 학교의 기능에 불리한 영향을 끼칠 수 있다.

교사들이 가장 중요하다고 생각하는 보상(reward)의 유형 또한 그 동안 바뀌었다. Lortie(1975)는 세 가지 범주의 보상을 가정하였다: 1) 외부적인 것(급여, 명성, 타인에 대한 영향력); 2) 부수적인 것(직업의 인정성, 일정, 사람과 직무요구 사이의 "적합성"); 3) 정신적인 것(훈육에 있어서 장 노릇 할 기회, 학생들 집단 상대하기, 아동들과의 관계 발전). 여기에서 가장 관련 있는 것은 1964년에 비하여 1984년에는 상당히 더 소수의 교사들이 교직에서의 가장 만족스러운 외부적인 대가로 "다른 사람들로부터 (그들이) 받는 존경"이라고 보았다. "급여 소득"을 가장 만족스러운 외부적인 대가라고 보는 교사의 비율은 안정적인데(약 14%) 비하여, "다른 사람들로부터 받는 존경"을 가장 만족스러운 외부적인 대가로 보는 교사들의 수는 36.6%에서 26.3%로 하락하였다. 훨씬 더 중요한 것은 "이러한 [외부적인] 것으로부터 전혀 만족을 얻지 못한다"고 말하는 교사의 수가 1964년의 13.0%에서 1984년의 27.8%로 배 이상으로 증가하였다는 점이다. 이러한 결과는 현저한 변화(최근의 교사들의 표본 중 1/4 이상이 교직에서 어떠한 외부적인 대가에서도 만족을 얻지 못한다는 주장으로)를 나타낸다. 또한 대부분의 교사들에게 가장 큰 만족을 주는 부수적인 대가는 "직무로부터 빗어나서 시간을 보낼 수 있는 것"(Kottcamp, Provenzo, & Cohn, 1986, p. 565)이었다.

데이드 카운티 교사들이 가르치기 좋아하는 학생들의 부류 또한 이 두 시기에 변화하였다. Kottcamp와 그 밖의 사람들이 언급한 바와 같이 "1984년의 데이드 카운티의 교사들은 1964년의 교사들에 비하여 자신들을 신체적, 지성적, 정신적으로 고갈시키지 않는 학생들을 더 좋아하였다"(p. 563). 가장 선호하는 학생이 "예의바르며 열심히 공부하는 평범한 가정의 훌륭한 아동"인 교사들의 비율이 1964년의 36.2%에서 20년 후에는 46.6%로 증가한 이유는 교사들의 탈진 때문이 아닌가 생각한다.

이러한 변화에 대한 Lortie(1986)의 이해는 나의 견해와 상당할 정도로 일치한다. 그 또한 교사들의 위상 추락을 수년간에 걸친 사회적·교육적 혼란 및 교육에 대한 대중들의 비판으로부터 나온 결과로 보았다. 교사의 위상추락에 관하여 그는 비자발적인 이동, 급여 하락, 학교위원회와 행정가와 관련된 위기와 추문, 흑인 차별대우 폐지의 영향들이 교사들의 직업 전선에 혼란을 가져오게 한 것"(p. 570)이라고 지적한다. 교육에 대한 대중의 비판에 관해서는 그는 내가 반복한 바와 같이 "몇 번이고 되풀이해서 전국과 지방의 매체들이 학교의 '실패'를 떠들어 퍼뜨렸으며 교사 비난하기를 주저하지 않았다"(p. 570)고 언급한다.

❀ 교사와 대중들: 설문지 조사에서 나타난 서로를 바라보는 견해

두 가지 연도별 조사(1984년에 시작된 미국교사의 대도시 주민 생활태도 조사, 1969년에 시작된 공립학교에 대한 대중들의 태도에 관한 갤럽 여론조사)를 통해 나타난 결과는 60년대 이후 교사들은 존경의 상실을 겪으면서 대중의 존경과 후원은 여전히 교사들에게 중요한 쟁점이라는 것을 입증하는 정보를 제공한다. 이들 조사결과는 교사와 대중들의 서로에 대한 견해에 대하여 다음과 같은 결론을 도출하였다.

교육에 대한 일반인들의 태도는 1974~1983년 사이 10년 동안 점점 더 부정적이 되었다. "갤럽 여론조사에서 질문을 처음 했던 1974년과 1983년에 자신들이 살고 있는 지역의 학교를 A 또는 B(즉 우수하다 또는 훌륭하다)로 평가한 사람의 비율은 48%에서 31%로 하락하였다. 더 낮은 평가도 이에 상응하여 증가하였다: 자신들의 지역 학교를 D 또는 F로 평가하는 사람들은 1974년의 11%에서 1983년에는 20%로 증가하였다. 다소의 표본오차를 인정하더라도, 이러한 수치는 2,500만에서 3,000만 명의 의견이 부정적으로 변화된 것을 나타낸다. … 그것은 실로 중대한 변화이다"(Elam, 1984, p. 3). 교육과 공립학교에 대한 대중들의 태도는 사실 1974년 이전부터 변하기 시작하였지만 이러한 믿음을 확인할 자료가 없다. 비록 갤럽 여론조사에서 공립학교에 대한 대중들의 태도에 대해 1969년 처음 질문하기 시작했지만, 응답자들은 그 이후 몇 년 동안 "태도 변화"나 자신들이 사는 지역의 공립학교에 대한 평가 등급에 대하여는 질문을 받아본 적이 없었다.

학교와 교사들에 대한 부정적 평가의 추세는 1983년에 끝난 것으로 보인다. 이러한 추세에 대한 증거는 적어도 세 부문(대중들의 지역학교 평가, 교사들의 급여 태도, 자녀가 공립학교 교사가 되는 것에 대한 견해)에서 나온다.

〈표 7.1〉에 나타나는 바와 같이 1984년에는 자신들이 거주하는 지역의 공립학교를 A 또는 B로 평가하는 사람들의 비율이 43%(1976년 이래 가장 높은 수치)로 증가하였다. 그 이후 자신이 거주하는 지역의 공립학교를 이렇게 높이 평가하는 사람들의 비율은 1980년대

〈표 7.1〉 1980년대 교사와 학교에 대한 일반인들의 태도

	1989	1988	1987	1986	1985	1984	1983	1982	1981	1980
					전국 공립학교에 대한 평가					
A/B	22	23	26	28	27	25	19	22	20	
D/F	19	16	13	15	15	15	22	19	21	
모른다	12	13	19	16	15	11	21	15	16	
					지역 공립학교에 대한 평가					
A/B	43	40	43	41	43	42	31	37	36	35
D/F	15	14	13	16	14	15	20	19	20	18
					지역 공립학교 교사에 대한 평가					
A/B	49	41	49	50	39					
D/F	9	16	15	10	15					
					자녀가 교사가 되기를 원하십니까?					
예	58	45	46	48						
아니오	31	43	40	40						
모른다	11	11	12	12						

출처: 공립학교에 대한 대중의 태도에 대한 연도별 갤럽 여론조사(1981~1989).

40~43%로 유지되었다. 지역의 교사들에 대한 평가 또한 이 시기에 더 긍정적으로 되었다. 아울러서 1981년의 갤럽 여론조사에서는 조사대상자의 36%가 교사 급여가 지나치게 낮다고 생각하였고, 1986년에는 49%가 낮다고 응답하였다.

1983년에는 자녀가 교사가 되기를 바라는 부모 수가 줄어드는 추세 또한 멈춘 것으로 보인다. 1969년~1983년까지 자녀가 교사가 되기를 바란다고 응답한 학부모 수는 (1969년의 75%에서 1983년의 45%로) 꾸준히 하락하였다. 갤럽은 이러한 하락을 1970년대와 1980년대의 교사의 일자리 부족에서 그 원인을 찾았지만 낮은 급여, 여성들이 선택할 직업의 증가, 교사 탈진현상에 대한 인식의 증가를 포함한 몇몇 다른 요인들의 영향 또한 언급하였다. 그러다가 1984년에 추세가 역전되기 시작하여 면담한 사람 중 50%가 딸이 교사가 되기를 바란다고 말하였으며, 46%는 아들이 교사가 되기를 바란다고 말하였다. 1988년에는 면담한 사람의 58%가 자녀가 교직을 택하게 되면 좋겠다고 생각하였다.

비록 학교와 교사들에 대한 부정적인 평가의 하향화 추세는 1980년대 초·중반에 끝이 났

지만, 이것은 1960년대 후반과 심지어 1970년대 초반에 나타났던 교육에 대한 긍정적인 태도만큼 절정을 이루지는 않았다. 위에서 언급한 자료는 이러한 사실을 나타낸다. 1980년대 후반에도 공립학교에 대한 평가는 여전히 1970년대 초기만큼 높지 않고, 1980년대에 자녀가 교사가 되기를 바라는 학부모들의 비율도 결코 1969년의 수치에 비해 높지 않았다.

대중들은 자신의 거주지역 공립학교를 전국의 공립학교들보다 훨씬 더 우호적으로 평가하는 경향이 있다. 1981년에 갤럽 여론조사는 응답자들에게 자신들의 지역 공립학교뿐만 아니라 전국의 공립학교를 등급으로 평가하도록 요구하였다. 〈표 7.1〉에서 나타낸 바와 같이 1981년부터 1989년까지 전국의 공립학교를 A 또는 B로 평가하는 사람들의 수와 자신들의 지역 학교를 이와 같이 평가하는 사람들의 수는 평균적으로 16%의 차이가 있다. 1989년에 지역 학교는 표본의 43%가 A 또는 B로 평가된 것에 비해 전국의 학교는 22%만이 A 또는 B로 평가되었다. 이러한 결과에 대해서 갤럽과 Elam(1989)은 "공립학교에 대하여 직접적인 정보(즉, 매체로부터 얻은 것이 아닌 정보)를 더 많이 가질수록 더 좋게 평가하는 것인데, 이것은 잘 아는 것이 존경을 낳게 되는 드문 경우이다"(p. 50)라고 주장하였다.

대중들은 다른 직업집단에 비교하여 교사들의 위상이 낮다고 평가한다. 1981년 갤럽 여론조사에서 응답자들에게 열두 가지 직업에 대한 인상을 밝혀달라고 부탁했을 때, 교사에 대해서는 사회에 일반적인 이익에 기여하는 순위에서 (성직자와 의사의 뒤를 이어) 교사를 세 번째로 평가하였으며, 직면하는 스트레스나 압력의 양에 대해서는(의사의 뒤를 이어) 두 번째로, 명성이나 위상에 대해서는(의사, 판사, 성직자, 은행가, 변호사, 경영간부, 공립학교 교장의 뒤를 이어) 여덟 번째로 평가하였다. 대중들은 이 조사에서 언급한 그 밖의 단 세 가지 직업(지역 정치가, 광고인, 부동산 중개인)보다 교사의 위상이 더 높다고 인식하였다. 따라서 교사들에 대한 일반인들의 존경은 그들의 공헌에 대한 이해와 상응하지 않는다.

학교의 중요한 측면에 대한 교사들의 생각은 많은 면에서 대중의 태도와는 아주 다르다. 예를 들어 교사들은 학교와 자신들의 업적에 대해 일반 대중들보다 상당히 우호적으로 평가한다. 1984년 50%의 대중들이 교사들을 A 또는 B로 평가하였을 때 교사들은 78%가 스스로와 동료들에게 이러한 평가를 내렸다. 또한 교사들이 대중보다 염려하는 것은 교육에 대한 자금의 부족이다: 비교사들(12%)보다 두 배 이상 많은 교사들이(27%) 공립학교가 직면한 가장 큰 문제 중의 하나가 바로 "학교와 교사들에 대한 적절한 재정 지원의 부족"(Elam, 1989)으로 생각하였다.

교사와 대중 사이의 다소 이상한 또 다른 차이점은 교사보다 대중들이 자녀가 교사가 되기를 원하는 비율이 더 높았다는 점이다. 위에서 언급한 바와 같이, 1988년에는 일반인의 58%가 자녀가 교사가 되면 좋겠다고 말하였다; 이와 대조적으로 48%의 교사만이 딸이 아버지의 뒤를 이어 교사가 되기를 바랐으며, 38%만이 아들이 뒤를 이어 교사가 되기를 원하였다.[4] 우리가 기억해야 할 것은 대중들은 항상 교사들에 대하여 이중적인 이미지를 가지고 있다는 점이다: 지극히 어려운 직업(아동을 다스리고 교육시키는)인 동시에, 상대적으로 쉬운 직업(하루에 일하는 시간과 연간 일하는 주의 수에 비추어)이라는 것이다. 그러므로 교사들에게는 직업으로서의 교직의 매력에 대한 대차대조표가 대중들이 보는 교직의 매력에 대한 것만큼 긍정적이지 않다.

이에 대한 한 가지 이유는 교사 자신들의 사회적 가치와 사회에서의 위상 사이에는 상당한 차이가 있다고 믿기 때문이다. "교사들은 스스로를 순교자로 여기는 경향이 있다. 그들은 압도적으로 자신들이 제대로 평가받지 못하며 낮은 대가를 받는다고 믿는다"(Elam, 1989, p. 785). 1984년과 1989년의 갤럽 여론조사를 모두 고려하면 교사들은 열두 가지 직업 목록 중에서 스스로를 가치로는 최우위로, 지위(status)상으로는 최하위로 평가하였다. 스스로의 위상에 대한 교사들의 인식은 교사들의 위상에 대한 대중들의 인식보다 훨씬 낮았다. 앞에서 언급한 바와 같이 대중들은 교사들을 가치로는 세 번째로, 지위로는 여덟 번째로 평가하였다.

대부분의 학부모들은 학교의 대부분의 측면에 대하여 우호적이다. 1987년 대도시 생활조사에 따르면 상당한 비율의 학부모들이 자녀의 학교와 그 교사들에 대해 우호적인 인상을 가지고 있다. 학교교육의 다양한 측면을 조사하였을 때 50% 이상의 학부모들이 14개 항목 중 13개에 대하여 "훌륭하다" 또는 "우수하다"라고 응답하였다. 학부모들의 가장 우호적인 반응은 "교사를 만나려고 할 때 만날 수 있었고 응답을 들을 수 있다"고 생각했기 때문이다. 학부모들로부터 높은 점수를 얻은 그 밖의 항목으로는 교사들이 학생들을 돌보는 정도, 교사의 자격과 능력, 전반적인 교육의 질이 포함되었다. 학부모들은 교육상의 성과, 예를 들어 "학생들을 고교 졸업 후 직업을 위해 성공적으로 준비시키는 것"과 관련된 항목에 대해서는 가장 낮은 등급으로 평가하였다(단지 44%만이 우호적이었다).

대부분의 학부모들은 교사를 존경한다. 대부분의 학부모(거의 2/3 정도)들은 자신들이 교사 전체를 존경한다고 생각한다(Harris et al., 1987). 교사들도 높은 비율(3/4 이상)로 이에 동의한다. "학부모 자신은 교사들을 제대로 존경하지 않는다고 생각하지 않는다. (사회전체와는 반대로) 교사들 역시 제자의 학부모들로부터 제대로 존경받지 못한다고 생각하지 않는다" (Harris et al., 1987, p. 18).

---

4) 역자 주: 이 사실은 교직에 몸담고 있는 현직 교사들은 교직을 싫어한다는 지각 향성을 반영하는 것이다.

환상에서 깨어난 비판적인 학부모들 그리고 냉소적인 매체(그 규모는 1960년대 중반부터 1980년대 중반까지 증가하였다)의 비평에도 불구하고, 대부분의 사람들은 그 때도(60년대와 70년대) 그리고 현재도(80년대와 90년대 초반) 공립학교를 포기하지 않았음을 기억한다. Timpane(1982)는 "모든 제도가 과거보다 대중적이지 못한 시대에서도 학교는 여전히 미국에서 가장 대중적인 제도"(p. 3)라는 점을 우리에게 상기시켰다. 이러한 진술을 하게 된 Timpane의 근거는 아마도 1980년의 갤럽 여론조사이다. 이 조사에서 교회는 8가지 목록 중 대중들이 가장 신뢰하는 기관이며, 공립학교는 두 번째이며, 그 뒤를 이어 법원, 지방정부, 주정부, 국가정부, 노동조합, 대기업이 차지하였다. 따라서 이러한 내용 때문에 교사들에 대한 대중들의 태도가 그렇게 평가되었음을 이해할 필요가 있다.

소수의 학부모들은 교사나 교직을 존중하지 않는다. 대부분의 학부모들이 교사들을 존경하며 학교의 대부분의 측면을 우호적으로 보는가? 자료는 이에 대하여 분명히 그렇다고 알려준다. 그러나 도외시할 수 없는 것은 대도시 생활 조사에서 20~35%의 학부모들이 교사나 교직을 대단히 존중하지는 않는다는 사실이다. 교사들이 자신의 학생들을 얼마나 돌보는가 하는 항목에서 이러한 학부모들은 단지 "적합" 혹은 "형편없다"고 생각하며, 자기 자녀를 맡고 있는 교사의 자격과 능력을 적합하지 않거나 형편없는 것으로 여기며, 자녀가 받는 전반적인 교육이 적합하지 않거나 형편없다고 생각하였다. 이렇게 강력한 소수의 의견이 어떤 직업에 대한 느낌과 자존심에 중대한 영향을 끼칠 수 있다.

아울러서 갤럽 여론조사에서의 조사대상자 중 35%와 대도시 생활에서 조사된 학부모들의 38%가 오늘날 자녀들이 학교에서 받고 있는 교육이 자신들이 받았던 것보다 더 나쁘다고 생각하였다. 마지막으로 간과될 수 없는 것은 1980년대의 모든 갤럽 여론조사에서 상당수가 자신들의 지역 공립학교를 심지어 D 또는 F로 평가하였다는 점이다. 이러한 수치는 1987년의 13%에서 1983년의 20%의 범위에 놓여 있다; 1989년의 수치는 15%였다.

대도시 생활 조사의 저자는 "이러한 비판적인 소수 [명예 훼손자]는 개혁과 변화를 강력하게 지지하는 계층이다"라고 주장하였다(Harris et al., 1987, p. 18). 하지만 이 저자들은 비판적인 소수가 교육개선의 힘으로 작용하는 것이 아니라, 그보다는 교사의 사기와 노력을 손상시킬 수 있다는 점을 간과하였다. 건설적인 비판과 파괴적인 비판의 차이는 구경꾼의 눈에는 잘 보이지 않는다.

이러한 수치는 교사나 학교에 대하여 존경을 하지 않는 학부모들은 소수이지만 교사 자신은 이러한 사실을 잘 인식하고 있음을 보여 준다. 이러한 자료는 교사 시각에서 "대중의 존경 부족"은 두 가지 다른 언급이 가능함을 시사한다: 익명의 많은 일반 대중으로부터의 (대개 매체에서 교사들의 묘사에 반영됨) 존경 부족, 소수이나 학교를 잘 알고 영향력 있는 학부모로부터의 존경 부족.

교사의 시각에서 학부모들의 후원 부족은 중요한 교육적 문제이다. 학부모들로부터 후원받고 있지 못하다고 생각하는 교사의 (존경받지 못한다고 생각하는 교사들보다) 수를 측정하는 것은 어렵다. 카네기재단(교직의 근무조건, 1988a)에 따르면, 전국의 교사 중 90%가 학부모들의 후원 부족이 현재 근무하고 있는 학교의 당면한 문제라고 보고한다. 다른 한편으로 대도시 생활 조사에서(Harris et al., 1987) 교사들에게 본인이 봉직하고 있는 학교가 학부모들로부터 얼마나 후원받고 있는지 평가하도록 요청하였을 때, 22%가 "우수하다", 36%가 "좋다", 31%가 "적정하다", 11%가 "부족하다"고 응답하였다. 이 표본의 교사들은 교사가 어떤 시도를 하였을 때, 학부모 중 교외에 거주하고, 대학을 졸업하고, 초등학교에 재학하는 자녀를 둔 학부모들이 이에 대해 시간을 내어주고 가장 반응을 나타냈다고 하였다. 어떤 부분에서 숫자상의 폭넓은 차이가 나타난 이유로 한 조사(카네기 재단)에서는 서면 설문지를 실시한 반면, 다른 조사(대도시 생활 조사)에서는 개별적인 전화면담 방법을 사용하여 학부모들을 비난하는 교사들의 성향을 완화시켰기 때문으로 해석한다. 또한 이렇게 비율이 상이한 것은 주어진 질문이 특정한 성격을 반영하는 것일 수 있다. 그러므로 대부분의 교사들이 자신들의 노력에 대한 학부모들의 후원은 일반적으로 좋거나 우수하다고 생각한다는 점을 보여 준다.

그러나 1984년과 1989년 갤럽 여론조사는 공립학교에 대한 교사 태도를 또 다른 관점으로 볼 수 있도록 한다. 두 조사 모두 교사들이 가장 빈번하게 언급하는 학교 문제는 (일반인들의 견해대로) 규율이나 약물 관련 문제들이 아니라, 그보다는 학부모의 후원과 관심의 부족이었다. 1984년에는 31%의 교사들이 학부모의 후원 부족을 학교가 직면한 가장 중요한 문제의 하나로 보았으며, 단지 19%의 교사만이 학교 규율을 언급하였고, 54%가 약물의 사용을 지적하였다; 1989년에는 34%의 교사들이 학부모의 관심과 후원 부족, 27%는 규율 부족, 13%가 약물 사용을 지적하였다. 학부모의 후원과 관심 부족은 이들 응답자에게는 다양한 의미를 띠고 있었다. Elam(1989)에 따르면 "일부 교사들은 '학생 훈육에 대하여 학부모들로부터 전혀 지지를 받지 못한다'고 말하였다. 그 밖의 교사들은 '학부모들은 학생들이 미래를 준비하는 것이 중요하다고 깨닫게 하는데 도움을 주지 않는다'라고 비난하였다. 일부 교사들은 '학부모들의 무관심'을 지적하였으며, 그 밖의 교사들은 '학교 조직에 대한 학부모들의 신뢰 부족'을 말하였다"(p. 786). 따라서 대부분의 교사들은 학부모들이 하는 것을 존중하지 않는 경향이 있다. 교사들에게 그 지역의 공립학교 학생 부모의 자녀양육에 대하여 어떻게 평가할 것인지를 질문 받았을 때, 가장 높은 비율로 주어진(45%) 등급은 C였다(갤럽, 1984). 단지 2%의 교사들만이 학부모를 A로 평가하였다. 교사들은 학부모들의 능력에 감동

〈표 7.2〉 학부모들과의 관계와 관련된 교사들의 직무 만족

(교사들이 응답한) 학부모와 교사 사이의 관계	교사의 만족 정도			
	매우 만족	다소 만족	다소 불만	매우 불만
우수하다(n = 178)	67	28	5	0
좋다(n = 527)	40	46	12	1
적정 또는 부족(n = 294)	24	53	28	6

출처: 『미국 교사의 대도시 생활 조사』(Harris et al., 1987). 대도시 생활보험회사로부터 완전한 자료를 얻을 수 있었다.

받지 않으며, 학부모들도 교사들에 대하여 마찬가지이다.

학부모-교사 관계는 교사들의 직무 만족을 결정하는 결정적으로 중요한 요소이다. 〈표 7.2〉에서 나타난 바와 같이, 학부모-교사 관계가 우수하다고 응답하는 교사들은 다른 교사들보다 직무에서 더 높은 만족을 나타낸다. 특별히 언급하면 학부모와의 관계가 우수하다고 응답하는 교사의 67%가 직무에 매우 만족하며, 반면 적정하거나 부족한 관계를 보고하는 교사의 24%만이 매우 만족을 느낀다. 이와 유사하게 학부모-교사 관계가 안 좋을수록 교사들이 교직을 떠날 것을 고려하는 경우나 향후 5년 내에 교직을 떠나려고 하는 경향이 더 높았다. 예를 들어 학부모-교사 관계를 적정하거나 부족하다고 응답하는 교사들의 60%가 교직을 떠날 것을 고려하고 있었지만, 관계가 우수하다고 보는 교사들은 단지 36%만이 이러한 가능성을 고려하고 있었다.

❀ 물질적인 세상에서의 생활: 교사, 급여, 그리고 대중들의 존경

교사들은 자신들이 받는 존경이나 후원의 부족에 대하여 말할 때 급여 그리고/또는 학생, 학부모, 행정가들에게서 받는 대우를 가장 자주 언급한다.

대중들의 존경 부족을 가장 쉽게 드러내는 지표는 바로 급여의 수준이다. 물론 역사적으로 교사들은 형편없는 보수를 받았으며 약 100년 전부터 교육이 사회적으로 가치 있는 것으로 널리 인식되기 시작하였다. 교직에서의 낮은 급여는 교사 전반의 "특별하지만 불확실한" 위상, 전통적으로 여성 근로자들이 받았던 낮은 대우가 그대로 드러난다. 널리 퍼져 있는 문화적 가정은 교직은 전일제 직업도, 완전히 전문적인 직업도 아니라는 것이며 그러므로 재능 있고, 현명하며, 열심히 일하는 사람들의 직업에 상응하는 급여를 받을 만한 자격이 없다

는 것이었다. 아울러서 교직에 여성이 월등히 많다는 사실은 급여를 낮게 만들었다. 오랜 세월 동안 교사양성기관은 매년 많은 젊은 여성들로 채워졌기 때문에 급여를 제한하는 것이 가능하였다; 일반적으로 여성의 급여는 아주 최근까지도 남성의 급여와 동일할 것으로 기대되지 않았다. 교사의 급여는 단지 독신여성의 검소한 생활비나 가정의 주소득자의 소득을 보충하는 정도면 충분하다고 여겨졌다.

교직을 선택한 사람들에게는 타인을 도우려는 욕구가 금전적 보상보다 훨씬 중요하였지만(Lortie, 1975), 복잡한 사회적 쟁점과 반교사 정서(antiteacher sentiment)로 인해 이러한 만족의 추구가 방해받게 되었을 때(그것은 60년대 후반과 그 후 몇 년간 분명하였다) 교사들은 다른 만족을 추구하게 되었다. 따라서 많은 교사들에게 "내가 예전에 생각했던 것처럼 대단히 존경받는 전문인이 아니라면, 적어도 내가 견뎌야 하는 것에 대하여 상당한 급여를 요구할 것이다"라는 태도가 반영되었다. 하지만 역설적이게도 1960년대 후반과 1970년대 초기 교사들의 여러 파업에도 불구하고, 1970년대에는 전국적으로 교사의 구매력(purchasing power)이 적어도 17%가 하락하였다(Ornstein, 1980).

교사의 급여가 인상되기 시작하였다. 1989~90년 사이의 미국교사의 평균 급여는 31,315달러로 1980년 수준인 16,100달러보다 거의 2배이며 1972년의 9,705달러에 비해서 약 3배로 인상되었다. 카네기재단 보고서 『교직의 근무여건(Condition of Teaching)』에서 Feistritzer(1985)는 "교사의 급여 인상은 수십 년 동안 물가 상승률에 끼치지 못하였던 것을 역전시켜서 1981~1982년 이래 물가상승률 보다 높았다"(p. 35)라고 지적한다. 아울러서 그녀의 자료에 따르면 교사들은 이제껏 주장되어온 것만큼 심하게 불충분한 급여를 받고 있지 않다. 1982년을 예로 들어 그녀는 당시의 신임교사의 평균 급여(14,000달러)가 학사학위를 요구하는 다른 직업의 초봉과 비슷하다고 지적한다: 회계사(18,700달러), 건축가(12,000달러), 연방 수준의 심리학자(14,500), 공익 관련 전문가(11,500달러). 그런데도 대중들도 여전히 교사들은 불충분한 급여를 받는다고 믿는다; 1988년 갤럽 여론조사에서 조사대상자의 80%가 이와 같이 응답하였다. 그리고 놀라운 것은 아니지만 대부분의 교사들이 이에 동의한다; 1989년 교사 태도에 대한 갤럽 여론조사에 따르면 82%가 자신이 불충분한 급여를 받고 있다고 여긴다. 대부분의 교사들은 최근의 급여 인상은 수년간 경제적으로 당한 것을 간신히 보상하기 시작한다고 믿는 것으로 보인다.

아울러서 사람들은 교사들의 초봉이 "이상적인 범위"에 있다고 인정(나는 동의하지 않음)하더라도, 교사들의 평균 급여와 최고 급여는 이에 상응하는 다른 직업의 급여 보다 낮은 경향이 있다는 사실은 여전하다. 1986년 교사의 평균 급여는 25,257달러로 전자기술자의 중앙소득의 절반을 겨우 상회하는 정도였다. 교직에서 소득이 현저히 증가되는 기회는 아주 희박하다. 관련된 맥락에서(아마도 심리적인 견지에서는 훨씬 더 중요한 것으로) 교사들에게는 승진의 기회가 거의 없다. 대부분 교육계에 머무르는 젊은 교사들은 시간이 지남에 따라 나이 들고 경험 있는 교사가 된다.

Gujarati(1985)는 직업세계에서 승진에 관한 모든 규정 때문에 중간관리자 이상으로 승진할 수 없는 자신을 발견한 많은 여성들의 느낌을 설명하였다. 그들의 좌절은 어떤 것도 자신들이 받을만하다고 생각하던 명성이나 보상을 가져다주지 못함을 깨달았을 때 분명해진다. 교사들은 교직에 몸담은 후 바로 이러한 문제에 직면한다. 자신들의 급여는 자신들의 능력이 아닌, 기존의 급여체계에 근거한 것임을 재빨리 알게 된다. Gujarati는 정체된 근로자들은 자신들의 느낌을 "연구하고", 자신들의 좌절을 더 "건설적인 배출구"로 재초점을 맞추고, 직업의 목표를 재검토하여야 한다고 제안하였다. 만약 교사들이 이런 제안을 받아들인다면, 더 많은 교사들이 승진에 상당한 기회를 제공하는 더 유리한 지위의 직업으로 전직하기 위하여 퇴직할 것이다.

직업에 대한 좌절과 분노, 퇴직과 별도로 불충분한 급여에 대한 교사들의 일반적인 대응은 부업을 하는 것이다. 대도시 생활 보험과 관련하여 Louis Harris와 동료들이 실시한 1985년의 조사에 따르면 전체 교사의 28%가 정규 수업시간 이후에 또 다른 직장에서 일한다. 이들 교사의 주된 두 번째 직업은 일반적으로 다른 학교에서 일하는 것이다. 많은 교사들은 코치, 개인교사, 학력부족 보충 특수프로그램 교사로 일한다. 이러한 유형의 일은 대개 개인의 직무부담을 증가시키며, 흔히 스트레스 증가, 분개, 교수능력의 저하로 이어진다. 이러한 사람들이 방과 후 또 다른 직업을 갖는 것은 이미 부담이 지워진 신체에 무거운 짐을 지우는 것이다.

이 책을 저술하기 위하여 면담했던 여러 교사들은 부업을 하여야 하는 추락은 일 자체만큼 손상을 주는 것이라고 주장하였다. 그들은 교직만으로 충분한 급여를 받을 수 있어야 한다고 강력하게 주장하였다. 많은 교사들은 수입을 보충하는 방법으로 여름방학 동안 일하는 것은 이상적이지만, 방과 후에도 일해야 한다는 것은 "참을 수 없는" 부담이며 자신들이 책임지고 있는 학생들의 교육을 궁극적으로 손상시키는 일이라고 생각하였다.

❀ 일상의 무례함

만약 급여 문제가 교사의 시각의 "배경"을 형성한다면 일상의 무례는 "인물"을 만든다. 급여 문제는 결코 교사의 자의식에서 멀리 벗어나 있지 않다; 결국 우리 모두는 금전적인 결정을 하면서 살아가지만, 스트레스 상태에서 많은 교사들은 자신의 급여가 자신들이 견뎌야 하는 것만큼은 정당화하는지에 대하여 의문을 품는다. 여전히 교사들은 금전에 초점을 두지 않은 채 직무를 수행할 수 있고 대개 그렇게 한다. 이와는 대조적으로 교사들은 일상적으로 학생, 학부모, 행정가들이 본인을 어떻게 대우하는지에 대해서는 결코 무관심할 수 없다. 그것은 교실에서 지속적으로 벌어지는 색깔이며, 학부모-교사 접촉이 지속적으로 진행되는 본질이며, 또 교사 스스로를 자신이 어떻게 인식하는지 가장 직접적인 영향을 끼치는 교내의 직업 분위기이다. "교사들은 … 날마다 기적을 행하도록 기대 받으며 대개 학생들로부터는 침묵을, 교장으로부터는 압력을, 학부모로부터는 비판을 받는다"(Boyer, 1988, pp. 8-9).

학생의 무례

학생의 무례(student disrespect)에 대해 불평할 때 교사들은 무엇을 말하려 하는 것일까? 판에 박듯 항상 벌어지는 모습은 학생의 모욕, 위협, 말대답이다. 불행하게도 이러한 판에 박은 모습은 단순한 선정주의적 매체의 산물만은 아니다. 우리가 말하는 많은 교사들(특히 중학교나 고등학교 교사들)에게 학교에서의 훈육문제는 그들의 의식에서 멀리 떨어지기 어렵다. 텍사스의 한 고등학교 역사 교사는 다음과 같이 말하였다:

> 저는 종종 난처한 일을 겪어요. 저는 수업을 하면서 교실 뒤쪽에서 무슨 일이 벌어지고 있는지 보곤 해요. 두 학생이 떠들고 있다고 예를 들어 보죠(좋아, 나는 이 학생들을 무시할 거야. 저 학생들은 단지 점심시간에 무엇을 할지, 누가 누구랑 사귄다고 잡담하고 있는 거야. 그러나 그들의 이야기는 너무 시끄러워서 때때로 나를 포함한 다른 사람들의 주위를 산만하게 만들어요. 때로는 다음과 같은 얘기를 하고 있을 것이다: 서로나 다른 사람 모욕하기, 다른 사람 위협하기, 욕하기). 제가 그 학생들 얘기에 끼어들어 너희들이 내 수업을 방해하고 있으며 수업에서 집중해야 한다고 말할 수 있겠죠. 물론 이 점은 필요한데, 제가 만일 끼어들지 않으면 곧 싸움이 일어날 수 있기 때문에 꼭 이야기해야 합니다(자기들끼리 서로 못할 말을 해대면서 상당한 분노의 말이 오갈 것이다). 다른 한편으로는 만약 제가 모든 일에 끼어든다면, 저 때문에 중간에서 일이 더 확대될 수도 있어요. 어떨 때에는 성난 표정을 짓거나 성난 말을 하면 분명히 진행되고 있는 사태를 중단시킬 수 있다는 점은 분명해요. 하지만 이럴 때마다 항상 하는 얘기가 상대방이 "먼저 싸움을 걸었다"고 비난하겠지요. 더 최악의 상황은 학생들이 "선생님은 상관하지 마세요."라는 말을 할 때, 그리고 제가 학생들에게 "당장 그만두지 못해"라고 말할 때라고 봐요. 그 시점에서 저는 당장 멈춰야 한다는 것을 잘 알지만, 그만둘 수가 없어요(그러

면 저의 수업은 엉망이 되고 나의 교실 통제력이 침해당했기 때문에 너무나 화가 나게 되죠). 그때 제가 소리치겠지요. 알다시피 "너희들이 어떻게 감히 다른 학생들이 공부하는데 방해할 수 있느냐" 같은 말을. 물론 나중에 학생들로부터 "누가 당신 수업같이 끔찍한 걸 듣고 싶겠어?"라는 반응이 되돌아올 것이고, 그렇다고 해서 그것이 저와는 상관없다고 여기면서 행동할 수는 없어요. 정말 그래요. 그것은 저에게서 정말 많은 것을 빼앗아 가는 거예요. 때로 제가 스스로 통제할 수 없었다는 사실이나 제가 또 다시 15세 학생에게 위협 받았다는 사실 때문에 저 자신에게 얼마나 정나미가 떨어지는지 몰라요. … 친구들은 저에게 그것은 네 탓이 아니라면서 저를 위로하려 애쓸 거예요. 그 연령의 학생들은 스스로를 포함하여 어느 누구도 어느 것도 존경하지 않는다. 나는 그것을 안다. 나는 학생들에게 매일 허튼 소리를 하면서, 종종 왜 저의 다른 좋은 점을 기억하면서 저의 감정을 다스릴 수 없는지 스스로 매우 의심스러워하고 있어요. 하지만 모르겠어요. 아마 이것이 바로 인간 본성이겠지만, 우리들[교사들] 대부분에게 무례한 학생은 씻어내기가 쉽지 않은 끔찍한 뒷맛을 남기는 게 사실이죠.

새내기 교사에 대한 공개 서한

환영합니다!

우리는 선생님에게 우리 꼬마 녀석들을 맡깁니다. 우리는 잘 다스리지 못했지만 선생님께서는 잘 지도해 주실 것으로 믿습니다. 그러나 우리가 화 내지 않을 방법으로 지도해 주시기를 부탁합니다.

우리 아이들을 즐겁게 해 주십시오. 아이들은 잠시도 가만히 있지 않습니다. 아이들은 텔레비전을 많이 보아서 혼자서 즐길 줄 잘 모릅니다. 채널을 돌릴 수 없기 때문에 학교는 그들에게는 지루한 곳입니다.

우리들 중 일부는 낙태(abortion)를 열렬히 반대합니다. 다른 사람들은 개인의 자유의사를 열렬히 지지합니다. 우리 중 일부는 학교예배를 요구합니다. 다른 사람들은 학교예배를 보지 않도록 요구합니다. 일부는 기독교인이며 무신론자를 미워합니다. 일부는 무신론자이며 기독교인을 미워합니다. 부디 귀하가 돌보는 아동들에게 올바른 도덕적 시각을 고취시켜 주십시오.

아이들을 잘 먹여주십시오. 우리는 집에서 아침을 먹일 시간이 없어서 아이들은 점심시간이 다가오면 아주 배가 고플 것입니다.

우리는 교사들도 인간이며 기분이 좋지 않고 우울하고 의기소침한 날이 있다는 것을 이해합니다. 그러나 귀하의 그러한 면을 아이들에게는 결코 보여 주지 마십시오. 아이들이 세상은 항상 행복한 곳이라고 믿기를 원합니다. 웃으세요.

우리 아이들에게 우리나라는 항상 올바르며 전 세계에서 가장 살기 좋은 곳이며 지금이 인류 역사상 가장 살기 좋은 시대라고 가르쳐 주십시오. 물론 우리는 더 이상 이렇게 믿지 않지만 우리 아이들은 그와 같이 믿기를 원합니다. 그들은 신문에서 나쁜 것은 충분히 읽을 것입니다.

항상 자제력을 발휘하여 주십시오. 우리 아이들은 선생님에게 고함을 지를 것입니다. 우리는 귀하에게 전화를 하여 고함을 지를 것입니다. 우리는 학교로 가서 귀하에 대하여 교장에게 고함을 지를 것입니다. 부디 평정을 유지해 주십시오. 누군가는 그렇게 해야 합니다.

귀하에게 부여된 막중한 책임을 수락해 주십시오. 만약 우리의 아이들이 배우지 못한다면 그것은 귀하의 잘못일 것입니다. 만약 그들이 인생에서 무엇을 하기를 원하는지 모르는 채 고등학교를 졸업하게 된다면 그것은 선생님의 잘못일 것입니다. 만약 그들이 대학을 진학하여 낙제를 한다면 그것은 선생님의 잘못일 것입니다. 만약 그들이 직업을 얻을 수 없다면 그것 역시 선생님의 잘못일 것입니다.

완벽하십시오. 하느님(Lord)은 우리 아이들이 가정에서 불완전함을 본 것을 아십니다. 누군가는 귀감이 되어주어야 합니다.

그리고 부디 돈만 생각하지 마십시오. 귀하는 꼬마 녀석들로부터 벗어나 3개월간의 방학을 가질 수 있습니다. 그러나 우리는 1년 내내 그들과 지내야 합니다.

선생님을 존경하는
학부모 일동

학부모의 무례함(Parent Disrespect)

당시 Olathe(캔자스주) 일간지의 관리편집장이던 Randy Attwood가 쓴 이 편지는 많은 교사들이 인식하는 (학부모들에 대한) 진실을 명백하게 반영한다. Attwood에 따르면 칼럼에 대한 수백 통의 편지를 미국 전역과 해외의 교사들로부터 받았는데, 모두 이러한 정서에 동의하였다.

이 장에서 앞서 인용한 통계는 교사들을 존경하지 않는 학부모는 단지 소수임을 보여 주었다. 그럼에도 불구하고 소수의 까다롭고 비이성적인 학부모들이 교사의 사기에 중요한 충격을 끼칠 수 있다.

이 책을 위하여 실시했던 면담에서 교외지역 학교의 교사들은 흔히 학부모들의 무례는 "우월감을 나타내는 태도"라고 생각하는 것으로 나타난다. 이러한 학부모들은 교사와 동등하거나 더 나은 교육을 받았고 교사보다 대개 훨씬 수입이 많기 때문에 이 사회에서 교육과 자신의 아동에게 무엇이 최선인지를 더 많이 알고 있다. 이들 중 극단적인 부류에 속하는 사람들은 읽어야 할 책에서부터 선다형과 논술형 시험의 상대적인 장점을 준비하는 시간을 어떻게 배분해야 하는지 그 정확한 비율에 이르기까지 모든 영역에서 본인들이 전문가라고 자처하는 학부모들이 있다. 다시 말하면, 대부분의 학부모들은 그렇지 않지만 만약 교사가 정기적으로 학부모와 모든 내용을 서로 공유해야 한다면 이것은 교사의 자율성에 대하여 가할 충격을 상상할 수 있을 것이다. 학부모의 진정한 관여에 대하여 분개하는 교사는 거의 없지만 교사의 권위, 지식, 직업적 특권에 대한 도전, 또는 자신들의 능력에 대한 신뢰 부족에 인내할 수 있는 교사는 거의 없다. 다음의 한 교사의 사례를 예시해 보자. "몇 주 전에 한 학부모가 찾아와 자신의 자녀는 '영재'인데 학교가 왜 자녀의 잠재력을 발휘할 수 있도록 더 잘 교육시키지 않는지 의문을 표하였다. 사실 그녀의 자녀는 총명하였다; 그 학생은 읽기와 (자신의 학년 수준보다 한 학년 더 높게) 쓰기를 잘 하고, 혹시 수학영재는 아닐지라도 수학을 잘한다. 또 그 학생은 호감이 가는 아동이다(교실에서 모두와 잘 지낸다). 그 학생은 자신감도 있고, 잘 배우고 있고, 사회적으로 안정되어 있고, 학교를 좋아하는 것으로 보이는 등등. 나를 발끈하게 만든 것은 이 어머니가 내가 하고 있는 것이 얼마나 훌륭하고 내가 그 아동을 위하여 얼마나 헌신하는지는 인정하지 않고 내가 그 학생을 억제시키고 충분하게 지도하지 않는다고 비난하는 것이었다. 그녀는 매우 교양이 있어서 나에게 대놓고 무례하게 굴지는 않았지만, 나는 그녀는 자기 자녀가 기만당하고 있다고 생각하고 있음을 간파하였다.

따라서 교외지역의 교사들은 학부모들이 무례하다고 느끼기보다는 다음과 같은 의심을 받고 있다고 여긴다: "당신은 나의 자녀가 잠재력을 발휘하도록 도울 수 있을 만큼 충분히 유능한가?" 이와 대조적으로 도시지역 교사들은 자신들의 능력이 의심받고 있다고는 생각하지 않지만, 그보다는 교사들이 얼마나 학생에게 정열을 쏟는가에 대해 의심받고 있다고 생각한다. 대부분 이들 교사들에게 쏘아붙이는 도전은 "당신은 나의 아이를 충분히 돌보고 있는가?" "당신은 진정 그 애가 훌륭한 교육을 받고 있는지 지켜보고 있는가?"이다. 이러한 질문들은 전혀 무례하지 않고 오히려 다소 필요하며 학부모의 관심을 표시하는 한 방편이라고 주장할 수 있다. 학부모들은 자녀의 담임교사가 잘 돌봐주고 대단히 의욕적이기를 요구할 권리와 의무가 있다. 아울러서 교육제도의 역사로 미루어볼 때, 소수민족 아동의 학부모들에게 공립학교 교사들이 자신의 자녀를 교육시키며 기울이는 노력에 대해 신중해야 하는 충분한 이유 그 이상의 무엇이 있다. 그렇지만 의문과 정당한 염려는 다양한 방식으로 제기될 수 있으며, 가능성을 가진 소아과 의사와의 면담에서 보여 주는 집요하나 존중하는 어조에서부터 노골적인 의심과 적개심을 내포한 어조까지 다양하다. 도시지역 학교의 많은 교사의 시각에서 보면, 너무나 많은 학부모들이 교사들의 성실성을 공격하거나 교사들의 견해나 노력을 지원하지 않음으로써 존경심은 물론 교사들의 노력 역시 침해하고 있다.

> 저는 학부모들이 찾아와서 자녀의 숙제나 요즘 무엇이 나아졌는지, 무엇이든 함께 이야기하는 것을 좋아해요. 학부모들이 참여하면 나의 일은 더 쉬워지거든요. 제가 좋아하지 않는 것은 학부모들이 저 몰래 수군대는 것을 듣는 거예요. 또한 학부모들이 제 입장은 전혀 고려하지 않은 채 단지 저를 공격하려고 찾아오는 것을 좋아하지 않아요. 예를 들어 일전에 한 학부모는 수업이 막 시작되었을 때 저의 방으로 찾아와서 자기 자녀가 시험에서 낙제한 것 때문에 저에게 고함을 지르기 시작했어요. 학부모는 시험이 공정하지 않고, 또 만약 제가 더 나은 교사라면 자기 아이가 시험을 더 잘 치렀을 것이라고 불평했어요. 그 학부모의 말은 제가 Ed[자녀이름]를 가르치는데 진정 관심이 없다는 거예요. 저는 학부모에게 저의 접근방식, 학생들이 시험을 준비하도록 무엇을 하였는지, 시험이 중요하다고 생각하는지 말하려고 노력했어요. 저는 또한 Ed의 시험 준비, 공부 습관과 그 외 모든 것에 초점을 맞추려고 했지만 그 학부모는 제 말을 계속 끊는 거예요. 마침내 학부모는 자기 아이가 학교에서 훌륭한 교육을 받지 못하고 있다는 사실을 교장선생님에게 말하러 가야겠다고 하면서 교무실을 나갔어요.

교사들에 대한 존경의 문제에 대하여 생각하는 또 다른 방법이 있다. 교사들을 훈련시키는 나의 동료 중의 한 사람은 자신이 만약 학교 책임자라면 첫 번째로 할 조치는 학부모에게 무례하게 구는 교사는 어느 누구든 해고될 것이라는 성명서를 발표하는 것이 될 것이라고 주장한다. 그의 주장은 교사들은 너무나 흔히 학부모들을 신뢰하지 않고 적으로 간주한다는 것이다. 또한 교사들은 경력 초기에 "권한"은 주의 깊게 지켜져야 하며 전문가적 의견은 단지 교사의 손에 달려 있다는 것을 (동료와 노조 지도자들로부터) 배운다고 주장한다. 그의 견해에 의하면 교사들은 학부모와의 대화를 진정으로 촉진하지 못함으로써 권한 투쟁과 쓰라림을 야기한다. 그는 교사에 대한 무례는 교사들의 학부모들에 대한 거리감과 관대하지 못한 태도 때문에 생기는 필연적인 결과라고 주장하였다.

비록 나는 모든 분야의 일부 전문가들처럼 일부의 교사들은 오만하고 생색을 낸다는 것을 인정하지만 이러한 견해에는 동의하지 않는다. 또한 일부 교사들은 자신들의 전문가적인 특권을 보호하는데 필요 이상으로 방어적이라는 것을 인정한다. 그러나 나의 견해로는 교사들은 자신들이 봉사하는 고객에게 무엇이 궁극적으로 최상인지를 판단할 권리를 가지고 있지만, 대부분의 교사들은 모든 전문가들과 마찬가지로 학부모들의 (그리고 행정가의) 관여를 반긴다. 교사들이 위축되는 것은 다른 사람들로부터의 제안이 명령이 되고, 대화가 경시되는 때이다. 교사들이 학부모들과의 관계에서 겪는 존경심 부족이나 더 나쁘게는 적극적인 무례는 교사들이 불만족하거나 탈진하게 만드는 중요한 요인으로 남는다.

비록 나는 존경과 후원을 거의 동의어로 사용해 왔지만 이들은 구분이 될 수 있다. 교사들에 대한 학부모들의 존경의 부족(교사의 성실성, 동기, 또는 능력에 대한 개인적인 공격)은 대단히 스트레스를 주지만 상대적으로 빈번히 발생하지는 않으며 일반적으로 억제될 수 있다. 반면, 일반적으로 교사나 교육에 대한 적극적인 후원 부족(학부모들의 무관심)은 만연되어 있고, 교사들의 능력을 끊임없이 방해하기 때문에 중요한 문제가 된다. 물론 이 둘은 동시에 일어날 수 있으며 그러한 환경은 교사들에게 자신의 노력이 보잘것없으며 가능한 한 빨리 교단을 떠나는 것이 가장 현명하다는 교사들의 인식을 고취시킬 수 있다.

행정적인 무례(Administrative Disrespect)

이 세 가지 중 마지막 부분은 일부 교사들이 가장 성가시다고 여기는 교사와 학교 행정가와의 지속적인 관계이다. 문제행동을 보이고 비협조적인 학생들을 처리하는 것은 직무의 일부분이다. 다행스럽게도 잘난 체하거나 모욕적인 학부모들을 대하는 것은 일상적인 사건이 아니다. 하지만 간섭하는 행정가와 쓸모없는 관료규정을 날마다 대하는 것은 대부분의 교사들에게는 극도로 인내심이 필요한 일이다. 적어도 행정가들은 교사들과 같은 편으로 간주되며 적대자와 방해자보다는 후원적이고 촉진하는 존재로 간주된다. 이러한 맥락에서 노스캐롤라이나주의 어느 수학교사는 다음과 같이 말하였다: "나는 탈진이 아동 때문에 일어난다고 생각하지 않는다. 대개 그것은 교육행정 업무와 관련이 있다. 어느 누구도 당신을 충분히 달래지 못할 정도로"(Tifft, 1988, pp. 62-63).

교사들과의 면담에서 시종일관 거론된 몇 가지 논제가 있다. 한 가지는 행정가들이 교사들을 거의 존중하지 않는다는 것이었다. Maeroff(1988a)는 학교 행정가와 교사 사이의 냉랭함을 설명한 책에서 대개 학교장은 교사들을 마치 학생들보다 단지 조금 더 높은 지위에 있는 것처럼 대우한다고 관찰하였다. 둘째, 행정가들은 교실의 "신성함"을 거의 존중하지 않는데, 진행 중인 수업을 공지사항이나 메시지를 전달하느라 방해하거나 특별한 일로 수업을 질질 끌게 만들면서도 이를 전혀 주저하지 않는다는 것이다. 이러한 맥락에서 Albert Shanker(1986a)는 다음과 같은 이야기를 하였다: "몇 년 전, 어느 고등학교 교사가 자신에게 가장 어려운 학급에서 수업을 하고 있는데 갑자기 고릴라가 교실로 침범하였다고 말하였다. 물론 그것은 곧 다가올 학교 연극을 광고하기 위해 분장을 한 학생이었다. 그러나 그러한 방해로 교실은 아수라장이 되었다. 그 교사가 불평을 하였을 때 학교행사의 활기를 돋우려면 다소 우발적인 행위가 필요하다는 말을 들었다. 그러나 진정으로 교직이 어떠해야 하는지 '느낌'을 가진다면 … 당신은 행정가의 첫 번째 직무는 고릴라를 교실에서 몰아내어야 하는 것임을 안다"(p. E7).

세 번째 논제는 너무나 많은 행정가들이 자신들의 지위를 보호하기 위하여 기꺼이 교사들을 "매도한다"는 것이었다. 교사들은 학교 위원회, 대중들, 학부모들의 기대를 받을 뿐만 아니라 학교가 잘하지 못할 때는 자신들이 행정가들의 손쉬운 희생양이 된다고 생각하였다.

네 번째 논제는 행정가들은 너무나 자주 교사들을 의사결정 과정에서 무시한다는 것이었다; 학교의 조직, 초점, 교육과정 변경은 교사들의 참여가 거의 혹은 전혀 없이 이루어진다는 것이다. 어느 교사는 다음과 같은 일화를 진술하였다: "우리 6학년의 읽기 점수가 지난해에 하락하였는데(사실상 두 번째였다) 우리 교장은 화를 내며 지역사회 반응을 다소 두려워하였다. 교감과 함께 그는 새로운 읽기 시스템을 채택해야 할지 논의하기 위하여 모든 4, 5, 6학년 담임들을 소집하였다. 많은 토론과 논의가 있었으며 교사들은 다른 어떤 결정을 내리기 전에 몇 번 더 만나는 것이 최선이라고 생각하였다. 그러나 일주일 후에 심지어 우리가 다시 만나기도 전에 새로운 읽기 시스템이 완성되었고, 장학사가 한 달 내로 우리에게 요점을 알려 주기 위하여 찾아올 것이라는 것을 알았다."

이것은 교사들의 최후불만으로 이어진다(행정가들은 학생 성취를 가장 명백하게 나타내 주는 지표(시험 점수) 이외에는 다른 것은 안중에 없다). Daniel Duke(1986)가 관찰한 바와 같이 행정가들은 교사들이 수업에서 이루고자 애쓰는 것에는 주목하지 않는 경향이 많다. 너무나 많은 행정가들이 개별 학생의 사회적 진보나 좋아진 출석률, 자존심의 회복, 또는 표준화된 시험으로는 측정할 수 없는 학문적인 향상을 인정하려 하지 않는다. 짧게 말하면 교사들은 행정가들이 교사들의 직무 성격에 깊은 영향을 끼치는 결정에 교사들을 배제함으로써 교사들을 비전문가로 대우하고, 시험 점수를 향상시키는 데에만 교육을 제한함으로써 교사들을 비인격화시킨다고 생각한다. 이 둘은 모두 교사들에게 자신이 보잘것없다는 생각을 하게 한다.

이 장에서는 주로 학생, 학부모, 행정가와의 일상적 접촉에서 교사들이 느끼는 무례와 후원 부족에 초점을 맞추었다. 하지만 이들 각각의 집단마다 갖고 있는 설득력 있는 불평의 원인을 쉽게 파악할 수 있었다. 대부분의 학교문화에 중요한 일부를 구성하는 것이 바로 상호 비방이다. 그러므로 교사들은 너무나 많은 학부모들이 어떤 방식으로 교육을 후원하지 않는다고 불평하는 반면에, 학부모들은 너무나 많은 교사들이 이류이며 학생들을 보살피지 않으며 교사의 탈진은 단순한 변명으로서 학생들과 사회에 대한 책임을 포기한 것이라고 불평한다. 교사들은 학교 행정가들은 주로 올바른 양식과 절차 같은 사소한 것에 관심을 가지며 교사를 돕거나 규율을 집행하는 데는 관심이 거의 없다고 불평하는 데 반해, 행정가들은 자신의 동료에게 너무나 많은 교사들이 단지 급여에만 관심이 있고 교수법 개선에는 진정으로 관심이 없다고 속을 털어 놓는다. 이와 비슷한 맥락에서 교사들은 대개 교실에서 "어느 누구도 수업에 귀 기울이지 않으며 관심도 없다"고 생각하지만(Weinstein, 1988), 학생들은 이와 동일한 비난을 교사들에게 한다. 물론 행정가들은 더 나은 학부모가 더 많다면 자신들의 직무가 훨씬 더 쉬울 것이라고 주장하는 한편, 학부모들은 학교 지도력이 자신의 자녀에게 제공하는 것이 왜 그렇게 없는지를 염려하고 있다. 마지막으로 많은 학부모들, 교사들, 행정가들에 따르면 오늘날 이 시대의 학생들은 권한이 주어지고 물질적이고 이기적이며 충동적이어서 훈육과 교육이 어렵다; 학생들의 시각에 따르면 이들 성인집단 중 어느 누구도 그들의 문제, 관심, 또는 필요를 이해하지 못한다. 이렇게 모든 사람들이 서로 다른 시각에서 바라보는 교육의 과제는 복잡하다. 교사들만이 직무를 효과적으로 수행하려고 노력하면서 탈진을 느낀다고 불평하는 것은 아니다(학부모, 행정가, 심지어 학생들도 유사한 불평을 말한다).

❀ 탈진에 대한 대중들의 태도의 영향

대중들의 교사들에 대한 존중에 대하여 이미지, 사실, 넘쳐나는 수치로부터 우리는 어떠한 결론을 내릴 수 있는가? 강력한 대다수의 대중들(특히 자녀가 재학 중인 사람들)은 교사들을 존경하며 교사들의 노력에 대해 후원을 하지만, 상당한 소수는 (아마도 매체의 영향에 대한 반응으로) 교사들을 과소평가하며 명예를 훼손한다; 따라서 교사들은 자신들의 노력에 대한 대중들의 후원 부족으로 말미암아 자신들의 직무가 훼손된다고 생각한다; 따라서 교사들은 학부모들이 생각하는 것보다 자신들이 직무를 더 잘 하고 있다고 생각한다. 짧게 말하면 대중들은 교사들을 존경한다(하지만 모든 대중들이 교사들은 그런 정도의 존중을 받아 마땅하다고 생각하지는 않는다).

대중들의 존경과 후원의 상실, 대중들의 기대와 분개의 증가, 행정가들과 학생들로부터 느끼는 무례함, 이 모두는 교사의 권위와 자존심을 침해하며, 예비교사뿐 아니라 현직교사들에게 교직에 대한 매력을 위축시키며, 일반적으로 교사 탈진으로 알고 있는 다양한 기능장애적인 여건(dysfunctional conditions)에 대한 교사들의 취약성을 증가시킨다.

제 8 장

도시환경에서 가르친다는 것: 교실의 이야기[1)]

일이 즐거울 때 인생은 낙원이 되지만
일이 의무로만 느껴지면 인생은 지옥이 된다.

—Maksim Gor'kii의 산문집에서—

스트레스, 탈진, 만족, 불만족, 교사 감소율 등의 통계에서는 교사의 일상이 잘 드러나지 않는데, 교사들이 경험하는 일상적인 일은 아침 출근에서부터 오후 3시(또는 4시나 5시) 퇴근 때까지 다양한 성격의 사람들을 상대하고, 개인적인 책임, 다음날의 수업계획을 마련하는 것 모두를 포함한다. 스트레스, 탈진, 조기 은퇴에 관련된 요인들을 모두 열거하더라도 급격히 쌓이는 압력, 다양한 긴장, 때로는 모순된 느낌을 가진 교사의 하루 일과의 현상학적인(phenomenology of a teacher's workday) 측면을 포착하기는 어렵다. 교사의 직무 성격에 대한 이해를 위해서는 이러한 현상을 더욱 분명하게 이해하여야 하므로 이 장

---

1) 이 장은 Leonard D. Wechsler와의 공동 작업으로 작성하였다.

에서는 도시지역 교사의 전형적인 "일상"을 포착하는 시도를 하고자 한다. 제9장에서는 교외지역 교사의 전형적인 하루를 설명하며 또한 시골, 사립학교, 특수 학급에서 일하는 교사들의 경험에 대해서도 알아보고자 한다.

이들 두 장에 관한 몇 가지 유의점을 지적하고자 한다. 첫째, 성, 인종, 지리적인 차원, 경험, 연령, 결혼, 학교 규모, 가르치는 과목, 또는 학교교육의 수준(초·중·고교). 교사들이 처해 있는 조건에 따라 서로 다른 시각을 가질 수 있다; 각각의 조건마다 독특한 시각을 제공한다. 초등학교 교사와 고등학교 교사는 자신들의 직무를 다르게 바라보며, 남자교사와 여교사, 젊은 교사와 나이든 교사, 흑인 교사와 백인 교사, 심지어 라틴어 교사와 체육교사도 자신들의 직무를 다르게 본다. 여기에서는 교사를 가장 폭넓은 방법으로 구분하였다. 둘째, 주어진 지역의 주어진 학교, 그 속에서 학년을 담당하면서 교사들마다(심지어 공통적인 인구통계학적 특징을 가진 교사조차도) 자신들의 직무를 다르게 본다. 셋째, 어떤 교사의 어떤 하루는 그에게 독특하다; 매일 다양한 나름대로의 문제, 보상, 놀라움을 가져다준다. 이 장과 다음 장을 통해 다양한 환경에서 교사들의 경험에 대한 나의 생각을 논평, 교사와의 면담을 인용하거나, 다른 곳에 발표된 교직에 대한 설명을 발췌, 또한 다소 추가적인 통계를 통해 제시하고자 한다.

교사들과 대화하거나 교사들의 경험을 담은 보고서를 읽다보면 몇 가지 지속적인 주제가 드러난다. 첫째, 교실에서 항상 일어나는 일은 대개 갑자기 무슨 일이 발생하며 무질서하다는 점이다〔"학교생활의 표준은 바로 예측 불가능성에 있다(unpredictability in the norm in school life)"—Duke, 1986〕; 둘째, 다른 성인들로부터의 고립감을 갖는다는 것이다; 셋째, 많은 도시지역 학교에서는 자포자기와 절망이 만연되어 있는 것으로 보인다. 넷째, 수업이 끝나도 직무 및 직무 관련 생각을 멈추지 않는다; 다섯째, 교직을 그만두려는 생각은 많은 교사, 심지어 이러한 결정이 이성적 선택이 아님을 아는 교사들의 마음에서조차 담겨 있다; 여섯째, 분노나 욕구 좌절의 느낌이 일과 중 빈번히 발생한다; 일곱째, 교직 만족은 상대적으로 수적으로는 적지만 대개 강력하게 느낀다.

다음은 도시지역 고등학교 교사의 하루 생활이다; 사실 세부사항을 조금 추가하고 사소한 인구통계학적 사항을 일부 변경한 것 외에는 다음의 "하루 일과"는 이 책을 위하여 면담했던 교사 중 한 사람의 경험담을 그대로 쓴 것이다.

Collins 선생님 이야기

새벽 6시, Walt Collins의 자명종 시계가 울린다. 한 시간 반은 더 자도 되는 아내와 두 아이들은 그대로 잠을 잔다. 그는 까치발로 침실을 빠져 나와 욕실로 간다. 6시 40분까지 그는 샤워와 면도를 하고 옷을 갈아입는다. 급하게 두 잔의 커피와 아침을 먹은 후 그는 문을 나선다.

Walt는 중서부 도시지역의 한 고등학교에서 20년째 교사 생활을 하고 있다. 그는 이제껏 세 곳의 학교에서 근무했었는데 한번은 집과 가까운 곳으로 전근하였고, 다른 한 번은 직원감원 때문에 이동했었다. 그는 역사학 학사학위와 교육학 석사학위를 가지고 있다. 1988년의 Walt의 급여는 40,000달러를 약간 상회하였다. 그는 자신이 "돈 지갑" 중후군("pewter handcuffs" syndrome)의 희생자라고 자주 불평한다. 비록 다른 직업에 종사하며 벌 수 있는 것보다 더 많이 벌고 미국의 많은 사람들이 부러워할 만큼의 급여를 받지만 세금공제 후에는 25,000달러에도 못 미치는 돈을 집으로 가져간다. 높은 물가상승률로 그의 구매력은 저하되었으며 생활비는 계속하여 오르고 있다. 다행히 그의 아내가 직업이 있어서 중산층 생활수준을 유지할 수 있다.

Walt는 서류가방을 들고 차로 가서 경보기가 울려 이웃을 온통 다 깨워놓기 전에 서둘러 차에 탄다. 10분 후 그는 그 지역의 쇼핑센터에 도착하여 자가용 합승하는 사람들을 태우고 아침대화를 시작한다. 많은 대화는 없다; 이 이른 시간에 그와 두 동료는 아직 완전히 잠에서 깨어나지 못하였다. 그들 사이에 오가는 대화는 학생들의 우스운 맹목적인 사랑, 몇 명의 학교 행정가 중 한 명을 겨냥한 빈정대는 조롱, 직무에서 모욕적인 대우를 기꺼이 견디고 있는 자기 비하에 대해 얘기하곤 한다. 그들의 목적지는 3,500명이 재학하고 있는 도시지역 고등학교이다. 14세부터 21세까지의 학생들이 재학하고 있다; 약 60%는 히스패닉계이며 40%는 흑인이다. 이들 학생 가족 중 과반수 이상은 공공 보조를 받고 있다. 매년 약 100여 건의 위반행위가 보고되지만 중요한 규율상의 문제는 거의 없다. 학교에는 300명이 넘는 직원들이 있으며 그 중 약 1/3은 소수민족이다.

오늘 아침 교통상황은 원활하여 Walt와 동료들은 학교에 일찍 도착하여 학교 바로 정면에 주차공간을 발견한다. 그는 회색빛의 낡은 학교 건물을 거의 쳐다보지 않는다. 이제 그는 거리를 뒤덮고 있는 쓰레기와 학교 건너편의 허물어져 가는 아파트에는 거의 관심이 없다. 그렇지만 학교 근처에 마약 중독자가 있는지 거리를 재빨리 살펴본다. 자가용 합승은 4년 전 교외통근을 하는 동료 중 한 사람인 젊은 여교사가 학교 근처에서 강도 습격을 받은 직후 만들어졌다.

7시 20분에 그들은 모두 학교 건물로 들어간다. Walt는 가장 좋아하는 학교 비서와 또 다른 일찍 온 직원에게 급히 인사를 하고 다른 교사와 함께 복도를 내려가 사회과 사무실로 가서 수업 교재를 등사한다. 등사용액의 코를 찌르는 냄새와 함께 손에 약간 자줏빛 얼룩이 묻어서 그는 화장실로 가서 씻는다. 그리고 난 후 그는 교사 휴게실(teacher cafeteria)로 가서 일찍 오는 사람들과 함께 커피를 한 잔 마신다.

테이블에서는 한 동료가 아침에 우편함에서 발견한 자신의 서면 직무 평가서에 대해 격노하며 불평하고 있다: "믿을 수 있겠어? 그 [망할 자식이] 내 수업이 지나치게 '교사 위주'고, 주로 나만 말하고, 질문이 적다고 써놨어." 은퇴가 가까운 다른 교사가 충고한다: "잊어버려. 화낼 것 없어. 그 사람은 그래야만 월급을 받는다고 생각하니까 교사를 비판해야 하잖아. 교직에 봉직한 지 30년 동안 훌륭한 수업을 한다고 쓴 평가서를 본 적이 없어. 내가 정말 하고 싶은 것은 그 사람에 대한 평가서를 써서 그 사람이 여기서 얼마나 쓸모가 없는지 알게 하는 거야." 또 다른 교사는 친구에게 교내에서 마약을 복용하고 판매하는 것으로 의심되는 한 학생에 대하여 이야기하고 있다. 또 다른 교사는 과학을 가르칠 쉬운 교재가 부족한 것에 대하여 불평하고 있다. 이러한 대화들은 Walt에게 직무에 대해 스스로 생각하게 한다: "이 모든 체제는 불합리하다. 감독자는 교사들이 무시하는 제안으로 가득한 보고서를 쓴다; 교사들은 학생들이 무시하는 교안을 쓴다; 학생들은 부모들이 무시하는 것을 부모들에게 도와달라고 외친다; 교육적 성장은 어디에도 없다. 그러나 나는 여전히 여기에 있고 여전히 노력하고 있다(적어도 대부분의 시간). 또한 나는 왜 이렇게 하고 있는지 확신이 없다."

그는 교실로 천천히 걸어가면서 스스로에게 계속 격려의 말을 한다("오늘은 좋은 날이 되도록 하자"). 학생들이 학교에 도착하기 시작하면서 소란스러워지는 것을 깨닫게 된다. 그는 느끼고 있지만 의식적으로 그 많은 사소한 다툼과 조소를 무시하기로 한다. 그 대신 무리 중에서 특별히 반가운 11학년(고 2) 한 학생에게 웃으면서 "안녕"이라고 말하면서 교실로 들어간다.

졸업반 학생들이 '미국 역사' 수업을 받으러 올 것을 기다리며, 8시 7분에 Walt는 칠판에 숙제 할당과 학생들에게 나눠 줄 인쇄물을 읽고 몇 가지 질문에 답하라는 지시와 수업의 목표를 쓴다. 종이 울려 그는 교실 앞에 서고 몇몇 학생이 들어와서 인쇄물을 집어가고 공부를 시작한다. 왜 숙제를 하지 못하였는지 설명하러 오는 학생들을 제외하고는 거의 어느 누구도 그에게 인사를 하지 않는다. 8시 25분이 되어 대부분의 학생들이 올 때까지 학생들은 천천히 들어온다. Walt는 교실 문 밖으로 머리를 내밀어 몇 명의 학생들이 복도를 어슬렁거리고 있는 것을 보고는 (그 중 자기 반의 학생은 아무도 없자) 교실로 들어온다. 교실은 시끄럽고 혼란스럽게 느껴지기 시작한다. Walt는 심호흡을 하고 "안녕, 얘들아, 자 조용히 하자"라고 큰 소리로 외치고는 수업 내용의 자세한 요점을 설명하기 시작한다.

설명을 시작한지 2분 만에 심부름을 온 학생이 교장의 메시지(학교 통계양식을 오늘 중으로 제출하여야 함을 상기시키는 것)를 들고 문으로 온다. 그 학생 때문에 30초가량 문을 열어 두고 그는 메시지를 읽고는 "고맙다"고 말하려는데, 뒤에 앉은 두 명의 소년이 앞에 앉은 한 소녀를 집적거리고 급우 몇 명이 말싸움을 하기 시작하면서 교실은 시끄러워진다. 싸움의 중심인물이었던 한 소년이 수업에 바로 집중하지 못하고 계속하여 집적거려서 교실의 소음을 진정하게 하는데 또 다시 1~2분이 걸린다. 그럼에도 불구하고 Walt는 교실을 조용하게 하고 학생들이 과제를 몇 분 동안 공부하도록 한다. 그리고 나서 그는 학생들에게 전날의 숙제와 오늘의 인쇄물에 기초하여 루즈벨트(Theodore Roosevelt)와 윌슨(Woodrow Wilson) 대통령 간의 이념 차이에 대하여 생각해 보라고 한다. 다시 말하면 학생들에게 독점, 기업규제, 은행과 철도 통제에 관한 두 사람의 기본적인 정책을 요약하도록 요구한다. 몇 분간 침묵이 흐른다. 그리고서 그가 질문을 되풀이하고 질문의 요지를 말하고 났을 때, 한 학생이 모두에게 들릴 만큼 큰 소리로 뒤에서 말하는 어떤 학생을 따라 대답을 하는데 음담패설이 가득한 대답이어서 많은 웃음이 터져 나온다. Walt는 화내지 않으려고 애쓰면서 학생들에게 앞서 대답했던 학생을 다시 주목하게 한다.

몇 분 동안 적어도 몇 명의 학생들이 토의에 참가하면서 훌륭한 대화가 이어진다. Walt는 우수한 몇 명의 학생들이 집중하자 가슴이 뿌듯해지고 활력이 솟는 것을 느낀다. 그래서 그가 더 자세히 가르치려고 할 때 학생들이 나른해하고 자신과 학생 모두 점점 더 좌절하기 시작함을 느끼기 시작한다. 교실은 음란한 말로 (일부는 학생들 사이에 오가는 대화의 일부분으로, 일부는 Walt의 질문에 대한 대답으로) 웅성거린다. 일부 학생들은 교실을 돌아다니기 시작한다. 비록 Walt가 이 수업을 대화로 시작하였지만 그것은 짧은 강연으로 끝난다. 연습문제 풀이를 점검하면서 그는 단지 몇 명의 학생만이 진지하게 수업에 참여하고 있있음을 깨닫는다. 일부는 종이 위에 이름밖에 쓰지 않았다; 일부는 심지어 이름도 쓰지 않았다. 수업 마지막에 종이 울렸을 때 Walt는 심호흡을 하고 이미 다소 지치고 낙심한 것을 느끼기 시작한다. 다음 시간 수업을 받을 학생들이 교실에 들어오기 시작하는데 그는 책상에 앉아 재빨리 노트를 본다.

2교시의 '제3세계 역사'에 대한 2학년 수업에서 Walt는 칠판에 수업시간에 할 연습문제를 쓴다. 그는 학생들에게 자신이 준비한 인쇄물의 일부를 읽고, 읽은 것에 근거하여 몇 가지 질문에 답하도록 지시한다. 학생들은 천천히 들어와 앉아 그가 나누어준 것을 보기 시작한다. "이게 뭐예요?"라며 일부는 알고 싶어 한다. 한 학생은 큰소리로 말한다, "아, 선생님, 저는 이런 거 알고 싶지 않아요." 일부는 서로 잡담을 하며 일부는 나누어 받은 인쇄물을 읽기 시작한다. 교실이 리듬을 찾으면서 Walt는 제 자리로 간다. 20분 후에 그는 공부내용을 확인하기 시작하지만 교내방송 때문에 거의 곧바로 방해를 받는다(방송에서는 어느 교사를 사무실로 호출한다). 반사적으로 몇 명의 학생들은 왜 그 교사가 사무실로 가야 하는지에 대해 쑤군댄다. 또 다시 심호흡을 하고서 Walt는 다시 학생들이 수업(유럽의 아프리카 식민지화)에 즉시 주목하게 하려고 애쓴다. 대체로 적극적으로 수업에 참여하는 소수 학생들의 참여로 수업은 잠시 잘 진행된다. 그러나 25분 만에 수업은 다시 질질 끌기 시작한다. 세 명의 학생들이 머리를 책상에 대고 있고 또 몇 명은 이야기를 나누고 있다. 비록 심각한 훈육문제는 없지만 지루하고 귀찮아하는 몇 명이 다른 학생들에게 영향을 끼치면서 Walt는 자신이 주의집중을 잘 시키지 못하고 있다고 생각한다. 수업은 단조롭게 이야기하는 것으로 보이며 소수의 응답하는 학생들로 인하여 간신히 활기를 띤다. Walt는 단지 두 시간 후면 다가올 즐거운 휴식인 점심식사를 생각하기 시작한다.

이 학교에서 교사들은 세 번 중에 한 차례씩 교사(校舍) 순찰을 맡는다. 학교 안전요원들이 마약

거래나 심각한 위반행위를 적발해내지만 그들은 주요 출입구 주변만을 서성거리는 경향이 있어서 교내 훈육은 대부분 교사들 담당이다. Walt는 3교시에는 이런 것들을 한다(어슬렁거리는 학생들에게는 교실로 돌아가도록 설득하고, 주먹질 직전에 놓인 다툼을 말리고, 남자친구에게 할 말이 있는 훌쩍이는 여학생을 달랜다). 가장 나쁜 점은 순찰 중에 개인적으로 상해(傷害)를 입을 수 있다는 것이다; 요즘에는 다행히도 그렇지 않지만 이따금 Walt는 반항하는 학생들을 만난다. 인정하고 싶지 않지만 두려웠던 적이 몇 번 있다. 아울러서 그는 안전요원 역할을 왜 해야 하는지 분개하며, 많은 교사들처럼 그것은 전문가로서의 위엄을 손상시키는 것이라고 여긴다.

4교시는 기본적으로 2교시의 반복이다. Walt는 다시 '아프리카에 대한 유럽의 식민지화'에 대하여 논의하기 시작하고, 이 학급의 학생들은 2교시 때보다 훨씬 반응이 없다는 것을 발견한다. 비록 서류상으로는 두 학급이 동일하다고 되어 있지만, 그는 2교시 학생들이 4교시 학생들보다 학문적으로 열등하다는 것을 발견한다. 5교시는 점심식사이며 휴식, 기분전환, 동료 교사로부터의 사기 진작을 기대할 수 있다는 것에 안도한다. 하지만 4교시는 아직 끝나지 않았고 한 학생이 자리에서 침묵하고 앉아서 그를 힘들게 하기 시작한다. "내가 하고 싶을 때 말할 거예요. 누구도 상관할 바 아니에요." Walt는 이전에도 그랬던 것을 기억하면서 다음과 같은 대화를 되풀이할 수가 있다.

"그래, Kevin, 하지만 너 때문에 배우려고 애쓰는 사람들이 방해받으면 그건 다른 누군가와 상관있는 일이지."

"전 어느 누구도 배우는 것을 막지 않아요. 그들은 원하면 다 배울 수 있잖아요."

"그러나 네가 수업시간에 말을 하고 무례하게 굴면 배우기가 어렵잖아."

"어쨌든 이 교실에서는 누구나 다 배우는 게 없어요. 차라리 무언가를 팔아서 돈을 버는 것이 더 좋을 거예요."

그러나 Walt는 오늘 아침에는 이런 대화의 어느 부분도 다시 하고 싶지 않다고 생각한다. Kevin이 이러한 자기 생각이 옳다고 믿는 한, 그런 대화는 Walt에게는 방해가 되고 마음을 어지럽힐 뿐이다. 그러므로 오늘 아침에는 단지 "그래, Kevin, 네가 참아주면 고맙겠다."라고만 말한다. Kevin은 퉁명스럽게 다소 빈정댄 후에 "네, 선생님, 제가 참겠습니다."라고 하면서 목소리를 다소 더 낮춘다. 하지만 몇 분 후 다른 학생이 또 그에게 반기를 든다: "지루해요." 몇몇 학생들은 킬킬 웃는다; 일부는 동의를 한다. Walt는 그런 말을 완전히 무시하기로 하고 다음 몇 분간 "지루한" 것이 사실인 수업을 계속하다가 수업을 마치는 종소리에 감사함을 느낀다.

점심시간. 그는 교실을 나서서 학생들의 무리 사이를 서둘러 지나간다. 일부 학생들은 그가 지나가는 방향에서 무관심하게 인사를 하기도 하고, 두 소녀는 친근하다고 또는 조롱하는 것으로도 생각할 수 있는 목소리로 "안녕하세요, Collins 선생님"이라고 소리를 지른다. 그는 결코 확신이 안 선다. 문 근처 복도에 모여 서 있는 몇몇 나이든 소년들은 다소 겁을 주는 것처럼 보인다. 많은 학생들은 이 무리를 가로질러 갈 길을 가고 있다. Walt는 아무 말도 하지 않지만, 이들 소년들이(그들 중 일부는 마치 20대 초반처럼 보인다) 이 학교의 학생들인지 의심스럽기도 하고 그 집단이 학생들의 "유력한 우두머리 세력"인지 궁금해진다. 그는 만약 Joe Clark[2]가 이 학교의 교장이었다면 어떠하였을까 혼자 생각해 본다.

교직 외에 행정적 직무를 함께 맡고 있는 모두 경륜 있는 동료교사들과의 점심은 Walt에게는 심리적으로 꼭 필요한 것처럼 느껴진다. 매 학기마다 수업시간표가 나오면 가장 먼저 하는 일은 그와 단짝 동료들이 함께 점심을 먹을 수 있는 시간을 맞춰보는 것이다. 교사 휴게실에서 날마다 만나는 것 이외에도 그룹끼리 음식점에서 한 달에 한 번씩 모임을 갖는다. 이 자리에는 은퇴했거나 학교를 이직한 전직교사도 함께 만난다. 오늘 점심시간에 나눈 통렬한 비난의 내용은 바로 공문서 처리에 대한 것이다. 웃음뿐 아니라 음담패설도 자주 터져 나온다. Walt의 동료 중 한 사람은 출석부를 보이지 않는 잉크로 표시하자고 제안한다; 또 다른 동료는 "서류 작성"만을 주로 가르치는 대학 교육과정은 없는지 궁금해 한다; 세 번째 동료는 모든 서류는 학교 사무실에서 지역 쓰레기 매립장으로 곧장 갈 것이라고 추측한다.

점심시간에 휴식으로 다소 원기를 회복하고 Walt는 6교시 수업을 하려고 교실로 돌아온다. 다시 한 번 그는 '아프리카 국가의 식민지화'에 대하여 가르치는데 이번에는 특별히 느린 집단의 학생들이 수업을 받는데 이들 중 많은 학생들은 간신히 읽을 수 있다. 수업 등록생의 약 1/3은 이 수업뿐만 아니라 다른 사회과 수업에도 출석하지 않는다. 그는 이 수업내용을 창조적으로 다룰 수 있는 방법을 찾아내고자 어제 밤에 별도의 시간을 보냈음에도 불구하고, 거의 모든 학생들이 그의 질문에 당황스러워 하고 수업에 참여시켜 보고자 하는 그의 노력을 거부하는 것으로 보인다. 학생들은 정기적으로 화장실에 다녀오겠다고 하면서 대개 질문하고 있는 Walt를 방해한다. 일부 학생들은 공책에 낙서를 하고 있으며, 일부는 창문을 물끄러미 바라보고, 일부는 무관심한 태도로 의자에 기대고 있음을 그는 알아차린다. 이 교실에는 Walt가 인정하고 싶지 않은 너무나 잘 아는 지루한 리듬이 존재한다. 하지만 오늘 그 리듬을 깨뜨리는 수용하기에 벅찬 일이 벌어졌다. 억양이 없는 목소리로 맞는 대답을 한 다른 학생을 한 여학생이 조롱한다: "쟤는 자기가 그렇게 똑똑한 줄 알아. 모두 다 안다고 생각하나 봐." 즉시 Walt는 그녀에게 다가가서 그녀의 이름을 날카롭게 부른다: "Darlene!" 그러자 거의 즉시 다른 학생들이 외친다, "그래, Darlene, 입 다무는 게 어때" Walt는 "고맙다, 그렇지만 너희들이 도와줄 필요는 없어"라고 대답한다. "예, 그러시겠죠"라고 몇몇 학생들이 즉각 웃으면서 대꾸한다. Walt

---

2) 역자 주: 영화 ≪고독한 스승(Lean on me)』(1989)의 주인공인 Joe Clark는 뉴저지주 Eastside 고등학교의 교장으로 부임하여, 마약과 폭력이 난무하여 전혀 가망이 없어 보이는 학교를 진정한 배움터로 변화시킨다.

는 "좋아, 조용히 하자"라고 말한다. "두고 보자"며 Darlene은 큰 소리로 자기가 조롱했던 학생에게 말한다. "어디 해봐"라는 대답에 Walt는 다시 참견해야 했다. 그는 간신히 진정시켰지만 수업은 망쳐지고 어느 누구도 이제는 그의 어떠한 질문에도 감히 대답을 못하는 것 같다. 그는 사기가 꺾여서 수업이 끝났음을 알리는 종소리에 조용히 감사한다. 그가 훌륭한 교사이고 학교로부터 인정을 받고 있다는 동료들의(그리고 아내의) 확인, 행정가의 칭찬, 재능 있는 많은 학생들이 보여 주는 감사도 중요한 보상이지만, 배우는 것이 없어 보이는 학급을 상대할 때 느끼는 좌절과 무기력을 그 보상으로 상쇄하기는 어렵다.

6교시와 대조적으로 7교시는 즐겁다: 대학진학 준비를 하는 총명한 학생들의 '미국 역사' 수업. Walt는 거의 모든 학생들이 숙제를 제출하고 그의 질문에 반응을 보일 것임을 (정확하게) 예상한다. 기대대로 학생들은 제시간에 도착하여 주의 집중하여 듣고 공책에 적으며 토론에 참여한다. 심지어 수업이 끝날 무렵 수업에서 요약했던 정치적 개혁과 정당 이념에 대한 광범위한 함의를 더 가르칠 시간이 있다. Walt는 이들 학생들의 의욕과 성취로 인해 기운을 얻는다. 그는 또한 대학 추천서를 써주었으며 SAT를 위하여 자신이 개인지도 하고 목표를 달성하도록 격려하였던 학생들을 생각한다. 그는 마침내 처음 교직에 왜 매혹되었던가를 상기한다.

이제 비로소 Walt는 하루 수업을 마쳤지만 전 직원들과 함께 8교시에 학교에 남아 있도록 요청을 받는다. 그는 숙제를 점검하기 위하여 사회과 사무실로 간다. 아마도 모든 학생들이 과제물을 제출하였더라면 학교에서 그것을 모두 점검할 수 없었을 것이다. 하지만 학습부진 아동의 학급에서는 평균적으로 하루에 단 10명 정도만이 숙제를 제출한다(학기 마지막에는 학년을 올라가기 위하여 쇄도하게 된다). Walt는 다음 날 수업준비는 집에 가서 하려고 기다린다.

Walt는 통상적으로 자가용 합승자들과 함께 8교시를 마친 후인 3시에 학교를 떠난다. 하지만 수요일에는 방과 후 개인지도 프로그램이 있어서 4시 30분까지 학교에 남아 시간외 근무를 한다. Walt는 개인지도에 대하여 학기당 보수를 받는데, 수업준비에 필요한 시간에 대해서는 추가적인 보상 없이 엄격히 시간제로 받는다. 또한 개인지도의 보수체계는 평균 교사들의 급여체계에 따른 것이어서 재직연수에 기초하여 받는 Walt의 통상의 급여보다 훨씬 적다. 그러나 그는 이 일은 정상적인 교실수업보다 훨씬 스트레스를 덜 받는 일이며 사실 이를 통해 그는 부수입을 얻는다. 비록 영어교사는 아니지만 Walt는 표준 영어작문 시험을 통과할 수 없는 학생의 집단을 개인지도 한다. 대부분의 학생들은 의욕이 충분하며 Walt는 그들의 언어공부를 도우면서 상당한 만족을 얻는다. 학생들은 컴퓨터를 사용하여 작문과 편집기술을 익힌다.

4시 45분에 Walt는 퇴근시간을 기록하고 개인지도 프로그램을 하는 다른 교사와 함께 학교를 나선다. 비록 교통체증 때문에 때로는 집에 도착하는 시간이 한 시간 정도 늦어질 수 있지만 오늘의 교통은 상당히 원활하여 약 5시 15분에 Walt가 차를 세워둔 쇼핑몰에 도착한다. 돌아오는 길에 두 사람은 모두 피곤하다고 얘기하고 Walt는 친구와 헤어지면서 다시 한 번 이 기분을 확인한다.

집에서는 11살 된 아들이 그를 맞이하며 "아빠, 피곤하세요?"라고 영리하게 묻는다. "약간"이라고 Walt는 대답한다. 그는 올해에 적어도 100번 이상 아들에게 "있잖아, 교사란 피곤한 직업이야!"라고 말한다. 그들은 부엌 탁자에서 가벼운 식사와 차가운 음료를 먹으며 각자의 일을 하러 가기 전까지 몇 분간 대화를 나눈다. Walt는 작업복으로 갈아입고 마당의 나무를 손질하러 나간다(몇 주 동안 미뤄온 잡일). 잠시 후 이웃 사람이 차를 타고 지나가면서 그에게 진담 반 농담 반으로 외친다: "나도 자네처럼 집에 일찍 올 수 있으면 좋겠어. 교사란 진짜 좋아, 안 그래, 반나절만 일하잖아?" Walt는 미소를 짓지만 심지어 지성적인 사람들도 계속적으로 교직을 왜곡된 방식으로 생각한다는 사실에 내심 분개한다.

Walt의 아내는 6시 무렵에 귀가한다. 그들은 서로의 하루에 대하여 얘기하면서 함께 저녁 준비를 한다. "오늘 무슨 즐거운 일이 있었어요?"라고 아내가 묻는다. "아니 없었어, 아주 평범한 날이야. 나의 '총명한 학급'은 잘 하였지만 다른 수업은 보통이었고 Darlene이 수업 하나를 망쳤어. 다 좋아. 나는 내일은 좋은 생각이 있어." 아내의 질문에 대한 그의 짧은 대답 또한 전형적이었고, 그 순간 다소 민감하고 피곤하여 그랬던 것이며 또한 일에 대하여 많은 얘기를 하고 싶지 않아서 그런 것이다. 지나치게 얘기를 많이 하거나 생각하는 것은 그를 짜증나게 한다. 즉 그가 진정으로 제대로 경력을 쌓고 있는지 한 때 교직에 대하여 품었던 열정을 다시 가질 수 있을지를 의심하게 만든다. 자신의 하루를 말하면서 그는 대개 아침 9시 출근 저녁 5시 퇴근하는 아내의 직업을 부러워하는 자신을 발견한다. 그래서 그는 대화를 아내의 일과로 옮겨가지만 그는 자신의 하루일과 중 말하지 않은 부분을 얘기하고 그 날 겪은 중요한 사건과 무례함을 더 상세히 설명한다.

저녁 식사 후 Walt는 석간신문을 대충 훑어보고 내일의 수업준비를 하기 위하여 지하에 있는 서재로 내려간다. 그는 컴퓨터를 켜고 각 수업의 개요를 쓰고 학생들이 교과서에 담긴 사실적인 정보를 분석하고 적용하게 할 질문과 시사적인 사건을 생각한다. 다음으로 그는 과제를 보충할 수 있는 인쇄물을 준비한다.

9시 30분에 Walt는 일을 끝내고 위층으로 올라가서 약 30분 동안 아이들의 숙제를 봐주거나 함께 텔레비전을 본다. 그 후 그는 커피 탁자에서 책을 한 권 집어 들지만 책을 읽기에는 너무 피곤하다고 느낀다. 대신에 그는 침실로 가서 아내와 간단히 담소를 나누고 뉴스를 본다. "나는 피곤해"라고 그는 아내에게 말한다. "탈진했어요?"라고 아내가 묻는다. "아냐, 그렇지는 않아"라고 그는 대답한다. "충분히 보상받지 못하는 바로 그런 날이야. 오늘 한 학급에 문제가 있었어. 그거야. 나도 모르겠어. 힘든 날도 즐거운 날도 아니었어. 그렇지만 지금 나는 공허하게 느껴져. 내 생각으로는 내일이면 괜찮을 것 같지만 지금은 더 많은 학생들이 이해를 했으면 좋겠다 싶어. 괜찮아질 거야."라고 하며 그는 다시 말한다. "일시적인 신념의 위기." 그는 11시에 잠이 든다.

탈진을 유발하는 두 가지 힘(지나치게 많은 스트레스, 지나치게 적은 긍정적인 재투입)이 여기에서 모두 작용한다. 그러나 스트레스를 받는 느낌에도 불구하고 Walt는 탈진한 것으로는 보이지 않는다. 스트레스 요인들은 그에게 성가시지만 참을 수 없는 것은 아니다; 보상은 실망스럽지만 전적으로 사소하기만 한 것은 아니다. 이 학교의 일부 교사들은 탈진하고 있으나, 학교는 이상적으로 잘 기능하는 것으로 보인다. 많은 도시지역 학교들은 상황이 훨씬 더 나쁘며 많은 도시지역 교사들은 단지 (Walt처럼) 스트레스를 받는 것이 아니라 줄 것이 거의 남아 있지 않은 상태로 지쳐 있다.

교육의 진보를 위한 카네기재단(1988b)[3]의 보고에 따르면 1980년대 중반~후반의 혁신적인 개혁은 주로 수많은 흑인과 히스패닉계 학생들이 재학하는 도시지역 학교에는 부적절하였다: “교육개혁 운동은 아이러니컬하게도 가장 심하게 곤란을 겪고 있는 학교는 피해 지나갔다.” 보고서에 따르면 이러한 환경 속에서 성장하는 아동들은 계속하여 절망을 경험하고 있다고 말한다.

왜 특히 도시지역 교사들이 스트레스와 탈진을 느끼기 쉬운가를 설명하는 요인들은 무엇인가? 지나치게 많은 문서처리 양, 관료적인 무능, 낮은 급여, 행정적인 무례와 학부모의 무례를 포함하여 앞의 장에서 언급한 모든 요인들이 일부분에 해당된다. 황폐해 가고 있는 환경은 불행하게도 도시지역 교사들이 처해 있는 환경의 일부분이며, Rangel(1987)이 언급한 바와 같이 “지난 20년간 지속적으로 나빠져 온 학교교육이 그 대가를 치루고 있다”(p. B3). 또한 도시지역 교사들은 다른 학교의 교사들보다 의사결정권이 적다고 생각한다. 예를 들어 도시지역 교사들의 36%가 교과서 선정에 참여하지 못한다고 생각하는 반면, 다른 학교의 교사들은 단지 12%만이 그렇게 생각한다(교육의 진보를 위한 카네기재단, 1987). 그러나 두 가지 요인(학생 폭력, 가난에 시달리는 학생들의 학문적 어려움)이 도시지역 교사들에게 우선적으로 문젯거리이다. 이 두 가지는 대도시 저소득층 지역 학교에서 가르치는 교

3) 역자 주: 스코틀랜드의 한 작은 도시에서 먹고 살기가 어려워 미국으로 건너온 직조공 아버지를 따라온 이민 1.5세인 철강왕 카네기. 면직물 공장의 얼레잡이(실을 감는 도구를 다루는 직공)와 전보 배달부로 시작해 세계 최고의 부자로 올라선 그가 가장 유능한 사람을 가장 적절한 장소에 배치하는 적재적소(適材適所)의 원칙을 실천하고자 스스로 노력한 것으로 잘 알려져 있다. 그래서 그의 묘비에도 ‘여기에 자기 자신보다 더 우수한 사람을 어떻게 다루어야 하는지를 아는 사람이 누워 있다’는 문구가 적혀 있다고 한다. 인사관리에 있어서 영국인은 신분을, 미국인은 능력을 중시한다고 한다. 앤드류 카네기 자서전에서 인생에 대한 낙관적인 태도, 배움의 자세, 여행의 자세를 배울 수 있다. 그는 사람이 무엇인가를 배우면 언젠가는 그 지식을 활용할 기회가 오는 법이라고 주창했다.

사들이 필연적으로 어려움을 느끼게 만드는 과제이다.

❀ 학생 폭력

"날이면 날마다, 도시의 거의 모든 학교에서 학생들과 교사들은 범죄와 폭력에 시달리면서 화나고, 혼란스럽고, 좌절하고, 사기가 저하되고, 신체적으로 피로하고 정신적으로 지친 채 가정으로 돌아간다. 하루를 무사히 보내는 것이 많은 사람들에게 중요한 목표가 되고 있다. 학습과 교육은 상관하지 않는다(결국 살아 남았다!)"(Saltzman, 1988, p. A27). 1978년 이래 교내 범죄와 폭력수준을 다룬 연방차원의 연구는 전혀 없지만, 1988년 전국학교안전센터의 소장은 교내 폭력의 발생 횟수는 증가하지 않았을지 몰라도 범죄의 심각성은 (마약과 범죄 집단의 충격에 비추어) 증대되었다고 주장하였다. 총기 검색, 경찰관, 그리고/또는 안전 요원들은 많은 도시지역 고등학교에서 눈에 띄게 늘어났다. 일부 학교에서는 무기 소지를 검사한다; 그 밖의 학교들은 교내 마약거래를 막기 위한 노력으로 호출기 사용을 금지하였다.

〈표 8.1〉에서 나타나듯이 교외와 시골지역 교사들에 비하여 도시지역 교사들은 상당히 자신의 학교가 훈육과 관련된 다양한 행동문제를 갖고 있다고 그렇게 생각한다. 기물 파괴,

〈표 8.1〉 학교 훈육상의 문제에 대한 교사들의 평가

	학생 행동이 "문제가 있다"라고 보고하는 교사들의 비율	
	도시지역 학교	그 밖의 학교
학생의 무관심	81	66
장기 결석	78	51
학생의 이동	58	25
교실에서의 분열적인 행동	53	30
마약	53	48
기물 파괴	52	26
음주	51	56
절도	48	23
다른 학생들에 대한 폭력	32	9
인종차별적인 알력	19	5
교사에 대한 폭력	13	3

출처: 교육의 진보를 위한 카네기재단, 1987.

절도, 다른 학생들에 대한 폭력 및 인종차별적인 갈등을 문제로 보는 도시지역 교사들의 수는 다른 지역 교사들에 비하여 비율상으로 적어도 2배 이상이다. 아울러서 도시학교 교사들이(40%) 다른 학교의 교사들에 비하여(31%) 교장의 교사에 대한 후원 면에서 "평균 이하"라고 믿는 비율이 더 높다. 따라서 많은 교사들은 위협과 폭력에 직면하여 학교 행정가로부터 후원을 받지 못한다고 느낀다. 학교 행정가는 학교로 가져오는 무기의 수를 줄이려는 총체적인 노력을 하지만, 매일 벌어지는 학생폭력 문제를 처리하기 위한 행정가들의 노력이 터무니없이 부족하다고 교사들은 계속 생각한다.

학생훈육의 문제는 도시지역 학교 교사들의 마음에서 항상 떠나지 않는다. 예를 들어 뉴욕시 중심의 저소득층 지역 중학교에서 교직 경험을 한 젊은 교사의 보고서를 살펴보자:

> 교실 안팎과 복도에서 지껄이고, 사람들에게 갑자기 덤벼들고, 싸움을 시작하는 학생들; 수업 중에 학생들은 일어나 돌아다니거나 교실을 나가고, 싸우고 노래하고 춤을 추며, 책상 위의 라디오 소리를 갑자기 크게 높인다; 남학생들은 여학생들에게 잡담을 하여 교실의 시선을 모으려하고, 여학생들은 야멸찬 말대답으로 응수한다. 교사는 이러한 대부분의 일에 대하여 할 수 있는 것이 거의 없다는 점을 아주 일찍 깨닫게 된다. … 일상적으로 강도의 습격에서부터 살인에 이르는 폭력의 위협을 받으면서 학생들에게 "앉아"에서부터 "마친다"까지 무엇을 말하는 것 자체가 정신적으로 무척 비참한 일이다. 폭력은 매일의 생활을 숭배하는 유일한 길이며 모든 사람들이 싸움에 굶주려 있음을 곧 깨달을 것이다. 자신이 드러나기를 바라는 욕망이 어디에서도 그렇게 재빨리 폭력으로 이어지지는 않을 것이다. … 모든 공포스러운 도시의 통계가 여기에서는 현실이다.
>
> 학생들은 일반적으로 복지혜택을 받고 있는 편부모 가정 출신이다. 모든 종류의 폭력(가정 내 폭력, 장난으로 하는 것, 돈과 관련된 것)이 사회의 표준이다. … 내가 알게 된 가장 좌절스러운 교훈은 비록 학생들이 교재에 흥미를 갖고 있더라도 수업에서 실패한다는 것이었다. 학생들이 더 잘 읽기를 **원하지** 않거나 (나의 학생들은 읽기를 자신들의 삶에서 유일하게 중요한 과목이라고 하였다) 지능이 부족한 것도 아니다. 문제는 학생들이 학교에서 이루어지는 어떠한 것도 신뢰하지 않는다는 점이다. 따라서 내가 Eddie Murphy 영화의 일부분이나 최근에 대단히 인기를 끄는 노래 한 소절을 언급하였을 때 그것이 **학습과정의 일부**라는 것을 깨닫게 **하기까지** 교실혼란을 자제하는데 긴 시간이 걸려야만 했다. … 학생들과 나는 결국 (교사와 학생으로서가 아니라 사람으로서) 어떠한 종류의 이해를 하게 되었다. 예를 들어 그들은 나에게 자신들의 펜, 돈, 보석, 옷옷을 보관해 달라고 맡겼다(물건을 도난당하지 않기 위해). 그들은 날마다 오는 나를 존경하였

기 때문에 나와 농담을 하기 시작하였다. … 그러나 어떠한 교육도 이루어지지 않는다. … 이제 나는 스트레스를 전혀 받지 않은 채 급여보다 두 배 더 말하는 기계로 일하고 있다[Dinerstein, 1985, pp. 18, 23].

대부분의 교사들은 소수민족 특히 흑인들이 미국에서 겪은 "인종적 충격 때문에 받는 경제적, 문화적, 심리적인 손상"을 인식하고 있다(Wilkins, 1989, p. A23). 대도시의 저소득층 지역의 빈곤자들은 대개 후원이 거의 없고, 끊임없는 스트레스 상태에서 살아간다는 것을 알고 있다. 사실 우리 모두는 마약이 대도심 저소득층 지역을 괴롭힌다는 것도 안다. 대부분의 사람들은 "이러한 혼란 속에서 태어난 아동은 출생 때부터 희생자이며 사회화하는 방식은 15세가 되어 부담이나 위협이 된다"(p. A23)라는 Roger Wilkins의 평가에 동의할 것이다. 그리고 대부분의 교사들은 다음의 두 가지 제안에 동의할 것이라고 생각한다: 첫째, 만약 우리 사회가 학교폭력을 포함하여 빈곤과 관련된 교육문제를 진정으로 해결하기를 원한다면 많은 자금을 추가로 투입해야 한다; 그러나 둘째, 사회는 필요한 자금을 지원하기보다는 교사들과 가난한 아동의 교육을 다소 희생하는 쪽을 택하기 때문에 그러한 일이 일어날 가능성은 희박하다.

그러나 여기에 또 다른 문제가 있다. 대도심 저소득층 지역 학교에서의 훈육문제를 처리할 때, 많은 교사들은 인종차별적 죄의식의 희생자(폭력적이거나 정신적으로 곤경에 처한 소수민족 학생들을 효과적으로 처리할 수 없거나 처리하지 않을 시스템의 희생자)라고 생각한다는 것이다. "사회문제에 대하여 전통적인 자유주의 사상을 표방하는 많은 사람들이 소수민족 빈민가에서 급격하게 대두되는 사회적인 병리현상을 공개적으로 논의하거나 많은 경우 심지어 시인하기를 꺼려왔다"는 William Julius Wilson(1987)의 주장은 그러한 문제 발생의 이해를 돕는다.

사회는 대도시 저소득층 지역의 상처, 질병, 폭력을 무시할 수 있지만(그리고 대개 무시한다) 교사들은 그렇게 할 수 없다. 교사들은 일상적으로 이러한 문제들에 대처하도록 요구받는다. 학교의 행정가들을 포함하여 필요한 역할을 기꺼이 수행하는 성인들이 거의 없고 더우기 복종할 의무를 느끼는 학생들도 거의 없기 때문에 교내에서 훈육을 강제하기가 더 어렵다. 교사들은 교실에서 질서를 유지하는데 더 많은 시간을 보내며 실제 교육에는 더 적은 시간을 보내게 된다. "교사들은 교실에서 한 사람 이상 기껏해야 두 사람의 문제 학생들도 다루기도 어렵다. 그런데 문제 학생이 네 명이나 되는 나의 학급은 가르칠 수 없다. 나는 각 학생에 대하여 설명하며 그들이 잘못 배치되었다는 내용의 긴 평가서를 작성하였다. 절망을 느끼면서 심지어 교실에서는 어떻게 행동해야 하는지를 배우도록 그들을 학생부장에게 보내 보았다. 그러나 아무 것도 달라진 것은 없었다. 이제 전체 학급은 아무 것도 배우지 못한다"(Weinstein, 1988, p. 17).

교실에서의 훈육문제가 증가하면서 한 때 부수적인 것으로 여겨졌던 학생훈육을 감당해야 하는 교직의 역할이 중요하게 되었다. 그리고 도시지역 학교에서 가르치는 많은 교사들에게 교직의 만족을 실현하는 일은 훨씬 더 어렵게 되었다.

❀ 교수법의 문제

미국에서는 6세 미만의 아동 4명 중 1명이 빈곤상태에 놓여 있고, 대도시에서는 그 수치가 2명 중 1명에 가깝다. 많은 가난한 아동들은 이미 학교에 입학할 무렵 유복하게 자란 또래에 비해 학문적으로 사회적으로 모두 훨씬 뒤쳐져 있다. 뿐만 아니라 태아기의 부족한 영양은 아동의 학창시절의 학습장애와 연관이 된다. 이들은 음침하고 폭력이 난무하는 지역, 허물어지려는 아파트, 편부모 슬하의 큰 가족, 마약과 범죄가 끊임없이 유혹하는 거리에서 성장한다: 모든 요인들은 이들의 학습을 어렵게 하고 교사의 교육 역시 어렵게 만든다. 많은 학교에 있는 이러한 학생들이 필요로 하는 것은 어마어마하다. 사실상 우리의 연구에서(Corcoran, Walker & White, 1988) 도시지역 교사들에게 급선무는 카운셀러, 사회사업가, 간호사 같은 지원인력을 더 많이 필요로 한다는 것이었다.

대도심 저소득층 지역의 모든 학교들이 빈곤한 최하층이 만성적으로 겪는 가장 심각한 문제에 시달리는 것은 아니다. 그러나 대도심 저소득층 지역 학교로 배정된 최하층의 학생들과 그 학부모들을 대하게 되는 교사들은 특별히 어려운 상황에 직면한다. 이들 교사들은 대개 무질서해 보이는 교실에서 수업한다; 학문적으로 훨씬 뒤떨어져 있는 학생들을 상대로, 대개 일시적으로 학교를 다닐 학생들을 상대로, 그리고 자신들의 연령, 한계, 고통 때문에 자녀에게 부모로서의 역할을 제대로 못하는 학부모들을 상대로. 미국의 최하층의 수적인 증가에 대한 상세한 설명은 이 책의 범위를 벗어난다. 관심 있는 독자들에게는 Wilson의 저서 『The Truly Disadvantaged(진정으로 불우한 사람들)』(1987)을 읽어 보기를 권한다. Wilson의 주장에 따르면, 새롭게 성공한 상당수의 흑인과 히스패닉계는 대도심 저소득층 지역의 안정성을 상실하게 되면서 1960년대와 1970년대에 이 지역을 떠나갔다는 것이다. 나아가 대도심 저소득층 지역에서는 성공적인 고용이 더 어려워졌다: 소수민족 우대 프로그램(affirmative action program)의 의도는 칭찬받을 만하지만 오히려 기존의 기술이 있고 교육받은 사람들에게 도움이 되었고, 북부도시에서 제조업체가 많이 빠져나갔다. 그리고 국가 경제가 제조업 중심에서 서비스산업 중심으로 옮겨감에 따라 고등학교 교육 이하 수준을 요구하는 직업 수가 감소하였다.

이유야 어쨌든〔Christopher Jencks(1988)와 같은 사람들은 경제적 요인과 문화적 요인을 모두 고려할 필요가 있다고 주장한다〕 최하층은 증가하였다. Richard Nathan(1989)이 주장한 바와 같이 그것은 사회의 한 부분으로 “단지 가난하다는 이유만으로 생기는 것은 아니라 지역적 여건과 관계가 있다. 그것은 반사회적인 행동이 표준으로 통하는 공동체에서 살아가는 소외된 사람들의 여건이다”(p. A31). 하지만 앞에서 언급한 바와 같이 대도시 저소득층 지역에 존재하는 사회적 병리현상(마약, 범죄, 이유 없는 폭력)을 인정한다는 것과 교육과 교사가 그 영향력을 인식하는 것 사이에는 여전히 대단한 괴리가 있다. 우울, 분노, 공격성은 인종차별과 비참한 생활여건 때문에 생긴 부작용으로 이해될 수 있지만, 그것들은 여전히 교실에서의 학습에 상당한 악영향을 끼치고 있다. 너무나 빈번히 대중들과 정치가들은 단순히 기본선(baseline; 전형적으로 시험 점수)만을 알려고 한다. 그들은 교사와 행정가들에게 “당신들의 어려움 때문에 우리를 성가시게 하지 마라. 당신의 학교에서는 얼마나 많은 학생들이 학년수준 이상으로 읽을 수 있는지에 대해서만 우리에게 말하라”는 것이다. 많은 교사들에게 이것은 잔인하고 졸렬한 성공 표방으로 수 시간 힘들여 일해야만 겨우 성취되는 부분적인 성공조차 인정하려 하지 않는 것이다.

대도시 저소득층 지역의 최하층 학생들이 상당히 많은 사회적, 경제적, 행동적, 학업적인 문제를 지닌 집단 안에서도 무주택 자녀들은 더 큰 문제를 가지고 그 집단의 하위집단을 형성한다. 1989년 교육부는 이 나라의 무주택 가정의 학령아동 수를 22만 명으로 추산하였으며 그 중 30%(6만 5천 명)는 학교에 정상적으로 출석하지 않는다. 이는 1988년의 전국무주택자연합에 의하여 보고된 것보다는 상당히 낮은 수치인데, 이 보고서에서는 집 없는 학령아동은 50만 명에서 75만 명 사이이며 그들 중 57%는 학교를 정상적으로 출석하지 않는다고 하였다. 그렇지만 학교에 출석하는 학생들도 대개 적응할 수 있을 만큼 오랫동안 동일한 학교를 다니지 않는다. 이들 중 많은 아동들이 우울하거나 과격하거나 그 두 가지 모두 해당된다; 또한 많은 아동들은 특수하고 총체적 주의가 요구되는 학습장애가 있다.

뉴욕 아동을 위한 옹호집단의 연구책임자인 Yvonne Rafferty는 「뉴욕 타임스」에서 “집이 없다는 사실은 교육받는데 도움이 되지 않는다”라고 매우 자제해서 말하였다. 그녀는 이들 중 일부는 1년에 6개 학교로 옮겨 다닌다고 말한다. “이들은 가족이 주거지를 이 곳 저 곳으로 옮김에 따라 이 학교 저 학교로 옮겨 다니고 있다. 그들이 성공하기를 어떻게 기대할 수 있겠는가?”(Wells, 1989, p. B11에 인용됨). 그리고 또한 교사들이 어떻게 그들을 성공적으로 가르칠 것을 기대할 수 있을 것인가? 집 없는 아동을 지원하려고 노력하려는 교사와 행정가들이 직면하는 다른 문제들은 이들 아동과 그 부모들은 자신들의 여건을 인정하기 싫어하여, 학교끼리 서류가 왔다 갔다 하면서 학적부와 건강기록부가 때때로 유실되기도 한다는 것이다. 또한 이들 학생들은 장기 결석을 하는 비율이 높고 따라서 학업이 매우 뒤처져 있다.

상당한 보살핌을 필요로 하고 급격히 증가하는 또 다른 집단은 바로 AIDS에 걸린 아동이다. 1990년대 초기가 되면 도시의 교사들이 직면해야 할 또 다른 중요한 위기가 있게 된다: 태아기 때 마약에 노출된 아동의 첫 번째 물결. 연구에 의하면 이들 아동은 신경학적, 행동적, 정신적으로, 그리고 학업 문제 때문에 고통을 받는다. 학교와 교사들은 이러한 두 집단을 다룰 준비가 거의 되어 있지 않다.

일부 도시지역 학교의 교사들이 당면한 또 다른 중요한 교수법상의 문제는 다른 나라로부터 미국으로 들어오는 많은 학생들을 처리해야 하는 문제이다. 1970년대와 1980년대는 남미, 카리브 해안 국가, 동남아시아에서 이민 온 학생이 엄청나게 많은 시기라고 특징지을 수 있다. 플로리다주의 데이드 카운티만도 1980년 4월~1982년 1월 사이에 쿠바와 하이티에서 온 1만 8천 명 이상의 학생이 공립학교에 입학하였다. 전국적으로 약 3백4십만 명의 학생들이 학업을 따라가기에 충분한 영어실력을 갖추고 있지 못하다(Dolson, 1985). 앞으로 다루어야 할 교육쟁점에는 2개 국어를 말할 수 있는 충분한 교육자의 부족, 이들 학생들을 학교와 사회로 통합시키는 것, 가장 중요한 것으로는 이들 아동이 이민 올 때 이미 수반된 문제인 기본 능력의 부족이 포함된다. 이 모두는 물론 학교가 다루어야 할 정당한 부분이지만, 교사의 삶에 극도로 부담이 지워질 수 있다.

최하층 지역의 학생들을 다루면서 교사들이 직면하는 특히 난처한 문제는 바로 일부 학생들이 교육을 경시한다는 점이다. Walt Collins라는 교사가 겪고 있는 전형적인 하루를 설명하면서, 한 학생이 수업을 잘 받고 있는 다른 학생을 비웃는 상황에서 벌어진 두 학생 간의 언쟁을 자세히 기술하였다. 본 장에서 앞서 인용한 Dinerstein의 기사에서도 학생들은 반항도 하였지만 교사가 자신들에게 무엇인가를 가르치려고 애쓰고 있다는 것을 깨닫게 되면서 교사에게 기꺼이 협조하였다. 특히 대개 무시되어 왔으나 민감한 쟁점은 일부 학교에서의 또래 문화는 "학습" 또는 "학업의 성공"의 가치를 거부한다는 점이다. 아마도 학업 성공은 소수민족의 필요를 역사적으로 억압하고 이에 무감각했던 문화의 가치를 반영하는 것이므로 수용할 수 없는 목표로 여겨진다; 아마도 그것은 과거 소수민족 구성원들에게 거의 해 준 것이 없었던 체제에 "아부하는" 것으로 보여진다. 이유야 어찌되었던 Fordham과 Ogbu(1986)가 지적한 바와 같이, 일부 흑인 고등학교에서는 학문적인 성공을 방해하는 엄청난 또래 압력이 존재한다. 그것은 마치 "백인처럼 행동하는 것"으로 여겨진다. 사회 전체

뿐 아니라 소수민족 젊은이들이 학업에 대해 이러한 태도를 취한다는 것은 매우 슬픈 일이다. 교내에 이러한 태도가 존재하는 한 교사들은 필연적으로 직무에 더 좌절하며 만족을 얻기에 훨씬 더 어려워진다.

심지어 가장 비참한 학교에서도 열심히 공부하고, 배우고 성취하기 위하여 분투하는 학생도 있지만, 대개 많은 학생들은 포기한다. 정치가와 교육가들은 일부 도시지역 학군에서 고등학교 중퇴율이 40%로 추정된다는 놀라울 사실에 직면하게 되었다. 윤리적, 법률적, 심지어 경제적인 측면에서 높은 중퇴율을 억제하기 위하여 많은 프로그램을 만들도록 하였다. 사실 교육을 염려하는 모든 사람들은 전국의 고등학교를 졸업하는 소수민족 젊은이의 비율을 증가시킬 의무가 있다는 것에 동의한다; 일부에서는 경제적으로 더 기술 있고 읽고 쓸 줄 아는 근로자의 필요성에 대해 언급하였다. 그러나 이러한 프로그램들이 교사들에게 특별한 종류의 보상 기회를 증가시킨 한편(대단히 위험스러웠던 학생이 성공하는 것), 그것들은 또한 뜻하시 않게 교사의 스트레스와 탈진을 촉진할 수 있다. 중퇴 위험이 높은 학생들을 가르치는 것은 더 많은 개인적인 관심, 더 많은 서비스, 더 많은 공급을 의미한다(이미 공급부족인 모든 상태에서, 특히 이미 자극과잉으로 요구하는 환경에 직면하는 교사들의 더 많은 인내와 능력이 필요하다). 물론 그러한 프로그램들이 계속되어서는 안 되며 심지어 계속 늘어나서도 안 된다는 점을 주장하려는 것은 아니다; 만일 이러한 프로그램들의 성공에 진정 관심이 있다면, 이 프로그램에 관계된 교사들의 필요와 어려움을 더 잘 깨달을 필요가 있음을 말하고자 하는 것이다.

도시환경에서 근무하는 많은 교사들은 학생들의 중퇴나 낙제가 증가하는 체제에 대해 강력한 회의를 하고 있다. 일부 교사들은 학생들을, 일부는 학생들에게 중산층 가치관을 제공하지 않는 학생 가족과 가정을, 일부는 교사들이 학생들에게 기초 기술을 가르치지 않는 중학교와 초등학교를, 일부는 수백만 명 아동의 욕구를 충족시키는데 창조적이거나 동기부여를 충분히 하지 않은 미국의 전체 교육과정을, 또 일부는 빈곤과 모든 당면문제들을 충분히 퇴치하지 못한 정부를 비난한다. 심지어 문제의 복잡성에 대하여 머리로는 이해를 하면서도, 일부 교사들은 요구사항을 충분히 수행할 만큼 유능하거나 강력하지 못한 자신과 다른 교사들을 비난한다.

하지만 대부분의 교사들은 학생들의 실패가 자신들의 책임이라고 인정하지 않는다. 그들은 자신들이 할 수 있는 것만을 하며, 기적이나 심지어 대단한 변화는 더 이상 기대하지 않는다. 대부분의 교사 개인들은 변화를 가져오려는 자신들의 노력이 효과가 있더라도 학생들의 삶에서 단지 짧은 시기 동안에 한정된다고 생각한다; 그들은 자신들의 영향력이 얼마나 제한적인지를 안다. 이러한 태도를 취하면 한편으로는 현실적이고 도움이 된다; 그렇지만 어떠한 수준을 지나면 일부 교사들은 학생들에게 줄 것을 덜 제공하게 되며 또한 학생들에게서 덜 기대하게 된다.

사회 문제와 교사들 간의 관계에 대하여 강조하려는 점은 다음과 같다:

1. 빈곤과 관련된 문제들은 대도시 저소득층 지역 학교에서 근무하는 모든 교사들의 교직 경험에 끊임없이 충격을 준다.
2. 수세대 동안의 빈곤과 이 나라의 인종차별 때문에 생겨났고 다른 사회요원들의 최선의 노력으로도 치유하기 힘들었던 심각한 사회문제들을 (예를 들어 폭력과 마약 남용) 너무나 많이 교사들이 효과적으로 처리하기를 기대한다.
3. 여전히 정치가들과 심지어 교육자들은 교육적 진보(즉, 학생-교사 또는 학생-학생 상호작용의 성격)에 대한 사회문제의 영향에 귀 기울이는 것을 주저한다.
4. 이러한 주저 때문에 교사들의 노력을 훼손하는 교육상의 결과에만("소수민족 아동은 나쁜 교육을 받고 있다", "도시지역 학교는 실패하고 있다", "교직은 보잘것없는 직업이다") 거의 초점을 맞추게 된다.

❀ 탈진하지 않은 도시지역 교사

제2장에서 거의 22%의 도시지역 교사들이 "자주" 탈진을 느낀다고 보고하였다. 그 연구에서는(Farber, 1984b) 추가로 22%의 도시지역 교사들이 "가끔" 탈진을 느끼고 있음을 제시하였다. 거의 48%의 도시지역 교사들은 자신들의 노력에 대하여 적절한 정신적 보상을 거의 혹은 전혀 받지 못한다고 생각하였다. 교사들은 교직의 스트레스에 부적절하게 대비해 왔다고 생각하는 경향(42%)이 있었다. 뿐만 아니라 도시지역 교사들은 직무에 후원을 받고 있지 않다고 생각하였다: 75%는 학부모들이 자신들의 직무를 거의 또는 결코 수월하게 만들어주지 않는다고 믿었고, 77%는 교장으로부터 거의 또는 전혀 후원을 받지 못한다고 말하였으며, 91%라는 매우 많은 교사들이 행정적 모임은 거의 또는 전혀 도움이 안 된다고 보고하였다. 동료들은 다소 나은 평가를 얻었다: 30%의 도시지역 교사는 동료들과 도움이 되는 접촉을 거의 또는 전혀 하지 않는다고 생각하였지만, 30%는 동료들과 접촉을 자주 가진다고 보고하였다.

하지만 기억해야 하는 사실은 다수의 도시지역 교사들이 계속하여 교직에 전념하고 있다는 점이다. 대부분은 여전히 학생들에게 편안한 수업환경을 제공해 주려 하며, 학생들이 사태를 어떻게 생각하는지 이해하며, 학생 문제를 매우 효과적으로 처리하고자 한다. 따라서 이들 중 많은 교사들은 어려운 상황 속에서도 여전히 효과적으로, 일부는 심지어 즐겁게 일한다. 예를 들어 다음의 학교를 보자: "칠판은 너무 갈라져서 교사는 학생들이 손을 벨까봐 칠판에 글씨를 못 쓰게 한다. 어떤 날 아침에는 벗겨진 페인트 조각이 눈처럼 교실에 떨어진다. 수도관이 뒤로 지나가서 남학생 사물함에서는 소변냄새가 난다. 폭우가 내린 후 교사와 학생들은 6층으로 쏟아져 내려오는 물줄기를 어이없이 바라본다. … 풍경은 절망적이다: 낡은 아파트들, 판자들을 덧 댄 창문, 쓰레기가 버려진 공터"(G. Martin, 1988, p. B29). 이러한 열악한 환경에서 일하는 교사들은 스트레스를 받을 것이 분명하다. 그러나 1988년 이러한 학교 건물에서 교사들은 18년 만에 처음으로 이 학교에서 Shakespeare의 연극을 공연하기 위하여 자비로 기부금을 내었다. 이들 교사들은 도시환경의 많은 교사들처럼 자신들의 학교와 학생들을 계속하여 열심히 돌본다.

따라서 도시지역 학교는 대개 스트레스로 가득하다. 제법 많은 수의 도시지역 교사들이 탈진한 것도 사실이다; 이것은 학교체제 안팎의 여러 사람들에게 영향을 끼치는 비극적 사태이다. 그러나 대부분의 교사들, 심지어 가장 우울한 도시환경에 처해 있는 교사들까지도 스트레스를 견디고 보상을 발견하며 탈진을 회피하고 있는 것 또한 사실이다. 이 후자의 집단은 확실히 현재사회에서 그들에게 부여하는 것보다 더 많은 격려와 존경을 받을 자격이 있다.

제 9 장

기타 환경에서의 교직: 교외, 시골, 사립학교와 특수학급[1)]

선생님을 존경할 줄 모르는 사회는
존경 받을 만한 선생님을 가질 자격이 없다.

이 사회에서는 뛰어난 교사와 교장보다
더 나은 멋진 은인은 없다.

—Bush 미국 대통령—

도시학교 체제 속에서 교직과 가장 눈에 띄게 관련된 현상은 스트레스와 탈진이지만, 그것들은 다양한 다른 환경에 처한 교사들을 괴롭힌다. 도시환경에서 일하는 교사들의 스트레스 요인 중 많은 것들이 다른 환경에 있는 교사들에게도 스트레스가 된다. 교외지역의 교사들은 무관심하고 고분고분하지 않은 학생들 때문에, 무능하고 둔감한 행정가들 때문에, 엄청난 공문서 처리량 때문에, 대중들과 학부모의 무례 때문에 마음이 복잡해진다. 특

---

1) 이 장은 Leonard D. Wechsler와 공동으로 집필하였다.

정 스트레스 요인(예: 학생폭력)의 빈도나 강력함이 공동체에 따라 매우 다를 수 있고, 일부 스트레스 요인(예: 특수교육 대상 학생들을 위한 개별 교육계획 작성)은 특수한 형태의 교육자들에게 해당된다. 이 장에서는 스트레스나 탈진의 느낌을 가져올 수 있는 교외, 시골, 사립학교, 특수교육 교사들에게 스트레스나 탈진을 가져올 수 있는 경험에 초점을 맞춘다.

❀ 교외학교

우선, 어느 교외지역 초등학교 교사의 하루생활을 살펴보도록 한다.

35세인 Gail Williams는 기혼이며(남편은 은행가) 학교에 다니는 두 자녀가 있고(7세 아들, 9세 딸), 지난 8년 동안 5학년을 담당하고 있는 (출산으로 휴직한 적이 있음) 학교로부터 10마일 거리에 있는 방이 세 개인 조촐한 농가에서 산다. 유수한 대학에서 교육학을 전공한 그녀는 미국의 교육 실정 특히 교사에 대한 대우에 관한 환상에서 점차 벗어나고 있다. 나이가 들면서 동년배들이 다른 직장에서 명예로운 위치로 승진해가는 것을 보면서 힘을 더 갖고 있는 그들의 직업을 부러워하게 되었다. 교직은 대부분의 다른 직업을 가진 친구들은 가질 수 없는 자녀와 시간을 많이 갖게 해 준다고 정기적으로 스스로를 위로한다. 이성적으로는 그녀는 이에 감사한다; 하지만 감정적으로는 여전히 교직의 낮은 위상과 상대적으로 낮은 급여, 무엇보다도 학교 행정가들과 학부모들의 건방진 태도 때문에 분개한다.

11월의 어느 날 Gail은 아침 6시 30분에 기상한다. 남편은 잠시 후 출근을 한다. 자신의 출근준비를 하면서 자녀들을 깨우고, 옷을 입히고, 아침을 먹이고, 점심 도시락을 준비하는 것을 포함하여 아이들의 등교 준비를 하는 책임이 주로 자신에게 있다고 생각한다. 이것은 이 나라의 일반가정의 모습이라는 (맞벌이 가정에서는 자녀를 돌보고 가사 일을 하는 것은 대부분 여전히 아내라는 것) 점을 알므로 그녀에게는 다소 위안이 된다. 평소와 다름없이 아침은 바쁘다. 그리고 마치 학교에서 곧 직면하게 될 상황을 연습이라도 하듯 아이들은 좋아하는 시리얼을 서로 차지하려고 말다툼을 벌인다. Gail은 그들을 떼어놓으며 학교버스를 제 시간에 타도록 아침식사를 빨리 하라고 재촉한다. 아이들이 식사를 마치면 그녀는 겉옷을 챙겨주고 문간에서 가방을 짊어지워주며 잘 다녀오라고 뽀뽀를 해주고는 버스가 기다리고 있는 모퉁이로 아이들이 걸어가는 것을 지켜본다. 그리고 난 후 Gail은 부엌으로 돌아와 설거지통에 접시를 집어넣고 남은 커피를 쭉 들이키고는 서둘러 차로 간다.

Gail의 학교는 차로 15분 거리에 있다. 그녀는 학교 뒤에 주차를 하고는 (비록 지난 10년 동안 단지 교사 한 명의 차량만 파손된 적이 있지만) 차를 잠근다. 집에서 아침에 하는 일 때문에 그녀는 항상 늦게 출근하는 교사에 속한다. 어떠한 행정가도 아직 그녀가 (혹은 다른 지각교사들이) 학교를 계속 5

분에서 10분 늦게 출근하는 것을 문제 삼지 않는 것에 감사한다. 그녀는 출근시간을 기록하고 교직원, 신임 교감에게 급히 인사를 하고 수업 준비를 하러 서둘러 교실로 간다. 2층에 있는 그녀의 교실은 크고 조명이 잘 되어 있고 가구가 잘 비치되어 있으며 잘 관리되고 있다. 교실은 아동의 미술품, 책 보고서, 포스터로(그녀의 사비로 마련한 것) 매력적으로 꾸며져 있다. 교실에는 학생마다 표준 책걸상이 놓여 있다. 교실은 몇 구역으로 나누어져 있다: 뒤쪽 창문 옆쪽은 "독서 코너"로 편안한 의자들이 놓여 있다; 그 옆에는 수족관과 애완용 햄스터 둥지가 있다; 교실 정면에 있는 그녀의 책상 옆에는 "컴퓨터 센터"가 있다. 자신의 책상 옆에 있는 창문으로 운동장에 있는 많은 담당 학생들을 내어다 볼 수 있다. 그녀는 시계를 재빨리 보고는 그들이 교실로 들어오기 시작하기까지 단지 10분밖에 남지 않았다는 것을 안다.

오늘 일정은 어제 오후에 퇴근하기 전에 이미 칠판에 적어 두었다. 이제 수업 계획서를 살펴보고 오늘 아침에 우편함에 들어 있던 메모를 읽고 출석부를 펼치고 "해야 할 일"을 적는 종이에 "Bobbie 어머니를 부를 것", "형광등 교체를 위하여 관리인을 부를 것", "아동 건강계획을 검토할 것", "5학년의 견학에 대하여 [동료] Don과 상의할 것", "[학교 심리학자] Ann과 약속을 정할 것", "더 많은 미술 비품을 주문할 것" 등 몇 가지를 간단히 적는다.

종이 울린 후 교실은 금방 가득 찬다. 재학생은 25명으로 오늘 모두 출석하였다. 학생들은 주로 백인이며 (흑인 2명, 아시안 3명, 히스패닉 1명) 중상층이다. Gail은 마음속으로 적어도 2/3는 대학에 진학하려고 하고, 일부는 아이비리그 대학에 진학하지 못하여 부모들을 실망시킬 것이라고 짐작한다.

Gail은 교실에 들어오는 학생들을 반기며 두 명의 남학생들에게 "조용히 하자"라고 타이르고 국기에 대한 맹세와 학교의 공지사항 전달에 이어 읽기 과제를 시작하겠다고 말한다. 통상적으로 읽기 과제를 좋아하지 않고 좋아하는 야구선수에 대하여 논쟁하는 2~3명의 둔한 남학생들을 제외하고는 나머지 학생들은 공부를 시작한다. 야구팬의 책상으로 걸어가서 그들에 조용히 하라고 하자 그들 역시 조용히 읽기 시작한다. Gail은 매 수업을 조용한 읽기 과제로 시작하는 것을 좋아하는데 경험에 의하면 좋은 학습 분위기를 조성하는데 도움이 되기 때문이다.

읽기의 세 모둠마다 읽기 교재를 읽고 있다. 몇 년 전 Gail은 현대적인 내용을 다루려고 고려해 보았지만 지역 고등학교에서 어떤 일이 발생한 후 포기하였다. 『Catcher in the Rye(호밀밭의 파수꾼)』를 다룬 영어교사들 중 한 사람 때문에 그 지역 대부분의 교사들을 뒤흔들어 놓았던 일련의 심각한 학교위원회의 모임이 있었다. 타협책은 궁극적으로 이제 교사들이 논란이 되는 교육과정 교재를 교사, 행정가, 학교위원회 위원들로 구성된 평의회와 지역의 "관심 있는" 학부모들의 허가를 얻어 정하도록 하고 있다.

Gail은 각 읽기 모둠을 차례로 다니며 자료에 대한 이해와 읽기교재의 질문에 대한 대답을 자세히 살펴보면서 개인지도를 한다. 이따금 그녀는 잠시 멈추어 일부 학생들을 조용히 하도록 하며 다른 학생들에게 과제를 다 했는지 묻고 또 다른 학생들에게는 과제를 마쳤다면 답이 무엇인지를 묻는다. 그녀는 읽기를 가르치는 것을 즐기며 이것이 자신의 특기라고 여긴다. 그녀는 가장 잘하는 읽기 모둠을 가르치는 것이 최고의 만족을 준다고 인정하지만, 뒤쳐진 집단이 나아지고 책을 즐기게 되는 것을 지켜보는 것 역시 아주 만족스럽다고 한다. 그녀를 성가시게 하는 것은 자신들의 읽기 과제가 "너무 어렵다", "너무 쉽다", "너무 길다", 또는 "지루하다"라고 계속하여 불평하는 학생들이다(맨 마지막 표현은 학생들이 불평할 때 사용하는 현재 가장 인기 있는 단어이다).

사실 읽기내용이 **지루하다**(boring)는 단어를 쉽게 사용하는 일부 학생들의 성향은 수는 적지만 대개 이 학교 공동체의 중요한 문제들을 결정하는 목소리가 높은 소수 학부모의 자녀들이다. 이러한 일부 학부모들은 자신의 자녀가 천재(genius)이며(적어도 천재에 가까우며) 특별한 주목을 받아 마땅하다고 가정하고, 전문교육자들보다 부모인 자신들이 진정한 교육 전문가라고 생각하고 있음을 느낀다. 이러한 것은 모두 복잡한 문제이다. Gail은 때로 학부모들이 적어도 자기 자녀의 필요나 최상의 접근방법에 대해서는 진정 가장 잘 안다고 여기기 때문에 대개 그들의 관여를 환영한다. 하지만 그녀가 분개하는 것은 자신들의 경제적 성공과 교육에서의 수준을 혼동하는 일부 학부모들의 성향이다. 성공적인 기업을 경영하거나 다른 직업에 전문지식을 가지고 있는 것이 (예: 법률이나 의학) 일반적으로 5학년 학급을 어떻게 운영할 것이며 필요와 능력이 각기 다른 25명을 어떻게 충족시킬 것인가에 대한 실제적인 지식으로 전환되지는 않는다. Gail은 자기의 결정에 의문을 표하고, 계속 관여하겠다고 하며, 거의 언제나 학생의 문제들은 교사의 잘못이라고 간주하는 이러한 일부 학부모들의 경향은 교사의 전문성(professionalism)과 전문 지식을 손상시키는 것이라고 생각한다.

모둠별 읽기가 끝난 후 Gail은 학생들의 숙제를 점검하였다. 한 남학생이 숙제 해 온 것을 찾지 못하고 노트를 뒤적이며 "아마 집에 두고 온 것 같아요"라고 말해서 그녀는 내일 가져오면 된다고 안심시킨다. 그는 안심한 것 같았지만 여전히 다소 당황스러워 한다. 근처에 앉아 있는 두 남학생이 그에게 야유를 한다: "그래, 잊었구나." "차라리 개가 먹어버렸다고 하지 그래." Gail은 그들을 쉽게 조용하게 만들고 수학(복잡한 분수의 곱셈) 숙제를 검토하기 시작한다. 몇 명의 학생들이 더 복잡한 일부 문제에 대한 풀이 실력을 자랑하자 Gail은 그들을 불러내어 풀이를 해 보라고 시킨다. "모두들 이것을 이해하겠지?"라고 그녀는 묻는다. 하지만 어느 누구도 대답은 하지 않고, 과거 경험에 비추어 난처한 얼굴을 한 몇 명 학생들은 아직 이해 못했다는 것을 알아차린다. 그녀는 풀이 과정을 다시 한 번 설명한다.

10시 30분("체육"을 하러 갈 시간이며, 그 사이 Gail은 수업 준비를 할 수 있는 시간). 그녀는 학생들을 체육관으로 데려다 주고, 교사 휴게실로 가서 커피를 마시며 동료들과 이야기를 나눈다. 몇 명의 교사들이 몇 분간 다른 학군에서 온 신임 교감 선생님에 대하여 이야기를 시작한다. 교감으로 발령 받았어야 할 유능한 교사들이 학군 내에 몇 명 더 있으며, 행정가들은 교사들을 존중하지 않았다는 이야기를 한다. 지역 노조에 매우 적극적으로 참여하는 교사 한 명을 제외하고 나머지 교사들은 화를 내기보다는 진정 짜증 나고 상심한 것으로 보인다. Gail은 두 가지 마음이 들었다. 행정관이 신임 보직을 충원하는 (그리고 후보를 정하는) 방식이 실로 무신경하다고 느끼지만, 그렇다고 해서 여태껏 특별히 어떤 사람도 능력을 발휘하는 것을 본 적이 없었으므로 교감 선생님이 누가 되든지 거의 문제가 되지 않는다고 생각한다. 그녀는 수개월간 자신에게 새 컴퓨터 프로그램을 제공하겠다고 약속하였다가 결국에는 그것을 받을 가능성이 아주 희박하다고 얘기하던 전임 교감 선생님을 재빨리 떠올린다. "예산상의 문제"라고 그는 말하였다. 그리고 또 다른 이미지: 전임 교감 선생님은 그녀의 한 학생이 치료가 필요하다고 말하지 못하도록 학교 심리학자에게 영향을 끼치려고 하였다. Gail은 단지 몇 분간만 휴게실에 머무르다가 몇 가지 사무를 보러 다시 교실로 돌아온다.

그녀는 행정가들이 작성하도록 요구한 몇 가지 양식과 설문지를 며칠 동안 미뤄놨기 때문에 더 이상 연기할 수 없다고 생각한다. 그녀는 이러한 과제에 엄청나게 분개하며 직무의 이러한 측면을 조용히 저수한다. 그녀의 가장 온화한 악담으로: "도대체 이것이 가르치는 것과 무슨 상관이 있지?" 그녀는 설문지 서류 중 하나를 ("누가 집에서 점심을 싸오는가?") 재빨리 작성하고 다른 것(월간 출석 상황)을 작성하는 와중에 학생들을 체육관에서 데려올 시간이 된 것을 깨닫는다. 그녀는 주말까지 제출해야 하는 다른 업무들은 집으로 가져가야겠다고 다짐한다.

그녀의 학생들은 다소 흥분해 있기 때문에(체육수업 후에는 항상 그러하다) 교실로 돌아가는 동안 그들이 다소 느슨하게 행동해도 용납한다. 하지만 일단 교실에 도착하면 그녀는 그들을 조용히 시키고 사회 과제를 다시 하게 한다. 교실은 네 모둠으로 나뉘어 진다. 각 모둠은 남미나 중미의 국가를 배정 받아서 관습, 통화, 수입 같은 것을 질문하고 답변한다. Gail은 교실을 돌아다니면서 각 모둠에게 도움을 주는 것을 대단히 즐거워한다. 그녀는 학생 몇 명과 농담을 하기도 하고 또 다른 학생들에게는 공부하라고 달래기도 한다. 그녀는 각 모둠이 과제를 준비하는데 필요한 도표 작성을 도와준다. 그녀는 편안한 분위기를 만들 수 있는 자신이 도움이 되고 훌륭하다고 생각한다: 교실은 생산적인 측면에서 다소 소란스럽지만 분주하다.

점심시간은 빨리 온다. Gail은 6학년을 담당하는 친구와 점심약속이 있다. 친구와 함께 차로 가는 길에 현재의 학생과 예전에 가르쳤던 학생들과 인사를 나눈다. 그녀는 학생들에게 좋은 감정을 가지고 있다; 사실 이것이 교직의 최상 부분이다. Gail이 얼마나 더 오래 교직에 있을까를 고민하게 만드는 것은 행정적으로 귀찮은 일, 잡무, 교직의 낮은 위상, 여전히 불충분한 급여 때문이다.

점심시간은 웃으며 직무를 차분하게 회상할 수 있는 근사한 시간이다. Gail의 친구인 Joan은 재미있고 현명한데, Gail은 무척 좋아하고 존경하는 몇 명의 동료가 있다는 사실에 다시 한 번 감사한다. 하지만 점심을 먹는 도중 Gail은 Joan에게 자신이 탈진을 느낀다고 시인한다. 교직은 비록 대가는 있지만 정신적으로 너무나 피곤하고 자신은 교사와 교직에 대한 사실상 모든 사람들의 (자신의 동료들은 제외하고) 태도에 "싫증났다"는 것이다. "요즘 상황이 더 안 좋아?"라고 그녀가 묻는다. "너희 반 아이들이 힘들게 해?" "아니, 좋은 아이들이라 난 아이들이 대부분 다 좋아. 또 내가 잘 가르치고 있다고 생각해 (아마 누구라도 이 학급과는 잘 지낼 수 있겠지만) 그것이 충분하다고 하겠지만 그렇지가 않아. 너무 많은 사람들 사이에 너무 많은 다툼이 있고 제대로 된 평가는 없어. 너도 알잖아. 잘 가르치는 교사가 한 사람도 없다고 생각하는 사람들이 너무 많아. 학부모들은 우리가 아무 것도 모른다고 생각해; 학교위원회는 우리가 급여만 지나치게 많이 받는다고 생각해; 행정가는 잡무에 대하여 우리들이 지나치게 불평하는데 그것이 바로 우리 직무의 일부분임을 받아들여야 한다고 하잖아. 우리 바로 옆집에 변호사가 살고 있어. 몇 일 전에 그 변호사가 가입하고 있는 공동 출자(pool) 클럽에 대하여 얘기를 들었어. 나도 거기 가입을 해 볼까하고 관심을 보였더니 그녀는 갑자기 얼버무리는 거야. 나는 그녀가 교사는 그 클럽에 적합하지 않다는 점을 이해시키려고 애쓰고 있다는 느낌을 받았어. 나는 모르겠어. 하지만 나는 나 자신을 현실세계에 있는 다른 친구들과 비교해 보는데 그들은 아주 다른 대우를 받고 있어. 아마도 더 오랜 시간 일을 하지만 그들은 성인 대접을 받아. 내가 기울이는 노력을 생각하면 이 직업으로부터 얻는 것이 점점 나아져야 한다고 생각하는데 그렇지가 못해. 내가 더 젊었을 때는 아이들과 같은 교실에서 일어나는 일들이 교직을 계속하게 하기에 충분하였어. 그런데 지금은 더 많은 것을 원하는 것 같아. 존경, 올바른 인정, 위상, 승진 기회를 원해. 그런데 그런 것들이 없어." "너 교직을 그만 두려는 것은 아니지, 그렇지?"라고 Joan이 묻는다. "아냐, 나는 계속 일을 할 거고 계속 탈진을 느낄 거야."

점심식사 후에 Gail은 과학수업(동물의 적응)을 하고, 작문 숙제(계절의 변화에 따른 사람들의 적응)를 내주고, 자신이 몇 년 전에 시작한 혁신적인 시도이며 현재까지 계속하고 있는 짧은 시사 관련 수업으로 일과를 마친다. 날마다 다른 학생이 지방신문이나 수도권 신문 기사를 가져와 요약하고 그에 대해 학급에서 요점을 토론한다. 그녀는 이것으로 학생들의 다른 면모, 심지어 그들의 정치적 신념 형성을 파악하게 된다고 생각한다. Gail은 숙제(창조적인 작문 숙제: "일주일 동안 심한 겨울 폭풍우가 학교를 뒤엎을 경우에 대한 단편")를 내주고, 책상을 정돈하도록 한 후 학생들을 해산시킨다. 학생들은 대부분 협조적이며 그녀는 오늘 오후 수업에서 단지 몇 차례만 언성을 높였을 뿐이다. (한 번은 두 명의 남학생들이 또 다른 한 남학생을 주말에 축구시합에서 "멍청한 경기"를 했다고 놀렸을 때; 또 다른 경우는 몇 명의 여학생들이 "누가 누구를 좋아한다"는 최근의 소문을 적은 노트를 앞뒤로 돌렸을 때.)

Gail은 피곤하여 잠시 동안 어디에 누워있을 수 있었으면 하고 바랐으나 그 대신 음료수를 마시러 휴게실로 갔다. 그녀는 일부 학생들에게 작별 인사를 하고, 몇 명의 학부모들에게 인사를 하고, 막 교사 휴게실로 들어서려 하는데 학부모 한 사람이 "잠깐 물어볼 것이 있어요"라면서 그녀를 불러 세운다. "저는 왜 Erica가 수학 우수반에 못 들어갔는지 궁금해요. … Erica는 자기 친구들은 모두 우수반에 있다고 상심하고 있어요. 만약 선생님께서 Erica에게 조금만 더 개인적인 관심을 보여 주시고 도와주시면 아주 좋아질 거라고 확신합니다." Gail의 즉각적인 느낌은 짜증난다는 것이었지만, 이를 억누르면서 그녀는 이 어머니와 다른 때에 이야기를 나누도록 약속을 정해야 할지 지금 교실로 가서 그 문제를 아주 자세히 논의할지 아니면 지금 여기에서 대답할지를 고심한다. 그녀는 그 어머니에게 지금 간단하게 대답하고 다음에 그 문제를 더 상세히 논의하도록 약속을 정하기로 작정한다.

"저는 Erica가 왜 실망을 하는지 모르겠어요. 연초에 모든 아동들에게 실시한 진단평가와 수학숙제에 근거해서 Erica는 중간반이 가장 적합하다고 생각해요. 더 높은 반은 무리예요. 아마 올 후반에는 우수반에 들어갈 수 있을 거고, Erica가 적응을 잘 하는지 지켜보면 되겠죠. 저는 지금 Erica를 우수반에 넣는 것은 좋은 결정이 아니라고 생각합니다."

"한 번 우수반에 넣어보고 그 애가 어떻게 하는지를 지켜보면 어떻다고 생각하십니까?"

"저는 Erica가 조금씩 나아지는 것이 더 좋겠다고 생각해요. 지금 있는 반에서 잘 한다면 다음 번에는 우수반을 고려해 보겠습니다."

"네, 잘 알았어요, 그렇지만 그 애는 정말 실망하고 있답니다."

"제가 Erica와 얘기를 해 보지요, 괜찮으시겠죠?"

"네, 감사합니다."

Gail은 심호흡을 하고는 머리를 내저으며 교사 휴게실로 들어가서 음료수를 한 잔 산다. 그녀는 혼자 생각해 본다: "Erica 어머니, 말씀드릴 게 있어요: Erica가 아예 초급 수학 반을 뛰어넘어 곧바로 우수반에 가도록 하지 그래요?" 그녀는 음료수를 교실로 가져와서는 다음 날의 수업계획을 짜면서 조금씩 마신다. 한 시간 후 그녀는 다음날의 토의제목을 칠판에 쓰고 난 후 사무실로 가서 퇴근 시간을 기록한다. 몇 명의 다른 교사들에게 재빨리 인사를 한 후에 그녀는 방과 후 프로그램에서 공부하고 있는 자녀를 데리러 가려고 차에 탄다. 집에서 자신을 기다리고 있을 것들을 생각하면서 짜증이 난다: 아침 먹었던 그릇들, 저녁식사 준비, 슈퍼마켓 가기, 수정을 해 줄 25선의 작문들, 자녀의 숙제 지도, 학부모 몇 명에게 전화하기(그녀가 아는 모든 학부모들은 "충분히 상냥"하지만 일부는 넌더리 나게 하고 성의 없이 공손한 채만 한다). 만약 다른 직업을 가졌더라면 이렇게 피곤하지는 않을 것이라고 상상해 본다.

Gail에게서 만족의 원천은 학생들의 필요에 민감하고 그들의 교육에 도움이 되도록 관여하는 경험이라는 점에서 그 밖의 교외지역 교사들과 비슷하다. 교외지역 교사들에 관한 나의 선행연구에서(Farber, 1984a) 가장 높이 평가된 항목은 "나는 학생들에게 편안한 분위기를 쉽게 만들어 줄 수 있었다", "나는 나의 학생들이 사건에 대하여 느끼는 것을 쉽게 이해할 수 있었다", "나는 학생들의 문제를 매우 효과적으로 처리하였다", "나는 직무를 통하여 학생들의 삶에 긍정적으로 영향을 끼치고 있다고 느꼈다", "나는 교직에서 많은 소중한 일들을 성취하였다", "나는 학생들과 긴밀히 일한 후에 사기가 북돋워지는 것을 느꼈다."들이다. 이 조사에서 밝혀진 것으로 교외지역 교사가 만족을 얻는 추가적인 원천으로는 하루 일과 중 동료와 도움이 되는 접촉이 있었다. 나는 (Gail의 경험과는 반대로) 대부분의 교외지역 교사들은 친구, 가족, 외부 활동을 위한 시간과 에너지를 갖고 있다고 느낀다는 것을 발견하였다.

또한 이 연구에서는 교외지역 교사들에게 있어서의 주요한 스트레스 원천은 훈육문제나 기초적인 기술이 부족한 수많은 학생들을 가르치는 것이기보다는 과도한 사무 처리, 승진 기회의 부족, 학부모나 행정가의 후원 부족이라는 것을 발견하였다. 도시지역의 교사처럼 이들 교사들은 일반적으로 자신들이 받는 후원의 정도에 대하여 불만을 갖고 있다. 〈표 9.1〉에서 나타나듯이 전체 중 66%는 학부모들이 일을 더 쉽게 만든다고는 전혀 또는 거의

〈표 9.1〉 도시지역 교사와 교외지역 교사의 교직에 대한 태도 비교

내용	"빈번하다"라는 비율		"전혀" 또는 "가끔"이라는 비율	
	도시	교외	도시	교외
나는 직무에서 탈진을 느낀다.	21.6	10.3	56.7	70.3
나는 교직 생활로 신체적 건강이 악화되었다고 느낀다.	16.2	5.9	70.7	85.4
나는 교직이 학교 밖에서의 신경 과민성을 증가시켰다고 느낀다.	18.4	13.3	62.9	64.4
나는 학생들의 무례함에 화가 났다.	23.7	9.1	48.5	67.7
나는 사회에서의 교사들의 위상에 만족을 느낀다.	6.3	6.2	81.8	79.9
나는 학부모들이 나의 일을 더 쉽게 만든다고 느낀다.	8.4	5.7	75.5	66.1
나는 행정적인 모임이 문제 해결에 도움이 된다고 느낀다.	2.3	3.1	90.6	86.9
나는 교장으로부터 후원과 격려를 받고 있다.	9.1	12.8	76.7	63.4
나는 학교에 공동체 의식이 있다고 생각한다.	11.8	15.2	69.2	60.8
나는 일을 하면서 동료들과 내가있는 접촉을 가졌다.	30.1	42.4	29.7	25.0
나는 학생들에게 편안한 분위기를 만들어 줄 수 있다.	51.1	57.9	15.1	9.2
나는 직무를 통하여 학생들의 삶에 긍정적인 영향을 끼친다고 느꼈다.	31.7	43.5	32.5	23.4
나는 교단에서 가치 있는 많은 일을 실행하였다.	35.0	40.9	31.7	20.2
나는 노력에 비추어 적절한 정신적인 대가를 얻었다.	27.4	33.9	47.9	36.2
만약 다시 인생을 산다고 해도 교직을 택할 것이다.	25.9	32.5	55.5	47.6
나는 교직에서의 혜택이 불이익보다 더 크다고 느낀다.	23.6	31.4	45.4	35.1

생각하지 않으며, 거의 87%는 행정적인 모임이 자신들의 문제를 해결하는데 전혀 또는 단지 가끔 도움이 된다고 생각하고, 63%는 교장 선생님으로부터 후원이나 격려를 전혀 받지 않거나 가끔 받는다고 생각하며, 61%는 학교에서 공동체 의식을 전혀 느낀 적이 없거나 아주 가끔 느낀다. 아울러서 교외지역 교사들은 사회가 자신들을 좋게 여기지 않는다고 생각한다: 80%는 사회에서의 교사 위상에 대하여 결코 만족하지 않거나 조금 만족하였다.

이 조사에서 거의 87%의 교외지역 교사들이 행정적인 모임이 교직의 문제를 해결하는 데 도움이 되지 않는다고 생각하는 점은 분명히 마음이 걸린다. 이것은 "관리 긴장(management tension)"이라는 Cichon과 Koff(1978)의 연구결과에서 지적한 대로 교사들에게 대단한 스트레스의 원천이며, 교사 탈진과정의 한 가지 중요한 요인이 된다는 조직상의 후원 부족이라는 생각을 입증한다(Fibkins, 1983; Ianni & Reuss-Ianni, 1983). 예를 들어 Fibkins는 교사 탈진이란 교사들의 직무가 점점 더 복잡하고 힘드나 학교조직의 반응이 부족할 때 나타나는 결과라고 주장하였다. 또한 카네기재단에서 실시한 여론조사의 대상이 되었던 일부 교사들의 의견은(Hechinger, 1989a, p. B11에 인용됨) 이러한 견해에 동의하였다. 코네티컷 교외지역의 어느 경험 있는 교사는 "재정은 행정적인 회의, 계산서, '수당'을 위해서는 사용되지만, 휴지에서부터 크레용, 잡지에 이르기까지 모든 것을 다 교사가 사야 한다"라고 말하였다. 21년 동안 1학년을 담당해 온 교사에 따르면: "어떠한 행정가도 여태 '고맙다'라고 말한 적이 없다. 가르침의 질에 대해서는 한 마디도 언급이 없고 단지 학부모(PTA) 기금 조성자, 출석 등록자, 공급 목록에 대해서만 말한다." 나의 연구에서는 일부 교사들의 논평을 보면 교장을 포함하여 행정가들은 교사들과 "같은 편"이 아니며, 행정가들은 교사들이나 학생들을 위하여 학교여건을 개선하기보다는 자신들의 이미지와 지위를 보호하는데 더 관심이 있는 것으로 인식되고 있었다. 일부 교사들은 행정가들은 "말썽을 일으키지 않고" 문제 없는 교사들을 좋아한다고 생각한다. 행정가들은 학교에서 직극적일지(그것 때문에 방해가 된다는 비난을 받는다), 조용히 있을지(그것 때문에 책무를 소홀히 한다는 비난을 받는다) 진퇴양난에 사로잡혀 있을 수 있다. 행정가들 또한 나름대로 스트레스와 탈진에 취약할 수 있다는 것을 분명히 생각해야 한다. 이들 자료에 따르면 여전히 행정가들은 지나치게 뒤에 머무르며 무관심한 것으로 인식되고 있거나 형식적으로 참여하고 있다고 인식된다. 일부 교사들이 주장하는 바와 같이 행정가들도 한 때 교사였으나 자신들의 지위를 보호하기 위하여 과거의 동료들에게 "등을 돌리고" 있을 수 있다. 반면 행정가들에 대한 교사들의 냉정한 견해에 대한 또 다른 설명이 가능하다. 예를 들어 심리적인 전이: 일부 학부모들이 자신의 자녀를 위하여 교사들에게 비현실적이고 부당한 기대를 하는 것과 마찬가지로, 일부 교사들은 행정가들에게 비현실적이고 부당한 기대를 한다.

미국 대도시 교사의 생활 조사에 따르면(Harris et al., 1988) 교외지역 교사들에게는 적어도 두 가지 다른 스트레스 요인들이 있다. 한 가지는 음주나 마약문제를 지닌 학생들을 가르치는 것으로 그 상황이 점점 심각해지고 심지어 초등학교 교사들에게도 영향을 끼치기 시작하였다. 이 책을 위하여 면담한 어느 6학년 담임교사는 "솔직히 말하면 전 그것이 도시지역 학교나 아마 일부 주변 교외지역 고등학교 문제라고만 생각했었어요. 6학년이요? 이 학교에는 주말마다 마약에 취해 몽롱해 하며 친구들에게 그것이 얼마나 좋은지를 말하고 있는 아동들이 있어요. 이제 그건 매우 중요한 문제가 되기 시작했고 학부모들은 서로에게 또 우리에게 무슨 조치를 취하라고 외치고 있지요."라고 말하였다.

일부 교사들, 특히 1960년대에 성인이 되었고 청소년기의 적어도 일부 시기에 마약을 경험했던 현재 40대인 교사들에게는 이 문제는 특별하며 역설적인 성격을 가지고 있다. "내 전력에 비추어 학생들에게 마약에 대하여 엄격한 입장을 취한다거나 도덕적으로 행동하는 것은 잘 먹혀 들어가지 않아요. 나는 고등학교 시절에는 마약을 복용하지 않았지만 대학 1학년 때에는 계속 마약을 복용했어요. 지금은 마약이 훨씬 더 강력해지고 마약하는 학생의 연령이 점점 어려지고 있어요. … 우리는 학생들이 음주나 마약 사용을 못하게 하도록 애쓰고 있지만 그것이 그다지 효과적이라고는 생각하지 않아요. 이 학교의 마약 방지 프로그램은 괜찮아 보이고, 일부 학생을 마약으로부터 "구출"할 수 있다고 생각해요. 그러나 주위에는 너무나 많아요. 내가 볼 때 가장 좋은 것은 학생들이 마약에 취하여 몽롱할 때에는 운전이나 위험한 일을 못하도록 막는 것이에요. 이건 웃자고 하는 소리가 아니에요. 그들은 자신을 스스로 망치고 있고, 우리가 그들을 위해 할 수 있는 것이란 많지 않죠. 좌절되고 소름끼치는 일이에요."

교외지역과 도시지역 학교에서 간과되었던 또 다른 문제는 학생들의 무관심에 관한 것이다. 미국 대도시 교사의 생활 조사에 따르면(Harris et al., 1988) 정말로 학교에 가기 싫다고 인정하는 학생들의 비율은 도시지역 학교(19%)보다 시골지역(25%), 교외지역에서(24%) 더 높았다.

그러한 문제에도 불구하고 대부분의 교외지역 교사들은 탈진을 느끼지 않는다. 이들 교사들은 전체 직무에 대한 관심을 줄이지 않았으며, 교직이 자신들에게 정신적으로 고되다고 생각하지 않으며, 신체적인 건강도 악화되지 않는다. 대부분은 자신들이 교단에 남아 있는 이유로 교직의 본질적인 만족을 지적한다. 뉴욕 웨체스터의 부유한 교외지역 영어교사인 어느 여성은 학년말 자신의 직업에 대하여 이렇게 말하였다: "교사보다 더 좋은 직업이 있으리라 상상할 수 없어요. 의사와 금융거래인은 필요하지만(그들이 무엇을 하건), 모든 사람들이 나만큼 행운아일 수는 없다는 것을 알아요. 이제 막 지난 해 수업계획서들을 철하면서 나는 숙제를 해오지 않았던 학생들이나 부정적인 일을 모두 잊고 보람 있었던 순간들만을 기억합니다"(Fisk, 1988, p. 26에 인용됨).

그럼에도 불구하고 노력한 만큼 교직에서 적당한 대가를 받고 있는지에 대해서는 교외지역 교사들의 느낌은 광범위하다: 36%는 결코 그렇게 느끼지 않거나 거의 느끼지 않으며, 30%는 이따금 그와 같이 느끼고, 34%는 빈번하게 그렇게 느낀다. 이와 유사하게 교직에서의 이익이 불이익보다 많은지에 대하여는 사실상 의견이 공평하게 나뉘진다: 35%는 거의 또는 전혀 그렇게 생각하지 않으며, 33%는 이따금 그렇게 생각하고, 31%는 빈번하게 그렇게 생각한다.

또한 교외지역 학교에도 탈진한 교사들이 있다: 약 10%가 자신들이 "빈번하게" 탈진을 느낀다고 주장한다; 또 다른 19%는 "이따금" 탈진을 느낀다고 인정한다. 탈진에 가장 위험한 교외지역 교사들은 34세에서 44세의 연령 집단에 속하는 중학교에 재직하는 교사들이다. 앞서 언급한 바와 같이 이 연령 집단의 교사들은 자신의 직업 선택이 현명하였는지 의문을 갖기 쉬우며, 가족과 경제적 여건에 비추어 다른 직업을 구하기가 가장 어렵다는 것을 발견한다. 중학교에 재직하는 교사들은 청소년들의 매우 심각한 충동적인 행동에 대처하여야 한다.

〈표 9.1〉에서 나타나는 바와 같이, 직무의 결과로 탈진이나 "손상"을 빈번하게 느끼는 교외지역 교사 비율은 그렇게 느끼는 도시지역 교사 비율보다는 낮다. 또 학생들이 보여 주는 무례함에 분노를 자주 느끼는 교외지역 교사들은 훨씬 더 적다. 이들 교외지역 교사들은 더 큰 비율로 동료들과 도움이 되는 접촉을 더 많이 하며, 교직에서 그는 이익이 불이익보다 많으며, 직무를 통하여 학생들의 삶에 긍정적으로 영향을 끼치고 있다고 빈번하게 느낀다. 이 마지막 요인은 (교외지역 교사들이 효과적이라고 느끼는 것) 그들이 탈진에 대하여 덜 취약하다는 것을 이해하는데 중요하다. 물론 부분적으로는 많은 도시지역 교사들도 제8장에서 지적한 바와 같이 학생 훈육문제를 처리한다. 자신들의 에너지를 소모함으로써 효과적이라는 느낌을 손상 받기 쉽다.

도시지역 학교나 불충분한 급여를 받는 사립학교의 교사들은 대개 교외지역 학교에서 주류사회에 속하는 학생들을 지도하는 교사들을 문제가 거의 없는 "행운아(lucky ones)"로 여긴다. 교외지역 학부모들도 이에 동의하는 경향이 있다. 교외지역 학교들은 무언가 "일"을 하고 있는 것처럼 보인다(즉, 이들 학교의 아동은 훌륭한 교육을 받고 있거나 적어도 표준시험에서 점수가 좋은 것으로 보인다). 반면, 도시지역 학교들은 일을 하지 않으며 이들의 문제에 당연히 더 큰 관심이 주어진다. 사실 교외지역 학교의 교사들은 문제가 있더라도 거의 없는 편이라는 가정은 이들이 갖고 있는 염려와 문제는 진지하게 고려하지 않는다는 점에서 그 자체가 스트레스 요인으로 작용할 수 있다.

❀ 시골 학교

교외 학교의 문제와 스트레스 요인들은 시골 학교(rural schools)에서도 그대로 나타난다. 교외지역 학교에서는 학생 훈육문제와 학업문제들이 도심보다 덜하다. 대도심 저소득층 지역 교사 중 27%가 "끊임없는 규율 문제가 자신들 학교의 "매우 심각한" 문제"라고 주장하는데 비하여, 단지 11%의 교외지역 교사와 10%의 시골 교사들이 그렇게 생각한다. 또한 대도심 저소득층 지역 교사 중 38%가 기초능력이 부족한 학생 수가 많은 것이 매우 심각한 문제라고 인정하는 반면, 12%의 교외지역 교사와 13%의 시골 교사들이 이러한 견해를 가진다(Harris et al., 1988). 그러나 교외지역에서도 그랬다시피, 마약과 음주 문제는 상당한 비율의 시골 교사들에게도 매우 심각한 것으로 여겨진다. 사실 대도심 저소득층 지역 교사보다(32%) 시골 학교 교사가 더 큰 비율로(38%) 학생들의 폭음이 매우 심각한 문제라고 느낀다. 그리고 교외지역과 시골 학교 모두 50%의 교사들이 음주문제가 있는 학생을 10명 이상 알고 있다고 응답한 반면, 단지 37%의 도시지역 교사들이 이와 동일한 주장을 하였다(Harris et al., 1988).

시골 학교 교사들을 괴롭히는 또 다른 문제들은 학교가 일반적으로 소규모라는 점과 관계가 있다. 미국의 초·중등학교의 9~10%가 100명 미만의 재학생을 두고 있으며, 심지어 1987-88년도에는 교사가 단 1명인 학교도 여전히 729개교에 달하였다. 작은 시골 학교의 교사들은 몇 과목을 가르치고, 몇 개 학년의 복식수업을 준비하기도 한다. 또 재정 문제로 인해 교사들은 불충분한 급여를 받고, 교과서는 낡았으며, 교재는 부족하고, 외형적인 시설은 노후되어 있다(Berger, 1989).

시골 교사들이 처한 그 밖의 문제들은 모든 교사들의 문제와 비슷하다: 과중한 부담을 진 편부모 가정, 양친 부모가 있으나 가난하고 교육을 제대로 받지 못한 가정의 문제. 시골 학교의 교사들은 너무나 많은 학부모들이 자녀교육을 위해 투자하지 않으며, 자녀가 고등학교 졸업장이나 그 이상의 것이 필요 없다고 여긴다고 불평한다. 일부 학부모들은 자녀들이 고등교육을 받으면 자신의 공동체에서는 결코 얻을 수 없는 기회를 얻기 위하여 고향을 떠날까봐 두려워한다.

마지막으로 시골지역 공동체에서는 학교와 교사들의 삶은 지역학교 위원회에 의하여 엄격히 통제되는 경향이 있다. 시골 학교 위원회는 교사들이 (교실 안팎 모두에서) 무엇을 해야 하고, 하지 말아야 하는지에 대하여 강력한 발언권이 있으며, 심지어 정부 규칙이나 통제에서조차도 독립적이라고 여긴다. "시골 지역의 최고의 원칙은 … '뭐하라고 우리한테 말하지 마라'이다(Berger, 1989, B8에 인용됨). 작은 시골 학군의 교사들은 다른 공동체에 비하여 지나칠 정도로 개인적, 직업적으로 면밀히 주목 받기 쉽다.

반면, 시골 학교공동체에서는 교사들이 교사용 잡지에서나 나올법한 꿈같은 전문가적 존경과 후원을 받는다. 시골학교의 교사 충원과 유지의 심각한 문제를 인식하고 일부 공동체에서는 교사대우를 향상시키기 위하여 적극적이며 성공적인 시도를 하고 있다. 예를 들어 한 학교는 다음과 같은 변화를 감행하였다; 대학원 학비를 대신 지급해 주고, 교육과정을 준비하거나 다른 교실을 방문할 시간을 허용하고, 여름방학 때 강습회 출석이나 새로운 교육과정의 수립을 위한 급여를 지급해 주고; 특정 교육과정 분야나 교육주제에 대한 대학원 과정을 개설하도록 지역 대학과 조정하고; 결과중심 학습과 여러 새로운 연수 과정에 대한 협의회 제도의 마련(Matthes & Carlson, 1986)한다. 일하기 좋은 직장으로 평판을 얻은 어떤 학교의 교사는 다음과 같이 말하였다: "우리는 마치 우리가 전문가인 것처럼 느끼며 교육위원회와 행정가들이 우리를 그렇게 대우해 준다"(p. 11).

시골 학교에서의 교직에 매혹되는 교사들은 그 밖의 곳에서 가르치는 교사들과는 다른 가치관을 가지고 있을 수 있다. Matthes와 Carlson(1986)은 교외와 도시지역 교사들보다 시골 학군의 신임 교사들은 삶의 속도, 생활비, 학교 규모를 더 중요한 것으로 평가한다는 것을 발견하였다. 이들 연구자들은 "시골 학군에서 교직을 수락하는 교사들은 공동체에 정착하는 것에 더 많은 관심이 있는 반면, 교외와 도시 환경의 교사들은 자신들의 '직업상의' 미래에 (즉, 직업적 자율권, 급여, 그와 비슷한 것과 관련된 문제들) 대하여 더 많은 관심이 있다"(p. 8)는 결론을 내렸다. 아울러서 시골지역 교사들은 학부모들의 후원을 얻는 것에 더욱 열중하는 반면, 도시와 교외 공동체의 교사들은 행성적인 후원에 더 많은 관심이 있는 것으로 보였다.

시골 학교 교사들의 탈진 비율에 대해서는 자료가 없다. 하지만 향후 5년 이내에 교직을 떠나기 쉽다고 생각하는 교사 비율은 시골 학교가 교외지역 교사들과 유사한 경향이 있다: 교외 교사들의 24%, 시골 교사들의 26%(Harris et al., 1988)로 나타났다.

❀ 사립학교

교육통계센터가 의뢰한 1987년의 보고서, 『사립학교와 사립학교 교사들』에 따르면 이 나라에는 약 28,000개의 사립학교가 40만 명의 교사들을 고용하여 560만 명의 학생들을 교육하고 있다. 이들 학교들은 전국 초·중등학교의 25%를 차지하며, 전체 재적학생수의 12%를 가르치고 있다. 보고서에서 언급한 것처럼, "사립학교들은 자녀가 특별한 욕구를 가지고 있다고 생각하는 학부모들에게 선택의 여지를 증가시키는 것으로 보일 수 있다"(p. 1). 약 80%의 사립학교들이 종교 계통이다; 이들 종교계 학교는 거의 과반수가 가톨릭 계통이며, 사립학교 학생들의 86%가 등록하고 있다. 재적 학생은 평균 234명으로 사립학교들은 소규모인 경향이고 평균 교사인원 역시 적다(14명). 교사-학생 비율은 비종교계 학교에서의 1명당 10명에서부터 비가톨릭계 종교 학교의 1인당 15명, 가톨릭계 사립학교의 1명당 21명에 이르는 범위 안에 놓여 있다. 사립학교의 대부분의(76%) 교사들은 여성이며, 대부분은(92%) 백인이다. 1987년 사립학교의 평균 기본 급여는 14,400달러로 가톨릭계 학교의 13,900달러에서부터 비종교계 사립학교의 16,500달러에 이르는 범위 안에 놓여 있다. 이들 교사들의 1/4에 약간 못 미치는 비율은(23%) 주거, 식사, 교통수단, 또는 가족의 수업료 감면과 같은 금전 외적인 소득을 얻고 있다.

사립학교에서 교사를 할 때 얻게 되는 이익에 대해서는 말할 것이 많다. 이들 교사들은 직원들끼리 상당한 협조적인 노력을 하며(88%가 이러한 진술에 동의한다), 직원들이 스스로 높은 수준의 성취를 유지하고 있으며(93%가 동의), 교장은 새로운 구상에 관심을 보이고(85%), 직원에 대한 학교 행정가의 행동은 지원적이고 격려한다(84% 동의)고 느낀다. 또한 학교 규율문제와 마약 사용에 대하여도 상당히 의견이 일치되어 있다. "학생 비행 수준 그리고/또는 교내 마약 혹은 음주 때문에 나의 교사생활에 방해가 된다"는 진술에 86%가 동의하지 않는다. 이러한 일반적으로 긍정적인 추세 속에도 불구하고, 약 8~10%의 사립학교 교사들은 학교에 대한 환상에서 깨어난 것으로 보인다. 이 집단의 성원들은 학생의 행동, 교사에 대한 행정적인 후원, 새로운 구상에 대한 교장의 관심, 동료 관계에 대하여 긍정적인 느낌을 나타내는 조사 항목에 대하여 일관되게 "동의하지 않는다" 또는 "매우 동의하지 않는다"로 응답하였다. 적어도 10%의 교사들은 자신들이 일하고 있는 학교가 어디냐에 관계없이 탈진하여 있다.

주로 재정적 어려움이 사립학교의 주요한 문제에 속하며 교사들은 이러한 상황으로 인해 분명 영향을 받는다. 사립학교 교사들의 급여는 공립학교의 교사들에 비하여 전반적으로 25~33%가 낮다. 비종교계 사립학교 교사들을 대상으로 행해진 조사에 따르면(Goldman,

1988), 거의 과반수는 공립학교로 옮길 것을 고려하고 있으며 40%는 직업을 바꾸려고 생각하고 있다. 비종교계 사립학교의 신임 교사들은 기업체나 공립학교로 옮기기 전까지 교직에서 단지 3년만 더 머무를 계획을 한다. 그들이 상당히 보수를 적게 받으면서도 기꺼이 가르치려는 것은 독립적인 학교들의 분위기가 훨씬 스트레스가 덜하다고 여기기 때문이다. 독립적인 학교의 교사들은 학문적 자유, 상대적으로 낮은 관료조직의 참견, 작은 인원의 학생들(그리고 심각하게 어려운 학생수가 훨씬 적다), 학생들의 성취동기, 쾌적한 근무여건에 감사한다. 그들의 공헌은 대개 적어도 동료직원들로부터 인정받고 올바른 평가를 받는다.

두 가지 짤막한 인물소개가(하나는 교회 부속학교의 교사, 다른 하나는 비종교계 학교의 교사) 사립학교 교사들에게 존재하는 만족과 스트레스 요인의 범위를 보여 줄 것이다.

Vicky 선생님 이야기

기혼이며 세 자녀의 어머니인 38세 Vicky는 집에서 단지 몇 블록 떨어진 지역 가톨릭계 학교에서 7학년(중 1)을 가르치고 있다. 소도시 외곽의 고른 중산층 지역에 있는 이 학교는 초등학교와 중학교 프로그램을 모두 가르치고 있다. 이곳의 학생들은 고등학교에 가기 전 8학년(중2)까지 마칠 수 있다; 졸업생 대부분은 지역 가톨릭계 고등학교에 진학할 것이다. 학교에는 약 500명의 학생들이 있으며 유치원부터 8학년까지 학년마다 두 학급씩 구성되어 있고, 한 학급의 학생 수는 약 30명이다. 사실 모든 학생들이 가톨릭 신자이지만 다양한 인종들이 재학하고 있다.

학생들이 교실에 들어오면 Vicky는 각 학생들의 이름을 불러 인사를 하고 모든 학생들은 그녀에게 아침 인사를 한다. 일부 학생들은 어머니의 서신을 전하는데, 학부모들은 Vicky가 성당에서 이미 알고지내는 여성들이다. Vicky는 때로 자신의 개인 생활과 직업 생활이 하나로 섞여있다고 느끼지만, 많은 학부모들과 사회적인 접촉이 있기 때문에 자신의 교실을 엄격하나 덜 억압적인 환경으로 유지하는 것이 가능하다는 점을 인정한다. 학생들이 숙제를 안 해오는 경우는 거의 없고, 학생의 시험성적이 나쁠 때는 학부모와 교사 사이의 면담이 이루어진다.

Vicky는 성당 조직에 속한 다른 사람들이 이미 설정해 놓은 교육과정을 따른다. 비록 그녀의 교육방법상 다소 융통성을 허용 받지만, 교재 선택과 역사교육에 대한 입장은 성당이 수용하는 가치관을 따르도록 되어 있다.

Vicky는 막내가 입학을 한 이래 4년째 교직에 있다. 그녀와 남편은 자주 그녀가 이 학교를 떠나 공립학교로 옮겨야 하지 않을까에 관해 의논한다. 남편은 소득 면에서 약 50%가 증가하고 보조금도 상당히 증가될 것이라는 사실을 들어 그녀가 학교를 옮겨야 한다는 입장을 취한다. 반면 Vicky는 남편의 소득이 높으므로 자신의 급여가 낮다고 하더라도 가족이 그렇게 어려움을 겪지는 않는다고 생각한다. 아울러서 자신의 학교에 대하여 도덕적인 책임감을 느낀다. 그녀는 학교의 학생들은 그 지역의 다른 공립학교 학생들보다 훨씬 우수하다고 믿는다. 그녀는 교육적 가치, 도덕과 정신적인 신념의 중요성을 믿는다. 또 다른 이점은 학교의 훈육 규정이라고 그녀는 생각한다. 학생들은 정장 교복을 입고 올바르게 행동하도록 되어 있다. 모든 학생들은 주요한 규율 위반을 하면 경고에서부터 영구 퇴학에 이르는 처벌을 받을 수 있다는 것을 안다. 비록 매년 다양한 기간의 정학을 받는 학생들이 몇 명은 있지만, Vicky는 공립학교에서 공통적으로 일어나는 것 같은 많은 심각한 문제들을 처리할 필요가 없다는 점을 알고 있다. 그녀는 학교 폭력, 마약, 학생의 중퇴, 문제들을 보도한 신문내용만 보아도 공포에 휩싸인다며 분개하고 있다.

Vicky는 하루의 대부분을 교실에서 보낸다. 그녀는 점심시간과 학생들이 체육 수업을 받으러 가거나 신부님이 종교수업을 하러 올 때에만 휴식을 취한다. 그녀의 학급 인원은 32명으로 그들 모두의 필요를 충족시키려면 빠르게 돌아다녀야 한다. 학생들이 예습해온 내용에 관하여 질문을 하며, 암송을 함께 하는 수업이 되곤 한다. 하루는 빨리 지나간다. 규율 문제는 거의 전혀 없으며 있다 하더라도 대개 귓속말이나 노트 돌리기와 같은 사소한 위반행위들이다.

비록 이 학교의 일부 교사들은 늦게 남아 교육과정 이외의 활동을 하도록 요구받지만, 세 자녀의 어머니인 Vicky는 자녀들을 돌보기 위하여 오후 3시에 퇴근하도록 허락을 받는다. 그녀는 막내를 데리고 볼일을 본 후 귀가하여 저녁준비를 한다. 요리를 하면서 Vicky는 부엌에 앉아 서류들을 점검하고 다음 날의 수업계획을 세운다. 안정적이고 확고한 가치관을 신봉하고 있는 학교에서 몇 년 동안 7학년(중학교 1학년)을 가르친 Vicky는 수업 계획을 단지 조금만 변화시키면 된다.

하루는 대체로 순조롭게 지나간다. 주요한 스트레스 요인은 전혀 없다. 그녀는 다소 지쳤지만 피곤하지는 않다; 그녀는 하루가 잘 지나가고 자신이 잘 가르친 것에 대하여 만족감을 느낀다. 누군가가 그녀에게 탈진하였느냐고 묻는다면 Vicky는 아마 "아뇨, 그렇지 않아요"라고 대답하였을 것이다. 그러나 만약 몇 년 더 그 학교를 다닐 의향이 있는가 하고 묻는다면 그녀는 아마 잘 모르겠다고 대답하였을 것이다. "학교가 아이들에게 하고 있는 것이 참 마음에 들어요, 하지만 수업을 창조적으로 만들 자유가 전혀 없다는 점에서 언제까지 근무할지 잘 모르겠어요. 내가 약간의 구상을 갖고 있지만 학교가 아마 용납하지 않을 거예요. 또한 내가 받는 급여에 짜증을 느껴요. 난 더 많이 받을 자격이 있고 공립학교에 갔더라면 더 많이 받을 수 있었을 거예요. 공립학교 교사의 급여는 지난 몇 년간 엄청나게 인상되었지만 내 급여는 그렇지 못해요. 나는 좋은 일을 많이 한다고 느끼고 내 노력에 대하여 더 많이 받을 자격이 있다고 생각해요."

Ronni 선생님 이야기

비종교계 사립학교 교사인 Ronni는 아침 일찍 출근하기 위해서 자명종을 대개 아침 6시에 맞추어 둔다. 아파트를 함께 사용하는 룸메이트는 사무실에서 근무하기 때문에 늦게 일어나도 되므로 Ronni는 그의 이런 특권을 부러워한다. 그녀는 출근준비를 하면서 작은 아파트를 조용하게 걷는다. 그녀는 아파트를 공동으로 사용해야 하는 것이 화가 나지만, 급여가 너무 작아 혼자서는 집을 얻을 수 없다.

Ronni는 대도시에 살며 버스로 출근한다. 학교는 매우 소규모이며 수업료가 매우 비싼, 진보적이고 독립적인 학교이다. 자녀의 성취에 대한 학부모의 기대 또한 매우 높다. 높은 수업료 때문에 대부분의 학생들은 교사 자녀 몇 명과 장학금을 받는 노동자층과 중산층 출신 일부 학생들을 제외하고는 부유한 가정 출신들이다.

Ronni가 가르치는 학급은 소규모이며 15명이 넘는 반은 하나도 없다. 그녀는 체육 과목을 담당하고 있으며 수영이 전공이다. 이 학교에는 또 다른 체육교사인 여교사 한 명이 더 있는데, 불행하게도 Ronni와 그다지 친하지 않다. 따라서 Ronni는 때때로 고독함을 느끼고 자신이 도움을 청할 수 있는 사람이 주변에 거의 없음을 느낀다.

하지만 그녀는 자신의 일을 즐기며 대부분의 학생들을 좋아하고 존중한다. 학생 대다수는 열심히 공부하고, 착하며, 성적이 좋고, 훌륭한 아동이다. 그녀가 가장 어려워하는 학생들은 버릇없기로 "소문난" 학생들이다. 이들 학생들은 대개 실패에도 대수롭지 않게 반응하며, 야단을 맞아도 말을 잘 듣지 않으며, 급우들을 빈정대고 심술궂게 군다는 것을 발견하였다. (Ronni가 그 부모들을 만나보니 이들 학생들이 그렇게 행동하는 것은 놀랄 일이 아니었다.) 이런 학생들(그리고 그 부모들)은 소수이나 다른 스트레스 원천보다 Ronni를 더 곤혹스럽게 한다. Ronni는 체육을 가르치고 수업이 일반적으로 잘 진행되는 것을 즐긴다; 그녀는 또한 코치 역할을 즐기며 팀이 상당한 성공을 거두고 있다.

Ronni의 경우에 (Vicky처럼) 주요한 스트레스 요인은 가르치는 것 자체가 아니며, 그보다는 자신의 일에 비하여 부족하게 받고 있는 급여이다. 고용계약의 일부로 Ronni는 각 팀에 적어도 한 운동의 코치 역할을 맡도록 되어 있다. 사실 그녀는 매년 세 가지 운동의 코치직을 맡으면서 작은 부수입을 얻는다. 아울러서 그녀의 학교에서는 끊임없이 저녁 활동이 있는데 거기에 교사들이 참여해야 한다. Ronni는 평균적으로 일주일에 이틀 저녁은 학교에서 지내며 가끔은 팀을 경기에 데려가기 위하여 주말을 포기해야 한다.

학교는 학생들에게 개인의 가치와 존엄성에 대한 가치관을 심어주고 있다고 자부한다. 학교의 사회적, 정치적 철학은 자유스럽다. 각 학생들은 매 학기마다 공동체 봉사를 하도록 기대를 받는다; 예를 들어 일부 학생들은 근처의 저소득층 지역 공동체 센터에서 개인지도를 하면서 시간을 보낸다. 수업은 대단히 비구조적이어서, 학생들 특히 더 나이든 학생들에게는 자신의 관심 분야를 추구할 수 있도록 많은 자유가 주어진다. 현재의 중요한 쟁점을 다루기 위하여 많은 집회가 소집된다. 사실 Ronni의 정치적 신념이 학교의 정치적 신념과 전적으로 일치하여 그녀가 최초에 이 직장을 택하게 된 동기가 되었다. 그녀가 처음 그 직장으로부터 제의를 받았을 때 그녀는 체육 교육과정에 자신이 많은 투입을 할 수 있다는 특별한 인상을 받았다. 그러나 교사의 급여에 대한 학교 정책을 보면, 학교의 가치관은 이제 Ronni에게 역설적이고 다소 위선적으로 보인다. 아울러 Ronni는 이곳에서 교직을 시작했던 8년 전처럼 정치나 교육에 대하여 자유주의적 입장에 매혹되어 있지도 않다. 그녀는 이 학교의 많은 학생들의 삶에 조직화가 더 많이 필요하다고 생각하기 시작하였다. 그리고 자신이 살고 있는 지역을 괴롭히고 있는 문제로 인해, 마약과 범죄에 대한 그녀의 신념은 너그럽지 않게 되었다. 일부 동료들에게는 학교의 사명감은 강한 목적의식을 제공하고 공동체 의식을 낳는 것이다; 하지만 Ronni와 같은 그 밖의 사람들에게는 그것은 짐스럽고 학교에서부터 소원하게 만드는 것이 되었다.

부족한 급여와 학교철학에 대한 믿음의 저하 때문에 Ronni는 자주 직장을 그만둘까 고심한다. 그녀는 자신을 빈곤 속에 빠뜨려 놓은 단조롭고 피곤한 일을 정처 없이 하고 있다고 생각한다. 그녀는 자신의 분야에서 상당한 존경을 받고 있으며 공립학교로 옮길까하고 생각해 본다. 그것은 실현될 수도 실현되지 않을 수도 있지만 진지하게 고려해 보아야 한다. 그녀는 한 때 은퇴할 때까지 이 학교에 있을 것이라고도 생각하였다. 그러나 대부분의 동료와 학생들에게 좋은 감정을 갖고 있음에도 불구하고, 그리고 행정가들이 그녀가 직무를 제대로 인정하고 있다고 보는 데도 불구하고 Ronni는 몇 년 그 이상은 더 머무를 것 같지 않다고 생각한다.

대부분의 직무 스트레스 분야에 대한 연구자들은 근로자들이 필요한 만족을 더 이상 얻을 수 없을 때 탈진하거나 그만두게 된다고 주장하였다. 그 밖의 사람들 중에 Kanner, Kafry와 Pines(1978)는 "건강상의 요인들"(억압적 근무여건)보다 직무 동기(개인적 성장, 자기 실체 인식, 인정에 대한 느낌을 촉진하는 현상) 부족이 직무상의 스트레스에 대한 훨씬 더 강력한 예측지표임을 발견하였다. 그렇지만 사립학교 교사들의 급여여건은 너무나 낮아서 이 일반적인 규칙에서 예외로 인식될 수 있다. 한편 사람들은 Ronni와 같은 경우에 두드러진 요인이 급여 박탈 자체로 보기보다는 강한 공동체 의식과 같은 주요한 동기의 상실이라고 주장할 수 있을 것이다. 사립학교 교사에 대한 일반적인 이미지는 매우 긍정적이다(소규모 조직의 학교에서 강한 동기가 부여되고 높은 성취를 하는 학생들을 가르치는데 대한 만족으로 경제적인 보상을 무시하는 사람들일 것이다). 하지만 사람들은 이러한 모습이 사립학교의 급여가 계속 증가하는 공립학교의 급여와 상대적인 보조를 유지하지 못할 경우에도 계속 유지될 것인지를 염려한다.

❀ 특수교육

미국 학생의 약 11%는(총 440만 명) 어떤 종류의 특수교육을 받고 있다. 감각에 결함이 있고(시각, 청각) 신체적인 결함이 있는 아동은 쉽게 구별이 되어 왔지만, 지난 30년 동안 경미하거나 보통의 결함, 특히 언어 문제, 정신 지체, 학습 장애, 정서 장애로 특수교육 프로그램을 받는 학생들의 수가 증가해 왔다.

정부의 연구에 따르면, 1985~86년에는 특수 학생들을 교육하는 비용이 6,335달러로 정상적인 학급 학생들에 대한 비용의 2.3배에 달하였다. 그렇지만 특수교육에 지불하는 비용이 추가적으로 높다고 해서 특수아동을 지도하는 교사들이 스트레스를 받지 않도록 하지는 못한다. 정상적인 교육을 하는 동료들과 마찬가지로, 많은 특수교육 교사들도 자신들의 직무에 대하여 힘들어 하고 있다. 특수교육 교사의 58% 이상이 자신들의 직무에 대하여 시간이 갈수록 더 부정적인 견해를 가지게 되며(Fimian, Pearson, & McHardy, 1986), 8% 이상이 직무 스트레스와 관련된 이유로 전문적인 상담을 받고 있다(Fimian & Santoro, 1983). 특수교육 교사들에 대한 Bradfield와 Fones (1985)의 연구에서는 10%가 교직 때문에 높은 수준의 스트레스를 받는다고 보고하였으며, 75%는 보통 수준을, 단지 15%만이 낮은 수준이라고 보고하였다.

특수한 요구를 가진 학생들(students with special needs)의 교육을 담당하는 특수 교사들은 많은 면에서 정상적인 교사들과 다른 교육자 집단을 형성한다. 나아가 특수교육 내 각 집단 교사들은 자신의 전문 분야에만 독특하게 존재하는 만족과 스트레스가 있다. 이러한 점에서 Zabel과 Zabel(1982)은 정서 장애가 있는 학생들의 교육을 담당하는 교사는 학습 장애아, 교육 가능한 정신 지체아, 여러 가지 또는 심각한 장애아의 교사들보다 더 높은 수준으로 탈진한다는 것을 발견하였다. 물론 이것은 놀라운 일은 아니다. Bloom(1983)이 지적한 바와 같이 거의 모든 성인들은 정서 장애아, 충동적인 젊은이에 대하여 신경질적으로 반응한다; 이들 아동을 상대로 일하는 교사들은 전형적으로 무기력, 격노, 두려움, 무능력, 절망을 느낀다. 많은 교사들은 자신들이 차이를 만들 수 있다는 희망을 포기한다.

Crane과 Iwanicki(1986)는 필요한 것이 모두 갖추어진 교실에서 근무하는 특수교육 교사들이 자료실 교사에 비하여 Maslach 탈진 조사(MBI)의 하위척도에서 상당히 더 높은 수준의 탈진을 나타내며, 46세 미만과 10년 미만의 경력을 가진 교사들이 모든 하위척도에서 더 높은 수준의 탈진을 드러내었음을 밝혔다. 첫 번째 결과는(필요한 것이 모두 갖추어진 교실의 교사들이 자료실 교사에 비하여 더 탈진하기 쉽다는 것) Bensky와 그 밖의 사람들(1980)의 연구결과는 반대였다. Crane과 Iwanicki는 이러한 차이를 자신들의 표본이 Bensky와 그 밖의 사람들의 표본과는 대조적으로, (교실에서의 행동과 학습문제의 중대성이 높을 것으로 예상되는) 대규모 도시학교 체제에서 근무하는 많은 교사들로 구성되어 있다는 점을 지적하며 설명하였다. Zabel과 Zabel(1982)는 또한 중학교 수준의 특수교육 교사들은 MBI상으로 가장 높은 탈진 점수를 나타냈으며, 유치원 교사들은 상대적으로 높은 수준의 정신적인 피로를 보고하였다. 반면, 수준이 다른 학교의 특수교육 교사들 중에서 가장 높은 개인적인 성취감을 얻는다고 보고하였다. 아울러서 그들은 나이가 많고 더 경험 있는 교사들이 젊고 경험이 적은 교사들보다 정신적인 피로와 인간성 상실에 덜 취약하며, 직무로부터 더 큰 만족감을 얻을 수 있다는 것을 발견하였다. 그들은 "나이 많고 경험 많은 교사들이 더 나은 기술과 대처 전략을 개발하였는지, 그들의 기대가 더 현실적인지, 혹은 직무와 관련하여 더 큰 스트레스를 경험한 교사들은 이미 교직을 떠나고 없는지 여부는 불명확하다"(p. 262)라고 언급하였다. 이 책을 통하여 강조되어온 견해와 또한 일치되게 이들 저자들은 행정가, 동료, 학부모들로부터 더 높은 수준의 후원을 받고 있다고 보고하는 교사들은 MBI의 정신적인 피로와 인간성 상실의 하위척도에 대하여 더 낮은 점수를 얻으며 개인적 성취에 대한 하위척도에 대해서는 더 높은 점수를 얻는다는 것을 발견하였다. 이와 유사하게 Fimian, Pearson과 McHardy(1986)도 행정적인 후원의 부족은 특수교육 교사들의 직무 스트레스와 관련이 있다는 것을 발견하였다.

놀랍게도 여러 문헌에서 특수교육 교사들은 전체적으로 직무에서 정상 학생들을 가르치는 교육자들보다 스트레스를 더 많이 받거나 더 탈진하지는 않는다는 것을 일관되게 보여주고 있다(Barner, 1982; Meagher, 1983; Wechsler, 1983). 사실상 Barner는 정상 교사들보다(62%) 더 높은 비율의 특수교육 교사들이(74%) 대부분의 학생들에 대하여 성장하는데 도움을 주고 있다고 생각하고 있음을 발견하였다. 그렇지만 특수교육 교사들에 대한 그녀의 표본은 아주 적으며, 그 연구결과는 비록 흥미롭지만 사전에 검토되어야 한다.[2)]

정상 학급의 교사들과 대학교수, 사회서비스 종사자, 의사, 간호사, 심리학자, 경찰관을 포함한 그 밖의 대인서비스 전문가들과 비교할 때, 특수교육 교사들의 MBI상의 점수는 보통인 경향이 있다. Maslach과 Jackson(1981)이 세운 기준을 사용하여 Crane과 Iwanicki (1986)는 특수교육 교사들의 표본은 정신적인 피로에서 백분위로 47번째이고, 인간성 상실에서는 33번째이며, 개인적인 성취에서는 32번째라는 것을 밝혀내었다. 이러한 자료는 특

---

2) 역자 주: 특수교육 담당 교사들이 경험한 직무 스트레스를 실증적으로 연구한 자료를 소개한다.

G. Upton, and V. Varma, (Eds.) (1996). *Stress in Special Educational Needs Teachers*. England: Arena.

수교육 교사들은 그 밖의 대인서비스 전문가들과 비교하여 자신들의 직무에서 보통 수준의 정신적 피로를 느끼지만, 인간성 상실이나 개인적 성취감이 부족하지는 않음을 보여 주면서 자신들의 노력이 비록 개인적으로는 무거운 짐이지만 성과가 있다고 생각하는 것을 시사해 준다.

특수교육 교사들의 스트레스와 탈진에 영향을 끼치는 요인들

특수교육 교사들은 어떤 스트레스를 받는가? Werskopf(1980)는 이들 특수교육 담당 교사들이 하고 있는 엄청난 분량의 일을 지적하였다: "학생마다 개인별 교육 프로그램[IEP]을 이행하고, 각 아동마다 부모들과 의논을 하고, 모임에 출석하고, 학부모들을 상담하고, 학생들을 교육시키고, 일반 교육자들과 토론을 한다"(p. 19). Weiskopf는 특수교육자들의 탈진에 대한 취약성은 자신들의 힘이나 성공보다는, 학생들의 문제에 초점을 맞추는 그들의 직무상의 특수성 때문이라고 말하였다.

연구에 따르면, 특수교육 교사들의 스트레스 원천은 IEP 작성 때문에 발생하는 것만 제외하고는 정상학급 교사들의 스트레스 원인과 아주 유사하다. 도시지역 학군의 교사들이 많이 포함되어 있는 표본을 사용한 Crane과 Iwanicki(1986)는 특수교사들에게 영향을 끼치는 주요한 스트레스 유발요인으로 행정적 후원의 부족, 과도한 시간 요구, 증가된 일상적인 공문서 사무량을 지적하였다. 도시, 교외, 시골학교 체제에 걸쳐 있는 특수교육 교사들의 표본을 사용한 Fimian, Pearson과 McHardy(1986)는 주요 스트레스 유발 요인으로 불충분한 급여, 개인적인 필요를 위한 시간과 에너지의 불충분, 아동의 행동을 주시할 필요성, 동기가 부족한 학생들을 가르치는 것, 효과적인 일에 대한 인정 부족이 포함된다는 것을 발견하였다. Bradfield와 Fones(1985)는 학습장애아의 교사들을 대상으로 많은 특수교육자의 표본을 사용한 연구에서 이들의 주요 스트레스 원천으로 학부모-교사 관계, 시간 관리, 대인관계 갈등을 지적하였다.

위에서 열거한 몇 가지 요인들은 상호연관이 있으며, 공통분모로 PL 94-142(모든 장애 아동을 위한 교육법)에서 요구되는 부가적인 일과 그 필요 때문에 생긴 것으로 보인다. 1975년에 통과되어 1977년부터 시행된 이 법률안이 통과되기 이전에는 장애 아동을 위하여 연방 차원에서 행한 것이 거의 없었다. 장애 아동에게 주정부가 제공하는 보조와 후원이 저마다 달라서, 많은 주에서는 학부모들이 연방정부가 이들 아동을 동일하게 대우하라고 요구하게 하는 자극이 되었다. PL 94-142의 기본 목적은 모든 장애 아동을 위하여 무상의 적절한 교육을 제공하는 것으로 법률 조항에는 다음과 같은 사항들이 포함된다:

1. 주정부와 지역 학군에서는 모든 장애 아동을 확인, 주거 파악, 평가해야 한다.
2. 학부모와 아동에게는 교육상의 기록을 볼 권리, 독자적인 평가의 확보, 모든 행동에 대하여 서면 고지를 받는 것을 포함하여 마땅한 절차의 보호수단이 주어진다; 또한 결정을 호소하기 위한 심의 요구를 할 수 있다.
3. 여러 전문 분야로 이루어진 포괄적인 교육평가를 매 3년마다 재평가 할 것을 요구한다.
4. 개인별 교육 프로그램(IEP)이 매년 새로 작성되어야 한다. 이러한 계획은 현재의 성취, 장단기 목표, 평가방법을 포함해야 한다.
5. 아동은 학습이 가능한, 최소 제한 환경(least restrictive environment)에서 지내야 한다.

몇 명의 저자들은(예: Bensky et al., 1980; Crane & Iwanicki, 1986) 특수교육 교사들의 스트레스 유발 요인들은 이 법률이 통과된 이후 현격히 증가하였다고 주장하였다. 요점은 이 법률은 아동에게 이익을 제공하였지만 뜻밖의 결과를 낳게 되었으며, 그 중 주된 것으로 이 법률이 특수교육 교사들에게 상당한 양의 추가 업무(주로 공문서 처리 사무)를 부과했다는 것이다. 이 책을 위하여 면담한 어느 교사는 말하였다: "IEP들을 작성하는 것은 관련 없는 사람들에게는 별 문제로 보이지 않을 수 있어요. 그러나 나는 9월과 10월에 수십 시간을 학생들의 장기 목표를 설정하는데 보내고 그 후 매주 몇 시간씩 단기 목표를 변경하느라 시간을 써야 해요." 또 다른 교사는 자신의 학군에서 특수교육 교사들 사이에 선호되는 표현을 지적하였다: "학생들에게 부족한 것을 공문서 처리 사무로 보상한다."

그 밖의 교사들은 교육과정과 아동배치 문제에 학부모들이 참여할 수 있도록 규정함으로써 학부모와 교사들 간의 긴장이 증가되었다고 말하였다. 교육 가능한 정신지체아(EMR) 학급의 어느 교사는 다음과 같이 말했다: 학부모들은 이제 내가 그들의 자녀에 대하여 내리는 모든 결정을 감독할 권리를 가지고 있다고 생각한다(사실 그들은 권리가 있다). 일부 학부모들은 내가 했던 이런 저런 일들을 묻는다거나 다른 치료가 자녀에게 더 필요한지를 알고자 매주 찾아온다. 나는 그들을 이해하고 공감할 수 있지만, 그들의 관심은 대개 강박적이고 반복적이라는 것 또한 안다. 그리고 1년 과정 동안 나나 학교가 그들의 자녀를 위하여 할 수 있다고 생각하는 그들의 기대는 대개 매우 비현실적이다.

물론 모든 학부모들이 부당한 요구를 하러 학교에 오는 것은 아니다. 자녀의 선생님을 전적으로 후원하는 많은 학부모들이 있다. 이들 학부모들은 모임에 참석하고, 지적인 질문을 하며, 교사를 존경하고 자녀에게도 마찬가지로 교사를 존경하라고 함으로써 중요한 스트레스의 조절 역할을 담당한다.

PL 94-142의 시행에 이어 평가의 빈도 또한 증가되었다. 우리가 면담한 어느 교사는 "모든 사람들이 내가 어떻게 하고 있는지를 알려고 한다"고 말하였다. 그것은 COH[장애인 위원회]와 더불어 교장, 교감, 학부모, 심지어 학군의 부교육감에게까지 그 권리가 확대된다. 이들 중 일부는 훌륭하고 아주 전문적이지만, 그 밖의 사람들은 참을 수 없게 한다. 나는 내가 '두 번째 부류'(멀쩡한 시각을 갖고 있으면서 뒷궁리를 하는 일부 COH 구성원)에 의하여 언제 평가받을지 결코 알 수가 없다.

역할 과중과는 별도로, 역할 갈등 및 역할 모호성 문제는 특수교육 교사들의 탈진을 가중시킬 수 있다. 앞서 설명한 바와 같이, 역할 갈등은 교사가 직무를 하는데 이용 가능한 정보는 충분하나 서로 충돌이 될 때 발생한다. 역할 갈등은 두 사람 이상의 감독자 요구가 서로 모순이 될 때("학교 심리학자는 Fred에게 교실에서 자유를 추가로 더 허용하고 더 민감하여야 한다고 말하고, 동시에 교감은 나에게 그가 정학을 당하는 것을 원하지 않는다면 그의 행동에 대하여 엄한 조치를 취하라고 말하였다"), 개인적 또는 직업적 지식이 직무의 특정한 측면을 이행하기에 역부족일 때("나는 충동적인 학생들에게 '어떻게 생각하는가'를 가르칠 인지요법이 무엇인지 충분히 알지 못한다"), 또는 적절하게 직무를 수행하면 규율 위반이 될 때("나는 보고서의 일부 숫자를 꿰맞추었다, 왜냐하면 그렇게 하면 모두 완벽해지기 때문이다, 나는 모든 것을 가르치거나 계획할 시간이 없다") 발생한다. 때로는 특수교육 교사의 직무는 모순된 측면만으로 구성되는 것처럼 보인다: "내가 정상 고등학교 학급에서 영어를 가르친다면 문법이나 철자에 대해서만 얘기해도 좋겠지만, 이 특수교육 직무에서는 엄마, 친구, 강인한 사람의 역할도 해야 한다."

직무 모호성은 이용가능한 정보가 모순되지는 않지만 그럼에도 불구하고 직무를 적절히 수행하기에는 불충분할 때 발생한다. 예를 들어 학교 행정가가 어떠한 양식을 어떻게 작성하는지를 말하지 않거나, 또는 교사들이 자신의 책임이나 자율권의 정도, 행정가나 학생처 직원의 책임과 자율권 정도에 관하여 불분명하게 아는 상태일 때 발생한다. Crane과 Iwanicki(1986)는 특수교육 교사들의 직무갈등은 MBI의 정신적인 피로, 인간성 상실의 하위척도에서 모두 상당한 비율의 불일치를 설명해 주고, 직무 모호성은 개인적인 성취에서 상당한 불일치를 설명하는 것을 발견하였다. 이들 연구결과는 직무 기대와 관련된 요인들이 특수교육 교사들 사이의 스트레스의 불일치를 상당한 부분 설명한다고 한 Bensky 등(1980)의 연구결과를 비롯하여, 직무 갈등과 직무 모호성은 특수교육 훈련생과 1년차 교사 모두의 탈진에 상당히 일조한다고 밝혔던 Fimian과 Blanton(1986)의 연구결과와 일치한다.

특수교육 담당 교사들에 대한 올바른 인식부족은 또 다른 스트레스 유발 요인이다. 면담에 응한 몇 명의 교사들은 자신들의 능력과 노력에 대해 특수교사의 직무는 "쉽다" 그리고 부수입이 (예: 학급 보조금) 괜찮다고 보는 학교 행정가나 동료와 비교할 때 오히려 학부모들은 더 나은 편이라고 주장했다고 한 교사는 말하였다: "대부분의 학부모들은 [특수교육을 받지 않는 아동들의 부모들] 우리가 하는 일에 대하여 전혀 알지 못한다. 그들은 우리가 학생들을 단지 보살피기만 한다고 생각한다. 그러나 정말 참을 수 없는 것은 특수교육이 도대체 무엇을 하는 것인가라는 일부 동료교사들의 무시이다. 그들은 우리의 상세한 계획, 행동목적, IEP들을 살펴보아야 할 것이다. 대부분의 일반학급 교사들은 학급에서 그저 교과목만 가르쳐도 된다. 그들은 중요하다고 생각하는 자료를 제공하고, 그에 대하여 학생들에게 시험을 치르고, 각 학생에게 그 일이 적합한지 전혀 염려하지 않는다. … 학생들은 모든 것을 배울 책임이 있으며 진급할 수 없다면 그것은 그 학생의 책임이다. 특수교육은 다르다. 우리의 수업은 학생의 능력과 사전 지식을 먼저 고려하여야 하며 그리고 난 후 더 일반적인 목표로 나아간다. 각 학생에게는 개별적인 교육과정이 있다. 특수교육 교사들은 학교의 어떠한 다른 직원들보다도 학생의 성장에 훨씬 더 책임이 있다."

감독자의 방식 또한 특수교육 교사들의 탈진 수준에 상당한 영향을 끼칠 수 있다. 심각하게 지체된 아동을 위한 두 학교에 대한 연구에서 Cherniss(1988)는 탈진한 교사가 더 적은 학교의 교장일수록 다른 학교 교장보다 교사들에게 상당히 더 후원적이며 개인 문제와 직무 관련 문제를 논의하는데 더 많은 시간을 보낸다는 점을 발견하였다; 아울러서 이러한 "낮은 탈진" 학교의 교장은 다른 행정가와 사무직원들과도 상당히 자주 상호작용하였다.

마지막으로 잊어서는 안 될 것은 이들 아동을 상대하는 직무 자체가 극도로 어려울 수 있다는 점이다. 심지어 정신지체 아동의 학급을 가르치지 않는 교사들도 정신적, 육체적 또는 인지적 문제에 직면한다. 교육기법이나 행동변화가 특수교육자들이 일반적으로 경험하게 되는 성공 부족 때문에 발생하는 좌절을 전적으로 완화시킬 수는 없다.

물론 이에 대한 예외는 영재를 상대로 하는 일부 특수교육 교사들이다. 그러나 Swicord (1987)가 우리에게 상기시킨 바와 같이, 이들 교사 역시 탈진에 취약하다. 그들은 자신들에게 학생들을 흥미롭게 하고, 도전하도록 하고, 동기부여 해야 한다고 끊임없이 압박한 결과로 심각한 에너지 고갈을 경험한다. 많은 교사들이 여러 학교에서 일하는 관계로, 학군 내 여러 학교의 필요에 맞추기 위해서 여러 특수교육 팀들에 적응해야 하고 자신들의 일정을 조정해야 한다. 그들은 대개 워크숍을 주재하거나 위원회 모임에 출석하도록 요청 받는다. 그들은 많은 일을 개인마다 맞추도록 해야 하고, 교육과정을 자주 개정하고, 정식 교육과정 개정판을 학부모와 다른 교사들에게 제공하여야 한다. 영재 학생들은 교사들을 지적으로 정신적으로 모두 고갈시킬 수 있다. 그렇지만 이 점에 대해서는 Zabel과 Zabel(1982)는 영재를 가르치는 교사들은 높은 수준의 정신적인 피로뿐 아니라 가장 높은 수준의 개인적인 성취감을 보고한다는 것을 발견하였다.

영재교육을 담당하는 교사 또한 자신의 직책이나 자신들의 프로그램에 대한 회계 지출이 정당함을 홍보하기 위하여 행정가나 학부모-교사 집단과 함께 시간을 보내어야 한다. 많은 교사들은 자신들의 프로그램이 행정가, 다른 교사들, 비영재 학부모들에게는 불필요하게 사치스러워 보이고, 제공되는 자료와 공간 역시 불충분하게 제공된다고 생각한다. 그 결과 많은 교사들은 예산 삭감이 되면 자신들의 자리가 가장 먼저 없어질 것이라고 항상 염려를 한다. 많은 교사들은 인정받지 못하며 자신들의 직무의 질을 효과적으로 판단할 수단이 부족하다고 믿는다. 따라서 많은 교사들은 동료의 후원이 없이 고독을 느낀다.

스트레스 중재 요인

정상학급 교사들과 비교할 때 특수교육 교사들이 더 많은 직무 스트레스 유발 요인에 직면했어도 탈진이나 다른 기능장애적 증상이 증가하지 않는다면 이때 중재 변수의 역할을 생각해 보아야 한다.

앞에서 특수교육 교사들에게 IEP들 때문에 생기게 된 추가적인 부담을 언급하였다. 그렇기는 해도 주의 깊게 작성되고 현실적인 IEP는 수업을 특별히 성취 가능한 학습경험이 되도록 하며 정규반 교사들이 매우 실망하지 않도록 예방 역할을 하게 된다. 어느 교사가 지적한 대로 "특수교육을 하는 우리 모두는 학생들이 배웠으면 하는 것에 꼼꼼하게 초점을 맞춘다. 정규학급에 배정된 특수아동을 가르치는 내 여동생은 교육과정에 뒤지지 않도록 학생들을 재촉해야 한다는 압박을 느낀다고 하였다. 내 여동생 반의 많은 학생들이 진도를 못 따라왔다. 나는 학생들에게 개별 교육과정을 적용하여 여러 번 성공하였다. 나의 학생들이 무언가를 배울 때 나는 즉시 그것을 알아차린다. 내 여동생은 자신의 학생들이 뒤지지 않기만을 바랄 수 있다. 그녀는 학생들이 시험에 낙제할 때 진정 본인이 실패한 듯 느끼며 심각하게 좌절하였다." 이러한 견해와 일치되게 Beck과 Gargiulo(1983)는 훈련 가능한(trainable) 정신지체 같은 약간 심한 정신지체 아동들(moderately mental retarded children)의 교육을 담당하고 있는 교사들이 교육 가능한 정신지체 학생들(educationable mental retarded students)을 담당하고 있는 교사들보다 덜 탈진한다는 것을 발견하였다. 이들 교사들에게는 현실적인 기대가 장기적이며 심각한 스트레스를 막는데 도움이 되었다.

특수교육 교사들의 또 다른 중재 요인은 작은 학급크기이다. 학생 수가 적으면 교사들은 학생 개개인을 더 잘 알고, 각 아동이 중요해지며, 각 아동의 특수성을 더 명확히 파악한다. 우리가 면담한 어느 교사가 말한 바와 같이 "연말이면 이 아동은 나의 일부분이 되어 있어요. 비록 내가 이들의 고통을 함께 느낄 수는 없어도 성공을 축하해 줄 수 있잖아요." 또 다

른 교사는 말하였다: "내가 아동마다 더 많은 시간을 보낼 수 있고 손을 잡으며 교실을 둘러볼 수 있기 때문에 나는 항상 모두 안아주고 '좋은 일'을 하고 있다고 믿어요. 나는 모든 아동이 매 수업마다 어떠한 형태의 긍정적인 피드백을 얻고 있다고 확신할 수 있어요. 이들은 수업을 좋아하며 나 또한 그렇거든요."

또한 많은 특수교육 학급에는 조수나 보조원이 있다. 성인이 추가로 있다는 것은 학생들에게 도움이 되며 교사의 외로움을 감소시킨다. 학급은 개인들의 관심이 늘어남에 따라 더 잘 기능하며, 잠재적인 위기상황은 사람의 손을 벗어나기 전에 처리될 수 있다. 교사가 다른 학생들을 가르치고 있는 동안 곤란한 상황이 학급의 다른 쪽에서 일어나는 것이 일상적이다. 보조원이 있다는 사실은 성인 중 한 사람이 위기에 대처하는 동안에도 학급을 계속 진행할 수 있다는 것을 의미한다. 짧게 말하면 보조원은 교실의 성공을 촉진하는 한편, 스트레스와 고독을 감소시킬 수 있다.

마지막으로, 동기를 유지하고 탈진을 피하게 하는 요인은 바로 학생을 향한 교사의 강력한 헌신이다. 비록 이러한 인상을 명확히 할 수 있는 실증자료가 없지만, 많은 특수교육 교사들은 특별한 필요를 가진 자녀를 둔 친구나 친척이 있다고 생각한다. 분명 이들 중 많은 교사들은 특정 장애가 있는 아동을 도우려는 강한 목적의식과 사명감을 가지고 이 분야로 들어온다. 다른 학자 중 Freudenberger는 자신의 분야에 대단히 헌신하는 직장인들은 탈진에 가장 취약할 수 있다고 주장하였지만, 그 밖의 학자들 특히 Cherniss와 Krantz(1983)는 그런 사람들의 능력은 곧 닥치게 될 탈진을 경감시키는 요인으로 자신의 목적의식을 새롭게 하는 것과 강력하게 관련된다고 주장하였다. 다음의 인물은 좌절하였지만 직무를 다하는 고등학교 특수교육 교사의 사례를 보여주고 있다.

Steve는 도시지역 학교체제에서 19년 동안 봉직하고 있는 45세 된 고등학교 특수교사이다. 그는 대개 "좌절하고 과로하고 제대로 된 평가를 받지 못한다"는 느낌은 들지만 본인이 탈진했다고는 생각하지 않는다. 이러한 느낌이 탈진을 부추기지 않은 이유에 대하여 "탈진은 나에게 그림자 같은 것이에요. 좌절은 하지만 여전히 많은 부분 내가 완전하다고 느껴요"라고 대답하였다. 또한 그는 학생들이 교실로 갖고 오는 문제들로 그들을 비난하지 않는 경향을 보인다. 그 대신 그의 분노를 학생들에게 영향을 끼치는 사회적 불공평, 학생 학부모에게 집중시킨다. 그에 따르면, 그가 대하는 많은 학부모들은 "걱정은 하지만 무능력하다. 그 중 많은 학부모들이 염려는 하나, 자녀에게 어떻게 말을 해야 할지, 어떻게 훈육을 할지 모른다." Steve의 또 다른 주된 불평은 학생 개인별로 작성하라고 명령받은 IEPs(개인별 교육 프로그램)에 대한 것이다. 그에 따르면 자신뿐 아니라 어느 특수교사라도 그 업무를 진지하게 여기지 않으며, 근본적으로 "그들과 교육 사이에는 전혀 관계가 없다. IEPs는 순전히 행정 업무이다. … 교사 스스로는 단지 제대로 된 어휘와 양식을 사용하는지에만 관심을 갖게 한다"는 것이다. Steve는 학급은 IEPs가 고려하는 것보다 상당히 더 예측 불가능하다고 주장한다.

Steve는 교사로서 효율적으로 역할을 다하게 만드는 학급에 대하여 흥미로우나 다소 남다른 견해를 가지고 있다: 다른 문제와 걱정을 막아주는 효과적인 방법으로 교실과 학생-교사 상호작용의 강렬함에 주목한다. 그는 교실을 성소로 여긴다.

주변에서 탈진한 것 같은 다른 교사를 보면서 그는 이들의 행동이 이상하고, 대개 "교육과 관계된 모든 것이나 사람들을 엄청나게 비웃는다"는 인상을 받는다. 또한 "탈진한 사람"으로 낙인찍힌 많은 교사들을 무능력하거나 직무를 효과적으로 처리할 수 없는 사람으로 생각한다.

특수교사 여러 사람과의 대화를 통해 쌓여진 나의 생각은 만족과 스트레스 모두 정규교육을 담당하는 동료들보다 특수 교육을 담당한 교사들에게 더 강력할 수 있다는 사실이다. 특수교사들이 적은 수의 학생과 상대적으로 더 오랫동안 일한다(대개 동일 학생과 2년 이상 일한다)는 것은 특히 학생들(또 그 가족들을) 잘 알게 되며, 학생들과 개인적으로 더 자주 함께 지내며, 매일 성장하는 그들의 모습을 지켜보는 기회가 있다는 것을 의미한다. 하지만 이것의 다른 측면은 이들 교사들이 다루기 힘든 것으로 느낄 수 있는 학생문제를 끊임없이 처리해야 하며, 이들 학생들의 성장은 정상교육을 받는 학생들보다 보통 더 느리고 변덕스럽다는 것이다. 많은 특수교사들은 정규학급에서 형성되는 교사-학생 유대를 넘어서 학생들에 대한 책임과 친근감을 느낀다; 이러한 책임감은 강력한 친밀감을 형성하며 노력을 증대시킬 동기를 부여할 수 있지만, 동시에 근무일이 아닐 때에도 사라지지 않는 분개와 실망감을 야기할 수 있다. 면담을 했던 많은 특수교사들은 그들이 느끼는 강렬함, 밀접함, 상처, 깊은 의무감을 언급하면서 특수학급을 가족에 비유하였다. 실로 특수학급에 가족과의 유사성을 더 한층 확장시킬 수 있다. 이들이 자신의 학교 여건에 대해 불평할 때의 어조는 그들의 아동이 관료적 무관심이나 하찮은 규칙에 의하여 상처받는 것에 대해 특히 신랄하였다.

교사 탈진에 대한 대처: 해결책과 문제점

우리는 교직을 가치 있고 존경 받는 직업으로 만들 것이다.

—미카엘 듀카키스—

지도자는 권력을 거래하는 상인 같은 사람이 아니라
사람들의 마음속에 깊이 파고드는 원칙과 가치를 만드는 사람이다.

—정치학자 맥그리거 번스—

이 책 전반에서 논의를 통하여 교사의 직무 스트레스와 탈진의 문제점을 설명하였다: 여러 유형의 교사들이 불만족하고, 스트레스를 받고, 지치고, 열광적으로 과잉헌신하며, 불충분한 도전을 받고 있으며, 교단을 떠나고 있다. 이러한 문제에 대처하는 해결책은 세 가지 제목으로 분류될 수 있다: 1) 교사의 권한을 증가시키고 교직을 더 한층 전문화시키고자 하는 일반 차원의 학교개혁; 2) 긴장완화 훈련, 시간 관리와 사회적 후원과 같은 개인적 대처 전략; 3) 교사센터와 학교 차원의 관리팀 구성과 같은 학교 차원의 해결책.

이 책에서는 이러한 접근 방법과 함께 그 한계도 더불어 논의할 것이다. 예를 들어 교사개혁은 역설적이게도 대개 교사권한을 축소시키는 쪽으로 전개되었다; 개인적인 대처책략은 비록 스트레스에 대한 일시적 조정자로서는 도움이 되었지만, 교사의 필요를 더 잘 충족시켜줄 수 있는 두드러진 조직적 변화의 필요성에 대해서는 다루지 못 한다; 학교 차원의 해결책은 대개 시행과 유지가 가장 어렵다. 마지막으로 교사의 직무 스트레스와 탈진에 대처하기 위한 많은 제안들, 아울러서 일반적인 개혁 토대 하에서 제안 되는 많은 구상들은 이러한 변화에 따른 장기적 효과를 고려하지 못하였다. 이러한 선의의 제안들은 의도하지 않은 결과를 가져올 가능성이 아주 높으며, 따라서 교직의 미래는 여전히 알 수 없다는 Sarason의 견해를 강조할 것이다.

❀ 교육개혁 운동

미국 역사상 다시 한 번 강력하게 그리고 혁신적으로 교육문제를 다루어야 하는 보편적 쟁점인 "위기"의 시기를 맞이하고 있는 것으로 보인다. 공립교육에 대한 이와 같은 태도는 (공립교육이 불충분하고 지나치게 관료적이며 이론과 관행은 구태의연하며 학생들이 실패하고 있다고 생각하는 것) 새롭거나 특별나지도 않지만, 이러한 사실은 미국 교육체제를 특징짓는 "평범함의 물결(tide of mediocrity)"을 퇴치하려는 열광적인 시도의 흐름 속에서 부각되지 못하고 있다.

1980년대의 학교개혁 운동은 미국 학생들의 학업성취를 향상시키려는 수단으로 시작되었다. 국제적으로는 미국이 경쟁적 위상을 상실하고 있으며, 국가적으로는 학생들의 부족한 성취 때문에 경제적 미래가 불투명하다는 두려움도 있었다. 개혁 초기에는 교사들은 학생성취를 향상시키는 수단으로서만 중요하였다. "쇄신운동(renewal movement)이 처음 일어났을 때 몇몇 주에서는 교사들에게 날카로운 비판을 가하며 교사 평가제도가 즉시 도입되었다는 사실을 기억하는 사람은 거의 없다. 이것은 교사들은 문제의 해결책이기보다는 문제의 원인이라는 명확한 표시였다"(Boyer, 1988, p. 10).

개혁운동이 계속 가열되면서 정책발표와 권고내용 속에는 교사의 권한 문제가 점점 더 많이 포함되었다. 많은 교사들은 개혁운동이 급여와 근무여건을 향상시키고, 그들에게 더 큰 자율권과 의사결정권을 부여하고, 대개 교직을 한층 전문화시켜 그들의 삶을 강화시킬 것으로 생각하며 고무되었다. 실로 개혁운동의 결과로 대단한 교직변화를 기대하였고, 매우 적은 숫자의 교사들만이 교직을 떠나거나 탈진할 것으로 예언하였다. 그러나 기대했던 변화는 일어나지 않고, 여전히 상당한 수의 교사들이 사기가 저하되고 탈진하였다는 사실은 아직도 제도나 정책의 근본성격을 변화시키는 것이 얼마나 어려운지를 증명하고 있다.

현재와 같은 교육개혁 운동의 시작은 전형적으로 1983년의 『A Nation at Risk(위기에 처한 국가)』 발간으로 거슬러 올라간다. 국가 교육 수월성위원회(National Commission on Excellence in Education)에 의하여 간행된 이 보고서는 미국의 학생과 교사 모두에 대한 학습과 평가방법 상에서의 근본적인 변화를 부르짖었던 80년대의 많은 보고서〔Orlich(1989)에 따르면 적어도 18개〕 중 최초의 것이었다. 미국 내에서 275개 이상의 교육 특별전문위원회가 조직되었으며, 교육의 여러 측면에 영향을 미칠 연방법률안이 700개 이상 입법화되었다(Timar & Kirp, 1989). 사실 현재 개혁운동의 시작을 1983년 『A Nation at Risk(위기에 처한 국가)』의 간행으로 보는 경향에도 불구하고, 교육체제를 변화시키려는 노력은 그 보다 수년 전부터 시작되었다. 연방과 주 차원의 학교개선 프로그램들은 모두 주로 초등교육에 초점을 두었으며, 1970년대와 1980년대 초기에 널리 확산되었다. 이들 프로그램들은 교사의 교수법 개선, 새로운 교육과정 개발, 학교행정가의 지도능력 강화, "효율적인 학교" 등의 연구에서 밝혀진 내용과 일치되는 창조적 교실환경, 학부모의 학교 참여 증가, 학생능력 검사의 범위 확대, 교사자격증 취득기준의 엄격화를 목표로 하고 있었다.

그럼에도 불구하고 1980년대의 보고서들은 광범위한 개혁 노력을 더 한층 자극하였고, 공립학교에 대한 국가적 관심을 야기했다는 점에서 대단한 영향을 끼쳤다. 『A Nation at Risk(위기에 처한 국가)』에 의하여 고취된 일반개혁의 첫 물결은 졸업자격 강화, 학생 시험 회수 증가, 교사평가와 자격증 취득과정 강화, 교사급여 인상, 경력 위계 및 수석교사 프로그램(master teacher program) 같은 방법들을 포함하였다. 이러한 변화들은 위로부터의 관료적 통제로부터 생겼기 때문에 "상의하달"로 불려 왔다. 교육개혁의 두 번째 물결은 교육자체에 초점을 맞추었고 교육과정 검토, 교사훈련으로 이어졌다. 예를 들어 국가자격증에 대한 카네기 특별전문위원회의 계획은 교사들을 위하여 (더 높은 급여 이외의 방법으로) 보다 전문적 환경을 만들 방법을 찾도록 정책수립가들에게 촉구하였다. 그리고 세 번째 개혁 물결은 이러한 보고서가 발표됨에 따라 득이 되지 않는 변화를 목적으로 하기보다는, 학교 조직의 근본 성격 변화를 목표로 하는 방법들을 논의하였다.

1983년 이래 학교개혁은 사실 모든 주에서 벌어졌다. 대부분의 주에서는 고등학교 졸업 자격을 강화하였으며, 많은 주에서는 더 높은 교사 급여와 더 엄격한 훈육 기준을 요구하는 포괄적인 교육개혁법을 통과시켰다. 1980년대에는 심지어 정치 의제의 일부로 학교개혁이 논의될 정도였다. 레이건대통령 시절, 행정부에서 『A Nation at Risk(위기에 처한 국가)』를 작성하도록 의뢰하였지만, 정작 레이건 대통령은 그 보고서를 읽지 않았었다(Fiske, 1988,

p. B10). "그러나 몇 주 지나지 않아, 여론조사에서 그 보고서가 미국 유권자들의 심금을 울리기 시작했다고 했을 때 레이건 대통령은 그 보고서의 실제적인 메시지에 관심을 기울여 교육개혁의 문제를 정치적으로, 효과적으로 이용하기 시작하였다"(Fiske, 1988, p. B10). 공화당인 레이건 행정부의 보수주의적 교육정책에 대한 수석 대변인은 바로 교육부 장관인 William J. Bennett으로, 그는 미국의 학력 하락을 "향락적인 대학생, 권한에 굶주린 교사들, 교원 노조, 그리고 그가 '오점'이라고 부른 학교 행정가 체제" 때문으로 보았다(Hechinger, 1989b, p. B9). 몇 년 후 학교개혁 문제는 대통령 선거에서 중요한 쟁점이 되었다. 1988년 Michael Dukakis는 민주당의 대통령 후보 지명을 수락하면서, "우리는 교직을 가치 있고 존경받는 직업으로 만들 것이다"라고 선언하였다. 이에 뒤질세라 공화당의 대통령 후보였던 George Bush는 "교육 대통령(the education president)"이 될 것을 맹세하였다.

교육개혁 문제는 1989년 절정에 달하였으며, Bush 대통령은 "교육 정상회담(educational summit conference)"을 소집하였다. 대통령은 부적절한 교육 때문에 "다음 세기에 미국의 지도적인 지위"를 해칠 위협이 될 것을 염려하였다(Fiske, 1989d, p. B10). 미국 대통령이 중요한 국가문제를 논의하기 위하여 전체 주지사들을 소집하는 권한을 행사한 전례는 단 두 번뿐이었다(Theodore Roosevelt의 대담; 대공황 때 Franklin Delano Roosevelt). 이 회담에서 대통령은 매우 적절하게 학교 비판을 한 개혁운동을 치하하였으며, 실험과 새로운 시도를 계속해야 하는 필요성에 대하여 언급하였으며, 학교들은 규정과 관료적 통제가 거의 필요로 하지 않다고 주장하였다. 그는 국가교육 목표의 명확화뿐 아니라 교사와 학교장 모두에게 책무를 요구하였고, 또한 "훌륭한 교육자를 주목하지 않는 것"은 용납하지 않을 것이라고 말하였다. "이 사회에는 뛰어난 교사와 교장보다 더 멋진 은인은 없다"고 Bush 대통령은 말하였다(Shanker, 1989, p. E7에 인용됨). 아울러서 Bush 대통령은 "교사들은 교직에 이미 몸과 마음을 헌신하고 있다"고 하였다(Fiske, 1989b, p. B8).

❀ 교육개혁 보고서들

1983년 이래 미국의 공립학교 교육여건을 다룬 수십 건의 개혁 보고서들이 출간되었다. 대부분의 보고서에서는 교사 준비, 자격, 평가, 급여 쇄신을 주장하였다. 나는 이하의 9개 보고서들에 초점을 맞추어 각각의 내용, 공통 논제, 그리고 이 보고서들의 권고가 교사들의 삶에 끼친 충격을 간략하게 다루고자 한다.

1. 『Nation at Risk(위기에 처한 국가)』(1983), the National Commission on Excellence in

Education(국가교육 수월성위원회) 간행

2. 『Action for Excellence: A Comprehensive Plan to Improve Our Nation's Schools(수월성을 위한 조치: 미국학교 개선을 위한 포괄적 계획)』(1983), the National Task Force on Education for Economic Growth(경제성장을 위한 국가교육특별전문위원회) 간행
3. 『High School(고등학교)』(1983), the Carnegie Foundation for the Advancement of Teaching(교육 진보를 위한 카네기재단)의 Ernest L. Boyer
4. 『Educating Americans for the 21st Century(21세기를 대비한 미국인 교육)』(1983), the National Science Board Commission on Precollege Education in Mathematics, Science and Technology(수학, 과학, 기술에 대한 대학 이전 단계 교육에 관한 국가과학부 위원회)
5. 『A Place Called School(학교라고 불리는 곳)』(1984), John I. Goodlad
6. 『Horace's Compromise: The Dilemma of the American High School(Horace의 타협: 미국 고등학교의 딜레마)』(1984), Theodore R. Sizer
7. 『A Nation Prepared: Teachers for the 21st Century(준비된 국가: 21세기를 대비한 교사상)』(1986), the Carnegie Task Force on Teaching as a Profession(교직의 전문성에 관한 카네기 교직특별전문위원회 보고서)
8. 『Tomorrow's Teachers: A Report of the Holmes Group(내일의 교사: 홈즈그룹 보고서)』(1986)
9. 『Turning Points: Preparing American Youth for the 21st Century(전환점: 21세기를 대비한 미국 청소년)』(1989), the Carnegie Corporation of New York(뉴욕 카네기협회)

『Nation at Risk(위기에 처한 국가)』는 1983년 4월 국가교육 수월성위원회가 간행한 매우 독창적인 개혁 보고서였다. 이 짧은(35쪽) 보고서는 미국 교육체세의 많은 부분을 비난하였으며, "만일 비우호적인 외세가 현재와 같은 이류교육을 미국에 강요하려 했다면 이를 전쟁행위로 간주하였을 것이다"(p. 1)라고 선언하였다. 보고서는 어조가 과장적일 뿐만 아니라 이미 수년 전부터 "표준화 검사점수를 통해서 문제가 제기되고 있는 … 증거를 무시하였다(Fiske, 1988, p. B10). 지나치게 과장된 표현에도 불구하고(또는 그 때문에), 이 보고서는 러시아가 스푸트니크호를 우주로 발사한 이래 미국인의 신경을 극도로 자극하여 초등학교와 고등학교를 개선해야 한다는 필요성을 드러내도록 하였다"(Fiske, 1988, p. B10). 『Nation at Risk(위기에 처한 국가)』는 양질의 교육을 바라는 미국의 집념은 "공립학교와 대학에 각각 기대하는 서로 모순된 요구"에 의하여 타협되고 있음을 주장하였다. "일상적으로

가정이나 그 밖의 기관들이 해결하지 못하거나 해결할 수 없는 개인적, 사회적, 정치적인 문제들에 대한 해결책을 제공하도록 요구한다"(p. 6). 여기에서 말하고자 하는 것은 학교란 학생들의 학업적 필요에 전념하여야 하며, 다른 기관들은 학생들의 삶의 다른 측면을 다루어야 한다는 것이다. 이러한 관점에서 『A Nation at Risk(위기에 처한 국가)』는 Goodlad, Sizer, Boyer의 추후 보고서와는 차이가 나는데, 이들 보고서는 모두 학생들의 비학문적인 필요에도 주목할 수 있도록 더 작고 개인적인 학교가 필요하다고 하였다. 대체로 『A Nation at Risk』에서는 학교가 수년간 해 왔던 일들을 더 많이 하도록 요구하였다: 더 많은 시험, 더 많은 숙제, 더 엄격하게 시행되는 행동지침, 더 많은 수업시간, 더 많은 수업일수.

『미국 학교개선을 위한 포괄적 계획(Action for Excellence: A Comprehensive Plan to Improve Our Nation's Schools)』 보고서는 경제성장을 위한 국가교육 특별전문위원회에 의하여 1983년 발간되었다. 그것은 주정부와 비즈니스 업계가 교육개혁에 주요한 역할을 담당해야 한다는 점에 초점을 두었다. 이 보고서는 교육개혁을 위해서는 위의 목표 달성을 위한 개혁과 일정표 상의 구체적 목표를 포함하여, 각 주지사들이 행동계획을 마련할 것을 권고하였다. 또한 보고서에서는 학교와 비즈니스 업계 사이의 파트너십의 형성을 권고하였다. 마지막으로 보고서에서는 교사 충원, 훈련, 급여의 극적 개선을 촉구하였다.

『고등학교(High School)』는 1983년 교육진보를 위한 카네기재단 이사장 Ernest L. Boyer에 의해 발간되었다. 그것은 전국 15개 고등학교를 2년간 관찰하여 기초한 것이었다. Boyer에 따르면 고등학교는 "분명하고 생기 있는 사명감이 부족하다"; 그들은 "표류된" 기관이다. 이 보고서에서는 미국의 필요보다는 학생들의 필요를 강조하였고, 그 논조는 Nation at Risk(위기에 처한 국가)와는 사뭇 달랐다. Boyer는 읽기, 쓰기, 말하기, 듣기를 포함하여 언어와 의사소통 기술이 학생들에게는 중심적인 기능이므로 비판적으로 사고하고 효과적으로 의사소통 하는 것을 학생들에게 가르치라는 것이었다. 그에 따르면, 교장은 행정임무 때문에 책임은 지나치게 지워져 있으나 권한은 지나치게 미흡하게 부여되어 있다고 보았다. 또한 교사들은 효과적이거나 지속적인 교육을 하기에는 자주 방해 받는 여건 하에서 일한다고 느꼈다; 그의 주장은 교사들을 비학업적 짐에서 해방시켜 부담을 줄여주어 교사들이 수업 준비, 기록 작성에 더 많은 시간을 할애하도록 배려하라는 것이었다. 또한 교사들은 수업자료에 대하여 더 많은 권한을 가져야 한다고 생각하였다. 우수한 교사는 재정적인 보상과 과정을 통하여 인정받고 보답을 받아야 한다. Boyer는 교사들을 "준교사"에서 "정교사"로 또 "수석교사"로 이끄는 직업행로(career path)를 마음속으로 구상하였다. 일반적으로 Boyer는 교사들에게 동정적이었다: "교직의 근무여건은 개선되어야 한다. 많은 사람들은 교사들이 쉽고 비요구적인 직업을 가지고 있다고 생각한다. 하지만 현실은 이와 다르다"(p. 307).

『21세기를 대비한 미국인 교육(Educating Americans for the 21st century)』은 1983년에 발간된 또 다른 보고서이다. 이 보고서는 우수한 교육을 향한 "국가적인 전념"을 촉구하였으며, 모든 학생들이 양질의 교육을 제공받도록 노력해야 할 것을 요구하였다. 이 보고서에 따르면 연방정부는 교육개혁을 위한 촉매제가 되어 줄 모범적인 2,000개 학교를 특별히 재정 지원하고 교사들, 특히 높은 자질을 갖춘 수학, 과학, 기술공학 교사들에게 다른 직장의 전문가 급여에 상응하는 급여를 제공해야 한다고 주장하였다.

『학교라고 불리는 곳(A Place Called School)』은 38개 주의 초등 및 중등 공립학교에 대한 연구로, John Goodlad에 의해 씌어졌고 1984년 발간되었다. Goodlad는 많은 교육문제들은 교사들의 다음과 같은 공통 관행 때문에 비롯되었다고 믿었다: 교실을 전체로 다루는 것; 교사가 앞에 서서 가르치고 학생들의 학습을 감시하거나 퀴즈를 실시하는 것; 학생들이 서로 배우거나 활동을 주도하는 방법을 거의 허용하지 않는 것; 학생들을 자주 칭찬하거나 지도하지 않는 것; 학생들이 제한된 활동(듣기, 질문에 대한 답 쓰기, 시험)만 하도록 제한하는 것(pp. 123-125). 또한 교사들이 무관심하거나 단조로운 어조로 수업을 진행하는 것, 지나치게 강연식(수업시간의 85%)으로 수업하는 것, 토론을 독점하는 것(학생들보다 3배나 더 말한다), 지나치게 많은 시간을 고차원적 사고보다 기초적인 기술에 할애하는 것 등을 비판하였다. 이러한 시대착오적 관행에 대한 Goodlad의 대안은 학습과정의 일부로서 구체적 경험을 하고자하는 학생들의 요구를 효과적으로 다룰 수 있는 수업기법이 무엇인지 알아내고 사용하라는 것이었다. 그는 교사 준비체제 전체를 재검토하여 교육기관과 학교 직원들이 더 나은 해결책을 마련하기 위하여 현재의 관행을 함께 검토해야 한다고 생각하였다. 또한 교장은 학교 내 긍정적인 학습환경을 조성하도록 훈련받아야 하고, 교사들은 교육기금 배정에 어느 정도 권한을 가져야 하며, 교사들을 위한 경력승급제가 고안 되어야 하며, 수업일수도 200일로 늘어나야 한다고 생각하였다. 또한 논란의 여지가 있는 그의 가장 중요한 주장은 학교 내에 학교(schools-within-schools)를 설치하고, 학년별로 학생들의 교육적 진보를 책임질 수 있는 학년별 주임교사를 두라는 충고였다.

『Horace의 타협: 미국 고등학교의 딜레마(Horace's Compromise: The Dilemma of the High School)』는 Theodore Sizer에 의해 1984년 발간되었다. 공립과 사립 중등학교에 대한 분석을 한 이 보고서에서는 고등학교의 주된 사명은 학생들에게 어떻게 사고해야 하는지 가르치는 것이며, 교사들에게는 어떻게 가르칠지 결정할 수 있는 자유가 있어야 한다고 주장하였다. Sizer에 따르면 (피라미드의 정점에서부터 아래로 움직이는) 관료조직은 "학생의 학습을 방해"(p. 206)하고 있다. 그는 권한과 책무는 지역청의 차원이 아닌 개별 학교에 기초하는 것이어야 한다고 생각하였다. Boyer처럼 Sizer도 교사들이 불가능한 과제에 직면하고

있다고 느꼈다: 교사들은 너무나 적은 급여를 받고 있으며, 너무나 많은 학생들을 상대로 너무나 많은 문제를 감당하도록 기대 받으며, 수업시간 중에 잦은 방해를 받기 때문에 그들이 하고자 했던 교육 기법, 기대, 기준들을 포기하고 적당히 타협한다. 그러므로 교사들과 학생들은 학업적인 취지와는 별개인 질서정연함을 추구한다. Sizer에 따르면 해결책은 교사의 근무여건을 개선하는 것이다: 교사들에게 더 많은 자율권을 부여하며, 학생들에 대한 통솔권을 주고, 교사가 담당하는 학생 수를 줄이고, 교육과정 할당 분량을 줄이고 직무 책임을 다각화하며, 학생들과 더 가깝게 지낼 수 있도록 권위를 분산시키며, 급여 인상폭을 높이고 교사들의 직무환경을 더 안전하게 만든다.

『준비된 국가: 21세기를 대비한 교사상(A Nation Prepared: Teachers for the 21st Century)』은 카네기 교직특별전문위원회의 보고서로 1986년 발간되었다. 이 보고서에서는 교사들이 (주의 깊게 선발되고, 고도로 훈련받고, 높은 자격기준을 갖추고, 후한 급여를 받는) 전적으로 전문화된 집단이 되어야 한다고 주장하였다. 이 보고서는 교사 자격기준을 설정할 전국교직기준위원회(National Board for Teaching Standards)를 창설할 것을 요구하였다. 그것은 교사들이 학생 성장에 대한 더 많은 권한뿐만 아니라 더 큰 책임감을 가져야 한다고 주장하였다. 교사들 급여는 다른 전문직 급여에 상응되어야 할 뿐만 아니라 학생성취의 지표에 따라 지급받아야 한다. 또한 이 보고서는 새로운 학교관리 형태를 주장하면서, 일부 학교처럼 매우 전문적이어서 높은 급여를 받는 "지도급(lead)" 교사들이 새로운 학급을 전적으로 관리하게 할 수도 있다고 밝혔다. 학교는 또한 강연 위주의 교육방법에서 벗어나서 새로운 형태의 교육기법을 더 많이 사용해야 한다고 지적하였다.

『Tomorrow's Teachers: A Report of the Holmes Group(내일의 교사: 홈즈그룹 보고서)』(1986)는 『A Nation Prepared(준비된 국가)』 보고서를 작성했던 많은 사람들이 다시 참여하여 만든 것이다; 따라서 이 두 보고서의 구상은 많은 점에서 유사하다. Holmes그룹의 목표는 교직원 차별화(교사들을 "교사"부터 "전문교사"로 "경력 있는 전문교사"로 승급시키는 것), 젊은 교육자들이 능력을 연마할 수 있는 "전문개발학교(PDS)"의 설립, 소수민족 출신의 교육기관 등록률 증가시키기, 교사교육 전반에 대한 개조, 연구 강화를 통한 "교육의 과학화" 부활, 아마 가장 중요한 것으로 위의 모든 것을 실행에 옮길 수 있는 협력대학 협조망 구축을 지적하였다.

1989년 카네기협회는 다른 보고서 『Turning Points: Preparing American Youth for 21st Century(전환점: 21세기를 대비한 미국 청소년)』를 발간하였는데, 그 속에서 학교규모를 과감히 축소할 것을 권고하였다. Goodlad 구상과 유사한 것으로, 더 나은 교육과 젊은 청소년의 상담을 위하여 학교를 더 작은 단위나 집단으로 나누자는 것이었다. 각 학생마다 현명하고 성실한 성인 조언자를 갖게 하고, 직접 공동체에서 제공하는 광범위한 서비스에 접근할 수 있도록 하자는 것이었다. 초점은 "학생들의 전 측면"을 돌보는 것으로, John Dewey의 시대로 되돌아가는 접근방법이었다.

Stedman과 Jordan(1986)은 이들 보고서들이 공통적으로 갖고 있는 몇 가지 논지를 지적하였다: 국제적으로 하락하고 있는 국가 경쟁력에 비추어 고등학교 개혁은 시급하다; 학생들은 학업성취(학력수준의 열위)가 미흡하므로 개선이 필요하다; 학업기준, 특히 고등학교 졸업자격이 강화될 필요가 있다; 급여를 포함한 교사의 근무여건이 향상될 필요가 있다; 개별 학교 차원에서 교사와 행정가들에게 더 많은 특권과 자율권이 부여되어야 한다; 학교는 공동체 내의 사업조직을 포함한 그 밖의 기관이나 제도들과 필요 이상으로 분리되어 있다.

많은 보고서들은 교사들이 (강당과 식당 감독을 포함한) 비학문적인 임무 수행, 중요하지 않은 공지나 방문으로 수업을 자주 방해받는 것, 지나치게 학생 수가 많은 학급을 가르쳐야 하는 것 등과 같은 교사들이 겪는 일상적인 스트레스 유발 요인들을 분명하게 지적하였다. 많은 보고서들은 교사들이 너 낳이 훈련받고, 더 엄격한 기준 하에서 교사자격을 부여하고, 교직에 대하여 더 나은 급여를 받고, 교실에서 보조원과 자원봉사자의 더 많은 도움을 받으며, 더 많은 의사결정권과 자율권을 부여받아야 한다고 제언하였다. 이들 보고서들은 교사들이 오랫동안 알고 있던 점들을 인정하였다: "청소년 교육이라는 중요한 역할을 수행하는데도 불구하고 [교사들은] 교육과정 선택에서 거의 권한이 주어지지 않으며 교직과 관련하여 특권이 거의 주어지지 않는다"는 것이다(Stedman & Jordan, 1986, p. 21). 교육 사회 내에서 다른 사람들(학부모, 행정가, 학교위원회, 심지어 학생들)이 학교정책 결정에 대하여 교사들보다 할 말이 더 많아 보인다고 불평하였다. 사실상 많은 개혁 보고서들은 무능력, 즉 스트레스 유발 요인에 직접적인 영향이나 변화를 주지 못하는 무능력 그 자체가 스트레스의 주된 원인이라는 사실을 인정하였다.

❀ 학교 개혁: 문제와 한계

이들 보고서에 대해서는 비평이 따랐다. 첫째, 가장 중요한 것은 이들 개혁 보고서의 영향력이 미약했다는 사실이다. 개혁은 어느 정도 이루어졌다. 일부 주(예: 캘리포니아주)에서는 더 많은 학생들이 수학과 과학을 배우게 되었고, 많은 학군에서 SAT 점수가 다소 향상되었고, 교사 급여가 인상되고, 학교목표를 설정하고 교육과정을 구상할 때 교사 참여가 늘어났다. 다른 한편으로 교사 경력 승급제 계획은 대개 반대에 부딪쳤으며(예: 뉴저지주는 교사들의 참가 거부로 수석교사 계획을 포기하였다), 교육기준이 강화되면서 일부 주에서는 낙제율이 올라갔으며(예: 플로리다), 일부 학군에서는 재원이 부족해지거나 교육 의지를 지닌 정치인이 물러나면서 개혁 노력이 약화되었다. 더욱이 개혁으로 이루어진 많은 변화는 단지 표면적이어서 교육전략이나 학교조직에는 커다란 변화를 주지 못했다(Orlich, 1989, p. 513). 일반적으로 학생들은 여전히 동일한 학교에서 동일한 급우들이 있는 교실로 출석하고 있으며 동일한 교사에 의하여 동일한 방식으로 배우고 있다. Stedman과 Jordan(1986)이 주목한 바와 같이 "임의의 관찰자가 학교의 개혁 전과 개혁 후의 일상에서의 차이를 거의 발견하지 못할 가능성이 높다"(p. 52). 이와 유사하게 John Goodlad는 일찍이 1984년도의 개혁은 가장 중요한 차원, 즉 개별 교실 차원에서의 변화를 가져오는데 실패하였다고 지적하였다: 아마도 이것은 예상하던 바였다. 교육개혁의 역사는 오래되었고, 대부분 이러한 역사는 "더 많은 것이 변할수록 더 많은 것은 불변으로 남아 있다"라는 프랑스 격언을 상당히 상기시킨다. 따라서 개혁이 시행되기 전만큼 현재 교사들이 아직도 스트레스를 받거나 탈진한다 해도 놀랄 일이 아니다.

두 번째 비평은 교사들은 전형적으로 개혁의 계획이나 실행에 참여하지 않았다는 점이다. "개혁은 전형적으로 졸업자격, 학생성취, 교사준비와 시험, 그리고 활동감독에 초점을 두었다. 그러나 이들 문제들의 중요성에 비추어 교사들의 참여는 크게 부족하였다"(Boyer, 1988, p. 11). 1985년 Harris 여론조사에서는(Harris et al., 1985) 조사대상자 중 63%의 교사들이 개혁이 자신들의 참여 없이 시행되었다고 생각하는 것으로 나타났다. 어느 교사도 Bush 행정부의 교육정상회담에 초대받지 못하였다. 더구나 나중에 나온 대부분의 보고서들이 교육적 의사결정은 학생개인과 교사 차원에 더 가깝게 이루어져야 함을 주장하였는데도 불구하고, 학교정책의 대부분의 실제적인 변화는 주정부의 관리로 이루어졌다. 주정부는 지역학군에 대하여 특권을 행사함으로써 그 권한을 증가시키고 있다(Stedman & Jordan, 1986, p. 49). 여기서 다시 역사의 반복을 보게 되는데, 60년대와 70년대에 제안되었던 개혁이 또 다시 교사의 참여를 배제한 채 외부에 의하여 주도되었다는 점이다.

셋째, 이들 보고서 중 많은 것들(특히 위원회와 협회에서 발간한 정치적인 보고서들)은 학생시험을 지나치게 강조하였다. 이들 보고서들은 책무를 지우려는 시도에서 엄격하고 시험 위주인 학교를 제안하였다. 학생들의 비판적인 사고는 무시되었다; 그 대신 학생과 교사들은 특별하고 표준화된 객체로 여겨졌다. 주정부와 지역 입법에 의하여 뒷받침되면서 교육 관료들은 많은 학군에서 특별한 지역 내의 시험 계획을 명령하였다. 이러한 시험기준에 의하여 학교와 교사들이 평가되면서 교사들은 학생들이 즉시 반응할 수 있는 동질적이고 단순한 교육과정을 마련하도록 압력을 받는다. 그러므로 개혁을 추구하는 학교라고 하더라도 때로는 개혁 전의 학교와 상당히 유사한 채로 남는다(단지 더 많은 퀴즈, 더 많은 교실 내 수업, 더 많은 연습, 대개 더 많은 학생 중퇴를 가져온다). 아울러서 책무 부여는 교육과 학습이 투입과 산출로 개념화될 수 있으며, 교사의 성취가 생산성으로 측정될 수 있다고 간주하는 데서 나온 것이다(Cohn, Kottcamp, McCloskey, & Provenzo, 1987). 나아가 교사들에 따르면, 책무에 대한 강조는 교육을 더 문제가 있고 덜 매력적인 직업으로 만들고 있다: "교사들은 크고 일관된 목소리로 더 큰 통제와 책무를 통하여 교육을 향상시키려는 현재의 노력은 교육을 개선하기보다는 오히려 방해하고 있으며, 동시에 교직을 자율권을 가지고 최상의 일을 할 시간이 필요한 총명하고 창조적인 성인에게는 교직이 덜 바람직한, 덜 '전문적' 직업으로 생각되도록 만들고 있다"(Cohn, Kottcamp, McCloskey, & Provenzo, 1987, p. 52)고 주장한다.

넷째, 학교개혁이 (변화에 의하여 가장 혜택을 얻어야 할) 소수민족과 불우한 학생들에게 어떠한 충격을 주었거나 충격을 가져올 것이라고 믿을 근거가 거의 없다. 사실 시험을 강조하는 것은 이들 학생들을 더 소외시키고 이들이 필요로 하는 것과 학교가 제공하는 것 사이의 불일치를 악화시키는 것이다. 『A Nation at Risk(위기에 처한 국가)』를 의뢰한 교육부 장관 Terrel Bell은 약 70%의 학생들에게는 개혁운동이 이익이 되었지만, 다른 30% 저소득 소수민족 학생들에게는 거의 영향을 끼치지 못한다고 말하였다(Reinhold, 1987). 이와 유사하게 Albert Shanker는 학교 향상은 단지 "전통적인 방법(조용히 앉아서 교사가 말하는 것을 듣고 책에서 배우는 것)만으로도 배울 수 있는 학생들에게만 영향을 끼쳤다고 주장하였다 (Fiske, 1988, p. B10).

다섯째, 교사 급여를 올리고 교직의 매력을 향상시키자는 제안은 대개 능력급, 수석교사 (master teacher), 경력 승급제 프로그램(career ladder programs)을 겨냥한 주장이었다. 이들 프로그램의 문제는 단지 극소수의 교사들에게만 이익이 된다는 점이다. 아울러서 대부분의 교사들은 이러한 구상 특히 경력 승급제에 매우 반대한다. 1989년 갤럽 여론조사에서는 조사대상자 중 61%의 교사들이 경력 승급제에 반대하였다(Elam, 1989). 대부분의 교사들은 교육성과를 좋게 평가받기가 너무나 어려우며, 그러한 평가를 얻을 수 있을 교사는 "인기 있는 교사"이거나 교장이나 다른 평가자들이 개인적으로 총애하는 교사들이 될 것이라고 주장하였다. 아울러서 많은 교사들은 경력 승급제는 교원들 사이에 사기 저하와 경쟁을 일으킨다고 생각하였다.

여섯째, 『A Nation Prepared(준비된 국가)』와 『Tomorrow's Teacher: A Report of the Holmes Group(내일의 교사: 홈즈그룹 보고서)』(둘 모두 1986년 출간됨)이 제안했던 교사 훈련과 자격 획득의 개혁을 위한 권고는 의도하지 않은 결과를 가져오게 되었는데, 바로 소수민족 출신 교원 수를 더 한층 감소시키는 결과를 가져올 수도 있다는 점이다. 이 두 보고서 모두 더 많은 소수민족 교사들을 육성하도록 주장한 사실에도 불구하고, 6년이나 7년제 프로그램의 고등교육을 받아야 한다는 보고서의 주장대로 따르자면 교사자격증을 얻기 위해 신임교사들은 추가로 1년간 개인교사를 하여야 할 뿐만 아니라 1년이나 2년간 급여를 받지 못하게 될 것이다. 교사자격증 취득에 요구되는 더 엄격한 기준은 표준화된 시험성적이 우수하지 못한 소수민족 대학생들을 낙심하게 할 수 있다. "이들 두 단체의 제안을 시행하는 것은 바람직하지 않은 효과를 가져올 것이다: 소수민족 출신 교사들이 거의 없는 상태에서 아예 전혀 없는 상태로 악화시킨다"(Orlich, 1989, p. 514).

일곱째, 학교와 비즈니스 업계 간의 협력적 파트너십은 특히 시골환경과 같은 주요한 협력적인 시도를 후원하는 지역사업체가 없는 곳에서는 제한을 받을 수밖에 없다(Stedman & Jordan, 1986). 비록 도시지역에서는 이러한 파트너십이 어떠한 약속을 해 주는 것 같지만, 시간이 지나가면서 비즈니스 업계는 투자에 대한 발언 및 이에 상응하는 결과를 보일 것을 더 많이 요구할 수 있다는 점 또한 우려가 된다. 만약 이러한 일이 벌어지면, 분명 교사들은 불리한 처지에 놓이게 된다. 아울러서 민간기업의 이해에 따라 개혁이 추진된다면 개혁의 긍정적인 성과는 교사들이 표명하는 더 인간적인 넓은 세상보다는 직업세계에 대한 효과적이고 기계적인 준비로 개념화될지도 모른다.

여덟째, 교사들에게 더 큰 자율권과 의사결정권을 부여하려는 노력은 많은 혼란이나 분쟁 없이는 추진되지 않을 것이다. 환경에 대한 더 많은 통제권을 교사들에게 허용하는 것은 행정가들과 학교위원회 성원들에게는 더 적은 권한을 가지게 됨을 의미하는 것으로 두 집단이 대립되고, 또 갈등하는 과정을 거칠 것이다. Hechinger(1988)가 언급한 바와 같이, "교사들과 권한과 책임을 공유하라는 것은 많은 교장들에게는 경고가 된다. 개별 학교가 자체적으로 업무를 추진하도록 허용하는 것은 주정부의 교육 권한과 학교위원회를 위협하는 것이다. … 도시교육 위원회는 여전히 자체의 비품을 조달할 자금과 자율권을 교장에게 부여하지 않을 것이다"(p. B7). 교사도 교장과의 새로운 형태의 학교 관리나 권한 공유에 대한 대인관계나 직업상의 함의에 대하여 생각하도록 훈련받지 못하였다. 그러므로 만약 교사들이 직무에 대한 권한을 더 많이 얻게 되면, 행정가로부터 일부 협력과 후원을 상실하게 될 것이다.

아홉째, 개혁운동은 대부분 교육의 가장 근본적인 측면인 교실에서의 학생과 교사 사이의 관계를 간과하였다. 뉴헤이븐의 저소득층 지역의 학교 두 곳에서 대단히 호평을 받았던 조정 프로그램을 이끌고 있는 심리학자 James Comer가 언급한 바와 같이, 지난 몇 년간의 모든 교육개혁 담론과 보고서들은 아동발달과 관계의 문제를 간과하였다. 아직도 교사와 행정가들에게 무엇이 잘못인지 질문하면 '존경 부족, 훈육, 폭력'(모두 관계의 문제)이라고 말한다(1988, p. 29). Sizer, Goodlad, Boyer 모두 학생과 교사들이 서로 더 좋은 관계를 맺을 수 있는 보다 소규모의 학급과 소규모의 학교를 주창했다는 점에서 Comer의 지적은 맞지 않는다고 할 수도 있겠지만, 여전히 개혁은 학습을 방해하는 이러한 모든 교실문제에 대하여(규율 문제를 포함하여) 특별히 초점을 두지는 않는다. Fiske(1986)가 주장한 바와 같이 "조만간 교실 문을 닫게 만들며 학습이 이루어질지 아닐지를 결정하는 사람은 사업가나 주지사나 주 입법가들이 아니라 개별 교사와 학생들이다"(p. C7).

마지막으로, 교육개혁 운동은 궁극적으로 교사들에게 예상에 어긋난 결과를 초래할 수 있다. 일단 교사들이 더 높은 급여와 더 많은 자율권을 얻으면, 대중들은 "결과"에 대하여 비현실적인 기대를 하게 될 것이다. "그 해 추진된 흥미로운 사회 실험 중의 하나로, 뉴욕의 로체스터시는 도시지역 교육을 중요한 직업으로 대우하여 급여(연간 7만 달러까지)를 지급하기로 결정하였다. 이와 관련된 것은 레이건 행정부의 첫 번째 교육부장관인 Terrel Bell로부터 시작되어 부시 행정부의 첫 번째 교육부장관인 Lauro F. Cavazos가 계속하여 시행한 "벽 도표(wall chart)" 접근방법이다. 이 도표는 50개 주와 콜롬비아 학군을 나열하고, 졸업률, SAT 점수, 성취 점수, 학생 경비, 또한 이와 유사한 내용에 대하여 각 주의 통계를 보여 준다. 1989년 Cavazos의 결론은 미국교육이 정체되어 있다는 것이었다. 그는 "우리는 그냥 조용히 멈춰 서 있고, 더 큰 문제는 3년째 이런 상태라는 것이다. 우리는 평범한 시민에 만족할 수 없기 때문에 주변을 일신할 때이다"(Johnson, 1989, p. A1)라고 발표하였다. Sarason이 현명하게 관찰하였듯이, 이 명백한 함의(含意)는 그 이후 몇 년간 일반인의 인내심은 시들어지고 교사들은 더 고립되고 전보다 비난을 더 받게 된다는 사실이다.

짧게 말하면 많은 보고서들이 제안한 변화는 좋은 의도, 즉 대개 교사의 전문적이고 경제적 위상을 향상시키려는 희망에서 나온 것이다. 그러나 개혁을 제안할 때의 개념화와 시행 모두에서 분명 많은 문제점들이 남아 있다. 또 언급되어야 할 것은 어떤 변화든지 모든 변화가 가져올 스트레스의 특성을 언급해야 한다; 심지어 선의의 변화에서조차 의도하지 않은 결과를 초래할 가능성이 높다; 또한 적어도 일부 변화는 자금이 고갈되고, 국가가 우선순위를 다른 곳에 두게 되어 흐지부지되거나, 교육관료 조직이 진실로 권한을 이양하지 않으면서 조직 내에 변화를 점차적으로 구체화해 간다면 그 변화는 단기에 그치고 말게 된다.

❀ 교육개혁에 대한 교사들의 견해

학교개혁에 대하여 교사들은 어떻게 느끼는가? 1989년의 갤럽 여론조사에 따르면 "대부분의 교사들은 지난 5년간 개혁에 대한 많은 얘기를 나누고 있고, 이미 상당한 조치들이 취해졌지만 자신의 학교가 개선되었다고는 생각하지 않는다"(Elam, 1989, p. 797). 36%의 교사들은 학교가 개선되었다고 여겼으며, 25%는 더 나빠졌다고 느꼈고, 38%는 변한 것이 없다고 여겼다. 이러한 수치와 일관되게, 교육진보를 위한 카네기재단에서 조사한 13,500명의 교사들 중 69%는 학교개혁을 C 이하로 평가하였다(Boyer, 1988). 단지 2%의 교사만이 개혁운동에 A등급을 주었다. 개혁운동이 교사의 직무 스트레스와 탈진에 끼치는 충격에 대하여 이 보고서들이 발견한 가장 실망스러운 점은 조사대상자 중 거의 과반수의 교사들(49%)이 전반적으로 교원들의 사기가 1983년 이래 상당히 저하되었다고 느꼈다는 점이다.

긍정적 측면으로는 카네기재단에서 조사한 대상자의 3/4 이상(76%)이 자신이 근무하는 학교의 목표가 5년 전보다 더 분명하게 정의되었다고 말하였으며, 거의 3/4(74%)은 학생들에 대한 학업 기대가 향상되었다고 보고하였고, 과반수 이상(56%)이 소속 학교 교장의 지도력에 대하여 더 높이 평가하였으며, 과반수 이상(59%)이 교사의 급여가 1983년 이래로 향상되었다고 생각하였다는 점이다.

부정적 측면으로는 38~34% 정도의 많은 교사들이 학교가 이용할 수 있는 재정적인 자원이 오히려 악화되었다고 느꼈으며, 많은 교사들(31~21%)이 비교적 업무가 많아졌다고 느꼈고, 높은 비율의 교사들(27~25%)이 자신들에 대한 지역사회의 존경이 1983년 이래로 악화되었다고 느꼈다(Boyer, 1988). 상당수(59%)는 학교개혁의 결과로 교육에 대한 정치적인 간섭이 증가되었다고 느꼈으며, 또한 상당수(52%)는 공문서 처리에 따른 업무량이 증가되었다고 여겼다.

교육개혁 운동에 대한 Boyer의 생각은 "새로운 규제가 학교에 가해지는 동안 개혁의 중심에서 교사들은 대개 무시되었다"(p. 9)는 것이었다.[1] 나의 결론 또한 근본적으로 동일하다. 개혁운동이 초기에는 교사들에게 현저히 다른 경험을 가능하게 하였는데(자율권, 위상, 자존감을 부여하여 스트레스 충격을 완화시키는 것), 이러한 점에서는 일부 교사들에게만 개선이 조금 되었을 뿐 대다수의 교사들에게는 그다지 큰 변화를 가져오지 못했다. Boyer의 결론대로, "많은 교사들은 자신들에게 더 많은 책임감을 요구하지만 권한은 더 적게 부여하는 근로여건에 직면하면서 점점 그 힘을 잃어갔다"(p. 11).

교사들 특히 도시학급의 교사들은 근무여건에 (교육개혁 운동이 거의 영향을 끼치지 못

1) 역자 주: 우리나라에서도 이와 비슷한 문제점이 제기된 바 있다. 김대중 정부에서 추진된 교육개혁이 교사를 개혁의 동반자로 간주하지 않고 개혁의 대상으로 간주하고 추진되어 교사들로부터 반발을 사고 기대한 만큼의 성과를 이루지 못했다.

한 여건들) 따른 결과로 스트레스와 탈진에 취약하다. 교사들의 직무경험에 영향을 끼치는 요소들 중 가장 두드러진 것은 특히 학급 규율과 학부모의 태도와 관련이 된 것이기 때문에 입법이나 교육청의 지시에 따라 변화될 수 없다(Cohn, Kottcamp, McCloskey, & Provenzo, 1987, p. 52). Maeroff(1988b)가 관찰한 바와 같이 "많은 교사들 특히 힘겨운 문제에 시달리는 도시학군 교사들이 현재 당면하는 상황은 권한을 부여받기보다는 무기력에 시달리고 있다"(p. 474). 개혁은 선의에서 이루어진 것으로서 특히 교사들의 전문가 의식과 자율권을 향상시키려는 의도가 있었다. 하지만 오늘날까지 개혁운동은 교사들에게 권한을 부여하지 못하고 있다; 또한 교사들이 경험하는 스트레스와 탈진의 문제에 대한 해결책도 제시하지 못하고 있다.

❀ 스트레스와 탈진에 대한 개인과 학교 차원의 해결책

대인 서비스 전문가들의 스트레스와 탈진을 처리하는 몇 가지 접근방법들이 다양하게 제시되어 왔다. 예를 들면, 탈진한 전문가들을 위하여 정신요법 모형으로 훈련받은 사람들은 개인 또는 집단 정신요법을 제안한다. Freudenberger(1982)는 단기 목표를 위해서 제한적인 접근방법을 사용하여 성공을 거두었으며, Edelwich과 Brodsky(1980)는 "현실요법"(Glasser, 1975)의 사용을 적극 권유하였는데 이것은 개인들이 자신의 직무에 대하여 현실적인 기대를 하고 다른 사람들의 후원을 열거해 보도록 배우는 것이다. 스트레스 관리기법을 훈련받은 사람들은 개인들이 직무에 대처하도록 도움을 줄 때 대개 긴장완화 훈련, 명상, 또는 시간관리 전략을 제안한다. 조직심리학자와 사회심리학자들은 직무환경 속에서의 구조적인 변화의 필요성을 강조한다: 고객-직원 비율의 감소, 근무시간 단축, 행정가들이 직원문제와 스트레스 유발 요인에 민감해지기, 집단후원 형성, 직원들에게 더 많은 유연성과 자율성 부여하기, 사전 직무훈련 프로그램과 재직 중 프로그램 개발. 그리고 공동체 심리학자들은 대개 근로자들의 공동연구, 후원, 유대가 일상적으로 충족될 필요가 있는 "심리적 공동체 의식"의 필요성을 강조하면서 탈진에 대한 예방적 접근방법을 주장한다. 이러한 관점에 따르면 직무환경은 고객뿐 아니라 종사자들의 요구를 충족시킬 수 있게 조직되어야 한다. 그 주장에 따르면 심리적 공동체 의식은 종사자의 고립감과 자신이 보잘것없다는 생각을 완화시켜서 사기와 생산성을 향상시킨다(Farber & Miller, 1981; Sarason, 1977).

1차 변화전략

대부분의 교육 잡지에서 제공하는 제안들은 교사 개인들이 스트레스에 더 잘 대처하도록 도우려는 것들이다. 그럼에도 불구하고 지금은 고전이 되어버린 논문을 쓴 Pearlin과 Schooler(1978)는 일반적으로 개인적 대처 노력은 직무와 관련된 부정적 스트레스(work-related distress)를 감소시키는 데는 별 효과가 없다는 것을 발견하였다. 그들이 연구한 네 가지 전략(① 직무 외에서 만족을 얻는 것, ② 자신의 직무상황을 다른 사람의 직무상황과 비교해 보는 것, ③ 직무의 나쁜 상황을 변화시키려고 하는 것, ④ 직무상황의 긍정적인 측면을 부각시키는 것) 중 어느 것도 그들의 여러 종사자 집단에게 큰 도움을 주지 못하였다. 그들은 대부분의 근무환경이 비인간적이어서 개인의 대처노력이 효과가 없게 된다는 결론을 내렸다. 다른 한편, Schonfeld(인쇄 중)는 일부 개인적 대처 전략들은 교사들에게 도움이 된다는 것을 발견하였다. 특히 거북한 근무여건을 변화시키려고 하는(예: 학생들을 도우려는 새로운 전략을 구상) 교사들, 조언을 구하는 교사들, 자신의 직무를 다른 분야의 직무와 긍정적으로 비교하는 교사들은 다른 동료들보다 스트레스가 더 낮고 사기도 더 높다는 것을 보여주었다. Schonfeld는 학교가 다른 여러 근무환경에 비하여 덜 비인간적이기 때문에 개인적 대처 전략의 노력이 더 유효하다고 주장하였다.

가장 일반적인 개인적 접근방식으로는 스트레스 감소 전략의 범주 속에 들어가는 활동들(명상, 긴장완화 훈련, 조깅, 수영, 그 밖의 형태의 육체적 운동)이 포함된다. 적어도 한 연구에서는(Forman, 1983) 교사의 스트레스를 감소시키는 수단으로 에어로빅의 효과에 초점을 맞추었다. 그 밖의 연구자들은(예: Sparks, 1983) 교사들이 식습관을 바꾸어 더 잘 먹으라고 주장하였다. 또 다른 인기 있는 접근방법은 시간관리 기법의 사용이다: 시간의 조절과 제한, 목표 우선, 목표의 한정, 성취를 위한 실제적인 일정 마련, 매일 자신을 위한 적어도 몇 차례의 시간 마련 등. 상당한 옥외 활동 또한 스트레스 완화책으로 제안 되고 있다; 예를 들어 운동, 취미활동, 외식이나 새 옷 마련, 또는 어떤 것이라도 새로운 것을 배우기 위한 과정 수강. Hendrickson(1979)은 교사들에게 "정신 건강의 날(mental health day)"을 가지라고 제안하였다(그리고 그에 대하여 죄의식을 갖지 말라고). 일부 교사들에게는 지도보다는 참여하는 활동을 하는 것이 중요하다; 그 밖의 교사들에게는 직무 외에서 긴장 완화의 원천을 발견하는 것이 분명히 중요하다. 여기에서 공통된 가정은 적절한 기법을 사용하여 직무 관련 스트레스를 본인이 인내할 수 있는 수준으로 경감시킬 수 있다는 것이다.

스트레스를 관리하는 또 다른 방법은 심리 태도와 지향점을 변화시켜 스트레스 유발 요인이 되는 특정 인식을 바꾸도록 하는 전략을 사용하는 것이다. 예를 들어 교사들에게 특정 유형의 인식은 피하도록 하는데, 그 중에는 "나는 완벽해야 한다", "나는 언제나 열심히 일하고 강해야 한다", "나는 사람들에게 '싫다'라고 말해서는 안 된다", "나는 학생들을 똑같이 사랑해야 하며 모두를 동등하게 대해야 한다" 같은 인식이 해당된다. 또한 교사들은 일과 중 자찬의 문구("나는 잘하고 있다"; "내 학생들 중 적어도 일부는 잘 배우고 있다"; "수업은 아주 성공적이었다")를 사용하도록 배울 수 있다(그리고 그것은 아주 도움이 될 수 있다). 교사들은 또한 실제적인 성공에 대하여 자찬할 뿐만 아니라 실제적이고 유연한 수업목표를 설정하는 것을 배울 수 있다(Moe, 1979). 탈진 분야에 대한 초기의 많은 연구자들이 언급한 바와 같이(예를 들어 Freudenberger) 만약 문제를 모두 해결하지 못했다고 해서 스스로를 실패하였다고 간주한다면 그러한 경향은 탈진을 낳게 된다. Sparks(1983)가 언급한 바와 같이, 교사들은 "균형된 시각"을 개발할 필요가 있다. 어떤 교사들은 교사들의 실패뿐 아니라 성공을 담고 있는 잡지를 통해 도움을 얻을 수 있다. 마지막으로 Hendrickson(1979)은 교사가 되기로 결심했던 이상적인 이유를 기억하라고 교사들에게 권고하였으며 McCarty(1979)는 교직을 방해하는 많은 행동들이 개별 교사들을 겨냥한 것이 아님을 기억하라고 제안하였다. Schonfeld(출간 중)와 Forman(1982) 모두 교사들을 위한 효과적인 대처방안으로 인식의 변화를 제시하였다. 반면 한 연구에서는(Connolly & Sanders, 1988) "긍정적인 재평가"는 교사들에게 더 강한 비인간적인 느낌과 더 낮은 개인적인 성취감을 낳는다는 것을 발견하였다. 이 분야에 대한 더 많은 연구가 필요하다.

만약 이러한 전략 중 어떠한 것을 사용하더라도 교사들의 직무 관련 스트레스를 본인이 인내할 수 있는 수준으로 줄일 수 없다면 어떻게 되겠는가? 사실 가장 일반적인 견해 중 한 가지는 이러한 교사들은 교직을 떠나도록 유도해야 한다는 것이다. 이러한 견해에는 스트레스를 받거나 탈진한 교사가 교직에 계속하여 남아 있는 것은 어느 누구에게도 도움이 되지 않는다는 가정이 깔려 있다. 과도하게 스트레스를 받는 교사들은 심리적 움츠려들기로 인하여 스트레스 요인들로부터 안전한 거리를 유지하고자 수업에 덜 전념한다는 것이다. 그러나 스트레스를 느낄 때 교사는 직무에 덜 전념할지 더 전념하게 될지는 그렇게 단순한 것이 아니다. 교직에 덜 전념하는 것은 수업계획을 덜 성실하게 세우고 학생들에게 관심을 덜 가지게 되는 것이 불가피하게 낮은 보답으로 이어지게 되면서 나선형으로 쇠퇴하는 효과를 가진다. 대처전략으로 일정거리를 유지하는 방법은 교사들이 최소한으로 작용하며 기능을 계속 할 수는 있지만, 직무로부터 만족감을 거의 얻지 못하기 때문에 탈진 위험이 높게 된다(Blase, 1982; Hanchey, 1987; Holt, Fine & Tollefson, 1987; Schoenig, 1986). 그러므로 Cherniss와 Krantz(1983)는 상반되는 전략을 추천하였다. 그들에 따르면, 교사 또는 그 밖의 탈진상태의 전문가들은 다시 직무에 전념하여 위기의 순간에 스스로를 지탱하게 할 신념이나 이념을 발견하라는 것이다. 신념에 찬 근로자는 자신이 하는 일에 대한 신념 때문에 탈진하지는 않는 경향이 있다고 그들은 주장하였다. 은유적 표현을 쓰자면, 계속 불타게 하기 위해서는 새로 연료를 더 공급해야 하는 타오르는 난로가 되라는 것이다. Cherniss와 Krantz가 볼 때, 탈진에 대한 최상의 방책은 이념이나 신념에 대한 몰두이다.

이데올로기적 공동체를 가장 잘 드러내는 일반적인 변형 형태는 사회적 후원에 대한 개념이다. Cobb(1976)는 이 개념을 개인이 보살핌을 받고 사랑 받으며 존중되고 소중하게 여겨지며 "의사소통과 상호 의무라는 망 속에 속하도록 하는"(p. 300) 정보라고 정의하였다. 효과적인 사회후원 체제에 속의 개인들은 스트레스 가득한 상황과 곤란한 느낌에 직면할 때 이러한 자원을 동원할 수 있다. 후원 집단은 공식적이거나 비공식적일 수 있으며, 후원자는 근무환경 또는 직장, 사회, 가정환경 속에서 개인일 수도 있다. 집단은 지도자를 둘 수도 두지 않을 수도 있다; 일부 집단에서는 지도자 역할을 번갈아 가며 맡는다. 더 공식적인 후원 집단은 정보를 공유하고 정신적 후원을 하고 격려와 조언을 하기 위하여 정기적인 모임을 갖는다. 시카고에서는 공립학교 교사들이 스트레스를 개선하기 위하여 중재 집단이 상담자 역할을 담당하도록 훈련받았다(Walley & Stokes, 1981). 뉴욕의 교외지역에서는 "교사가 주도하는 동료 지도 프로젝트"가 시작되어 많은 유형의 사회적 후원 집단을 포함시킬 뿐 아니라 교사로서의 전문가적 성장 측면을 강조하였다. Anastos와 Ancowitz(1987)가 설명한 바와 같이 이 프로젝트는 10명의 경험 있는 교사들이 다른 교사의 수업을 녹화, 분석, 비평하는 것이다. "많은 참가자들은 이 프로그램을 반(反) 탈진 제도로 인식하였으며, 항상 해왔던 행정평가에서는 경험하지 못했던 관찰되는 즐거움을 느낀다고 말하였다"(p. 42).

Pines와 Aronson(1981)은 사회적 후원에는 여섯 가지 작용이 포함된다고 보았다: 경청, 전문적 후원, 전문적 도전, 정신적 후원, 정신적 도전, 현실 공유. 그들은 이러한 사회적 후원 작용 중에서 가장 중요한 것으로 전문적인 종사자들에게 "경청"(조언이나 판단을 배제한 채 적극적으로 경청해 줄 사람이 있는 것)과 "정신적인 후원"(내편이고 내가 하는 일을 제대로 평가하는 사람이 있는 것)을 갖는 것이라고 평가하였다. Pines(1983)는 이들 작용의 이용 가능성에 대하여 다른 전문가 집단에서도 역시 즉각적으로 이용 가능한 사회적 후원이 있는 사람들이 탈진을 덜 느낀다고 주장하는 것을 발견하였다. 그녀는 초등학교 교사 집단 내에서 탈진은 기술적 도전의 이용 가능성과 기술적 후원의 이용 가능성과 가장 강력한 부적인 상관관계가 있다는 것을 발견하였다.

그 밖의 연구에서도 유사한 결과들이 도출되었다. Russell, Altmaier와 Van Velzen(1987)은 사회적 후원이 결핍(감독자의 후원, 자신의 실존적 가치에 대한 자신감, "신뢰할 수 있는 동반자", 즉 비상시에 의지할 수 있는 사람의 존재)이 교사탈진을 예측하게 하는 것임을 발견하였다. Cherniss(1987)는 전문직의 긍정적 적응을 촉진하는(그리고 탈진 가능성을 감소시키는) 요인 중 한 가지는 지속적인 지적 자극, 도전, 창조성임을 발견하였다. 이러한 요인들은 시간이 흘러도 쇠퇴하지 않는다; 이들 요인들은 전문가들이 처음 그 직업을 시작하였을 때만큼이나 12년이 지난 후에도 역시 중요하였다. Schwab, Jackson과 Schuler(1984)는 동료 교사로부터의 사회적 후원이 높으면 교사의 탈진은 낮아지는 관련성이 있음을 발견하였으며, Bridges와 Hallinan(1978)은 교사는 집단 응집력에 대해 높다고 인식하면 장기결근이 줄어드는 부적 상관관계가 있음을 밝혀내었다. 장기결근은 소수의 교원들 사이에 많은 유대가 이루어지는 소규모의 학교일수록 낮았으나, 심지어 규모가 큰 학교에서도 학교조직에서 자신이 중요한 역할을 수행하고 있다고 여기는 교사들은 결근율이 더 낮아 보였다. 이러한 결과들은 모두 교직은 고립되고 고독한 직업이며, 전문적 성장을 할 수 있도록 부드럽고 후원적인 자극을 해 주는 동료나 행정가가 없는 교사들에게 탈진이 일어날 수 있음을 다시 한 번 보여 준다. 이러한 결과는 또한 탈진의 한 가지 하위유형으로 개인이 직무에서 충분한 도전을 얻지 못하는 경우와 관계가 있다는 가정을 확인시켜준다.

초기 연구에서는(Farber, 1984a) 교사들이 일반적으로 동료들과 도움이 되는 접촉은 하지만 심리적 공동체 의식은 없다는 것을 발견하였다. 즉, 그들은 주변에 있는 다른 사람들(학부모들, 행정가들, 학생들)이 자신과 공동의 목표와 가치관을 공유하고 있다고 보지 않았다. 아마도 교사들은 행정가와 일반 대중들의 무감각과 비평에 대한 반응으로 스스로를 다소 후퇴시키거나 고립시킨다. 그리고 큰 것보다는 작은 것에 대하여 만족한다; 학교와 공동체는 만족의 원천이 아니고, 특정 학생과 동료들이 만족의 원천이 된다.

중재(개입) 견지에서 볼 때, 이러한 연구결과들은 사회적 후원은 스트레스와 탈진에 대한 효과적인 완충제이며, 행복감을 가져다주는 관계를 형성하는 것을 교사들이 잘 할 수 있음을 보여 주는 것이다. Russell, Altmaier와 Van Velzen(1987)은 "교사들에게 가능한 사회적 후원을 향상시키기 위한 프로그램에서는 감독자가 초점이 되어야 한다"(p. 272)고 주장하였다. 그들은 행정가들에게 교사들이 기술과 능력에 대한 인정과 후원을 받고자 하는 욕구에 민감할 것을 권고하였다.

그 밖의 몇 명의 교육자들은(Calabrese, 1987; Gillet, 1987; Reed, 1979; Schlansker, 1987) 행정가, 특히 학교장이 교사들의 직무 스트레스를 완화시키고 탈진을 예방해 주는 필수 요소라는데 동의한다.[2] 비록 사회적 후원의 견지에서 저술하지는 않았지만 그럼에도 불

2) 역자 주: 이 점에 대하여 옮긴이는 이미 다음과 같은 관점을 밝힌 바 있다(2006).

학교장 자신도 스트레스를 받지만 학교장의 인품과 지도력, 역할 수행(role play)의 양태에 따라서

구하고 이 저자들은 교장에게 교사들이 "보살핌을 받고 있다"는 느낌을 갖도록 하기 위해서는 다음과 같은 것들을 해야 한다고 주장하였다.

- 의사결정 과정에 교사들을 참여시키기
- 학교 주변에 모습을 더 보이기
- 교사들과 서면 및 구두로 의사소통을 증가하기
- 교사가 현재 하고 있는 것에 대하여 훌륭한 노력을 인정하고 후원하기
- 직원들이 새로운 일을 시도하도록 격려하기
- 정책 특히 훈육정책에 대하여 명확한 방침을 제시하기
- 조치, 피드백, 더 많은 조치에 대한 요청을 수용하기
- 학부모, 정치인, 학교 운영위원회가 부당한 요구를 하지 않도록 교사들을 보호하기
- 교사 도우미팀을 조직하기
- 추가적인 현직 연수과정을 장려하기
- 교사들의 일상에 변화를 제공하기(다른 학년, 분야를 가르치기; 집단교육)
- 가정 내 자원센터를 마련하도록 장려하기
- 학내에 운동시설을 마련하기
- 가정과 학교 사이에 더 많은 유대를 형성하기
- 혁신적인 프로젝트를 개발하도록 시간적 여유를 주기

교육자와 학생들 모두에게 스트레스와 탈진의 결과가 영향을 끼침에도 불구하고, 이러한 문제들을 다루는 교육 프로그램은 부족하다. 스트레스 관리 프로그램을 많이 운영하며 성공을 거두고 있는 기업계 상황과 비교해 보자. 많은 기업에서는 직원들을 위한 운동트랙, 체육관, 수영장을 포함하여 건강센터를 마련하고 있다. 일부 기업에서는 전체 직원이나 개별 직원을 위하여 건강 프로그램을 개발하려고 훈련받은 인원을 따로 두고 있다; 다른 기업에서는 직원 지원 프로그램을 마련하고 있다. 많은 기업체들이 시도한 이러한 시설들은 사실 본질적으로 사업적 가치는 전혀 없지만 근로자의 생산성과 사기를 향상시키고 장기결근과 병가를 감소시키는 비용, 즉 효율적인 수단(cost-effective means)이 되고 있다는 점 또한 기억할 필요가 있다. 반면 교육구는 일반적으로 직원들을 위한 프로그램을 개발하지 않을 뿐만 아니라 일부 교육구는 이러한 시설을 사용하는 것조차 적극 만류한다. 개인을 돌본다

평교사들이 많은 스트레스를 받거나 경감시키는 원인을 제공한다.

김정휘, 김태욱(2006). 교사의 직무 스트레스와 탈진: 교육의 위기, 서울: 박학사.

고 공언하는 학교와 병원과 같은 기관에서 직원들을 위한 서비스를 전혀 제공하지 않는다는 것은 실로 역설적이지 않을 수 없다.

교사의 직무 스트레스와 탈진 문제에 대하여 가장 흔히 채택하는 제도적인 접근은 "워크숍"을 개최하는 것이다. 대개 외부의 컨설턴트들을 일회성으로 "교육감 주재 회의" 또는 일련의 방과 후 워크숍에서 강연하도록 초청한다. (컨설턴트를 지역 노동조합이나, 어떤 교사 집단 대표자나, 학교나 교육청 행정가 등 누가 초청했느냐에 따라 그 과정과 성과 모두 상당한 차이를 보일 수 있다. 후자(학교나 교육청 행정가 초청)의 경우에는 교사들은 대개 자신들이 마치 조정당하고 있는 것처럼 느낀다—컨설턴트들은 교사들이 일을 더 잘 하도록 "조정"하고자 고용된 것이다.

스트레스 관리 워크숍은 흔히 자각의 개발(스트레스 요인들을 확인하고 개인적인 반응을 확인하는 것)과 스트레스 관리 계획 마련(명상, 태도 변화, 육체운동 요소를 포함)에 초점을 맞춘다. 내가 이끄는 워크숍은 개인들에게 자신들의 특정한 학교구조와 조직규칙에 대하여 생각해 보도록 훈련시키고자 하였다. 직무 스트레스 관리 워크숍에 참가하는 교사와 행정가들 모두에게 던지는 전형적인 질문들은 다음과 같다:

1. 귀하의 학교는 어떻게 교사와 기타 교직원들의 요구를 충족시켜 줍니까?
2. 귀하의 학교는 어떻게 교사와 기타 교직원들의 요구를 충족시키지 못하고 있습니까?
3. 귀하의 학교는 교사들의 요구를 충족시키기 위하여 어떤 최선의 노력을 할 수 있습니까?
4. 귀하는 다음의 수직선상의 어디쯤 자신을 두겠습니까?(한쪽은 독립공간에서 일함, 다른 쪽은 공동 설정된 목표나 가치관 속에서 공동체의 일원으로 일함)
5. 귀하의 학교에는 위기관리 모델이 있습니까? 또 그것이 직원들에게 지속적으로 도움이 됩니까?
6. 귀하의 학교에서는 어떤 것이 후원적인 서비스 역할을 담당합니까?
7. 교사들이 서로의 전문지식을 공유하고 조언을 나눌 수 있는 어떠한 기회가 마련되어 있습니까?
8. 교사가 의사결정(예: 교육과정, 교과서 선정, 학교정책)에 참여할 수 있는 어떠한 기회가 마련되어 있습니까?
9. 귀하의 학교에서는 교사가 스트레스나 탈진으로 고통 받을 때 이것을 누가 가장 잘 파악합니까?
10. 어느 교사가 탈진 관련 문제로 고통을 받고 있다고 비공식적으로 확인된다면 귀하의 학

교에서의 전형적 반응은 어떠한 것입니까: 이상적으로 귀하는 그것을 어떻게 해결하면 좋겠습니까?

나는 교사들과 생각과 경험을 나누고, 전형적인 스트레스 요인과 그 결과를 열거한 후, 일반적인 스트레스 감소 기법(예: 시간관리, 후원집단 활용, 긍정적인 사실에 주목하기)에 대한 개관을 제시하고, 또 가능한 다른 치유책도 생각해 보라고 요구한다. 때로는 역할놀이 기법도 사용한다. 즉, 나는 교사들에게 행정가, 학교위원들, 학부모, 학생, 다른 학교 동료들의 시각에서 탈진을 개념화해 보도록 요구할 뿐만 아니라 이러한 문제에 대한 해결책도 생각해 보라고 요구한다.

워크숍의 리더들은 참가자들에게 워크숍은 만병통치약이 아니며, 개인차원의 해결책은 다이어트 성향과 같아서(초기에는 빠른 성공을 거두지만 그 효과가 지속될 가능성은 낮다), 학교 차원의 해결책은 실행단계까지 거의 이르지 못한다고 경계시킨다. 직원에게 스트레스 구조나 과정을 변경시키려는 지속적인 관심이 (나의 경험에 비추어 거의 일어나지 않는 사건) 없으면 스트레스 방지 워크숍은 별로 효과가 없다. (흔히 경험하는 일시적 "워크숍 도취" 이외에) 아마도 워크숍의 가장 큰 효과는 교사들에게 혼자만이 그러한 경험을 하는 것이 아님을 깨닫는 기회를 제공하는 것이다. 이러한 깨달음은 해당 학교나 교육청 내의 교사들 사이의 동료의식을 더 크게 진작시킬 수 있으며 교사들의 고립감을 감소시킬 것이다.

그러므로 교사의 직무 스트레스와 탈진에 대한 많은 해결책들은 스트레스 경감기법이나 집단 후원의 부류에 속하게 되며, 이 두 가지 방법 모두 교사들로 하여금 스트레스의 부정적인 결과를 더 잘 견뎌낼 수 있게 해 준다. 예를 들어, 교사들은 후원적인 워크숍 분위기 속에서 자신의 직무경험을 나눌 기회를 가짐으로써 대개 만족을 느낀다. 그렇기는 하지만 이러한 수단은 "1차 변화"의 범주 내에 속한다(Watzlawick, Weakland, & Fisch, 1974). 즉 이러한 것들은 기능이 불량한 부분을 조율을 할 수는 하지만, 기능불량 체제의 본질을 바꾸어 놓지는 못한다. 사실상 이러한 변화들은 대개 문제의 본질과 측면에 대한 오해를 계속 지속시킬 수 있다. 이러한 해결책들은 교사들에게 사회적 후원을 재빨리 교정하거나 스트레스에 어떻게 더 잘 대처할지에 대해 가르칠 수는 있어도, 교사의 필요에 거의 관심을 기울이지 않는 학교환경에서 발생하는 스트레스의 본질에 대한 지침은 거의 제공하지 못한다. 심지어 1차 변화전략들이 실패한 경우에도 (이 경우 교사들은 일회성 워크숍은 근본적으로 무익하다고 인식하기 시작한다) 그러한 종류의 워크숍들은 계속되기 쉽다. 사회과학적 문제해결의 본질은 이와 같아서, 실패는 흔히 동일하거나 유사한 전략의 사용을 증가하도록 만든다(Watzlawick, Weakland, & Fisch, 1974).

이러한 해결책들이 교사의 탈진 발생에 대하여 어떠한 장기적 효과를 가져오기 어려운 다른 몇 가지 이유들이 있다. 예를 들어 대부분의 워크숍 리더들의 경험에 의하면, 워크숍에 참석하는 사람들일수록 대개 이러한 도움을 가장 적게 필요로 하는 사람들인 경향이 높으며 실제로 심하게 탈진한 교사들은 3시가 되기 무섭게 칼퇴근하고 학교와 관련된 어떠한 부가적인 역할도 맡으려 하지 않는 사람들이다. 아울러서 이러한 해결책들은 학교규모와 행정적 후원의 이용 가능성과 같은 변수들이 모두 같다고 가정하고 교사 및 환경의 개별적인 차이를 고려하지 못한다. 본질적으로 많은 워크숍들은 사회적·역사적·정치적 상황 내에 필수적으로 내재되어 있는 특정한 증상들이 아닌, 문제("탈진")를 다루기 위하여 초점이 맞추어져 있다. 교사 탈진을 다루기 위한 전형적인 시도들이 갖고 있는 또 다른 한계는 여전히 행정가, 학부모, 학교위원회, 노동조합 지부가 교사의 직무경험에 탈진이 어떻게 영향을 끼치는지에 대하여 대개 충분한 관심을 기울이지 않고 있다는 점이다. 교실 내의 직무 스트레스를 줄이거나 심지어 다른 교사들과의 동료애적인 유대를 형성하는데 초점을 맞춘 많은 노력들은 교사들의 스트레스를 완화시키는데 학부모와 그 밖의 사람들이 잠정적으로 담당하고 있는 핵심적인 역할을 간과한다. 또한 현재 교사의 탈진을 감소시키려는 대부분의 노력들은 이미 탈진한 교사들을 다루는 데만 주로 초점을 맞춘다. 즉, 학생뿐만 아니라 행정가와 학부모들을 잘 대할 수 있도록 교사가 재직 중 훈련을 통해 더 적절히 준비하거나 교사들의 요구를 충족시키기 위하여 학교를 재편함으로써 탈진의 예방차원 전략들은 강조하지 않는다(Sarason, 1982 참조).

스트레스를 감소시키는 데는 대개 워크숍보다 교사연수원이 더 지속적인 효과가 있다. 비록 이러한 연수원들의 정확한 성격은 지역마다 다르지만, 일반적으로 "자료 교류 및 생각의 교류가 풍부하게 일어날 수 있는 창조적이고 자극적인 장소이다"(Lieberman & Miller, 1979, p. 189). 교사연수원은 한 학교의 교직원들이 이용하도록 개별 학교 내에 설립되거나 교육청 전체의 교직원들이 이용하도록 교육청 내에 설립될 수 있다. 교사연수원의 목적은 교사들에게 공동의 문제를 토론하고, 자료를 모으고, 새로운 기술을 습득하고, 동료애적 후원을 위한 만남의 장소를 제공하는 것이다. 뉴욕주 롱아일랜드의 Bay Shore 교사연수원은 그 중에서도 성공적인 사례이다. 이 연수원은 William Fibkins의 지휘 하에 서로뿐 아니라 학교의 외부세상으로부터 교사 고립감을 일소시키기 위하여 1971년에 건립되었다. 많은 강연과 워크숍은 학군 내의 교사들이 주최하며 교사들이 점심을 먹거나 휴식을 취하기 위하여 모이는 센터에서 정기적으로 개최된다.

교사연수원을 설립하는 과정에 대한 Fibkins(1983)의 견해는 사려 깊었으며, 학군과 관련된 다양한 제도의 역사와 그 필요성을 이해할 필요가 있음을 알려주었다. Fibkins는 1단계는 학교환경의 내력을 이해하는 것과 관련이 있다고 말한다: 이 교육청 내에서 이 학교가 어떻게 시작되었는지, 지도자가 누구였는지, 그 지역에서는 이 학교를 어떻게 평가하고 있는지, 교직원들 사이에 언제 어떻게 탈진의 느낌이 시작되었는지, 이 학교는 어떠한 방법으로 학생과 교직원들의 필요에 부응하고 있는지를 먼저 알아야 한다. "교직원들에게 무엇이 잘못되어 있는지를 면밀히 조사하는 것은 무엇이 잘 되고 있는가에 대한 이해와 함께 시작된다"(Fibkins, 1983, p. 181). 2단계는 교직원 개발을 위한 적절한 촉진자를 확인하는 것과 관계가 있다. "프로젝트에는 교직원들의 신망을 얻고 교직원의 새로운 욕구를 프로그램에 반영시킬 수 있는 촉진자가 있는 것이 필수적이다"(p. 182). 3단계는 평가의 하나로 현재의 요구, 기존의 자원, 예상되는 장애, 교직원 저항에 대한 목록을 작성한다. 이러한 평가를 하면서 Fibkins는 행정가, 사무관, 관리인을 포함하여 전체 교직원들이 교사센터에 참여하도록 격려하여야 한다고 결론을 내렸다. Fibkins는 이 세 번째 단계의 중요한 측면은 프로그램의 개발에는 시간이 소요된다는 점을 인정하는 것이라고 강조하였다. "대부분의 환경 하에서 교직원들이 신뢰감을 형성하고 진실의 통로를 마련하는 것은 1개월이나 1년 이내에 달성될 수 없는 과제들이다. … 우리가 센터를 마련하여 꾸미고 교직원들의 필요에 기초하여 일련의 주간 워크숍을 마련하고 워크숍을 이끌도록 교직원들을 격려하고 부추기도록 자극을 주었는데, 가장 어려웠던 점은 교직원들이 구습과 불평을 버리고 사명감을 갖고 참여하도록 격려하는데 2년이 소요되었다"(p. 183).

이 과정에서 제 4단계는 실제적인 프로그램을 마련하고 수정하는 것이었다. 소모임과 워크숍을 통해 "참여자들이 다양한 갈등상황에 대한 자신들의 반응을 연습하고, 은퇴와 이직에 대한 자신들의 계획을 공개적으로 이야기하며, 더 나은 섭생과 운동을 통해 어떻게 자신을 더 잘 돌볼 것인가를 배우며, 자신들의 프로젝트에 대한 확신을 가진다"(p. 184). 5단계는 전문적 확대방안의 일환이다(다른 교사연수원이 설립되도록 도움을 주고, 다른 학교의 교사들도 Bay Shore 센터에서 개최하는 워크숍에 참여할 수 있게 하였다). 마지막 단계인 제 6단계는 공동체 속에서의 확대방안이다: "교사 탈진을 감소시키는 일에 종사하는 사람들은 편협한 제도적 조직의 이면에 자원과 재능이 감추어진 의료계, 경찰, 성직, 사회서비스, 학계에 있는 여러 전문가들에게도 도움의 손길을 주도록 준비가 되어야 한다"(p. 185). Fibkins의 견해는 교사, 어린이, 학부모들, 성인 시민, 그 밖의 공동체 성원들이 힘을 합하여 공동의 문제를 퇴치할 뿐 아니라, 각 집단의 독특한 문제를 해결한다는 점에서 서로에게 이득이 되는 체제이다.

Fibkins의 성과가 대단했음에도 불구하고 두 가지 주의사항을 언급해야 한다: 첫째, 다른 많은 환경에서와 마찬가지로 최초의 지도자(또는 집단)의 열정이나 에너지가 시들어가면서 교사연수원도 그 목적의식이 쉽게 상실될 수 있고, 대립적 이해관계로 인한 분열 때문에 비중이 낮아질 수 있다; 둘째 (앞서 언급한 바와 같이 워크숍에서도 마찬가지로) 교사연수원의 자원을 이용하는 경향이 높은 사람일수록 대개 이것을 가장 적게 필요로 하는 사람들이다.

2차 변화 전략

2차 변화전략은 문제를 다른 방식으로 재개념화하고 체제 기능의 근본적인 요소들을 수정하는 것이다(Watzlawick, Weakland, & Fisch, 1974). 교사 탈진의 경우 재개념화와 수정은 학교에서 도움을 주는 사람들(교사들)의 요구가 도움을 받는 사람들(학생들)의 요구만큼 중요하다고 생각할 때 잘 이루어질 수 있을 것이다. 교사 탈진에 대한 효과적이고 지속적인 해결책은 아마도 이러한 2차 변화전략들을 필요로 한다.

학교는 교사 요구를 충족시키기 위하여 어떻게 재편될 수 있는가? 다양한 가능성과 방법이 있지만, 여기에서의 초점은 단지 세 가지에 둘 것이다. 한 가지 전략은 교사들이 학생들과 더 강렬하고 더 개인적인 방법으로 일하는 기회를 증가시켜서 교육과정 자체에서 본질적인 대가를 얻을 가능성을 증가시켜 주는 것이다. 두 번째 전략은 교사가 이끄는 학교 관리팀을 구성하는 것과 같이 교사들에게 학교체제 내에서 진정한 자율권을 실행할 기회를 부여하는 것이다. 세 번째 전략은 다소 Fibkins의 견해와 유사한데, 학교를 공동체의 심리적 원리에 맞추어 조직하는 것이다.

첫 번째 전략의 사례는 Wechsler(1983)에 의하여 제시되었다. 그는 두 가지 서로 다른 직무환경을 가지고 있는 고등학교를 조사하였는데, 하나는 아주 대표적인 인문계 학교였고 다른 하나는 실업계 학교였다. 조사에 의하면 인문계와 실업계 모두 교사들이 비록 학생들로부터 비슷하게 소외되어 있었지만, 실업계 교사들이 교직에 더욱 헌신하고 탈진은 상당히 덜하다는 사실이 밝혀졌다. 그리고 실업계 교사들은 자신의 많은 학생들처럼 실패하고 인문계 교사들만큼 근로여건에 대하여 큰소리로 불평을 하지만, 그들은 자신들의 직업에 더 만족하였다.

실업계 교사들은 장인(crafts people)으로 채용되었으며, 수업이 없으면 교육학 점수를 채우기 위해 대학으로 진학하도록 한다. 그들은 수업시간을 나누지 않고 한 덩어리로 연달아서 진행하는 수업들(block-programmed courses)을 가르치는데, 대개 10학년(고1) 및 그 이상의 학년을 대상으로 3시간짜리 수업이나 9학년(중 3)을 대상으로 2시간짜리 수업을 맡는다. 어떤 수업에서도 교실의 작업설비의 숫자에 맞추어 한 학급에 28명을 넘지 않는다. 교실은 크고 조명시설이 잘되어 있으며 설비가 잘 갖추어져 있다. 교사로부터 요구받은 일정 수의 프로젝트를 제출하면 학생들은 그 수업을 수료하게 된다.

교실에서의 상호작용은 일반 인문계의 관행과는 달랐다. 교사는 짤막한 공개적인 지도를 한 후, 대부분의 시간을 교실을 걸어다니며 자신들의 일을 하고 있는 학생들을 감독하면서 보냈다. 교사는 특정 과정을 지켜보고 제언을 하였다. 학생들의 반항이나 공공연한 비평은 거의 들리지 않았다. 대부분의 교사들은 질문을 받았을 때 자신들이 학생들과의 개인적인 상호작용으로부터 매우 큰 만족을 얻는다는 것을 인정하였다.

인문계 교사들에게도 유사한 과정이 벌어질 수 있을 것이다. 예를 들어 영어교사들이 학생들과 더 많은 시간, 아마도 하루에 2~3번의 수업시간을 함께 보낼 수 있었다면 더 긴밀한 상호작용이 일어날 것이다. 사실 최근에 기초학교연합회에서는 그러한 유연한 일정에 관한 실험을 하였다. Linda Chion-Kenney(1987)는 연합회의 몇 학교에서 수업일정을 재편하여 더 적은 수의 학생들을 더 오래 동안 가르치도록 했다고 보고하였다. 그 계획의 일환으로 일부 교사들은 자신의 전공분야가 아닌 다른 것을 가르쳤다; 예를 들어 영어교사가 영어와 사회학을 모두 가르쳤다.

이러한 변화에는 몇 가지 이점이 있다. 교사들은 개별 학생이 어떻게 학습하는지 더 잘 이해할 수 있으며 학생에게 문제가 있을 때 더 일찍 개입할 수 있다. 더 오랜 기간 다른 종류의 활동을 더 많이 마련할 수 있었고, 몇 개의 소집단으로 구성된 학생들을 더 잘 가르칠 수 있었다. 다른 교과도 가르치게 됨으로써 교육과정 교재에 대한 보다 창의적인 접근방법을 적용할 수 있었다. 예를 들어 영국의 지배왕조 변천사를 가르칠 때 학생들에게 셰익스피어 작품을 읽게 하면 더 분명해 진다. 학습 전이는 제시내용의 폭이 확대되었을 때 강화된다. 아울러서 각 학생을 담당하는 소수의 교사끼리 모여 서로 문제점과 전략을 토론할 수 있다. 하지만 가장 중요한 것은 교사들이 더 소수의 학생들을 긴밀하게 가르치는 기회를 갖게 되면 그 교사들은 자신의 직무에서 더 큰 만족감을 보일 것이라는 점이다.

(플로리다주) 데이드 카운티의 학교체제는 변화전략의 본보기로서 교사들에게 더 많은 자율권을 부여하는 학교개편을 시도하였다. 1987년 교사들은 학사일정, 교육과정, 근무여건을 변화시킬 수 있는 권한을 교사들에게 허용하는 계약서에 동의하였다. 이러한 실험은 추가비용을 부담하지 않고도 변화를 촉진시킬 수 있는 방편으로 마련된 것이었다. 그 실험적인 변화로는 교육에 대한 평가를 교장 대신 동료들이 하고, 수업 사이의 공강을 포기하는 대신 더 소규모의 수업을 하고, 관리직을 없애서 그 절약한 비용으로 방과 후 프로그램, 자료, 보조교사를 두는 것 등이 포함되었다(따라서 일부 학교에서는 교육과정 개발을 돕고 직원개발을 지원하기 위하여 교사들에게 가외의 금액을 지급하였다). 그러나 학교조직에 현저하고 지속적인 변화가 이루어질 것인지 확실하지 않다. 아울러서 교사를 포함한 학교공

동체의 모든 성원들에 대한 이러한 변화의 장기적 효과는 아직 확인되지 않았다. 예를 들어 관리위원회에 속한 개별 교사의 시간과 에너지 면에서 투자 비용은 막대하다.

교사들에게 일반적 기준보다 더 많은 자율성을 허용하는 개혁의 또 다른 본보기는 1970년대 중반 이래 뉴욕 동부 할렘의 4학군 지역에서 운영되고 있는 "학교 선택" 프로그램이다. 초등학교와 중학교 학생의 학부모들에게 학교선택의 기회를 제공하고, 교사들에게는 대안학교를 설립하도록 격려하였다. 이제 학군 내에는 교육방법, 교육과정, 주안점, 구조면에서 다양함을 보여 주는 (20개 건물에) 52개 학교가 있다. 이 실험은 대단히 호평을 받았으며 Central Park East 중등학교 교장인 Deborah Meier는 맥아더 재단으로부터 "재능상"을 수상하기도 하였다. 그러나 이러한 환경 속에서도 아직 유사한 문제들이 존재한다. 1989년 후반과 마찬가지로 관료적 걸림목, 고용문제, "예산문제, 추문과 학교정책" 등이 모두 합해져서 프로그램을 위협하였다(Fiske, 1989c, p. B8). 만약 이러한 문제들이 계속된다면(그리고 학교교육의 역사와 전통상 문제들은 계속될 것이다), 탈진으로부터 상당히 벗어났다고 보고한 이 프로그램의 교사들도 분명 스트레스와 관련된 질병으로 고통 받기 시작할 것이다.

Farber와 Miller(1981)는 교사들의 요구를 충족시킬 수 있도록 학교구조를 급진적으로 개편하는 세 번째 전략을 제안하였다. 그들은 교사 탈진을 예방하기 위해서는 조직적으로 지속적인 공동체 의식의 형성이 요구된다고 주장하였다. 그렇게 하기 위해서는 학교환경이 그러한 방향으로 개편되어 교사와 그 밖의 교직원들에게 성장을 가져다주고 동기를 부여해야 한다. Reppucci(1973)는 타인에게 도움을 제공하는 직업을 가진 전문가들의 요구에 부합하는 환경을 창조하기 위해 몇 가지 지침을 제안하였는데, "지침이나 철학은 구성원들이 이해할 만해야 하며 조직의 모든 구성원들에게 희망을 주어야 한다"(p. 331)는 것이 포함되어 있다; 조직적 구조는 모든 교직원의 지속적인 공동 노력(그리고 공동체의 적극적 참여의 필요성)을 장려한다. 이러한 원리들에 기초할 때, 심리적 공동체 의식을 경험한 교사들이 재직하는 학교들은 예를 들어 심각한 학생 위기뿐 아니라 교사들의 요구, 염려, 관심에 대한 장기적 표현에 초점을 맞추어 지속적으로 해당 사례를 가지고 회의를 열 수도 있다; 교육에서의 팀티칭 개념; 교사들의 일상적 일정의 다양화; 행정가들뿐 아니라 교육에 관심 있는 전문가들(일반적으로 적대적 성격의 모임과는 동떨어진)과 지속적인 만남; 활발한 학내(앞서 언급한 것 같은) 교사센터 활용; 방과 후 교사들이 학교시설 이용; 공동체 자원봉사자들의 선발, 활용; 학교 차원의 관리팀 구성; 교사, 행정가, 학부모, 공동체 지도자들로 구성된 활동추진위원회 구성(Farber & Miller, 1981). 이 마지막 요점과 관련하여, 교육계의 모든 부문 간의 적극적인 공동의 노력으로 교직을 고독한 직업으로 규정하는 것을 감소시킨다; 동료, 공동체 성원들, 스스로에 대한 교사의 자존심을 고취시키고, 교사가 학생들에 대해 헌신과 투자를 다하게 한다.

물론 여기에서 문제는 실천하는 것이다. 어느 누구도 교육에 관심을 갖고 있는 다양한 영역 간의 효과적인 공조가 필요하다는 견해에 반대하지는 않는다; 통제, 권리, 절대 권한과 관련된 불가피한 문제들을 다루어야 하는 시점에서 어려움이 발생한다. 뉴욕시의 집중화 탈피(decentralization) 사례는 학교에 대한 공동체의 관여가 어떻게 잘못되어질 수 있는지를 보여 주는 주요 본보기이다. 다른 한편, 코네티컷주 뉴헤이븐 중심부의 저소득자층 거주 지역 학교에서 실시되었던 James Comer의 프로그램은 학부모와 교사들 사이의 적극적인 공동 노력의 특징을 보여 주는 것으로 모든 면에서 대단히 성공적이었고(학업성취 점수, 출석률, 긍정적인 사회분위기 면에서), 다른 몇몇 학군에서 모범적인 사례로 채택되었다. 이와 유사하게 북부 캘리포니아의 2개 초등학교의 교직원들은 스탠포드대학의 Henry Levin이 개발한 "속진 학교(Accelerated Schools)" 프로젝트에 참가하면서 학부모들의 후원과 참여를 적극적으로 장려하였다. 이러한 교사들은 학부모 참여를 "목표달성에 필수적인 부분"이며 "포괄적인 계획의 일부분"으로 여긴다(Seely, 1989, p. 47).

사회 문제를 수학 문제나 생화학 문제의 해결방식으로 풀 수 없다는 점은 자명하다. 비록 교사의 요구를 더 잘 충족시키고자 학교를 개편하는 것이 학교 내에서 교사 탈진을 예방하거나 치유한다고 보증할 수는 없지만, 그래도 이런 해결책들은 개별적인 접근방법들보다 더 포괄적이고 지속적인 전략을 제공할 수 있으며 또 제공한다.

교육에 관해서는 여전히 만병통치란 없다. 아직도 이러한 해결책의 장단기 효과에 대한 연구는 전혀 없다(사람들은 결국 긍정적 성과를 예측한 궁극적 보고서에서도 예측할 수 없는 몇 가지 부정적 변화가 언급될 것임을 잘 안다). 예를 들어 일부 공동체에서는 교사들이 더 나은 급여를 받고 더 많은 자율성을 갖고 고립감이 줄어들게 되면 교육상의 기적은 저절로 달성될 것으로 기대하기 쉽다; 만일 그런 기적을 보이지 못하면 예전보다 더 큰 비판의 표적이 될 수 있다. 아울러서 어떤 단편적인 개혁도 교사의 스트레스나 탈진을 근절하기에 충분하지 않다는 것이 분명한 사실이다. 교사들이 학생들에게 다가가서 본질적인 만족을 얻고자 하는 것은 분명 급여 인상만으로는 달성하기 어렵다.[3] 또한 역사상으로 볼 때 학교 조직에 대한 현재의 개혁은 (뉴욕의 공동체 4학군처럼) 경제적 또는 정치적 압박을 받으면 단기간에 흐지부지될 수 있다. 따라서 심지어 최상의 여건과 최상의 개혁분위기 속에서도 교사들은 여전히 스트레스와 탈진을 느끼기 쉽다. 아마도 Cohn, Kottcamp, McCloskey와

3) 역자 주: 급여 인상이 교사의 직무 만족감에 기대만큼의 기여는 못하지만, 불충분한 급여는 직무 불만족에 크게 작용한다는 것이다.

Provenzo(1987)가 의미한 바와 같이, 교사들이 효과적으로 보이기 위해서는 (받는 것 이상으로 주면서) 탈진 직전에 놓여야 할지도 모른다. "교직이라는 직업이 학습자에게 동기를 부여하기 위하여 에너지와 책임감으로 추구되어야 한다면 어렵고 고단한 직업이다. 심지어 급여가 상당히 인상된다 해도 교직을 잘 수행하는 데 요구되는 시간과 에너지에 부합할 만한 것일지 의문스럽다"(p. 57).

교사들에게서 나타나는 스트레스와 탈진의 증상은 분명하다: 분노, 근심, 의기소침, 피로, 권태, 냉소, 약물남용, 심신상의 증상,[4] 결혼과 가족의 위기, 학생에 대한 헌신의 저하. Sarason(1977)은 대인서비스 종사자들이 환멸이 갖고 있는 결정적인 함의(含意)는 "교사 개인적 차원을 벗어나"(p. 232) 다른 곳으로 확대된다는 점이다. 교사의 직무 스트레스와 탈진은 교사와 그 가족들, 행정가와 그 가족들, 학생과 그 가족들, 그리고 전체 사회 구성원들의 삶에 계속하여 영향을 미칠 것이다. 나는 이러한 문제들에 관한 진정한 해결책이 있다고 생각할 정도로 그렇게 순진하지는 않다; 나는 미국의 과반수 학생들이 학급에서 열등하다고 여겨지는 한 교사들은 계속하여 비판을 받고 계속하여 스트레스와 탈진에 취약할 것이라고 생각한다. 또한 교사들에 대한 적절한 재정적·정신적 후원 없이, 교사들을 돕는 충분한 인력도 없이, 교사 직무의 성격이나 사회적으로 설정된 목표를 달성하는데 시간이 필요하다는 이해가 없이, 교실에서 성공적이라고 느끼기 위해서는 교사들이 계속 고군분투해야 할 것이라고 생각한다. (그러므로 교사들이) 교육이야말로 진정 국가의 최우선 과제라는 사회의 궁극적인 깨달음이 있어야 희망이 있다.

---

4) 역자 주: 일본의 연구팀(구와지마 이와오 박사팀)은 직장인의 30% 정도(기업체 직원 36%, 공무원 23%)는 직무 스트레스로 인해 출근만 하면 혈압이 올라가는 직장 고혈압 증상을 가지고 있다고 발표했다.

참고 문헌

Adams, B. P. "Leader Behavior of Principals and Its Effect on Teacher Burnout." Unpublished doctoral dissertation, University of Wisconsin, Madison, 1988.

Altman, L. K., and Rosenthal, E. "Changes in Medicine Bring Pain to Healing Profession." *New York Times,* Feb. 18, 1990, p. Al.

Anastos, J., and Ancowitz, R. "A Teacher-Directed Peer Coaching Project." *Educational Leadership,* Nov. 1987, pp. 40-42.

Anderson, M. B., and Iwanicki, E. F. "Teacher Motivation and Its Relationship to Burnout." *Educational Administration Quarterly,* 1984, *20* (2), 94-132.

Banks, J. L. "School Problems Start Long Before Children Enter a Classroom." *New York Times,* Sept. 12, 1987, p. 26.

Barnard, H. *Normal Schools and Other Institutions, Agencies, and Means Designed for the Professional Education of Teachers.* Vol. 1. Hartford, Conn.: Case, Tiffany and Company, 1851.

Barner, A. E. "Do Teachers Like to Teach?" *Pointer,* 1982, *27* (1), 5-7.

Beck, C. L., and Gargiulo, R. M. "Burnout in Teachers of Retarded and Nonretarded Children." *Journal of Educational Research,* 1983, 76 (3), 169-173.

Belcastro, P. A. "Burnout and Its Relationship to Teachers' Somatic Complaints and Illnesses." *Psychological Reports,* 1982, *50,* 1045-1046.

Belcastro, P. A., and Hays, L. C. "Ergophilia... Ergophobia... Ergo... Burnout?" *Professional Psychology: Research and Practice,* 1984, *15* (2), 260-270.

Bensky, J. M., and others. "Public Law 94-142 and Stress: A Problem for Educators." *Exceptional Children,* 1980, *17,* 24-29.

Berger, J. "Allure of Teaching Reviving: Education School Rolls Surge." *New York Times,* May 6, 1988, pp. A1, A17.

Berger, J. "Poignant Problems of the Nation's Rural Schools." *New York Times,* July 26, 1989, p. B8.

Bergin, A. E. "The Evaluation of Therapeutic Outcomes." In A. E. Bergin and S. L Garfield (eds.), *Handbook of Psychotherapy and Behavior Change: An Empirical Analysis.* New York: Wiley, 1971.

Berry, B. *Why Miss Dove Left and Where She Went: A Case Study of Teacher Attrition in a Metropolitan School System in the Southeast.* Triangle Park, N.C.: Southeastern Regional Council for Educational Improvement, 1985.

Birmingham, J. "Job Satisfaction and Burnout Among Minnesota Teachers." Unpublished doctoral dissertation, University of Minnesota, 1984.

Blase, J. J. "A Social-Psychological Grounded Theory of Teacher Stress and Burnout." *Educational Administration Quarterly,* 1982, *18,* 92-113.

Blase, J. J., Dedrick, C., and Strathe, M. "Leadership Behavior of School Principals in Relation to Teacher Stress, Satisfaction, and Performance." *Journal of Humanistic Education and Development,* 1986, *24* (4), 159-169.

Blase, J. J., and Pajak, E. F. "The Impact of Teachers' Work Life on Personal Life: A Qualitative Analysis." *Alberta Journal of Educational Research,* 1986, 32 (4), 307-322.

Bloch, A. M. "The Battered Teacher." *Today's Education,* 1977, 66 (2), 58-62.

Bloch, A. M. "Conflict Neurosis in Inner City Schools." *American Journal of Psychiatry,* 1978, *135,* 189-192.

Bloom, R. B. "The Effects of Disturbed Adolescents on Their Teachers." *Behavioral Disorders,* 1983, *8* (3), 209-216.

Boyer, E. L. *High School: A Report on Secondary Education in America.* New York: Harper & Row, 1983.

Boyer, E. L. *Report Card on School Reform.* Princeton, N.J.: Carnegie Foundation for the Advancement of Teaching, 1988.

Bradfield, R. H., and Fones, D. M. "Stress and the Special Teacher: How Bad Is It?" *Academic Therapy,* 1985, *20* (5), 571-577.

Bredeson, P. V., and others. "Organizational Incentives and Secondary School Teaching." *Journal of Research and Development in Education,* 1983, *16(4),* 52-58.

Brenner, S., Sorbom, D., and Wallius, E. "The Stress Chain: A Longitudinal Confirmatory Study of Teacher Stress, Coping and Social Support." *Journal of Occupational Psychology,* 1985, *58* (1), 1-13.

Brenton, M. *What's Happened to Teacher?* New York: Coward-McCann, 1970.

Bridges, E. M. *The Incompetent Teacher: The Challenge and the Response.* Philadelphia: Falmer, 1986.

Bridges, E. M., and Hallinan, M. T. "Subunit Size, Work System Interdependence, and Employee Absenteeism." *Education Administration Quarterly,* 1978, *14* (2), 24-42.

Broiles, P. H. "An Inquiry into Teacher Stress: Symptoms, Sources, and Prevalence in Public Schools." Unpublished doctoral dissertation, Claremont Graduate School, Claremont, Calif., 1982.

Brown, J. Y. "A Study of the Relationship Between Job Stress and Burnout in Teachers." Unpublished doctoral dissertation, Teachers College, Columbia University, 1985.

Brown, N. J. "An Analysis of Stress Factors as Perceived by Elementary Teachers." Unpublished doctoral dissertation, University of Arkansas, 1983.

Burke, R. J., and Greenglass, E. R. "Psychological Burnout Among Men and Women in Teaching: An Examination of the Cherniss Model." *Human Relations,* 1989, *42* (3), 261-273.

Cadavid, V. "Locus of Control and Pupil Control Ideology as Related to the Dimensions of Burnout of Special Education Vis-à-Vis Regular Classroom Teachers." Unpublished doctoral dissertation, Southern Illinois University, 1986.

Calabrese, R. L. "The Principal: An Agent for Reducing Teacher Stress." *NAASP Bulletin,* Dec. 1987, pp. 6-70.

Campbell, R. F., Cunningham, L. L., Nystrand, R. O., and Usdan, M. D. *The Organization and Control of American Schools.* (4th ed.) Columbus, Ohio: Merrill, 1980.

Caplan, R. D., and Jones, K. W. "Effects of Workload, Role Ambiguity, and Type A Personality on

Anxiety, Depression and Heart Rate." *Journal of Applied Psychology,* 1975, *60,* 713-719.

Carew, J. V., and Lightfoot, S. L. *Beyond Bias: Perspectives on Classrooms.* Cambridge, Mass.: Harvard University Press, 1979.

Carnegie Foundation for the Advancement of Teaching. *National Survey of Public School Teachers.* Princeton, N.J.: Carnegie Foundation for the Advancement of Teaching, 1987.

Carnegie Foundation for the Advancement of Teaching. *The Condition of Teaching: A State-by-State Analysis, 1988.* Princeton, N.J.: Carnegie Foundation for the Advancement of Teaching, 1988a.

Carnegie Foundation for the Advancement of Teaching. *An Imperiled Generation: Saving Urban Schools.* Princeton, N.J.: Carnegie Foundation for the Advancement of Teaching, 1988b.

Carnegie Task Force on Teaching as a Profession. *A Nation Prepared: Teachers for the 21st Century.* New York: Carnegie Forum on Education and the Economy, 1986.

Center for Education Statistics. *Private Schools and Private School Teachers: Final Report of the 1985-86 Private School Study.* Washington, D.C.: Center for Education Statistics, 1987.

Cerra, F. "Teachers Find It Hard to Cope as Rolls Drop." *New York Times,* Oct. 14, 1980, pp. Bl-B2.

Chance, P. "That Drained-Out, Used-Up Feeling." *Psychology Today,* 1981, *15,* 88-92.

Charters, W. W., Jr. "The Social Background of Teaching." In N. L. Gage (ed)., *Handbook of Research on Teaching.* Chicago: Rand McNally, 1963.

Cherniss, C. *Professional Burnout in Human Service Organ izations.* New York: Praeger, 1980a.

Cherniss, C. *Staff Burnout: Job Stress in the Human Services.* Newbury Park, Calif.: Sage, 1980b.

Cherniss, C. "Stress and Burnout in New Public Service Professionals: A Long-Term Follow-Up Study." Paper presented at the annual meeting of the Academy of Management, New Orleans, La., 1987.

Cherniss, C. "Observed Supervisory Behavior and Teacher Burnout in Special Education." *Exceptional Children,* 1988, *54* (5), 449-454.

Cherniss, C., Egnatios, E., and Wacker, S. "Job Stress and Career Development in New Public Professionals." *Professional Psychology,* 1976, 7, 428-436.

Cherniss, C., Egnatios, E., Wacker, S., and O'Dowd, W. "The Professional Mystique and Burnout in Public Sector Professionals." Unpublished manuscript, University of Michigan, 1979.

Cherniss, C., and Krantz, D. "The Ideological Community as an Antidote to Burnout in the Human Services." In B. A. Farber (ed.), *Stress and Burnout in the Human Service Professions.* Elmsford, N.Y.: Pergamon Press, 1983.

Cherrington, D., Reitz, H. J., and Scott, W. E. "Effects of Contingent and Non-Contingent Reward on the Relationship Between Satisfaction and Task Performance." *Journal of Applied Psychology,* 1971, 55, 531-536.

Chion-Kenney, L. "The Coalition of Essential Schools: A Report from the Field." *American Educator,* 1987, *11* (4), 18-27, 47-48.

Cichon, D. J., and Koff, R. H. "The Teaching Events Stress Inventory." Paper presented at the annual meeting of the American Educational Research Association, Toronto, Mar. 27-31, 1978.

Cichon, D. J., and Koff, R. H. "Stress and Teaching." *NASSP Bulletin,* 1980, *64* (434), 91-104.

Claesson, M. A. "Teacher/Mothers: Problems Of a Dual Role." Paper presented at the annual meeting of the American Educational Research Association, San Francisco, Apr. 16-21, 1986.

Cobb, S. "Social Support as a Moderator of Life Stress." *Psychosomatic Medicine,* 1976, *5* (38), 300-317.

Cohn, M., Kottkamp, R. B., McCloskey, G. N., and Provenzo, E. F. *Teachers' Perspectives on the Problems of Their Professions: Implications for Policymakers and Practitioners.* Washington, D.C.:

Office of Educational Research and Improvement, 1987.

Coleman, J. "Public Schools, Private Schools." *The Public Interest,* Summer 1981, pp. 19-30.

Corner, J. "The Social Factor." *New York Times,* Section 4a (Education Life), Aug. 7, 1988, pp. 27-31.

Connolly, C., and Sanders, IV. "The Successful Coping Strategies- the Answer to rFeacher Stress?" Paper presented at the annual meeting of the Association of Teacher Educators, San Diego, Calif., Feb. 13-17, 1988.

Duke, D. L. "Understanding What It Means to Be a Teacher." *Educational Leadership,* 1986, *41* (2), 26-32.

Dworkin, A. *Teacher Burnout in the Pi~blic Schools: Structural Causes and Consequences for Children.* Albany: State University of New York Press, 1987.

Edelwich, J. and Brodsky, A. *Burnout: Stages of Disillusionment in the Helping Professions.* New York: Human Sciences Press, 1980.

Eisner, E. *What High Schools Are Like: Views from the Inside.* Palo Alto, Calif.: Stanford University Press, 1985.

Elam, S. M. "The Gallup Education Surveys: Impressions of a Poll Watcher." *Phi Delta Kappan,* Sept. 1983, pp. 26-32.

Elam, S. M. *The Phi Delta Kappa Gallup Polls of Attitudes Toward Education 1969-1984: A Topical Summary.* Bloomington, md.: Phi Delta Kappa, 1984.

Elam, S. M. "The Second Gallup/Phi Delta Kappa Poll of Teachers' Attitudes Toward the Public Schools." *Phi Delta Kappan,* June 1989, pp. 785-798.

Elsbree, W. S. *The American Teacher.* New York: American Book Company, 1939.

Engelking, J. L. "Teacher Job Satisfaction and Dissatisfaction." *Spectrum,* 1986, *4* (1), 33-38.

Erikson, E. H. *Childhood and Society.* (2nd ed.) New York: Norton, 1963.

Erikson, E. H. *Identity: Youth and Crisis.* New York: Norton, 1968. Farber, B. A. *Stress and Burnout in the Human Service Professions.* Elmsford, N.Y.: Pergamon Press, 1983.

Farber, B. A. "Stress and Burnout in Suburban Teachers." *Journal of Educational Research,* l984a, 77, 325-33 1.

Farber, B. A. "Teacher Burnout: Assumptions, Myths, and Issues." *Teachers College Record,* 1984b, *86,* 321-338.

Farber, B. A. "The Genesis, Development, and Implications of Psychological-Mindedness in Psychotherapists." *Psychotherapy,* 1985, 22, 170-177.

Farber, B. A., and Miller, J. "Teacher Burnout: A Psychoeducational Perspective." *Teachers College Record,* 1981, *82* (2), 235-243.

Feistritzer, C. E. *The Condition of Teaching.* Princeton, N.J.: Carnegie Foundation for the Advancement of Teaching, 1985.

Feisritzer, C. E. "Education Vital Signs: Teacher." *American School Board Journal,* 1986, *173* (10), pp. A12-A16.

Feitler, F. C., and Tokar, E. B. "Teacher Stress: Sources, Symptoms and Job Satisfaction." Paper presented at the annual meeting of the American Educational Research Association, Los Angeles, Apr. 13-17, 1981.

Fibkins, W. L. "Organizing Helping Settings to Reduce Burnout." In B. A. Farber (ed.), *Stress and Burnout in the Human Service Professions.* Elmsford, N.Y.: Pergamon Press, 1983.

Fielding, M. "Personality and Situational Correlates of Teacher Stress and Burnout." Paper presented at the annual meeting of the American Educational Research Association, New York, Mar. 1982.

Fimian, M. J. "What Is Teacher Stress?" *Clearing House,* 1982, *56* (3), 101-105.

Fimian, M. J., and Blanton, L. P. "Variables Related to Stress and Burnout in Special Education Teacher Trainees and First-Year Teachers." *Teacher Education and Special Education,* 1986, *9* (1), 9-21.

Fimian, M. J., Pearson, D., and McHardy, R. "Occupational Stress Reported by Teachers of Learning Disabled and Nonlearning Disabled Handicapped Students." *Journal of Learning Disabilities,* 1986, *19* (3), 154-158.

Fimian, M. J., and Santoro, I. M. "Sources and Manifestations of Stress as Reported by Full-Time Special Education Teachers." *Exceptional Children,* 1983, *19,* 540-543.

Fischer, H. J. "A Psychoanalytic View of Burnout." In B. A. Farber (ed.), *Stress and Burnout in the Human Service Professions.* Elmsford, N.Y.: Pergamon Press, 1983.

Fisk, P. "As Classroom Empties, Teacher Takes Inventory." *New York Times,* July 10, 1988, Section 12, p. 26.

Fiske, E. B. "Survey of Teachers Reveals Morale Problems." *New York Times,* Sept. 19, 1982, pp. Al, A52.

Fiske, E. B. "Reform Drive Turns to Classroom Itself." *New York Times,* May 27, 1986, pp. Cl, C7.

Fiske, E. B. "35 Pages That Shook the U.S. Education World." *New York Times,* Apr. 27, 1988, p. BlO.

Fiske, E. B. "Teachers May No Longer Be Lumped with Potatoes, but an Image Problem Persists." *New York Times,* July 19, 1989a, p. B6.

Fiske, E. B. "The Bush Compact with the Governors Shows a Sharp Turn from the Reagan Policies." *New York Times,* Oct. 4, 1989b, p. B8.

Fiske, E. B. "The Alternative Schools of Famous District 4: Accolades and Better Attendance Are Not Enough." *New York Times,* Nov. 1, 1989c, p. B8.

Fiske, E. B. "Will President Bush Pass the Test at His Education Summit Conference?" *New York Times,* Sept. 13, l989d, p. RiO.

Fleischut, J. S. "A Longitudinal Study of the Origin and Intensity of the Job-Related Stress of Elementary School Teachers." Unpublished doctoral dissertation, Temple University, 1983.

Fordham, S., and Ogbu, J. U. "Black Students, School Success: Coping with the Burden of 'Acting White.'" *Urban Review,* 1986, *18(3),* 176-206.

Forman, J. S. "The Effects of an Aerobic Dance Program for Women Teachers on Symptoms of Burnout." Unpublished doctoral dissertation, University of Cincinnati, 1983.

Forman, S. G. "Stress Management for Teachers: A Cognitive-Behavioral Program." *Journal of School Psychology,* 1982, *20* (3), 180-187.

"Former Teachers in America." *American Educator, 10* (2), 1986, 34-39, 48.

Frataccia, E. V., and Hennington, I. "Satisfaction of Hygiene and Motivation Needs of Teachers Who Resigned from Teaching." Paper presented at the annual meeting of the Southwest Educational Research Association, Austin, Tex., Feb. 11-13, 1982.

Freed, J. C. "Teachers Who Quit Offer Their Reasons." *New York Times,* Apr. 22, 1986, pp. Cl, C9.

French, J. R., Jr., and Caplan, R. D. "Organizational Stress and Individual Strain." In A. J. Marrow (ed.), *The Failure of Success.* New York: AMACOM, 1972.

Freudenberger, H. J. "The Psychologist in a Free Clinic Setting: An Alternative Model in Health Care." *Psychotherapy.' Theory, Research, and Practice,* 1973, *10* (1), 52-61.

Freudenberger, H. J. "Staff Burnout." *Journal of Social Issues,* 1974, *1,* 159-164.

Freudenberger, H. J. "The Staff Burnout Syndrome in Alternative Institutions." *Psychotherapy: Theory, Research, and Practice,* 1975, *12,* 73-82.

Freudenberger, H. J. "Counseling and Dynamics: Treating the End-Stage Burnout Person." In W. S. Paine (ed.), *Job Stress and Burnout.* Newbury Park, Calif.: Sage, 1982.

Freudenberger, H. J. "Burnout: Contemporary Issues, Trends, and Concerns." In B. A. Farber (ed.) *Stress and Burnout in the Human Service Professions.* Elmsford, N.Y.: Pergamon Press, 1983.

Freudenberger, H. J. "Burnout and Job Dissatisfaction: Impact on the Family." In J. C. Hansen and S. H. Cramer (ed.), *Perspectives on Work and the Family.* Rockville, Md.: Aspen, 1984.

Freudenbeger, H. J., with Richelson, G. *Burn-Out.* New York: Bantam Books, 1980.

Gallup, A. M. "The Gallup Poll of Teachers' Attitudes Toward the Public Schools." *Phi Delta Kappan,* Oct. 1984, pp. 97-107.

Gallup, A. M. "The 17th Annual Gallup Poll of the Public's Attitudes Toward the Public Schools." *Phi Delta Kappan,* Sept. 1985, pp. 35-47.

Gallup, A. M. "The 18th Annual Gallup Poll of the Public's Attitudes Toward the Public Schools." *Phi Delta Kappan,* Sept. 1986, pp. 43-59.

Gallup, A. M., and Clark, D. L. "The 19th Annual Gallup Poll of the Public's Attitudes Toward the Public Schools." *Phi Delta Kappan,* Sept. 1987, pp. 17-30.

Gallup, A. M., and Elam, S. M. "The 20th Annual Gallup Poll of the Public's Attitudes Toward the Public Schools." *Phi Delta Kappan,* Sept. 1988, pp. 33-46.

Gallup, A. M., and Elam, S. M. "The 21st Annual Gallup Poll of Public's Attitudes Toward the Public Schools." *Phi Delta Kappan,* Sept. 1989, pp. 41-54.

Gallup, G. "The 15th Annual Gallup Poll of the Public's Attitudes Toward the Public Schools." *Phi Delta Kappan,* Sept. 1983, pp. 33-47.

Gallup, G. "The 16th Annual Gallup Poll of the Public's Attitudes Toward the Public Schools." *Phi Delta Kappan,* Sept. 1984, pp. 23-38.

Gillet, P. "Preventing Discipline-Related Teacher Stress and Burnout." *Teaching Exceptional Children,* Summer 1987, 62-65.

Glass, D. C. *Behavior Patterns, Stress, and Coronary Disease.* Hills-dale, N.J.: Erlbaum, 1977.

Glasser, W. *Reality Therapy.* New York: Harper & Row, 1975. Gold, Y. "The Relationship of Six Personal and Life History Variables to Standing on Three Dimensions of the Maslach Burnout Inventory in a Sample of Elementary and Junior High School Teachers." *Educational and Psychological Measurement,* 1985, *45,* 377-387.

Goldman, R. *A Profession at Risk: Eight Schools Address the Faculty Compensation Issue.* Boston: National Association of Independent Schools, 1988.

Golembiewski, R. T., and Munzenrider, R. "Active and Passive Reactions to Psychological Burn-Out? Toward Greater Specificity in a Phase Model." *Journal of Health and Human Resources Administration,* 1984, 7, 264-289.

Golembiewski, R. T., Munzenrider, R., and Carter, D. "Phases of Progressive Burnout and Their Work Site Covariants: Critical Issue in OD Research and Praxis." *Journal of Applied Behavioral Science,* 1983, 4, 461-481.

Goodlad, J. I. *A Place Called School.* New York: McGraw-Hill, 1984.

Grace, G. *Teachers, Ideology and Control.* London: Routledge & Kegan Paul, 1978.

Grant, G. "The Teacher's Predicament." *Teachers College Record,* 1983, *84* (3), 593-609.

Grant, G. *The World We Created at Hamilton High.* Cambridge, Mass.: Harvard University Press, 1988.

Gray, J. *The Teacher's Survival Guide.* Santa Monica, Calif.: Fearon, 1967.

Green, T. F. *Work, Leisure and the American Schools.* New York: Random House, 1968.

Greene, G. *A Burnt-Out Case.* New York: Viking Press, 1961. Greenglass, E. R., and Burke, R. J. "Work and Family Precursors of Burnout in Teachers: Sex Differences." *Sex Roles,* 1988, *18* (3/4), 215-223.

Grissmer, D. W., and Kirby, S. N. *Teacher Attrition: The Uphill Climb to Staff the Nation's Schools.* Santa Monica, Calif.: Rand Corporation, 1987.

Gujarati, R. "Female Burnout." *ASTD Women's Network,* July 1985, pp. 1, 7.

Gunderson, D. F., and Haas, N. S. "Media Stereotypes in Teacher Role Definition." *Action in Teacher Education,* 1987, 9 (2), 27-31.

Hackman, J. R. "Tasks and Task Performance in Research on Stress." In J. E. McGrath (ed.), *Social and Psychological Factors in Stress.* New York: Holt, Rinehart & Winston, 1970.

Hammen, C., and DeMayo, R. "Cognitive Correlates of Teacher Stress and Depression Symptoms: Implications for Attributional Models of Depression." *Journal of Abnormal Psychology,* 1982, *91* (2), 96-101.

Hanchey, S. G. "Teacher Burnout: The Person and Environmental Influences." Unpublished doctoral dissertation, California School of Professional Psychology, Fresno, 1987.

Harris, L., and Associates. *The Metropolitan Life Survey of the American Teacher.* New York: Metropolitan Life Insurance Company, 1984.

Harris, L., and Associates. *The Metropolitan Life Survey of the American Teacher.* New York: Metropolitan Life Insurance Company, 1985.

Harris, L., and Associates. *The Metropolitan Life Survey of the American Teacher.* New York: Metropolitan Life Insurance Company, 1986.

Harris, L., and Associates. *The Metropolitan Life Survey of the, American Teacher.* New York: Metropolitan Life Insurance Company, 1987.

Harris, L., and Associates. *The Metropolitan Life Survey of the American Teacher.* New York: Metropolitan Life Insurance Company, 1988.

Hay, L. "Bye-Bye Miss Beadle and You, Too, Miss Brooks." *Television and Families,* 1985, *8* (2), 1-9.

Hechinger, F. M. "About Education: Enough Reports Already, Says a New Report on School Improvements." *New York Times,* June 22, 1988, p. B7.

Hechinger, F. M. "About Education: From Frustrated Teachers Comes a Passionate Cry on Behalf of Children." *New York Times,* Jan. 18, 1989a, p. B11.

Hechinger, F. M. "About Education: The Decade Changes with Questions About How to Reach Teaching Goals." *New York Times,* Dec. 20, 1989b, p. B9.

Heifetz, L. J., and Bersani, H. A., Jr. "Disrupting the Cybernetics of Personal Growth: Toward a Unified Theory of Burnout in the Human Services." In B. A. Farber (ed.), *Stress and Burnout in the Human Service Professions.* Elmsford, N.Y.: Pergamon Press, 1983.

Hendrickson, B. "Teacher Burnout: How to Recognize It; What to Do About It." *Learning,* 1979, 7, 36-39.

Hentoff, N. *Our Children Are Dying.* New York: Viking, 1966.

Herndon, J. *The Way It Spozed to Be.* New York: Simon & Schuster, 1965.

Herzberg, F. *Work and the Nature of Man.* Cleveland, Oh.: World Publishing, 1971.

Heyns, B. "Educational Defectors: A First Look at Teacher Attrition in the NLS-72." *Educational Researcher,* 1988, 17(3), 24-32.

Holland, J. *Making Vocational Choices: A Theory of Careers.* Englewood Cliffs, N.J.: Prentice-Hall, 1973.

Holmes Group. *Tomorrow's Teachers: A Report of the Holmes Group.* East Lansing, Mich.: Holmes

Group, 1986.

Holmes, T. H., and Rahe, R. H. "The Social Readjustment Scale." *Journal of Psychosomatic Research,* 1967, *ii,* 213-2 18.

Holt, J. *How Children Fail.* New York: Dell, 1964.

Holt, J. *How Children Learn.* New York: Dell, 1967.

Holt, J. *The Underachieving School.* New York: Delta, 1969.

Holt, P., Fine, M. J., and Tollefson, N. "Mediating Stress: Survival of the Hardy." *Psychology in the Schools,* 1987, *24,* 51-58.

Hook, S. *Reason, Social Myths and Democracy.* New York: Harper & Row, 1966.

Ianni, F., and Reuss-lanni, E. "'Take This Job and Shove It!' A Comparison of Organizational Stress and Burnout Among Teachers and Police." In B. A. Farber (ed.), *Stress and Burnout in the Human Service Professions.* Elmsford, N.Y.: Pergamon Press, 1983.

Jackson, S. "Burnout: Redefining the issues." Paper presented at the annual meeting of the American Psychological Association, Washington, D.C., Aug. 1982.

Jackson, S. E., Schwab, R. L., and Schuler, R. S. "Toward an Understanding of the Burnout Phenomenon." *Journal of Applied Psychology,* 1986, *71* (4), 630-640.

Jencks, C. "Deadly Neighborhoods." *The New Republic,* June 1988, *198* (24), 23-32.

Johnson, A. B., Gold, V., and Vickers, L. L. "Stress and Teachers of the Learning Disabled, Behavior Disorder, and Educable Mentally Retarded." *Psychology in the Schools,* 1982, *19,* 552-557.

Johnson, J. J. "Nation's Schools Termed 'Stagnant' in Federal Report." *New York Times,* May 4, 1989, p. Al.

Kahn, R. L. "Conflict, Ambiguity, and Overload: Three Elements in Job Stress." In A. McLean (ed.), *Occupational Stress.* Springfield, Ill.: Thomas, 1974.

Kaiser, J. "Sources of Stress in Teaching." Paper presented at meeting of New York United Teachers, Oct. 1981.

Kanner, A. D., Kafry, D., and Pines, A. "Conspicuous by Their Absence: Lack of Positive Conditions as a Source of Stress." *Journal of Human Stress,* 1978, 4, 33-39.

Karger, H.J. "Burnout as Alienation." *Social Service Review,* 1981, *55,* 270-283.

Kaufman, B. *Up the Down Staircase.* New York: Avon 1964.

Keavney, G., and Sinclair, K. E. "Teacher Concerns and Teacher Anxiety: A Neglected Topic of Classroom Research." *Review of Educational Research,* 1978, spring, pp. 273-290.

Kelly, D. "A Call to Cut School Class Size." *USA Today,* June 26, 1990, p. Dl.

Kobasa, S. C. "Stressful Life Events, Personality, and Health: An Inquiry into Hardiness." *Journal of Personality and Social Psychology,* 1979, *37,* 1-11.

Kohl, H. *36 Children.* New York: Signet, 1967.

Kohut, H. *The Analysis of the Self.* New York: International Universities Press, 1971.

Kottkamp, R. B., Provenzo, E. F., Jr., and Cohn, M. M. "Stability and Change in a Profession: Two Decades of Teacher Attitudes, 1964-1984." *Phi Delta Kappan,* 1986, 67(8), 559-567.

Kozol, J. *Death at an Early Age.* New York: Bantam Books, 1967.

Kozol, J. *The Night Is Dark and I Am Far from Home.* New York: Continuum, 1975.

Kyriacou, C. "Teacher Stress and Burnout: An International Review." *Educational Research,* 1987, *29* (2), 146-152.

Kyriacou, C., and Pratt, J. "Teacher Stress and Psychoneurotic Symptoms." *British Journal of Educational*

Psychology, 1985, 55 (1), 61–64.

Kyriacou, C., and Sutcliffe, J. "Teacher Stress: A Review." *Educational Review,* 1977, *29,* 299–306.

Kyriacou, C., and Sutcliffe, J. "Teacher Stress: Prevalence, Sources and Symptoms." *British Journal of Educational Psychology,* 1978, *48* (2), 158–167.

Lasch, C. *The Culture of Narcissism: American Life in an Age of Diminishing Returns.* New York: Norton, 1979.

Lazarus, R. S. *Psychological Stress and the Coping Process.* New York: McGraw-Hill, 1966.

Levine, M. "Teaching Is a Lonely Profession." In S. B. Sarason, M. Levin, I. I. Goldenberg, D. L. Cherlin, and E. Bennett (eds.), *Psychology in Community Settings: Clinical, Educational, Vocational, Social Aspects.* New York: Wiley, 1966.

Levine, M., and Levine, A. *A Social History of Helping Services.* New York: Appleton-Century-Crofts, 1970.

Levinson, D. *The Seasons of a Man's Life.* New York: Knopf, 1978. Lieberman, A., and Miller, L. (eds.). *Staff Development: New Demands, New Realities, New Perspectives.* New York: Teachers College Press, 1979.

Liff, M. "Get Off My Case Teach." *New York Sunday News Magazine,* Sept. 21, 1980, pp. 14–17.

Lortie, D. *School Teacher.* Chicago: University of Chicago Press, 1975.

Lortie, D. "T'eacher Status in Dade County: A Case of Structural Strain?" *Phi Delta Kappan,* Api. 1986, 568–575.

McCarty, F. H. "Energy and Stress in the Classroom." Unpublished manuscript, 1979.

McEnany, J. "Teachers Who Don't Burn Out: The Survivors." *Clearing House,* 1986, *60* (2), 83–84.

McGuire, W. H. "Teacher Burnout." *Today's Education,* 1979, *68* (4), 5.

McIntyre, T. "The Relationship Between Locus of Control and Teacher Burnout." *British Journal of Educational Psychology,* 1984, *54* (2), 235–238.

Maeroff, G. I. *The Empowerment of Teachers: Overcoming the Crisis of Confidence.* New York: Teachers College Press, 1988a.

Maeroff, G. I. "Blueprint for Empowering Teachers." *Phi Delta Kappan,* Mar. 1988b, *69,* 473–477.

Makinen, R., and Kinnunen, U. "Teacher Stress over a School Year." *Scandinavian Journal of Educational Research,* 1986, *30,* 55–70.

Malanowski, J., and Wood, P. "Burnout and Self-Actualization in Public School Teachers." *Journal of Psychology,* 1984, *117* (1), 23–26.

Mann, H. *Tenth Annual Report to the Board of Education.* Boston: Dutton and Wentworth, 1847.

Margolick, D. "At the Bar." *New York Times,* Mar. 9, 1990, p. B6. Mark, J. H., and Anderson, B. D. "Teacher Survival Rates: A Current Look." *American Education Research Journal,* 1978, *15,* 379–383.

Marlin, T. R. "Teacher Burnout and Locus-of-Control, Sex, Age, Marital Status, and Years of Experience Among a Group of Urban Secondary Teachers." Unpublished doctoral dissertation, Rutgers University, New Burnswick, N.J., 1987.

Martin, G. "Walls Crumble, but Morris High Retains Its Spirit." *New York Times,* Dec. 10, 1988, p. B29.

Martin, J. M. "Teacher Burnout and the Urban School System." Unpublished doctoral dissertation, Boston University, 1988.

Maslach, C. "Burned Out." *Human Behavior,* 1976,5, 16–22. Maslach, C. "Burnout: A Social Psychological Analysis." Paper presented at the annual convention of the American Psychological Association, San Francisco, 1977.

Maslach, C. "The Client Role in Staff Burnout." *Journal of Social Issues,* 1978, *34* (4), 111-124.

Maslach, C., and Jackson, S. "The Measurement of Experienced Burnout." *Journal of Occupational Behavior,* 1981,2, 1-15.

Maslach, C., and Jackson, S. *The Maslach-Burnout Inventory.* Palo Alto, Calif.: Consulting Psychologists Press, 1986.

Maslach, C., and Pines, A. "The Burnout Syndrome in the Day Care Setting." *Child Care Quarterly,* 1977, 6(2), 110-113.

Matthes, W., and Carlson, R. "Conditions for Practice: The Reasons Teachers Selected Rural Schools." Paper presented at the 67th annual meeting of the American Educational Research Association, San Francisco, Apr. 16-20, 1986.

Mattingly, M. A. "Sources of Stress and Burnout in Professional Child Care Work." *Child Care Quarterly,* 1977, 6(2), 127-137.

Mayer, M. *The Teachers' Strike, New York, Nineteen Sixty-Eight.* New York: Harper & Row, 1969.

Meagher, L. "Variables Associated with Stress and Burnout of Regular and Special Education Teachers." Unpublished doctoral dissertation, University of Kansas, 1983.

Meehling, D. A. "An Investigation of the Effects of Personal Locus of Control, Anxiety, Self-Esteem and Selected Demographic Variables on Teacher Stress." Unpublished doctoral dissertation, University of Maryland, 1982.

Meier, S. T. "The Construct Validity of Burnout." *Journal of Occupational Psychology,* 1984, *57(3),* 211-219.

Metropolitan Life Insurance Company. *Former Teachers in America.* New York: Metropolitan Life Insurance Company, 1986.

Miller, A. "Stress on the Job." *Newsweek,* Apr. 25, 1988, p. 40.

Moe, D. "Teacher Burnout: A Prescription." *Today's Education,* 1979, *68,* 35-36.

Moracco, J., D'Arienzo, R., and Danford, D. "Comparison of Perceived Occupational Stress Between Teachers Who Are Contented and Discontented in Their Career Choice." *Vocational Guidance Quarterly,* 1983, *32* (1), 44-51.

Morrow, L. "The Burnout of Almost Everyone." *Time,* Sept. 21, 1981, p. 84.

Morrow, L. "1968." *Time,* Jan. 11, 1988, pp. 16-27.

Nagy, S. "The Relationship of Type A and Type B Personalities, Workaholism, Perceptions of the School Climate, and Years of Teaching Experience to Burnout of Elementary and Junior High School Teachers in a Northwestern Oregon School District." Unpublished doctoral dissertation, University of Oregon, 1982.

Nathan, R. P. "Is the Underclass Beyond Help?" New *York Times,* Jan. 6, 1989, p. A31.

National Commission on Excellence in Education. *A Nation at Risk: The Imperative for Educational Reform.* Washington, D.C.: U.S. Department of Education, 1983.

National Education Association. "The Scheduling of Teachers' Salaries." *Research Bulletin,* Feb. 1927, *5.*

National Education Association. *Nationwide Teacher Opinion Poll.* Washington, D.C.: National Education Association, 1979.

Needle, R. H., Griffen, T., Svendsen, R., and Berney, C. "Teacher Stress: Sources and Consequences." *Journal of School Health,* Feb. 1980, *50* (2), 96-99.

Newell, R. C. "Paperwork: We're Fed Up and Fighting Back." *American Teacher,* Apr. 1987, *71* (7), 8-9.

New York State United Teachers Research and Education Services. *NYSUT Teacher Stress Survey.* Albany, N.Y.: New York S~te United Teachers Research and Education Services, 1979.

Ollman, B. *Alienation: Marx's Conception of Man in Capitalist Society.* Cambridge, England: Cambridge University Press, 1971.

Olson, L. "The Unbalanced Equation." *Education Week,* June 22, 1988, p. 19.

Olson, L., and Rodman, B. "In the Urban Crucible." *Education Week,* June 22, 1988, pp. 27-33.

Orlich, D. C. "Education Reform: Mistakes, Misconceptions, Miscues." *Phi Delta Kappan,* Mar. 1989, pp. 512-517.

Ornstein, A. C. "Teacher Salaries: Past, Present, Future." *Phi Delta Kappan,* 1980, *61,* 677-678.

Packard, V. *A Nation of Strangers.* New York: McKay, 1972.

Passow, H. *Urban Education in the 1970's.* New York: Teachers College Press, 1971.

Pearlin, L. I., and Schooler, C. "The Structure of Coping." *Journal of Health and Social Behavior,* 1978, *19,* 2-21.

Pepitone-Rockwell, F. (ed.). *Dual-Career Couples.* Newbury Park, Calif.: Sage, 1980.

Perlez, J. "New York School Buildings Scarred by Years of Neglect." *New York Times,* May 13, 1987, pp. Al, B6.

Phelan, W. T. "Teachers Under Duress: Some Effects of Declining Enrollment and District Staffing Policies." Paper presented at the annual meeting of the American Educational Research Association, New York City, Mar. 1982.

Pines, A. "Helper's Motivation and the Burnout Syndrome." In T. A. Wills (ed.), *Basic Processes in Helping Relationships.* Orlando, Fla.: Academic Press, 1982.

Pines, A. "On Burnout and the Buffering Effects of Social Support." In B. A. Farber (ed.), *Stress and Burnout in the Human Service Professions.* Elmsford, N.Y.: Pergamon Press, 1983.

Pines, A. "Who Is to Blame for Teachers' Burnout? A Case Study." Unpublished manuscript, 1984.

Pines, A., and Aronson, E., with Kafry, D. *Burnout: From Tedium to Personal Growth.* New York: Free Press, 1981.

Postman, N. *Teaching as a Conserving Activity.* New York: Dell, 1979.

Quinnett, P. "The Perfect Out." *New York Times,* Aug. 26, 1981, p. A23.

Rangel, J. "Two Who Make a Difference in New York City's Schools." *New York Times,* Dec. 25, 1987, p. B3.

Raphael, R. *The Teacher's Voice: A Sense of Who We Are.* Portsmouth, N.H.: Heinemann Educational Books, 1985.

Raywid, M. A. "Education and the Media or Why They Keep Raining on Your Parade." *Contemporary Education,* 1984, *55* (4), 206-211.

Reed, S. "What You Can Do to Prevent Teacher Burnout." *The National Elementary School Principal,* 1979, *58* (3), 67-70.

Reinhold, R. "School Reform: 4 Years of Tumult, Mixed Results." *New York Times,* Aug. 10, 1987, pp. Al, A14.

Reppucci, N. D. "Social Psychology of Institutional Change: General Principles for Intervention." *American Journal of Community Psychology,* 1973, *1* (4), 330-341.

Roberts, K. L. "An Analysis of the Relationship of Principals' Leadership Style to Teacher Stress and Job Related Outcome." Unpublished doctoral dissertation, Washington State University, 1983.

Robison, W. A. "Paperwork: The Educator's Nightmare." *Clearing House,* 1980, *54,* 125-126.

Rosenthal, R., and Jacobson, L. *Pygmalion in the Classroom.* New York: Holt, Rinehart Sc Winston, 1968.

Rottier, J., Kelly, W., and Tomhave, W. K. "Teacher Burnout- Small and Rural School Style." *Education,* 1983, *104* (1), 72-79.

Russell, D., Altmaier, E., and Van Velzen, D. "Job-Related Stress, Social Support, and Burnout Among Classroom Teachers." *Journal of Applied Psychology,* 1987, *72* (2), 269-274.

Ryan, W. *Blaming the Victim.* New York: Pantheon, 1971.

Safire, W. "Burnout." *New York Times,* May 23, 1982, Section 6, p. 16.

Sakharov, M., and Farber, B. A. "A Critical Study of Burnout in Teachers." In B. A. Farber (ed.), *Stress and Burnout in the Human Service Professions.* Elmsford, N.Y.: Pergamon Press, 1983.

Saltzman, H. "Put a Stop to Violence." *New York Times,* Jan. 9, 1988, p. A27.

Sarason, S. B. *The Culture of the School and the Problem of Change.* Boston: Allyn & Bacon, 1971.

Sarason, S. B. "Jewishness, Blackishness and thE Nature-Nurture Controversy." *American Psychologist,* 1973, *28,* 962-971.

Sarason, S. B. *Work, Aging, and Social Change: Professionals and the One Life-One Career Imperative.* New York: Free Press, 1977.

Sarason, S. B. *Psychology Misdirected: The Social Scientist in the Social Order.* New York: Free Press, 1981.

Sarason, S. B. *The Culture of the School and the Problem of Change.* (2nd ed.) Boston: Allyn & Bacon, 1982.

Sarason, S. B. *Schooling in America: Scapegoat and Salvation.* New York: Free Press, 1983.

Sarason, S. B. *Caring and Compassion in Clinical Practice: Issues in the Selection, Training, and Behavior of Helping Professionals.* San Francisco: Jossey-Bass, 1985.

Savicki, V., and Cooley, E. "Theoretical and Research Considerations of Burnout." *Children and Youth Services Review,* 1983, 5, 227-238.

Schlansker, B. "A Principal's Guide to Teacher Stress." *Principal,* May 1987, *66* (5), 32-34.

Schlechty, P. C., and Vance, V. S. "Recruitment, Selection, and Retention: The Shape of the Teaching Force." *The Elementary School Journal,* 1983, *83* (4), 470-487.

Schoenig, T. M. "An Investigation of the Relationships Among Burnout, Hardiness, Stressful Teaching Events, Job and Personal Characteristics in Public School Teachers." Unpublished doctoral dissertation, Hofstra University, 1986.

Schonfeld, I. S. "Coping with Job-Related Stress: The Case of Teachers." *Journal of Occupational Psychology,* in press.

Schwab, R. L., and Iwanicki, E. F. "Who Are Our Burned Out Teachers?" *Educational Research Quarterly,* 1982, *7* (2), 5-16.

Schwab, R. L., Jackson, S. E., and Schuler, R. S. "Educator Burnout: Sources and Consequences." Paper presented at the meeting of the American Educational Research Association, New Orleans, La., Apr. 1984.

Seely, D. S. "A New Paradigm for Parent Involvement." *Educational Leadership,* Oct. 1989, pp. 46-48.

Seligman, M. E. *Helplessness.* San Francisco: W. H. Freeman, 1975.

Selye, H. *The Stress of Life.* New York: McGraw-Hill, 1956.

Selye, H. *The Stress of Life.* (Rev. ed.) New York: McGraw-Hill, 1976.

Shanker, A. "New York Must Do More for Its Undereducated." Paid newspaper column, *New York Times,*

Feb. 14, 1982, p. E7.

Shanker, A. "Early Retirement: Major Loss to Schools." Paid newspaper column, *New York Times,* Aug. 10, 1986a, p. E7.

Shanker, A. "Women's Options Challenge Schools: Teaching Losing in Career Competition." Paid newspaper column, *New York Times,* May 4, 1986b, p. E9.

Shanker, A. "Impatience Short-Circuits Reform: Tough Problems Need Time and Effort." Paid newspaper column, *New York Times,* Mar. 13, 1988, p. E9.

Shanker, A. "The President's Speech from the Summit: A Generous Vision." Paid newspaper column, *New York Times,* Oct. 8, 1989, p. E7.

Silberman, C. *Crisis in the Classroom: The Remaking of American Education.* New York: Random House, 1970.

Sizer, T. R. *Horace's Corn ~rom?se: The Dilemma of the American High School.* Boston: Houghton Mifflin, 1984.

Slater, P. *The Pursuit of Loneliness.* (Rev. ed.) Boston: Beacon Press, 1976.

Spaniol, L., and Caputo, J. *Professional Burn-Out: A Personal Survival Kit.* Lexington, Mass.: Human Services Associates, 1979.

Sparks, D. "Practical Solutions for Teacher Stress." *Theory into Practice,* 1983, *22,* 33-42.

Spector, A. M. "The Relationship-Between Coping Strategies, Locus of Control, and the Experience of Burnout Among Teachers." Unpublished doctoral dissertation, Fordham University, 1984.

Standard, E. "Why Would One, After Several Careers, Go Back to School to Become a Teacher?" *New York Times,* Sept. 6, 1987, p. 32.

Stedman, J. B., and Jordan, K. F. *Education Reform Reports: Contents and Impact.* Washington, D.C.: Library of Congress, Congressional Research Service, 1986.

Stone, J. A. "The Relationship Between Perceived Stress and Job Satisfaction, Locus of Control, and Length of Teaching Experience." Unpublished doctoral dissertation, University of Houston, 1982.

"Stress." *New York Teacher Magazine,* Jan. 27, 1980, pp. 1B-2B.

Super, D. E. *Work Values Inventory.* Boston: Houghton Mifflin, 1970.

Sutton, G. W., and Huberty, T. J. "An Evaluation of Teacher Stress and Job Satisfaction." *Education,* 1984, *105* (2), 189-192.

Sutton, R. I. "Job Stress Among Primary and Secondary Schoolteachers." *Work and Occupations,* 1984, *11* (1), 7-28.

Swicord, B. "Burnout Among Teachers of the Gifted." *Gifted Education International,* 1987, *5* (1), 38-40.

Talbert, J. E. "The Staging of Teachers' Careers: An Institutional Perspective." *Work and Occupations,* 1986, *13* (3), 421-443.

Taton, K. D. "The Causes and Levels of Teacher Stress as Perceived by Teachers, Former Teachers, and Site Administrators." Unpublished doctoral dissertation, University of Southern California, 1983.

Taylor, R. D. "Burnout Among the Isolated, Rural Teachers in Montana." Unpublished doctoral dissertation, Montana State University, 1986.

Taylor, S. E. "Health Psychology: The Science and the Field." *American Psychologist,* 1990, *45* (1), 40-50.

"Teaching in Trouble." *U.S. News and World Report,* May 26, 1986, pp. 52-57.

Terkel, S. *Working.* New York: Pantheon, 1972.

Tifft, S. "Who's Teaching Our Children." *Time,* 1988, *132* (20), 58-64.

Tifft, S. "Crusaders in the Classroom." *Time,* 1990, *136(4),* 66.

Timar, T. B., and Kirp, D. L. "Education Reform in the 1980s: Lessons from the States." *Phi Delta Kappan,* Mar. 1989, pp. 504–511.

Timpane, P. M. *The Silver Lining of the Seventies: Hard Lessons Slowly Learned About the Progress of Education in America.* New York: Teachers College, Columbia University, 1982.

Tosi, H., and Tosi, D. "Some Correlates of Role Conflict and Role Ambiguity Among Public School Teachers." *Journal of Human Relations,* 1970, *18,* 1068–1076.

U.S. Commission on Civil Rights. *Racial Isolation in the Public Schools.* Washington, D.C.: U.S. Government Printing Office, 1967.

U.S. Office of Education. *Equality of Educational Opportunity.* Washington, D.C.: U.S. Government Printing Office, 1966.

Vaillant, G. *Adaption to Life.* Boston: Little, Brown, 1977.

Waller, W. *The Sociology of Teaching.* New York: Russell and Russell, 1932.

Walley, W. V., and Stokes, J. P. "Self-Help Support for Teachers Under Stress." Paper presented at the annual convention of the American Psychological Association, Los Angeles, Aug. 1981.

Watzlawick, P., Weakland, J., and Fisch, R. *Change: Principles of Problem Formation and Problem Resolution.* New York: Norton, 1974.

Wechsler, L. "The Effects of Different Types of Stress as Perceived by Teachers in an Urban High School." Unpublished doctoral dissertation, Teachers College, Columbia University, 1983.

Weinstein, E. "High School Teacher." *New York Times,* Nov. 6, 1988, Section 4A, p. 17.

Weiskopf, P. "Burnout Among Teachers of Exceptional Children." *Exceptional Children,* 1980, *47* (1), 18–23.

Wells, A. S. "Teacher Shortage Termed Most Critical in Inner-City Schools." *New York Times,* May 10, 1988, p. A28.

Wells, A. S. "Effort to Reach Homeless Students Puts Increasing Strain on Schools." *New York Times,* Feb. 22, 1989, p. B11.

White, R. W. "Motivation Reconsidered: The Concept of Competence." *Psychological Review,* 1959, *66,* 297–333.

Wilkins, R. "The Black Poor Are Different." *New York Times,* Aug. 22, 1989, p. A23.

Williams, D. C. "The Relationship Between Teacher Stress and the Leader Behavior of Principals, Teacher Self Concept, and the Degree Level of Teachers." Unpublished doctoral dissertation, Auburn University, 1982.

Wilson, C. *Survey of Teachers in San Diego County.* San Diego, Calif.: Department of Education, 1979.

Wilson, W. J. *The Truly Disadvantaged.* Chicago: University of Chicago Press, 1987.

Wong, M. J. "Teacher Decisional Participation and Stress." Unpublished doctoral dissertation, University of Houston, 1983.

Yankelovich, D. *New Rules: Searching for Self-Fulfillment in a World Turned Upside Down.* New York: Random House, 1981.

Zabel, R., and Zabel, M. K. "Factors in Burnout Among Teachers of Exceptional Children." *Exceptional Children,* 1982, *49* (3), 261–263.

Zager, J. "The Relationship of Personality, Situational Stress and Anxiety Factors to Teacher Burnout." Unpublished doctoral dissertation, Indiana University, 1982.

찾아보기

주제어

〈ㄱ〉

〈ㄴ〉

〈ㄷ〉

〈ㅁ〉

〈ㅂ〉

〈ㅅ〉

〈ㅈ〉

〈ㅊ〉

〈ㅋ〉

〈ㅌ〉

〈ㅍ〉

〈ㅎ〉

〈기타〉

인명

〈A〉

〈B〉

〈C〉

〈D〉

〈E〉

〈F〉

〈G〉

〈H〉

〈 I 〉

〈 J 〉

〈 K 〉

〈 L 〉

〈M〉

〈N〉

〈O〉

〈P〉

〈R〉

〈S〉

〈T〉

〈U〉

역자 소개

조연순

▌약력 이화여자대학교 사범대학 졸업
미국 Florida State Univ. Ph.D. 초등교육전공
한국초등교육학회 회장 역임
이화여대 교육과학연구소 소장 역임
이화여자대학교 부속초등학교 교장 역임
현, 이화여자대학교 초등교육과 교수

정혜영

▌약력 이화여자대학교 초등교육과 졸업
미국 Univ. of Southern California Ph.D.
미국 Univ. of Southern California TESOL MA.D.
현, 이화여자대학교 초등교육과 조교수 및 학과장

김정휘

▌약력 중앙대학교 문리과대학 심리학과 졸업
서울대학교 학생지도연구소 연구생과정 수학(상담심리학 전공)
서울대학교 교육대학원(석사)
한국교원총연합회 재직
중앙대학교 대학원(박사)
국민대학교 대학원 박사과정 수료(교육심리학 전공)
강원대·서울여대·덕성여대·한림전문대·한림대 출강
이화여자대학교 객원교수
현, 춘천교육대학교 교수

교육의 위기: 교사의 직무 스트레스와 탈진

—무엇이 문제이고 어떻게 해결해야 할 것인가—

인 쇄 일	2009년 11월 15일 초판인쇄
발 행 일	2006년 11월 20일 초판발행
저 자	Barry A. Farber 지음
역 자	조연순·정혜영·김정휘 옮김
발 행 인	구본하
발 행 처	도서출판 **박학사**
주 소	서울시 마포구 서교동 460-26 동아빌딩 2층
전 화	(02)3142-3764, 3765
팩 스	(02)3142-3766
E-mail	pakhaksa@kornet.net
웹사이트	www.pakhaksa.co.kr
등록번호	제10-2230호

가격 15,000원 ISBN 978-89-91633-22-3